afrika

afrika

John Reader

FOTOS VON MICHAEL S. LEWIS

NATIONAL GEOGRAPHIC

inhalt

Westsahara (früher Spanisch-Sahara) wurde 1976
zwischen Marokko und Mauretanien aufgeteilt. Marokko verwaltet
das Territorium seit dem Rückzug Mauretaniens im August 1979.
Die Vereinten Nationen haben diese Annexion nicht anerkannt,
die politische Situation ist weiterhin ungeklärt.

20° O

MITTELMEER

Algier
(Alger)

Tunis

Casablanca
Rabat

MAROKKO
ATLASGEBIRGE

TUNESIEN

Tripolis
(Tarābulus)

El Iskandarîya
(Alexandria)
Shubra el Kheima
El Gîza
Kairo
(El Qâhira)

Ilhas Selvagens
(Salvage Is.)
(Portugal)

Kanarische Inseln
(Spanien)

ALGERIEN

LIBYEN

ÄGYPTEN

Von Ägypten
beanspruchte Grenze

WESTSAHARA
(MAROKKO)

S   A   H   A   R   A

Nasser-
see

Nouakchott

MAURETANIEN

MALI

NIGER

SUDAN

ROTES MEER

Dakar
SENEGAL

Banjul
GAMBIA

S   A   H   E   L

TSCHAD

Khartum

ERITREA
Asmara

Assalsee
(-156 m)
Tiefster Punkt in Afrika

Bissau
GUINEA-
BISSAU

Bamako

Niamey

Tschad-
see

N'Djamena

Weisser Nil

Blauer Nil

DJIBOUTI
Djibouti

T'ana Hayk

Conakry
GUINEA

Freetown
SIERRA
LEONE

BURKINA FASO

Ouagadougou

BENIN

Niger

NIGERIA

Abuja

Benue

ZENTRALAFRIKANISCHE
REPUBLIK

Bomu

ÄTHIOPIEN

Addis Abeba
(Ādīs Ābeba)

Grenze nicht
markiert
und strittig

Monrovia
LIBERIA

Yamoussoukro

Abidjan

ELFENBEIN-
KSTE

GHANA
Volta-
stau-
see

TOGO
Lomé
Accra

Porto-Novo

Ogbomosho
Ibadan
Lagos

Niger

KAMERUN
Douala
Yaoundé

Bangui

Oubangui

Kongo

SOMALIA

Mogadischu
(Muqdisho)

Malabo
ÄQUATORIAL-
GUINEA

SÃO TOMÉ UND
PRÍNCIPE

São
Tomé

Libreville

UGANDA
Kampala

Victoria-
see

KENIA

Nairobi

0°   ÄQUATOR   0°

Annobón
(Äquatorialguinea)

GABUN

KONGO

DEMOKRATISCHE
REPUBLIK

Kwa

RUANDA
Kigali
Bujumbura
BURUNDI

Kilimandscharo
(5895 m)
Höchster Punkt in Afrika

Serengeti

Victoria

KAP VERDE

16°N

0   km   100

24°W
Praia

Brazzaville
Kinshasa

KONGO

Kasai

TANSANIA

Daressalam

SEYCHELLEN

CABINDA
(Angola)

Kongo

Tanganjika-
see

Luanda

ATLANTIK

Lubumbashi

ANGOLA

SAMBIA

Lusaka

Sambesi

Malawisee
(Njasasee)

Malawi

Lilongwe

MALAWI

Moroni
KOMOREN

Mayotte
(Frankreich)

Îles Glorieuses
(Frankreich)

Agalega Is.
(Mauritius)

Tromelin I.
(Frankreich)

Harare

ZIMBABWE

MOSAMBIK

Bassas da
India
(Frankreich)

Antananarivo

MADAGASKAR

Port Louis
MAURITIUS

Réunion
(Frankreich)

AFRIKA

• Bedeutende Stadt

⊗ Hauptstadt

NAMIBIA
Windhuk

BOTSWANA

KALAHARI

Gaborone
Johannesburg
Pretoria
Mbabane
SWASILAND

Maputo

Île
Europa
(Frankreich)

INDISCHER OZEAN

0   Kilometer   800

SÜDAFRIKA

Maseru
LESOTHO
Durban

Kapstadt

20° O

IR ALLE GEHÖREN ZU AFRIKA. Der Kontinent ist die Geburtsstätte der Menschheit, das Kinderzimmer, in dem wir zu gehen, zu sprechen, zu spielen und zu lieben lernten. Unser Alltag funktioniert dank einer Erfindungsgabe, die erstmals vor fast drei Millionen Jahren in Ostafrika für die Herstellung von Steinwerkzeug benützt wurde. Von diesen ersten Tagen an besiedelten wir den Globus, begründeten moderne Zivilisationen und reisten zum Mond. Der Faden, der uns mit unseren afrikanischen Vorfahren verbindet, zieht sich durch Tausende von Generationen. Afrikas Landschaften, Wildnis und seine Völker haben bis heute nichts von ihrer einzigartigen Faszination eingebüßt.

Afrika ist riesig – viel größer, als die meisten glauben. Die gesamte Fläche der Festlands-USA würde in die Sahara passen, der Rest des Kontinents könnte China, Indien, Neuseeland, Argentinien und fast ganz Europa aufnehmen. Doch die Größe ist nicht der einzige Superlativ. Afrika ist auch der älteste und geologisch stabilste Kontinent. Seine heutige Gestalt ist fast so alt wie die Erde selbst. Afrikas uraltes Gestein wurde weniger als jede andere große Landmasse unseres Planeten durch Vulkanausbrüche und Erdbeben verändert. Der schwarze Kontinent ist eine Schatzkammer voller Gold, Diamanten und anderer Edelsteine sowie gewaltiger Mengen an Mineralien wie Eisen, Kupfer, Chrom und Kohle.

Afrika war einst Zentrum des mächtigen Superkontinents Pangea und verblieb fast an seiner ursprünglichen Stelle, als die anderen Erdteile in ihre heutigen Positionen drifteten. Der Äquator verläuft seit mehreren hundert Millionen Jahren über einen Teil des Kontinents. Der Gürtel tropischer Wärme trug dazu bei, Afrika zu einem Treibhaus der Evolution zu machen. Afrika war Zeuge jeder bedeutenden Stufe der Evolution des Lebens. Fossile Algen im 3,6 Milliarden Jahre alten Gestein des Barberton-Gebirges im Süden Afrikas gehören zu den ältesten bekannten Lebensformen auf der Erde, während die gleichen lebenden Algen heute in den Rift-Valley-Seen Millionen von Flamingos ernähren. Krokodile auf dem ganzen Kontinent sind die lebenden Verwandten der ausgestorbenen Dinosaurier, deren fossile Knochen man in Niger, Tansania, Sambia und Lesotho fand.

Die Landschaftsvielfalt in Afrika ist atemberaubend. Mächtige Berge mit schneebedeckten Gipfeln erheben sich aus sonnengebleichten Savannen. Nil und Niger ziehen sich als grüne Bänder durch dürre Wüstengebiete. Das Rift Valley ist ein einzigartiges geologisches Phänomen. Die Großen Seen Zentralafrikas gehören zu den größten und tiefsten der Welt. Die majestätischen Wälder des Kongobeckens sind Heimat und letzte Zufluchtsstätte von Gorillas und Schimpansen – unseren nächsten Verwandten. Das Grasland des Sahel ist in seiner Ausdehnung einzigartig. Die Isolation der spektakulären hohen Berge Äthiopiens begünstigte die Entwicklung einzigartiger Pflanzen und Tiere. Korallenriffe säumen die tropischen Küsten, und Tangwälder gedeihen in kühleren Gewässern.

Bei einer solchen Vielfalt von Lebensräumen ist es nicht verwunderlich, dass in Afrika die weltweit meisten Tiere leben. Auch heute, da wild lebende Tiere überall bedroht sind, gibt es in Afrika gesunde Populationen von Elefanten, Nilpferden, Giraffen und Nashörnern. Riesige Büffel-, Gnu- und Zebraherden ziehen durch die Savanne, und Raubtiere – Löwen, Leoparden, Geparden, Wildhunde und Hyänen –jagen und fressen Aas, wie sie es seit undenklichen Zeiten tun.

Afrikas Landschaften und seine Wildnis sind faszinierend, doch unsere engste Verbindung haben wir zu seinen Völkern, und es ist traurig, dass Afrikaner und Nicht-Afrikaner so lange Zeit getrennt lebten. Noch im 19. Jahrhundert wiesen Landkarten riesige Gebiete Afrikas als leere Räume aus, wurden diese als »unbekannte Regionen« bezeichnet. Die Küste war vermessen, und manche Teile des Kontinents waren erforscht. Das Landesinnere selbst aber blieb eine unbekannte Welt, deren Bewohner, so glaubte man, primitive Eingeborene waren, die nur auf die Wohltaten der Zivilisation warteten. In der Folge wurde Afrika vom Rest der Welt beharrlich missverstanden und missbraucht. Noch heute sind sich viele der Schuld, in denen die Kolonialstaaten gegenüber den afrikanischen Völkern stehen, nicht bewusst.

AFRIKA WIRD ALLGEMEIN als der »Schwarze Kontinent« bezeichnet – ein doppeldeutiger Ausdruck. Er bezieht sich nicht einfach auf die dunklen afrikanischen Wälder, die dunkle Haut der Afrikaner oder die weit verbreitete Ignoranz bezüglich des Kontinents. Er bezieht sich in erster Linie auf die »dunklen Machenschaften« der Menschheit. Auf dem Schwarzen Kontinent begehen Menschen furchtbare Taten – Afrika gilt als »barbarischer« als der Rest der Welt.

Dass Menschen sich in Afrika barbarisch benahmen, ist unbestreitbar. Doch dies ist kein ausschließlich afrikanisches Charakteristikum. Die Fähigkeit zum Bösen liegt unter der Oberfläche aller scheinbar »friedlichen« Gesellschaften. Wie die Geschichte immer wieder zeigte, können der Druck, unter dem marode politische Systeme stehen, und soziale Unruhen die gesellschaftliche Struktur einreißen, Verpflichtungen des Einzelnen gegenüber der Gesellschaft zunichte machen und die Hoffnungen auf die Zukunft unter den Alltagsproblemen begraben.

Afrika hat uns einige schauerliche Beispiele dessen geliefert, was Menschen einander antun können, wenn politische Systeme einstürzen und Gesellschaften auseinander brechen. Es gab ähnlich grausame Beispiele in anderen Teilen der Welt, doch jene in Afrika waren von besonderem Interesse, da hier die Wurzeln der Menschheit liegen. Afrikas Tragödien betreffen uns alle.

Die Menschheit nahm ihren Ursprung vor über vier Millionen Jahren in Afrika. Die Gestalt unseres Körpers, die Art, wie wir stehen und gehen, unsere bloße Haut und die Funktionsweise unserer Sinne sind evolutionäre Anpassungen an die afrikanische Umwelt. Unsere Spezies – der moderne Mensch – existierte bis vor 100 000 Jahren, als einige den Kontinent über den Isthmus von Suez verließen, nirgendwo anders. Obgleich es nur wenige Auswanderer gab, besiedelten ihre Nachfahren schließlich jede bewohnbare Nische des Planeten. Doch während der menschliche Geist den Globus erforschte, blieb die Seele mit Afrika verbunden.

Der Drang nach Wohlstand, der die Weltgeschichte bestimmt – mit ihrer Abfolge von Königen, Reichen und Kriegen –, hat wenig Bedeutung für Afrika. König- und Kaiserreiche wachsen aus Agrargesellschaften, die groß genug geworden sind, um Handwerker, Soldaten und Beamte und Bauern zu stellen. Dies geschah in Afrika selten. Im Geburtsland der Menschheit ist das geschichtliche Hauptthema der Kampf gegen die feindliche Natur. Karge Böden, unbeständiges Wetter, Insektenplagen, Parasiten und nur hier vorkommende Krankheiten wirkten einem schnellen Bevölkerungswachstum entgegen. Während Zivilisationen überall auf der Welt entstanden und wieder zerfielen, blieben die meisten afrikanischen Gemeinden gerade groß genug, um die Felder zu bewirtschaften und das Vieh zu hüten, das sie selbst ernährte. Einige Gebiete waren tatsächlich zeitweise dicht besiedelt, es entstanden auch vereinzelte König- und Kaiserreiche, sie waren aber eher die Ausnahme. Noch heute, da oft gesagt wird, das afrikanische Bevölkerungswachstum sei außer Kontrolle geraten, ernährt der Kontinent weniger als ein Viertel soviel Menschen, wie auf einem ähnlich großen Gebiet außerhalb Afrikas. Afrika ist unterbevölkert.

Der Einfluss der Umwelt auf Afrikas Geschichte kann auch in den konservativen sozialen und politischen Systemen des Kontinents beobachtet werden. Die Gesellschaften, die in Afrika Bestand haben, waren jene, die ihre Energien darauf verwendeten, das Risiko des Misserfolgs zu minimieren, statt die Gewinne zu maximieren. Sie sträubten sich gegen Experimente und das Risiko, das der Fortschritt fordert. Das Wissen um die Vergangenheit war das Wichtigste, und so wurde die Gerontokratie (Herrschaft der Älteren) Afrikas bestimmendes politisches System. Die ältesten Mitglieder der Gemeinde hatten die größte Autorität.

DEMOGRAFEN HABEN ERRECHNET, dass Ende des 15. Jahrhunderts etwa 47 Millionen Menschen in Afrika lebten. Die Bevölkerung wuchs sehr langsam, hätte jedoch bis 1850 100 Millionen erreichen müssen. Tatsächlich waren es 1850 halb so viele – nur 50 Millionen. Was war passiert? Die anderen 50 Millionen fielen ausländischer Ausbeutung zum Opfer. Ab dem 15. Jahrhundert kamen Nachfahren der Auswanderer, die viele tausend Jahre zuvor Afrika verlassen hatten, zurück und nahmen mit, was immer sie bekommen konnten.

Während Berber und Araber durch die Sahara zogen, segelten die Portugiesen die Atlantikküste hinunter, gefolgt von den Abenteurern aus anderen europäischen Seefahrernationen. Gold war das Gut, das die Eindringlinge zunächst suchten, doch bald nahmen sie auch Sklaven mit. 18 Millionen Sklaven verließen zwischen 1500 und 1850 Afrika. Doch der Preis, den Afrika zu zahlen hatte, war noch viel höher. Forscher errechneten, dass für neun Sklaven, die den Atlantik überquerten, zwölf sterben mussten. Afrika konnte sich diesen Verlust nicht leisten, denn nun fehlten Arbeitskräfte und Nachwuchs. Wer weiß, wie sich Afrika ohne diese Verluste entwickelt hätte? Der Sklavenhandel veränderte die Demografie, die Wirtschaft und die politischen Grundlagen des Kontinents.

Der Sklavenhandel wurde im 19. Jahrhundert abgeschafft, doch bis Ende des Jahrhunderts hatte der koloniale Imperialismus ihn als wichtigsten Einflussfaktor in Afrika ersetzt. Afrika war bis dahin der Diener der Welt; jetzt wurde es auch noch die Schatzkammer der Welt. Die europäischen Mächte teilten den Kontinent unter sich auf, während sie sich um Afrikas wertvolle Rohstoffe und Mineralvorräte stritten. Kolonialregierungen übernahmen die Kontrolle über Afrikas Schicksal. Afrikas Entwicklung war den Launen von Ausländern ausgesetzt – mit paternalistischen Grundzügen. Es war so, als hätte die so genannte »zivilisierte Welt« einen Kontinent voller Kinder entdeckt, die zu Erwachsenen erzogen werden mussten. Selbst die weitblickendsten Beobachter glaubten, dass viele Jahre verstreichen würden, ehe die Afrikaner ihre eigenen Angelegenheiten in die Hand nehmen könnten.

Dann, als die Unabhängigkeit der Staaten Afrika einen gewissen Status auf der Weltbühne brachte, wurde der Kontinent ein beliebtes Ziel für Touristen, Reiseschriftsteller und Dokumentarfilmer. Tiere und exotische Stämme, die einem traditionellen Lebensstil nachgingen, waren die beliebtesten Fotomotive. Auf Safari, in den Wäldern, an den Küsten und den weiten Ebenen porträtierten sie Afrika als eine Welt am Beginn der menschlichen Entwicklung. Viele fanden, man sollte es in diesem Stadium belassen, die Vorstellung vom »Schwarzen Kontinent« war noch immer in den Köpfen. Doch das 21. Jahrhundert bringt ermutigende Zeichen der Aufklärung.

Die afrikanische Renaissance-Bewegung hat den Stolz und das Selbstbewusstsein der postkolonialen afrikanischen Generation angestachelt. Sie muss den Kontinent auf stabile, eigene Beine stellen. Im Ausland wächst das Bewusstsein der Verpflichtungen Afrika gegenüber. Afrika ist mehr als ein Synonym für wilde Tiere und exotische Stammesrituale. Besucher können die Einzigartigkeit der Serengeti-Tierwanderungen nicht richtig würdigen, wenn sie die Rolle der Menschen in der Savanne nicht verstehen. Die schillernden Zeremonien der Dogon sind bedeutungslos ohne die Kenntnis ihrer Funktion für die Dogon-Gesellschaft. Es scheint, als trennen uns unsere kulturellen Unterschiede – die Fulani von den Dogon, die Bauern von den Fischern, die Hirten von den Konzernmanagern, die Afrikaner von den Amerikanern –, aber unterschiedliche Kulturen sind nicht mehr als verschiedene Ausdrucksformen einer Fähigkeit, die wir gemeinsam haben: des Talents, sich anzupassen, etwas zu erfinden und zu schaffen. Vor Jahrmillionen wurden wir in Afrika geboren, und dieses gemeinsame Vermächtnis stattet uns mit einem universellen Sinn der Menschlichkeit aus. Wir alle haben unsere Wurzeln in Afrika.

avanne

Afrikas goldfarbene Savannen bilden das Bühnenbild für eines der spektakulärsten Schauspiele unseres Planeten: Sonnenlicht, als Energie in den Pflanzen des Graslandes gespeichert, nährt Millionen von Gnus und Zebras, Tausende von Büffeln, Elefanten, Antilopen und Gazellen. Löwen liegen im hohen Gras auf Lauer, warten auf ihre Gelegenheit zuzuschlagen, und Geparden schießen auf ihre ahnungslose Beute los wie ein Strahl des ewigen Sonnenlichts.

Die Szenerie ist zeitlos. Ein immer gleiches Schauspiel wird seit etlichen Millionen Jahren ununterbrochen und unverändert so aufgeführt. Wo eine Giraffe anmutig an den Baumspitzen der Akazien in einem lichten Wäldchen knabbert, tauchen jedoch heute im Hintergrund die Wolkenkratzer von Nairobi auf. Die Symbole modernen menschlichen Strebens erheben sich aus der Weite der Savanne – dem Ort, der uns geschaffen hat.

Wir haben in den Savannen Afrikas gelernt, Mensch zu sein; und wir trugen die Gaben, die Afrika uns schenkte, hinaus in alle Winkel der Welt. Wie dies geschah – und wie wir hier unseren ersten Auftritt vollführten –, das ist die große Geschichte der Savanne.

Gnus versammeln sich bei Sonnenuntergang im Massai-Mara-Reservat in Kenia.

er Dunst ist aus dem Tal gewichen und bewegt sich flussabwärts mit einer Brise, die mit dem wärmenden Sonnenaufgang aus der Ebene herüberweht. Die Landschaft nimmt konkrete Formen an. Bäume, die vor ein paar Minuten bloße Schatten im schwebenden Dunstschleier waren, wandeln sich zu festen Formen, die nun von den ersten Sonnenstrahlen berührt werden. Es sind vorwiegend Akazien, jede steht in respektvoller Distanz zur anderen – als ob sie einander Platz machen wollten. Eine Giraffe taucht auf, bewegt sich ohne Eile zwischen den Bäumen und knabbert anmutig an den obersten Ästen.

Die Giraffe und die Schirmakazien leben in Symbiose. Nur der Giraffe mit ihrer lang gestreckten Gestalt ist es möglich, diese hoch gelegene Nahrungsquelle auszuschöpfen, die andere Tiere nicht erreichen können. Die Blätter der obersten Akazienäste liefern wiederum eine Nahrung, die genau jene Mineralstoffe, z.B. Kalzium, enthält, die die Giraffe braucht, um ihre große Knochenmasse, ihr starkes Herz (das das Blut drei Meter hoch zum Gehirn pumpen muss) und ihr Kreislaufsystem zu erhalten.

Schauen wir genau hin, sehen wir, dass die Giraffe von jedem Baum sehr wenig nimmt – nur ein paar kleine Bissen –, bevor sie weitergeht. Ein heikler Esser, könnte man meinen, aber tatsächlich geht die Giraffe weiter, weil die Akazie auf das Knabbern der Giraffe reagiert und ungenießbares Tannin in ihre Blätter pumpt, das sich schnell zu einer tödlichen Dosis aufsummiert. Sobald die Giraffe merkt, dass ihr Frühstück ungenießbar wird, schreitet sie fort und sucht sich eine andere Nahrungsquelle. Dafür muss sie manchmal sehr weit laufen. Neben einer vermehrten Tanninproduktion hat das Knabbern auch zur Folge, dass die Akazie ein Äthylengas ausstößt, das mit dem Wind zu den benachbarten Bäumen geweht wird und diese vor dem sich nähernden »Raubtier« warnt. Innerhalb von fünf bis zehn Minuten haben auch alle Akazien im Umkreis von 50 Metern ihre Tanninproduktion erhöht. Wissenschaftler haben herausgefunden, dass Giraffen nur an

jedem zehnten Baum knabbern und Bäume in Windrichtung meiden.

Die Giraffe, die im frühen Morgenlicht elegant durch den Wald streift, ist ein archetypisches Bild von Afrikas ursprünglicher Wildnis. In ihrer Bewegung liegt ein Anflug von Frieden und Vornehmheit. Die Giraffe bedroht nichts. Antilope und Gazelle machen sich selten die Mühe beiseite zu gehen, das Zebra schüttelt nur kurz den Kopf – und der Löwe bleibt auf Distanz zu den Hufen, die seinen Schädel spalten könnten. Paradoxerweise sind die einzigen Lebewesen, die der Giraffe gefährlich werden können, die Bäume, ohne die die Giraffe jedoch gar nicht existieren würde und die wiederum dem Tier nicht aus dem Weg gehen können. In der afrikanischen Savanne passiert viel mehr, als das Auge auf den ersten Blick wahrnimmt.

AFRIKA IST RIESIG, VIEL GRÖSSER, als man es sich gemeinhin so vorstellt. Auf der bekannten rechtwinklig angelegten Weltkarte erscheint Afrika im Vergleich zu den vom Äquator weiter entfernt liegenderen Regionen relativ klein. Grund dafür ist die durch Mercator-Projektion bedingte Verzerrung. Tatsächlich nimmt Afrika gut 22 Prozent der Landfläche der Erde ein. Afrika ist ein sehr alter Kontinent. 97 Prozent des Kontinents haben seit mehr als 300 Millionen Jahren nicht mehr ihre Position geändert, ein Großteil sogar seit mehr als 550 Millionen Jahren und die ältesten Teile seit 3600 Millionen Jahren. Die Form des Kontinents hat sich in diesem geologischen Zeitraum kaum verändert. Während durch das Zusammenschieben der Erdplatten die großen Gebirgsketten der Erde auf den anderen Kontinenten aufgefaltet wurden – die Rocky Mountains, die Anden, der Himalaja und die Alpen –, blieb Afrika 300 Millionen Jahre lang von diesen tektonischen Kräften unberührt. Die einzigen bedeutenden Gebirgsbildungen waren das Atlasgebirge am nördlichen und das Kap-Faltengebirge am südlichen Rand des Kontinents.

Bis vor 140 Millionen Jahren hingen alle Kontinente in der Form des riesigen Superkontinents Gondwana zusammen, dessen Kernstück Afrika bildete. Als Gondwana durch tektonische Kräfte auseinander gerissen wurde, trieben der amerikanische Doppelkontinent, Asien und Australien in Richtung ihrer gegenwärtigen Positionen. Afrika blieb die folgende Zeit weitgehend isoliert und hat sich seitdem kaum von der Stelle gerührt. Der Kontinent hat sich praktisch die ganze Zeit innerhalb der gleichen Längengrade bewegt und sich nur in den Breitengraden zunächst Richtung Südpol und dann wieder Richtung Norden verschoben, der Kontinent lag jedoch immer in Teilen im Bereich des Äquators und der Wendekreise.

Afrikas Isolation und seine geringe Bewegung waren entscheidende Faktoren für die Evolution des Lebens auf dem Kontinent. Die besonderen Merkmale in Afrikas Entwicklung – sein Alter, seine Geologie, seine Stabilität und Isolation – haben in Verbindung mit Klimaveränderungen Afrika zum einzigartigen Schaukasten für die Entwicklung des Lebens gemacht.

Es wäre übertrieben zu sagen, dass sich die wichtigsten Stadien in der Evolutionsgeschichte zuerst oder nur in Afrika vollzogen haben, aber Afrika war unbestritten die Wiege vieler Lebensformen, die die Geschichte des Lebens auf unserem Planeten tiefgreifend beeinflussten. In Afrika existieren die Beweise noch – beginnend mit den ersten einzelligen Organismen, die als Fossilien in den 3,5 Milliarden Jahre alten Felsen von Südafrika erhalten blieben, über die ersten Vegetationsformen und die Dinosaurier, die sich davon ernährten, bis hin zu den ersten Blütenpflanzen, den ersten Säugetieren, den ersten Primaten, und – am allerwichtigsten – den ersten Vorfahren des Menschen.

AFRIKAS GEOLOGISCHE ENTWICKlung wurde mehr als auf jedem anderen Kontinent durch Ausdehnung denn durch Kompression bestimmt. Während die amerikanischen Kontinente, Asien und Europa durch tektonische Kräfte zusammengedrückt wurden, wurde Afrika ausgedehnt. Nirgends trifft das mehr zu als entlang des ostafrikanischen Rift Valley, dieses Grabensystems, das sich über mehr als 5000 Kilometer von Dschibuti am Roten Meer bis in den Süden von Mosambik erstreckt. Das Rift Valley verbreitert sich an seinem nördlichen Ende um jährlich bis zu 6 Millimeter, ein Vorgang, der vor 30 bis 40 Millionen Jahren begann und der letztlich den Kontinent in zwei Teile spalten wird. Dieser Vorgang wird von riesigen Mengen geschmolzenen Gesteins bewirkt, die aus dem Erdmantel tief unterhalb des Kontinents aufsteigen. In anderen Regionen der Erde durchdringen diese heißen Massen oft die Kruste und entladen ihre Energie in Vulkanausbrüchen. Afrika hingegen ist eine sehr alte, geologisch inaktive Masse; kälter, dichter, schwieriger zu durchdringen.

Geologen nennen dieses Phänomen die afrikanische »Superschwellung«. Von der Höhe des Schelfabbruchs (dem eigentlichen Rand eines Kontinents, dort, wo der Schelf abrupt in die Tiefe des Ozeans abfällt) gemessen, erhebt sich Afrika relativ zum Meeresspiegel gesehen etwa 400 Meter höher als die anderen Kontinente. Vor etwa 30 Millionen Jahren schufen große Mengen geschmolzenen Gesteins, die unterhalb des östlichen Teils des Kontinents emporstiegen, eine Kuppel, dabei wurden Teile der Kruste so weit gedehnt und ausgedünnt, dass Risse entlang paralleler Schwachstellen entstanden. Große Teile der Oberfläche fielen in die entstehenden Lücken und schufen das ostafrikanische Rift Valley – Tausende von Metern tief, Dutzende von Kilometern breit.

Vulkanische Lava wurde an den Rändern herausgeschleudert. An manchen Stellen entstanden dadurch klassische Vulkane wie der Mount Kenya und der Kilimandscharo. Anderswo wurde die Landschaft von Lava bedeckt, die mit der Zeit zu fruchtbarem Boden wurde und diesen Regionen eine höhere Fruchtbarkeit bescherte als vielen anderen Teilen Afrikas. In Äthiopien allein wird die Menge an herausgeschleudertem vulkanischem Gestein auf 350000 Kubikkilometer geschätzt, diese Menge würde ausreichen, die gesamte Landoberfläche Nordamerikas bis zu einer Tiefe von 13 Metern zu bedecken. Weiter südlich wurden 200000 Kubikkilometer im Zentrum von Kenia und Tansania abgelagert. Auf der Westseite des Grabens wurden durch vulkanische Tätigkeit die fruchtbaren Hochländer von Ruanda, Burundi und Uganda aufgebaut.

Die Entstehung des ostafrikanischen Rift Valley und der an den Grabenbruch anschließenden Berghochländer brach den Gürtel der äquatorialen und subtropischen Wälder auf, die bisher den Kontinent vollständig bedeckt hatten. Damit wurde die Voraussetzung für die Evolution einer spezifischen Vegetation des Bergwaldes geschaffen. In größerer Entfernung trieb die Antarktis in den Süden zu

Stil und Muster traditioneller Massai-Perlenarbeiten lassen das Alter und den gesellschaftlichen Rang des Trägers erkennen.

ihrer gegenwärtigen Lage am Pol; das Wachstum von Eisschollen auf dem südlichen Kontinent und am Nordpol führte zu einem weltweit drastischen Abfallen des Meeresspiegels. Gleichzeitig wurde durch die Benguela-Strömung eisiges Wasser vom südlichen Ozean in den Norden entlang der Südwestküste Afrikas transportiert. Kaltes Wasser verursacht keine Regenwolken, in der Folge wurde das südwestliche Afrika immer arider, es entstanden die Kalahari und Namib. Als die Trockenheit ihren Höhepunkt hatte, reichte Sand bis zum Kongo.

Die Bühne für das größte Schauspiel auf Erden war nun fertig. Die Bewegungen der Kontinente, das Absinken der Ozeane, die Veränderungen im Weltklima und die Entstehung des ostafrikanischen Rift Valley schufen gemeinsam die Voraussetzungen, unter denen sich

Pflanzen und Tiere entwickelten, vermehrten und in größerer Artenvielfalt auftraten als anderswo auf der Erde. Ein eher kühleres und trockeneres Klima verhinderte die Ausdehnung des Regenwalds, die Grasländer der Savanne konnten sich immer weiter ausdehnen. Diese Entwicklung führte dazu, dass die Anzahl und die Artenvielfalt an Säugetieren, die sich von den fruchtbaren, neuen Weiden ernährten, beständig zunahm. Es war unvermeidlich, dass zugleich auch die Anzahl an Raubtieren, die sich von den weidenden Tieren ernährten, anstieg. Ein nicht endend wollender Kreislauf. 29 neue Familien und 79 neue Gattungen entwickelten sich während dieser Zeit des dramatischen Umschwungs, weitere 18 Tierfamilien kamen später hinzu. Die Welt hatte noch nichts Vergleichbares gesehen. Die Ausdehnung der Savanne verdrängte nahezu vollständig die Flora des gemäßigten Regenwaldes auf dem afrikanischen Kontinent, aber das Leben, das die Savanne im Überfluss hervorbrachte, ist ein beeindruckender Ersatz dafür.

Allein unter den grasenden Pflanzenfressern im Ökosystem der Serengeti sind eine Million Gnus, 600000 Zebras, 700000 Thomsongazellen, Zehntausende Impalas, Grantgazellen, Kuhantilopen, Leierantilopen, Elenantilopen, Dik-Diks (Zwergantilopen), Buschböcke, Wasserböcke, Giraffen, Elefanten, Nashörner, Büffel und Nilpferde. Unter den Fleischfressern sind Löwen, Geparden, Leoparden, Hyänen, Wildhunde, Wüstenluchse, Servale und Schakale. Afrikas Savannen beherbergen bis zu 200-mal mehr Tiere als seine Wälder, die so oft als das schützenswertere Ökosystem angesehen werden.

FOLGENDE SEITEN: **Der Natronsee liegt in einem geschlossenen Becken auf dem Grund des Great Rift Valley, des Ostafrikanischen Grabensystems, in Tansania. Er wird von natriumreichen Zuflüssen aus dem vulkanischen Bergland gespeist und ist hochgradig alkalisch. Während Perioden starker Verdunstung bilden sich im Flachwasser kreisförmige Sodaflecken (Natriumkarbonat).**

MAN KÖNNTE DENKEN, dass es in erster Linie die Wärme und der ausreichende Regen sind, die die Artenvielfalt der afrikanischen Savannen bedingen, aber auch das Fehlen langer kalter Perioden – mit anderen Worten: des Winters – hat eine wichtige Rolle in der Entwicklungsgeschichte der Region gespielt. Evolutionsgeschichtlich spielte in den hohen Breitengraden die Anpassung an niedrige Temperaturen und das Überleben in kalten Wintern eine wichtige Rolle. In den tropischen Savannen dagegen, wo die Temperaturen im Jahr kaum unter 10°Celsius fallen, mussten weder Fauna noch Flora Strategien entwickeln, um monatelange Kälte zu überleben.

Natürlich spielt die Sonne, die ganzjährig Wärme liefert, und der Sonnenstand eine wichtige Rolle in den tropischen Breiten Afrikas. Die Sonne bezieht ihre Energie durch einen thermonuklearen Vorgang, bei dem pro Sekunde etwa 650 Millionen Tonnen Wasserstoff in Helium umgewandelt werden. Nur ein sehr kleiner Bruchteil des Energieausstoßes der Sonne erreicht die Erde, aber es ist mehr als genug, um allen natürlichen Prozessen Energie zuzuführen, und so zuverlässig, dass nur alle 30 Jahre einige Zehntelprozent Abweichung auftreten.

Kein Tier kann vom puren Sonnenlicht leben, Pflanzen hingegen können das. Während wir staunend die über die Ebenen ziehenden Gnus bewundern, betrachten wir die Vegetation – die Gräser, die Bäume und die schönen Blumen – zu gerne nur als Hintergrund und Dekoration. Aber die grünen Pflanzen erhalten uns alle – direkt oder indirekt. Auch die fossilen Brennstoffe verdanken ihre Entstehung den grünen Pflanzen von vor vielen Millionen Jahren. Fotosynthese, jener Vorgang, durch den Pflanzen die Sonnenenergie aufnehmen und in Sauerstoff umwandeln, heißt wörtlich »mit Licht machen« – ein Wunder, das Himmel und Erde verbindet.

Die einfache Gleichung der Fotosynthese – Kohlendioxid plus Wasser plus Sonnenlicht ergibt Sauerstoff und Zucker – ist eine Metapher für einen komplexen

Gnus überqueren den Mara in Kenia. Wenn die Regenfälle von der Serengeti nordwärts zur Massai Mara ziehen, folgen ihnen eine Million Gnus auf ihrer unablässigen Suche nach frischem Gras. Ihre Wanderung ist eine Rundreise von über 800 Kilometern.

biochemischen Prozess, den es so lange gibt, wie es Licht und Leben gibt. Zellen teilen sich, Pflanzen wachsen, und es bleibt immer ein Rest Zucker in ihrem Gewebe – die erste Mahlzeit essbarer Energie und bekömmlicher Bestandteile in der Nahrungskette, geeignet, das ganze Tierreich zu ernähren.

Ein Großteil der aus dem Sonnenlicht gewonnenen Energie wird für das schiere Überleben benötigt. Nur etwa ein Zehntel bleibt übrig, um die Gazelle zu ernähren, die das Gras frisst, und nur etwa ein Zehntel der Energie, die sie über das Gras aufnimmt, steht dem Löwen, der wiederum die Gazelle erbeutet, zur Verfügung. Somit erhält der Löwe nur ein Hundertstel der Sonnenenergie, die ursprünglich vom Gras aufgenommen wurde. Indem sie durch die Nahrungskette wandert, verringert sich die ursprünglich aus dem Sonnenlicht gewonnene Energiemenge unaufhaltsam. Das erklärt auch, warum es nie mehr Gazellenfleisch als Gras geben könnte und nie mehr Löwen als Gazellen. Es gibt nicht genug Energie, um sie zu erhalten.

Die Gesamtproduktion der Savanne ist immens. Während der Regenzeiten kann jeder Quadratmeter Gras in der Serengeti pro Monat fast ein Kilo verwertbarer Biomasse produzieren – einige tausend Tonnen pro Quadratkilometer. Darüber hinaus kann etwa die Hälfte aller Savannenpflanzen von dem einen oder anderen Tier verwertet werden (verglichen mit weniger als einem Zwanzigstel im Regenwald). So überrascht es nicht, dass das Ökosystem der Serengeti so extrem dicht besiedelt ist mit einer solch immensen Artenvielfalt. Aber auch wenn sich die Savanne während Millionen von Jahren zu dem entwickelt hat, was sie heute ist, waren die Bilder von großen Herden auf üppig grünen Weiden und von Raubtieren, die im hohen Gras auf ihre Beute lauern, nicht immer selbstverständlich. Die Beziehung zwischen den verschiedenen Bestandteilen eines Ökosystems unterliegt fortwährender Veränderung – besonders dann, wenn Menschen in das System eingreifen.

Sehen wir uns ein Beispiel von vor hundert Jahren an. Jahrhundertelang waren die Ebenen der Serengeti von den Massai bewohnt, nomadisierenden Viehzüchtern, die mit ihren Herden durch die Savanne zogen. Die Grasländer wurden stark überweidet, die Menschen schlugen Holz für ihre Hütten und Feuer, das Vieh verhinderte eine Regeneration der Bäume, die Landschaft war

Während andere Antilopen und Pflanzenfresser sich das ganze Jahr über von den gleichen Pflanzen ernähren, wechselt die Impala ihre Kost mit den Jahreszeiten.

dadurch sehr viel offener als heute. Es gab viel Wild in der Savanne: Gnus, Zebras, Gazellen und Antilopen. Obwohl viele der romantischen Vorstellung unterliegen, dass Viehhirten mit wilden Tieren in einer harmonischen Beziehung lebten, sah die Realität doch so aus, dass die Wildtiere in Wahrheit das Gras fraßen, das die Massai ihrem Vieh zugedacht hatten. Wenn sie diese Konkurrenz hätten ausschalten können, hätten sie es sicherlich getan, aber es gab zu viele Wildtiere und zu wenige jagende Massai.

Ende des 19. Jahrhunderts schlug die Rinderpest zu. Rinderpest ist eine tierische Viruserkrankung, die in Afrika unbekannt war, bis die Krankheit durch Vieh, das die Italiener als Nahrung für ihre Invasionstruppen mitbrachten, nach Somalia eingeschleppt wurde. Von Somalia aus breitete sich der Virus rasch über den Kontinent aus und verursachte empfindliche Verluste unter gezähmten und wilden Wiederkäuern. Da das Vieh auf dem Kontinent keine natürliche oder erworbene Immunität besaß, starben 90 Prozent aller Tiere. Die Verluste unter den Wildtieren, die mit dem Vieh der Massai am engsten verwandt sind (darunter Büffel und Gnus), lassen sich nicht in Zahlen fassen, waren wahrscheinlich aber ebenso katastrophal.

Durch die hohen Viehverluste verloren die Massai ihre Rolle als Viehhirten nahezu komplett. Die bis dahin offen gehaltenen Weiden in den feuchteren Teilen der Serengeti verwandelten sich schnell wieder zu Waldland, was wiederum eine perfekte Umgebung für die Tsetsefliege war. Deren Rückkehr verhinderte in der Folgezeit eine Wiederbesiedlung durch die Massai, da die Tsetsefliege Trypanosomiasis – die Schlafkrankheit – überträgt, die für Menschen und Vieh tödlich ist. Auf Grund des Rückzugs der Massai und einer zeitgleichen Zunahme an Wildtieren beschloss die Kolonialregierung, die Serengeti, Ngorongoro und die Mara zu Wildreservaten umzuwidmen. Erst in den 60er-Jahren des 20. Jahrhunderts, als Elefanten in den Park eindrangen, wurden die Waldgebiete der Serengeti wieder für Weidetiere geöffnet. Mit einer Impfkampagne hatte man zu diesem Zeitpunkt endlich die Rinderpest in den Vieh-

beständen um den Park herum erfolgreich bekämpfen können. Somit waren die Wildtiere im Park vor einer erneuten Infektion geschützt – ein starkes Anwachsen der Tierpopulation war die Folge.

Zwischen 1963 und 1977 vermehrte sich die Gnupopulation um das Sechsfache und sprang von 250 000 auf 1,5 Millionen Tiere. In späteren Jahren verringerte sich die Population wieder etwas und pendelt seitdem weitgehend konstant bei ungefähr 1,3 Millionen Tieren. So wuchs in nur drei Jahrzehnten aus einer relativ relativ unbedeutenden Zahl von Gnus im Ökosystem der Serengeti eine gigantische Herde.

Die sechsfache Zunahme der Gnupopulation innerhalb von 14 Jahren zeigt eindrucksvoll das unerschöpfliche Nahrungsangebot der Serengeti. Als die Krankheit eliminiert war, vermehrten sich die Gnus auf unvorhergesehene Weise. Als Weidetiere hatten sie eine ökologi-

sche Nische besetzt, die weder das halbnomadische Zebra noch die stationären Antilopen und Gazellen füllen konnten. In der Tier- und Pflanzenwelt ist Fortpflanzung das oberste Gebot des Lebens, und das Fortpflanzungspotenzial der Savannentiere ist überwältigend.

In der Serengeti bringt jedes Muttertier durchschnittlich pro Jahr ein Junges zur Welt. Somit verdoppelt sich die Population in weniger als drei Jahren. Sogar die Nachkommen eines einzigen Elefantenpaares (deren Tragzeit mit 22 Monaten unter allen Säugetiere am längsten ist) würden Afrika – Schulter an Schulter stehend – in 500 Jahren flächendeckend füllen – würde es keine Kontrollmechanismen gibt. Aber so ist es natürlich nicht. Dem natürlichen Fortpflanzungspotenzial der Gnus steht die Wirksamkeit natürlicher Regulierungsmechanismen gegenüber: Nicht alle Nachkommen überleben bis zur Geschlechtsreife, Raubtiere minimieren die Anzahl, der Tod siebt die Schwächsten aus.

Der Tod ist ein wesentlicher Bestandteil jeden Lebens. Energie und lebenswichtige Mineralstoffe könnten ohne ihn nicht wiederverwertet werden. Wenn man annimmt, dass ein einzelnes Gnu oder Zebra eine durchschnittliche Lebenserwartung von zehn Jahren hat, folgt daraus, dass in einer Population von zwei Millionen Tieren 200 000 pro Jahr an Altersschwäche sterben. Und das sind nur zwei der Tierarten, die in der Serengeti beheimatet sind. Addiert man die Todesfälle zahlreicher anderer Arten dazu, wird deutlich, dass der Tod in der Serengeti eine wichtige Nahrungsquelle darstellt. Die verendeten Tiere werden von Fleischfressern, Aasfressern und Destruenten (Kleinstlebewesen) gefressen, die einen wesentlichen Teil des natürlichen Kreislaufes darstellen.

Wenn man Aasfresser auf der afrikanischen Savanne erwähnt, denkt man wahrscheinlich zuallererst an die Hyäne. Aber auch der »edle« Löwe wird ohne Zögern vom Kadaver eines Tieres fressen, das eines natürlichen Todes starb oder von anderen Raubtieren getötet wurde. Löwen, Leoparden, Geparden, Wildhunde – praktisch alle Beutegreifer fressen Aas, wenn sich ihnen die Gelegenheit bietet. Man hat jedoch ausgerechnet, dass die Armee von etwa 7000 Raubtieren in der Serengeti mehr als 60 Prozent der Tiere, die eines natürlichen Todes sterben, nicht findet. Die effektivsten Aasfresser im Ökosystem der Serengeti sind die Geier, die mehr Kadaver beseitigen als alle anderen Haartiere unter den Fleischfressern.

Vorteilhaft für die Geier ist natürlich die Fähigkeit, Kadaver aus der Luft aufzuspüren. Sind die Geier einmal mit der Thermik aufgestiegen, können sie stundenlang mit geringem Energieaufwand große Entfernungen zurücklegen. Sie können ein am Boden liegendes totes Tier aus etwa fünf Kilometern Entfernung orten und sich mit 70 Stundenkilometern auf dieses hinunterstürzen. Ihr Nachteil ist, dass ihr Sturzflug die Aufmerksamkeit der anderen auf den Kadaver zieht. Die meisten Geier finden ihre Nahrung, indem sie die Aktivitäten anderer Geier beobachten – was kein Problem darstellt, denn jeder einzelne Geier kann nur einen kleinen Teil des Verfügbaren fressen. Aber sowohl Löwen als auch Hyänen halten ebenfalls Ausschau nach herbeifliegenden

Geiern, und sie laufen in die Richtung des Zielgebietes, auch wenn sie den Kadaver selbst nicht sehen können.

Wo aasfressende Säugetiere und Vögel gleichermaßen zahlreich vorhanden sind, könnte man annehmen, dass die Geier von den ankommenden Löwen oder Hyänen vertrieben werden. Doch dem ist nicht so. Ein Wissenschaftler, der 64 Kadaver beobachtete, fand heraus, dass in 84 Prozent der Fälle nicht ein einziges aasfressendes Säugetier auftauchte – kein Löwe, keine Hyäne –, obwohl die Geier meistens etliche Stunden lang fraßen und weitere Vögel hinzukamen. Die Vorstellung, von Geiern zu einer Mahlzeit verwesenden Fleisches geleitet zu werden, ist nicht besonders anziehend, aber diese ergiebige und noch nicht ausgenutzte Nische schien wie geschaffen für ein bestimmtes Tier, das vor fast vier Millionen Jahren in den Savannen Ostafrikas auftauchte – unsere Vorfahren.

Rekonstruktionen jener früheren Landschaft weisen darauf hin, dass die Umweltbedingungen sich nicht

gen in Ostafrika häufig gefunden wurden. Kerben auf alten Knochen zeigen, wo das Fleisch vom Kadaver geschnitten wurde. Eine Unmenge an zerschmetterten langen Knochen weist darauf hin, dass das fette Knochenmark besonders gefragt war. Dies ist um so interessanter, als Wildfleisch bekanntlich mager ist, Fett aber ein ganz wesentlicher Bestandteil der hochwertigen Nahrung ist, die das menschliche Tier braucht, um seine einzigartige Physis und Verhaltensweise aufrechtzuerhalten.

Natürlich war es der zweibeinige Gang und das erkennende Gehirn, die es den Menschen ermöglichte, diese Nischen für sich zu nutzen, die andere Tiere vernachlässigt hatten. Aufrecht auf zwei Beinen stehend, mit der Fähigkeit, über die Gegenwart nachzudenken und für die Zukunft aufgrund vergangener Erfahrungen zu planen, waren Menschen in der Tierwelt einzigartig. Klein, nicht besonders robust, in ihrer Zahl auf wenige beschränkt, teilten sie sich die natürlichen Ressourcen mit der größten Anzahl an Tieren, die es zu jener Zeit auf der Erde gab. Sie standen auf der ersten Stufe einer Bahn, die ihre Nachkommen zu den Sternen befördern würde.

AN EINEM ORT namens Laetoli am südöstlichen Rand der Serengeti kehrten die Archäologin Mary Leakey und ihr Team vorsichtig einen flachen Teil der afrikanischen Landschaft frei und enthüllten einen bedeutenden Moment der Menschheitsgeschichte. Wir liefen in Socken über ein Gebiet, das vor dreieinhalb Millionen Jahren ein Schlammbecken gewesen war. Voller Erstaunen betrachteten wir Fußspuren, die in der empfindlichen, versteinerten Oberfläche erhalten geblieben waren. Obwohl sie so alt waren, waren diese Fußspuren

Die Schirmakazie (Acacia tortilis) **hat sich an die Hitze und die sporadischen Regenfälle Afrikas perfekt angepasst. Mit ihrer flachen Baumkrone aus winzigen Blättern vollzieht sie den Spagat zwischen notwendigem Sonnenlicht und der Gefahr des Austrocknens.**

FOLGENDE SEITEN: Überraschungsangriffe aus der Deckung des hohen Grases sind für die 14 Monate alten Gepardenjungen mehr als bloße Spielerei, sie erlernen damit notwendige Techniken für ein Überleben in der Savanne.

sehr stark von den heutigen unterschieden haben dürften. Da mehr als 60 Prozent der Tierleichen eines natürlichen Todes gestorben und nicht Beute der Raubtiere geworden waren, kann man davon ausgehen, dass sich auch damals in einem Umkreis von fünf Kilometern mindestens ein Kadaver an jedem beliebigen Punkt einer Wanderroute befunden hat – und zwar jeden Tag. Unternehmungslustige Wissenschaftler haben diese Hypothese getestet, indem sie mehrere Tage lang durch die Serengeti gewandert sind. Sie fanden genug Fleisch, und es gab keine ernsthaften Konflikte mit Raubtieren und Aasfressern. Geier erspähten den Kadaver für sie und wenn nötig taten ihnen die Männer mit den Messern den Gefallen, die Haut aufzuschneiden (was Geiern schwer fällt) und den Kadaver zu zerlegen.

In den frühen Tagen unserer Evolutionsgeschichte benutzten unsere Vorfahren dafür Steinwerkzeuge. Eine große Zahl dieser Werkzeuge fand man an solchen Schlachtorten, die bei paläontologischen Ausgrabun-

so menschlich wie diejenigen, die wir jeden Sommer auf einem nassen Sandstrand hinterlassen. Drei Individuen hatten das Schlammbecken durchquert, einer ging in den Spuren eines anderen und ein Dritter lief nebenher.

Als ich am Ende der Spuren stand, die Serengeti zu meinen Füßen, konnte ich im Geiste die Gruppe sehen, wie sie den Wald verließen, den ein ausbrechender Vulkan mit Asche bedeckte. Die gleichmäßige Tiefe jedes Fußabdrucks deutet darauf hin, dass die Gruppe nicht in Eile gewesen war. Sie wusste, wohin sie ging, denn dies war ihre Heimat. Mary Leakey bemerkte, dass die Fußabdrücke und die Schrittlänge der einen Spur größer als die der anderen war. Für einen Moment vernachlässigte sie die strenge Wissenschaft und meinte nachdenklich, dass die Abdrücke von einer Familie stammen könnten – von einem Mann und einer Frau, die nebeneinander gingen, und ihrem halbwüchsigen Kind, das ihnen folgte. Die Abdrücke der Frau waren tiefer als man bei ihrer Größe erwarten würde, besonders der des linken Fußes. Das deutete darauf hin, dass sie eine ungleiche Last trug – vielleicht ein Baby auf ihrer linken Hüfte. An einem Punkt der Spuren schien die Frau angehalten, gewartet

und sich umgedreht zu haben, um über ihre Schulter auf eine Bedrohung oder etwas Ungewöhnliches zu schauen. Das war eine intensiv menschliche Reaktion, die die Zeit überdauert hat, sagte Mary. Vor Millionen von Jahren hatte ein entfernter Vorfahr einen Moment des Zweifels erlebt – so wie wir es auch heute täten. Sadiman, der Vulkan, dessen Asche die fossilen Schichten von Laetoli schuf, ist nicht mehr aktiv, aber die heutige Landschaft unterscheidet sich ansonsten kaum von derjenigen vor mehr als drei Millionen Jahren. Auf den Ausläufern des Hochlands wachsen Akazienbüsche, und die oberen Hänge sind bedeckt mit Gräsern, die sich im Laufe der Trockenzeit von Grün nach Gold verfärben. Im Westen erstreckt sich die Ebene bis zum Horizont, und die wellenförmige Struktur wird hier und da unterbrochen von steilen Granit- und Gneisschichten, die sich wie Inseln aus dem Grasland erheben. In flachen Tälern zeichnen Waldstreifen die Wasserläufe nach. Elefanten ziehen vom Hochland herunter, Giraffen knabbern an Akazienwipfeln. Löwen liegen versteckt im graubraunen Gras, Herden von Zebras und Antilopen bewegen sich unruhig. Laetoli bewahrt eine Vorstellung

Von männlichen Löwen in Tansanias Savanne bis zu Bongo-Antilopen in Kameruns Regenwald – Afrikas Jagdkonzessionen sind weltweit gefragt. Eine dreiwöchige Safari kann 40 000 Dollar kosten – zuzüglich Trophäengebühren.

von Afrika in seinem ursprünglichen Zustand, als die Menschheit erst kürzlich das Gehen gelernt hatte und in die Savanne vordrang.

Afrika war die Wiege der ganzen Menschheit, und es gibt kaum Zweifel, dass die Besiedlung der Savanne der erste und entscheidendste Schritt unserer ganzen Entwicklungsgeschichte war. Alle unsere bestimmenden Charakteristika – unsere Fähigkeit, lange Strecken auf zwei Beinen zurückzulegen, die Hände, die mit einander gegenüber gestelltem Zeigefinger und Daumen fähig sind, feinmotorische Aufgaben zu erfüllen, unsere weitgehend unbehaarte, schwitzende Haut und unser Gehirn –, all dies waren Anpassungsmerkmale, die sich als Antwort auf die Herausforderungen der Savanne entwickelten. Dabei stellte sich das Gehirn als das entscheidendste Merkmal heraus. Während andere Tiere auf ihre speziellen Bedürfnisse zugeschnittene physische Attribute entwickelten, um damit ihre Überlebenschancen zu erhöhen – der lange Hals der Giraffe und der Rüssel des Elefanten sind klassische Beispiele dafür –, gab die Evolution unseren Vorfahren eine hochspezialisierte Denkfähigkeit mit. Ursprünglich hat sie sich vielleicht entwickelt, um die schwierige Augen-Hand-Koordination zu steuern (ohne die es unmöglich wäre, ein Steinwerkzeug herzustellen), aber sie sollte letztendlich unser Hauptwerkzeug zum Überleben werden.

Unser Gehirn hätte seine besonderen Charakteristika nicht ohne die physischen Veränderungen entwickeln können, die eine aufrechte Haltung dem Primatenskelett aufzwang.

Menschen sind so eng verwandt mit den Affen, dass mehr als 99 Prozent unserer DNA mit der des Schimpansen übereinstimmen. Das bedeutet, dass sich Schimpansen und Menschen erst in der jüngsten Vergangenheit von ihrem gemeinsamen Vorfahren entfernt haben. Der gemeinsame Vorfahr lebte vor fünf bis sieben Millionen Jahren in den blühenden Wäldern westlich des Rift Valley. Wie und warum ein Zweig seiner Nachkommen sich zu Menschen entwickelte, während der andere die althergebrachte Form behielt und zu den modernen

Affen – den Gorillas und Schimpansen – wurde, ist eine Sache der Spekulation. Fossiliensucher müssen noch den entscheidenden Beweis finden. Bis dahin ist es so, als ob ein Zauberer einen Schleier über die Szene gelegt und dann den zweibeinigen Vorfahren der Menschheit hervorgezaubert hätte. Die Transformation war gewiss ein magischer Vorgang, denn Stehen und Gehen stellen die einschneidenste Veränderung des bisher Gewesenen dar.

Der menschliche zweifüßige Gang ist einmalig, wahrscheinlich weil er eine so ineffiziente Fortbewegungsart ist. Was die dafür notwendige Energie betrifft, sind Menschen nur geringfügig effizienter als Pinguine. Mäuse, Eichhörnchen, Ponys und Gazellen sind viel leistungsfähiger – Hunde noch mehr. Um sich auf allen Vieren am Boden zu bewegen, brauchen unter unseren nächsten Vettern nur die Gorillas relativ gesehen mehr Energie als der Mensch, die Schimpansen hingegen 25 Prozent weniger. Darüber hinaus sind Schimpansen insgesamt auch schneller und beweglicher als wir.

Die Tatsache, dass 60 Prozent des Körpergewichts des Affen auf ihren Hinterbeinen getragen werden, lässt darauf schließen, dass die ursprüngliche Körperform für Zweibeinigkeit geeignet war. Dennoch waren die nötigen physischen Anpassungen, um auf zwei Beinen zu laufen, beträchtlich. Das Hauptproblem lag darin, das Gewicht des Oberkörpers auf die Hinterbeine zu übertragen und es dann beim Laufen abwechselnd auf das jeweilige Standbein zu verlagern. Dafür mussten mehrere Dinge geschehen. Der Kopf verschob sich, sodass er oben auf der Wirbelsäule balancierte (und nicht mehr von kräftigen Halsmuskeln gehalten wurde wie bei den Affen). Die Wirbelsäule bekam Krümmungen im Nacken und unten am Rücken – dadurch wirkte sie wie eine Feder. Das Becken wurde breiter, die Arme kürzer, die Beine länger, und die Oberschenkel rückten nach innen, sodass die Knie das Gewicht des Körpers tragen konnten. Schließlich verlor der Fuß seine Fähigkeit, wie eine Hand zu greifen, und wurde zu einem steifen Fortbewegungshebel. Alle diese Anpassungen des Skeletts wurden begleitet von ebenso einschneidenden muskulären Veränderungen.

Der Übergang vom schlurfenden Affen zum schreitenden menschlichen Vorfahren muss über einen relativ kurzen Zeitraum vonstatten gegangen sein. Der

Der in der Kolonialzeit in Kenia eingeführte Tee gedeiht im Hochland und wird das ganze Jahr über alle zwei Wochen gepflückt. Kenia ist der größte Produzent in Afrika und der weltweit führende Exporteur.

Vorgang konnte sich nicht allmählich vollzogen haben, da sich kein Tier gewohnheitsmäßig sowohl auf vier als auch auf zwei Beinen fortbewegen kann. Das eine oder andere musste sehr schnell überwiegen.

Ein schneller Übergang bedeutet zugleich, dass die äußeren Kräfte, die diese Anpassung bewirkt haben, stark gewesen sein müssen. Und in der Tat wurde Afrika in dieser Zeitepoche kühler und trockener, die Wälder kleiner. Wahrscheinlich vertrieb der Kampf um schwindende Ressourcen unsere Vorfahren aus ihrer urzeitlichen Heimat und hinaus in die Savanne, wo der Zugang zu neuen, weiter verstreut liegenden Nahrungsquellen zur Entwicklung der Zweibeinigkeit führte.

Aber obwohl das Nahrungsangebot der Savanne etwa 20-mal reichhaltiger ist als das des Waldes, stellte die Savanne unseren menschlichen Vorfahren vor neue, unbekannte Probleme. Das Nahrungsangebot war auf ein weites Gebiet verstreut, das Sammeln bedeutete stundenlanges Gehen in der Sonnenhitze – was wiederum ein ausreichendes Wasserangebot voraussetzte. Der Mensch kann wochenlang ohne Essen leben, aber ohne Wasser stirbt er innerhalb von Tagen. In gemäßigtem Klima braucht man etwa 2,5 Liter am Tag, aber wer in der Savanne herumwandert, braucht mindestens drei- bis viermal so viel. Der Grund dafür ist unsere Fähigkeit, den Körper durch Schwitzen abzukühlen. Die menschlichen Vorfahren, die das Laetoli-Schlammbecken durchquerten, waren etwa so groß wie heutige Achtjährige. Ihre benötigte Wassermenge war kleiner als unsere, aber auch sie konnten sich nicht mehr als zehn oder zwölf Kilometer von einer Wasserquelle entfernen, wenn sie auf Nahrungssuche waren. Zunächst scheint das Schwitzen als Abkühlungsmethode in einer tropischen Umgebung, in der nicht immer Wasser in der Nähe zur Verfügung steht, widersinnig zu sein. Schließlich verbringen alle Grasfresser ihre Tage in der prallen Tropensonne. Einige wenige, wie der Spießbock und die Thomsongazelle, können allein mit der Feuchtigkeit der Vegetation überleben. Aber Antilopen haben kein großes Gehirn, und – so paradox es scheinen mag –

das große Gehirn und das Schwitzen zur Abkühlung sind untrennbar miteinander verbunden.

Alle Säugetiergehirne reagieren sehr temperaturempfindlich. Abweichungen von nur wenigen Graden können tödlich sein. Die Körpertemperaturen der Savannentiere können gefährlich hoch werden, aber sie überleben, weil sie ausgeklügelte Methoden entwickelt haben, um ihr Gehirn kühl zu halten, auch wenn der Körper heiß wird. Schauen wir uns ihre Anatomie einmal genauer an. Ihre lange Schnauze ist entscheidend. Die Wasserverdunstung aus den feuchten Nasenhäuten nimmt die Hitze aus dem Blut, das unter den Membranen fließt. Dieses gekühlte Blut sammelt sich dann kurzzeitig unten am Schädel in einer Ausbuchtung der Drosselvene, Sinus genannt. In der Zwischenzeit wird Blut, das in den Halsschlagadern zum Gehirn fließt, durch ein Netzwerk von dünnen Blutgefäßen, das Schlagadernnetzwerk, geleitet; es läuft durch den Sinus, wo überschüssige Hitze aus dem arteriellen Blut zum Pool des gekühlten venösen Blutes transferiert wird, dadurch erhält das Gehirn Blut mit der richtigen Temperatur.

Mit einem »Radiator« in der Nase und einem »Wärmetauscher« im Schädel können die Säugetiere der Savanne ihr Gehirn kühl halten, auch wenn ihr Körper tatsächlich sehr heiß ist. Menschen (und die meisten Primaten) mit ihren flachen Gesichtern besitzen weder einen Radiator noch einen Wärmetauscher. Darüber hinaus haben Primaten (Menschen eingeschlossen) kein Schlagadernnetzwerk. Diese Faktoren bestätigen, dass wir aus einer Waldumgebung stammen, wo unsere nächsten Verwandten noch immer leben. Sie blieben zurück und können nur schlecht mit Hitzebelastungen fertig werden. Wir sind hinausgezogen und entwickelten das wirksamste Körperkühlungssystem aller lebenden Säugetiere.

Die Hauptfaktoren sind die aufrechte Haltung, die unbehaarte Haut und die hoch entwickelten Schweißdrüsen. Während bei vierbeinigen Tieren 20 Prozent ihres Körpers tagsüber der Sonne ausgesetzt sind, werden bei aufrecht stehenden Menschen in den Tropen nur sieben Prozent von der Mittagssonne getroffen, wenn sie direkt über ihnen steht. Insgesamt können Menschen 60 Prozent der direkten Sonnenstrahlung, der Vierbeiner ausgesetzt sind, vermeiden. Zudem schützt das Haar Kopf und Schultern, wenn die Sonne am intensivsten scheint. Schließlich setzt die aufrechte Haltung einen größeren Teil der Hautoberfläche der Luftbewegung aus. Dieser Vorteil wird vergrößert durch eine haarlose Haut, die die Schweißporen offen liegen lässt, und hoch entwickelte Schweißdrüsen, deren Produktion Körperhitze schnell an die Umgebungsluft abgibt.

Eine halbe Million kenianische Farmer bauen Kaffee an – nach dem Tee das zweitwichtigste Exportgut des Landes.

Unser Ganzkörperkühlsystem ist eine weitaus effizientere Methode, das Gehirn vor Hitzebelastung zu schützen, als das Radiator und Wärmetauscher anderer Säugetiere können. Es entwickelte sich, als wir in die Savanne hinauszogen und gab unseren Vorfahren die Möglichkeit, länger nach Nahrung zu suchen. Das Gehirn war zu jener Zeit noch relativ klein, aber das Ganzkörperkühlsystem half dem Gehirn, sich zu dem großen Überlebenswerkzeug zu entwickeln, das wir heute besitzen.

Das heißt nicht, dass das Ganzkörperkühlsystem die Entwicklung des großen Gehirns verursachte, sondern dass es gewisse physiologische Einschränkungen minimierte und eine Vergrößerung ermöglichte. Aber es hatte auch einen Nachteil.

Gehirn ist »teures Gewebe« – der Rolls-Royce der kognitiven Ausstattung, kostenintensiv im Unterhalt. Das moderne menschliche Gehirn ist sechsmal größer als das vergleichbarer Säugetiere, und obwohl es durchschnittlich nur zwei Prozent des Körpergewichts des modernen Menschen ausmacht, verbraucht es mehr als 16 Prozent des Energiehaushaltes des Körpers. Im Vergleich dazu verbrennen die Skelettmuskeln weniger als 15 Prozent der Gesamtenergiemenge, auch wenn sie über 40 Prozent des durchschnittlichen Körpergewichts ausmachen.

Darüber hinaus verbrennt das menschliche Gehirn Energie neunmal schneller als der restliche Körper; da es Energie nicht zum späteren Gebrauch speichern kann, muss es ununterbrochen mit Brennstoff versorgt werden. Als sich das menschliche Gehirn entwickelte, war seine Unterhaltung nicht weniger aufwändig als seine Abkühlung. Konsequenterweise hätte sich die Nahrungsaufnahme steigern müssen, als sich das große Gehirn entwickelte. Entsprechend groß hätten sich Magen und Verdauungstrakt entwickeln müssen – im Verhältnis zur Körpergröße gesehen. Tatsache aber ist, dass der menschliche Darm nur halb so groß wie erwartet ist. Wir haben nicht die großen Bäuche, in denen die anderen Primaten riesige Mengen an Blättern und Gras verwerten, und worunter sich nur gelegentlich etwas Nahrhafteres verbirgt. Wir haben gelernt, gehaltvolleres Essen zu uns zu nehmen, in entsprechend kleineren Mengen. Unser kleiner Darm benötigt ausschließlich nahrhaftes Essen, vor allem das nährstoffreiche Fortpflanzungsmaterial anderer Organismen – Samen, Nüsse, Knollen und Eier –, gekrönt mit beträchtlichen Mengen an Eiweiß in Form von Fleisch. Auf diese Weise musste das große Gehirn selbst einiges an kognitivem Bemühen aufwenden, um sich seine Ansprüche zu erfüllen. Der Erfolg dieser interaktiven Beziehung ist offensichtlich, denn er ist die Grundlage allen menschlichen Verhaltens und aller Leistungen: Technologie, Sprache und Kultur. Sie alle sind als Folge der Anpassungen an die Anforderungen des Lebens in der tropischen Savanne zu sehen.

EINES **SONNTAGNACHMITTAGS,** einige Wochen nachdem ich Anfang 1969 nach Nairobi gezogen war, fuhr ich mit dem Auto hinaus aus der Stadt, die Straße nach Mombasa entlang. Wo das Asphaltband die Athi-Ebenen kreuzte – Grasland, auf dem damals noch Zebras, Giraffen, Gazellen und Antilopen grasten –, bog ich auf eine unbefestigte Piste ab. Diese verlor sich nach etwa einem Kilometer, und ich ging zu Fuß weiter, ohne ein bestimmtes Ziel; ich wollte nur aufs Land und eine Weile allein sein. Ich folgte einer Reihe von Wildwechseln, die sich durch das niedrige Gebüsch und schulterhohe Gruppen von Pfeifdorn schlängelten. Es war

Trockenzeit. Das Gelände war weitgehend abgeweidet. An manchen Stellen war die Erde blank, und an einer Stelle, wo Regengüsse einer früheren Regenzeit die Spur in einen Wasserlauf verwandelt hatten, fielen mir einige Steinchen auf. Ich kniete mich nieder und sah, dass ich ein kleines Versteck mit Steinwerkzeug entdeckt hatte, das am Rand des Wasserlaufs freigelegt worden war. Zunächst hielt ich die Steine für grobe Pfeilspitzen, aber eigentlich waren es kleine Klingen, die man zum Beispiel zwischen Daumen und Zeigefinger nehmen könnte, um Haut oder Fleisch vom Knochen zu lösen. Sicherlich war das feuersteinähnliche Material hart und glasartig genug, um eine Scheibe mit einem sehr scharfen Rand herzustellen.

Dass ich Steinwerkzeug an einem Sonntagnachmittag auf der Athi-Ebene gefunden hatte, erschien damals nicht bemerkenswert. Schließlich war ich vor kurzem in Koobi Fora in Nordkenia gewesen. Dort wurden die Fossilien verschiedenster Lebewesen ausgegraben – einschließlich des frühen Menschen. Ich lernte, dass Afrika oft unerwartete Verbindungen mit unserer Vorzeit aufdeckt. Dennoch stiegen in dem Moment, als ich auf der Athi-Ebene kniete, allein mit ein paar Steinscheibchen, Vorstellungen von der Vergangenheit in mir auf. Die Scheibchen waren vermutlich vor mehr als 100 000 Jahren gemacht worden, als Steinwerkzeuge über das menschliche Fortleben entschieden. Werkzeuge wie diese ermöglichten es den Menschen, die Savanne besser und effektiver zu nutzen. Sie waren ein entscheidender Schritt im evolutionären Prozess. Die Scheibchen, die ich gefunden hatte, wurden vielleicht verwendet, um Fleisch zum Trocknen in Streifen zu schneiden oder um einen Stock anzuspitzen, um nahrhafte Wurzeln auszugraben. Vielleicht waren sie seitdem unberührt liegen geblieben. Und da kam ich nun daher – und die moderne Stadt Nairobi flimmerte im Norden im heißen Dunst.

Wir waren allein auf der Welt, seit die letzten Neandertaler vor etwa 25 000 Jahren ausstarben, besiedelten den Globus und nutzten die vorhandenen Ressourcen ohne Konkurrenz. Keine anderen Säugetiere waren jemals so weit verbreitet und gleichzeitig so allein. Aber es war nicht immer so. Obwohl der Glaube, dass die menschliche Entwicklung einer einzigen Linie, von einer Spezies zur nächsten, folgte, weitverbreitet ist,

Kenias Küste mit silberfarbenem Sand und Korallenriffen ist ein beliebtes Urlaubsziel. Tagsüber patrouillieren Kenias junge Massai mit Handwerkswaren zum Verkauf über die Strände; abends unterhalten sie in den Hotels die Gäste mit traditionellem Tanz.

machen es jüngste Fossilienfunde und die Neubeurteilung bestehender Sammlungen deutlich, dass die Evolution der menschlichen Linie sich nicht von derjenigen anderer erfolgreicher Tierfamilien unterscheidet. Unsere Entwicklungsgeschichte ist kein einfaches lineares Fortschreiten, das vom *Australopithecus africanus* direkt zum *Homo habilis*, zum *Homo erectus* und dann zu uns selbst, zum *Homo sapiens*, führte. Im Gegenteil, es ist eine typische Geschichte von evolutionärem Herumpfuschen und Ausprobieren. Während der vergangenen viereinhalb Millionen Jahre sind regelmäßig neue hominide Spezies aufgetaucht, haben miteinander konkurriert, zusammengelebt und Erfolg gehabt – oder auch nicht. Einige Fachleute glauben, dass mindestens 20 Spezies von Hominiden gekommen und gegangen sind, seit unsere Vorfahren vor vier bis fünf Millionen Jahren aus dem Wald in die Savanne gezogen sind. Viele Fossilien an den Ufern des heutigen Turkanasees im Rift Valley beweisen zum Beispiel schlüssig, dass mindestens vier von ihnen dort vor rund zwei Millionen Jahren zusammenlebten.

Der erste Exodus von Hominiden aus Afrika muss zu jener Zeit stattgefunden haben. Fossilien einer verwandten Spezies, 1,8 Millionen Jahre alt, wurden in China und Java gefunden. Europa wurde wohl etwas später besiedelt. Fossilienfunde deuten darauf hin, dass Hominiden vor etwa 800 000 Jahren in Spanien lebten. Aus diesem Zweig entwickelten sich die Neandertaler, die auf dem Kontinent bis zu ihrem Aussterben relativ zahlreich waren.

Inzwischen entwickelten sich auch in Afrika weitere Zweige, die vor 150 000 bis 200 000 Jahren im Erscheinen eines besonderen Hominiden gipfelten. Fossilienfunde lassen darauf schließen, dass die Neuankömmlinge groß und schlank waren, ihr Kinn war spitz und stand vor, ihre Gesichter waren niedrig und unter dem Schädel zurückgesetzt, sie hatten eine hohe Stirn, aber keine Augenbrauenwülste, und ihr Gehirn war so groß wie unseres. Die Verbindung ist nicht zu übersehen.

Dies waren die ersten Vertreter unserer Spezies *Homo sapiens* – »weiser Mensch«. Alle anderen Vertreter der Hominidenfamilie verschwanden wenig später aus Afrika. Die Gründe werden wir vielleicht nie ganz erfahren. Möglicherweise lag die Ursache in sich verschlechternden Umweltbedingungen. Vielleicht war es zu einer Verknappung der Nahrungsmittel gekommen, bedingt durch eine Klimaveränderung. Oder sie unterlagen gegen Neuankömmlinge im Kampf um verfügbare Ressourcen. Wie auch immer, Afrika füllte sich mit Menschen unseres Aussehens. Bald darauf verließen diese den Kontinent über die Landenge von Suez und besiedelten die übrige Welt. Innerhalb von 4000 Generationen besiedelten sie erneut Gegenden, die schon einmal von Hominiden früherer Wanderungsbewegungen in Besitz genommen worden waren. Dann dehnten sie sich auf Regionen aus, in denen noch nie Menschen gelebt hatten. Kurz gesagt, sie eroberten die Welt.

Genetiker haben geschätzt, dass die Personenanzahl dieses zweiten Exodus sehr klein gewesen ist – mög-

nicht, dass sie die einzige damals lebende Frau war (Eva in Begleitung von Adam, wie Anhänger der Schöpfungslehre glauben würden), sondern beweist nur die immer stärkere Dominanz ihrer mtDNS. Parallel dazu verschwanden andere mütterliche Linien – nicht jede Mutter bringt eine Tochter hervor, der sie ihre mtDNS vererbt. Genetiker bezeichneten diese Vorfahrin als »unsere gemeinsame Mutter«, aber sie wurde bald bekannt unter dem Namen »die afrikanische Eva«.

MOUNT LENGAI (OL DOINYO) erhebt sich am südlichen Ende des Natronsees unweit dem östlichen Rand der Serengeti, ein steiler, mit tiefen Furchen durchzogener Kegel aus grauer Asche, der nach ergiebigen Regenfällen einen grünen Mantel trägt. Es ist der letzte noch aktive Vulkan einer Vulkankette, die man im geologischen Zusammenhang mit der Entstehung des Rift Valley sieht. Die Ausbrüche dieser Vulkane schufen zu dem Zeitpunkt, als die Menschheit noch in den Kinderschuhen steckte, die fruchtbaren Ebenen. Ol Doinyo hat 1966 das letzte Mal die Serengeti mit Asche bedeckt. Lengai bedeutet in der Massai-Sprache Gott oder Regen.

Weiter nördlich werden die majestätischen schneebedeckten Gipfel des Mount Kenya von den Kikuyu in ähnlicher Weise als die Heimat ihres Gottes verehrt, der als *Ngai* bekannt ist – die Kikuyu-Version des Massai-Namens. Eine Kikuyu-Legende beschreibt den Ursprung des Volkes der Massai, Kikuyu und Dorobo, die, wie man glaubte, die ersten Einwohner Ostafrikas waren. Die Legende geht so: Ein alter Mann (einige sagen: ein Gott) lag im Sterben, und er schickte jeden seiner Söhne hinaus in die Welt mit einem Geschenk, das ihnen das Überleben sichern sollte. Der erste Sohn bekam einen Pfeil und lebte fortan von der Jagd – er wurde der Stammvater der Dorobo. Dem zweiten gab er eine Harke, und dieser lernte schnell, das Land zu pflügen und Getreide anzubauen – dieser wurde der Stammvater der Kikuyu. Der dritte bekam einen Stock und begann damit, das Vieh zu hüten – er wurde zum Stammvater der Massai.

Die Legende von Pfeil, Harke und Stock symbolisiert zugleich die wichtigsten Tätigkeiten, mit denen die Menschen in ihrer afrikanischen Umgebung überleben

licherweise hat es sich nur um 50 Individuen gehandelt, darunter sechs Frauen zur Fortpflanzung, innerhalb eines Zeitraumes von 70 Jahren, oder nicht mehr als 500 Individuen innerhalb von 200 Jahren. Ein so enger Flaschenhals bedeutet, dass die Nachkommen der Wanderer alle eng miteinander verwandt gewesen sein müssen. In der Tat können ein New Yorker und ein australischer Aborigine genetisch ähnlicher sein als zwei Menschen aus der gleichen Stadt in Afrika. Der Grund liegt darin, dass die Afrikaner die genetische Vielfalt einer großen Bevölkerung geerbt haben, die auf etwa eine Million zur Zeit des Exodus geschätzt wird. Die Auswanderer haben immer noch viel gemeinsam mit der afrikanischen Bevölkerung, denn alle – Afrikaner und Nichtafrikaner – sind Nachkommen einer jungen Spezies.

Dass es sich um einen kurzen Zeitraum handelt, wurde durch genetische Studien bestätigt. Jedes menschliche Lebewesen von heute besitzt die mitochondrische DNS (abgekürzt mtDNS) einer afrikanischen Frau, die erst vor 10 000 Generationen gelebt hat. Das bedeutet

Die gezackten Gipfel von Afrikas zweithöchstem Berg, Mount Kenya, sind das zerbrochene Kernstück eines uralten Vulkans. Der Gott des Kikuyu-Stamms, Ngai, soll in einer Höhle oben am Berg wohnen.

konnten: als Jäger, als Bauern und als Viehhirten. Die Aufteilung ist so alt und etabliert, dass sie kulturell bedingt zu sein scheint – aufrecht gehalten durch Unterschiede in äußerer Erscheinung, Gebräuchen, Glauben und manchmal gegenseitiger Abneigung. Aber im Grunde sind die Unterschiede ökologisch bedingt und abhängig von der Umgebung, in der jede Gruppe lebt. Sie bestimmt die Aktivitäten, durch die man die vorhandenen natürlichen Ressourcen am besten nutzen kann. Interessanterweise sind die Unterschiede auch linguistischer Natur. Die Sprachen, die von verschiedenen Gruppen von Jägern in Afrika gesprochen werden, gehören zu einer völlig anderen Sprachfamilie als die, die von Bauern gesprochen werden, und die Sprachen der Viehhirten sind wieder andere.

Die Fähigkeit, zu sprechen und dadurch Informationen, Neuigkeiten und Ideen untereinander auszutauschen, ist ein bestimmendes Charakteristikum der Menschheit. Vielleicht ist es sogar *das* bestimmende Charakteristikum, denn man kann sich kaum vorstellen, dass man lange menschlich bleibt, wenn man nicht miteinander sprechen könnte. Diese Gabe entwickelte sich in Afrika, und zwar ziemlich sicher, als die modernen Menschen mit großen Gehirnen vor 150 000 bis 200 000 Jahren auftraten. Schließlich wurde die Sprechfähigkeit eine angeborene Begabung und war so tief verwurzelt, dass »der Mensch sprechen kann in ungefähr dem Maße, wie die Spinne ein Netz weben kann«.

Sprache ist so alt wie die Menschheit, und obwohl sich die ursprüngliche Muttersprache schon lange verändert und modifiziert hat, sind die Beweise für Afrikas Sprachgeschichte bis heute vorhanden. Ebenso wie Archäologen die ersten Fossilien in Afrika fanden, haben Linguisten gezeigt, dass unsere ältesten Sprachen aus Afrika kommen.

Auf der Basis gemeinsamer Wörter und Strukturen hat man die mehreren tausend Sprachen der Welt in etwa 20 Sprachfamilien eingeteilt. Nur vier davon sind, wenn auch nur weit entfernt, mit allen anderen Sprachfamilien verwandt – alle vier sind afrikanische Sprachfa-

milien. Drei davon werden vorwiegend gesprochen von dem Volk des Pfeiles (die Khoisan-Sprachen), der Harke (Niger-Kongo) und des Stocks (Nilo-Sahara). Noch bemerkenswerter ist, dass diese Sprachen heute noch gesprochen werden, von den Hazda-Jägern und -Sammlern, den Sukuma-Bauern und den Massai-Hirten in einer Ecke Ostafrikas, die nur einen oder zwei Tagesmärsche von der Savanne entfernt ist, wo unsere Vorfahren erstmals den Wald verließen.

Die Hazda und die Sukuma sind an ihr Land gebunden, umgeben von anderen Gruppen, aber die Massai leben entlang des gesamten ostafrikanischen Rift Valleys. Sie durchqueren heute nicht mehr die Ebenen der Serengeti, aber sie hüten ihr Vieh immer noch in der Savanne. Nördlich der Serengeti und östlich der Mara in Kenia, dort, wo die Savannen sanft zu den Loita-Bergen, dem Mau-Abbruch, dem Nyandarua-Gebiet (zur Kolonialzeit als die Aberdares bekannt) und den Ausläufern des schneebedeckten Mount Kenya ansteigen, boten die kühlen Hochländer Weiden, auf die sich die Massai und ihr Vieh in der Trockenzeit zurückziehen konnten, wenn die Savanne ausgedörrt war. Oberhalb dieses Weidelandes, dort, wo die grasbewachsenen Lichtungen in Wald übergehen, rodeten die Kikuyu-Bauern das Land, bauten Häuser und Zäune und pflanzten Mais, Kartoffeln, Bohnen und Kohl, die in dieser Höhe hervorragend gediehen. Noch höher hinauf, in einer Zone, wo der Wald auf steilen Abhängen wächst und der Mutterboden nach einer Rodung weggeschwemmt werden würde, sowie auf Anhöhen, auf denen kein Getreide wachsen kann, ließen sich die Ndorobo nieder und nutzten die Ressourcen des Waldes, wie es keine andere Gruppe konnte. Sie sammelten Honig und wilde Früchte, legten Tierfallen aus und eigneten sich ein besonderes Wissen über die medizinischen Eigenschaften der wenig bekannten Waldpflanzen an.

In guten Zeiten sammelten die Ndorobo mehr Waldprodukte, als sie für sich selbst brauchten. Sie tauschten den Überschuss mit den Bauern und wollten im Gegenzug vor allem Kohlenhydrate (Getreide und Wurzeln) haben, die der Wald nicht liefern konnte. Im Gegenzug waren die Bauern dankbar für Fleisch, denn das bedeutete, dass sie nicht ihre eigenen Tiere schlachten mussten. Desgleichen tauschten die Kikuyu-Bauern mit den Massai-Hirten Getreide gegen Milchprodukte, Leder und

junge Tiere. Diese Beziehungen unterlagen immer den Schwächen der menschlichen Natur – Misstrauen, Unehrlichkeit, Abneigung –, aber sie wurden aufrechterhalten, weil sie gegenseitige Vorteile boten. Um das Beste aus dem Pfeil, der Harke und dem Stock herauszuholen, waren spezialisierte Talente nötig, und jede Gruppe produzierte immer einen Überschuss, der gegen lebensnotwendige andere Dinge eingetauscht werden konnte.

Das ist natürlich ein idealisierter Bericht. Klima, schlechte Erträge, Konflikte und – am wichtigsten von allen – die geschichtlichen Ereignisse verschworen sich oft gegen ein solches Paradies. Zum einen lebten die Dorobo nicht immer auf die Waldregionen beschränkt, die sie nun vorrangig besiedelten. Diese Khoisan sprechenden Völker – und mit ihnen die Hazda aus Tansania und die San der Kalahari – jagten und sammelten einst überall auf dem Kontinent, in der Savanne ebenso wie in den Hochländern. Sie waren die ersten Einwohner Afrikas und zogen sich in ihre Wälder und Wüsten erst dann zurück, als andere Gruppen ankamen und die produktivsten Regionen, die sie besetzt hatten, übernahmen. Es gibt Beweise, dass Menschen mit ihrem Vieh schon vor 2600 Jahren auf die höher gelegenen Savannen des südlichen Kenia gezogen waren. Die Pfeilmenschen widersetzten sich nur bedingt ihrer Ankunft: Haustiere sind leichter zu töten als wilde Tiere, und Viehknochen wurden gefunden, wo Archäologen alte Jäger-und-Sammler-Lagerplätze ausgegraben haben. Grundlegende Umwälzungen brachte erst Jahrhunderte später die Ankunft von Bauern aus dem Westen, die sich Niger-Kongo-Sprachen bedienten.

Wo vor Jahrhunderten Kikuyu-Bauern Eisenwerkzeuge benutzten, um den Wald nördlich von Nairobi für ihre Farmen und Bauernhöfe zu roden, finden sich heute Golfplätze. Die Spieler sind sich wahrscheinlich nicht bewusst, dass manch Platz dem Glauben der Kikuyu-Bauern Respekt gezollt hat. Die massiven, unbehauenen Bäume mit ihren verknoteten Zweigen, die nur darauf

warten, den schlecht getroffenen Ball festzuhalten, sind wilde afrikanische Feigenbäume, die die Kikuyu niemals abholzen würden. Für sie ist der Feigenbaum heilig.

Als die britischen Kolonisten damit begannen, im frühen 20. Jahrhundert Kaffee und Tee auf dem Hochland Kenias zu pflanzen, hatten die Kikuyu schon große Streifen Wald gefällt. Aber Feigenbäume blieben überall stehen. Sie waren nützliche Merkmale, um ein Dorf oder eine Quelle zu finden, sie wurden aber vor allem wegen der Macht der Mythen und Legenden, die sie umrankten, geschützt. Den zu Füßen ihres Vaters sitzenden Kindern erzählte man, wie Gott selbst die Kikuyu in das Land geschickt hatte, wo der Feigenbaum wuchs. Als es den Kikuyu gut ging, wurden die Feigenbäume Plätze für Rituale, für Dorf- und Clanzusammenkünfte. Jedes Jahr wurden Erntedank-Zeremonien in ihrem Schatten abgehalten. Wie die Kathedralen Europas wurden die

größten und ältesten Bäume zum verehrten Mittelpunkt der sozialen und kulturellen Identität – die physischen Manifestationen der Einheit und des gemeinsamen Glaubens eines Volkes.

Die Kikuyu sind nur eine von vielen Gruppen, die von diesen Bauern, die sich im 11. Jahrhundert n.Chr. von den Seengebieten Zentralafrikas kommend nach Westen vorwärts bewegten, abstammen. Der Vorstoß der Wanderer wurde durch ihre Eisenwerkzeuge erleichtert. Damit fällten sie Bäume (um Holzkohle für das Eisenschmelzen zu gewinnen und um Land zu roden), bauten Dörfer und pflanzten Getreide. Ihre Antriebskraft war weniger die Eroberung als vielmehr die Landgewinnung. Als die Bauern um die Südküste des Victoriasees herumwandernd die Hochländer Nordtansanias erreichten, und über den Kilimandscharo und entlang des Rift-Valley-Randes zum lockenden Mount Kenya weiterzogen, ließen sich immer wieder Bauern

entlang der Wanderroute nieder. Als die Gemeinschaften, die sie aufgebaut hatten, zu groß für ihr Land wurden, zogen einige Familien weiter. Die Wanderer teilten sich auf und gingen Umwege auf ihrem Zug gen Osten. Wie die Zweige eines langsam, aber kräftig wachsenden Baumes schufen sie damit zahlreiche engverwandte Bevölkerungsgruppen in Ostafrika. Sie hatten gemeinsame Vorfahren und eine ähnliche Lebensweise, aber sie entwickelten bald unterschiedliche Identitäten.

Es gab keinen geschriebenen Bericht über die Kikuyu, bis Jomo Kenyatta 1938 sein berühmtes *Facing Mount Kenya (Im Angesicht des Mount Kenya)* veröffentlichte, aber die Geschichten, die von den Ältesten erzählt und von Generation zu Generation weitergegeben wurden, ermöglichten es späteren Historikern, die Kikuyu-Wurzeln bis ins frühe 16. Jahrhundert zurückzuverfolgen. Die Berichte aus jenen frühen Zeiten sind unscharf, bekannt nur unter den Namen der Altersgruppen – oder Generationen –, denen die Ältesten damals angehörten: *Tene*, »vor langer Zeit«, *Agu*, »Vorfahren«,

und *Manjiri*, »Schöpfung«. Die Vorfahren der Kikuyu siedelten zuerst auf den östlichen und südlichen Hängen des Mount Kenya, wo sie gute Böden, angenehme Temperaturen und ausreichend Niederschlag vorfanden. Zudem gab es in dieser Gegend weder die Tsetsefliege noch die Malaria übertragenden Moskitos, die in anderen Regionen eine Besiedlung einschränkten oder unmöglich machten.

Die Dorobo-Jäger und -Sammler, die bisher die Gegend besetzt hatten, wurden nach und nach in die Kikuyu-Bevölkerung integriert (durch Heirat oder einfach durch Zusammenziehen) oder aber völlig verdrängt, als Wellen der Kikuyu-Pioniere den Berg hochzogen und den Wald auf allen Seiten zurückdrängten. Ein britischer Verwaltungsbeamter beschrieb 1910 diesen Prozess wie folgt: »Die Kikuyu zogen immer weiter. Der Vorstoß war vergleichbar mit Heuschrecken – wenn die hinteren Reihen keine Nahrung mehr fanden, flogen sie über die Hauptgruppe und ließen sich ganz vorne nieder. Und so wie Heuschrecken eine wider-

Kinder gehen in Karatina in ihre Schule – viele barfuß und kommen aus Häusern ohne fließendes Wasser und Strom. Ein Schulkind ist die Hoffnung auf eine Zukunft ohne Armut. Doch die Schulerziehung ist in Kenia nicht kostenlos; arme Familien arbeiten hart für die Gebühren.

standsfähige Ernte zunichte machen, so haben die Kikuyu den Wald gerodet.« Aber dieser Bericht zeugt von einer kolonialen Haltung und entspricht so gar nicht der Sichtweise der Kikuyu selbst. Die Pioniere waren im Allgemeinen junge Männer, so berichten Historiker, die ein *mbari* bildeten, eine Gruppe, die den Kamm auf den hohen bewaldeten Hängen des Mount Kenya besetzte und, nachdem sie gemeinsam den Wald gerodet hatte, das Land unter sich aufteilte. Es war eine extrem harte Arbeit. Um einen Hektar, den jede Familie zum Leben brauchte, zu roden, brauchte die Gruppe angeblich 150 Arbeitstage.

Zu Beginn des 17. Jahrhunderts hatten die Kikuyu praktisch die ganze südöstliche Seite des Mount Kenya besiedelt. Sie gründeten ein Hauptzentrum am Zusammenfluss des Thika und Thagana, etwa 80 Kilometer nordöstlich des heutigen Nairobi. Die *mbari* zogen weiter, flussaufwärts entlang des Thagana und westlich in die Täler der vielen Zuflüsse, die vom Nyandarua-Gebiet kommen. Es ist ein schönes Hochland, das von etwa 1500 Metern im Tal zu einem Gipfelplateau in mehr als 2500 Metern und zu den Gipfeln des Satima und Kinangop mit fast 4000 Metern reicht – hoch genug, um gelegentlich etwas Schnee zu erhalten. Im Osten werden die Nyandaruas von feuchten Monsunwinden gestreift, die vom Indischen Ozean herüberwehen, und erhalten dadurch ausreichend Niederschläge.

Viele Pflanzen, die die Pioniere roden mussten, waren Nutzpflanzen. Ein Gürtel aus widerstandsfähigem Bambus, der sich an den Nyandaruas und Mount Kenya entlangzieht, lieferte Zäune und zugleich ein Werkzeug, um Wasser zu dem Ort zu leiten, wo es gebraucht wurde. Das Holz der Bleistiftzeder lässt sich sauber zerschneiden, widersteht Termiten und ist somit ideal für den Hausbau. Der Kampferbaum lieferte eine beruhigende medizinische Salbe und ebenfalls Bauholz. Haltbare, splitterfreie Möbel können aus Mahagoni, afrikanischem Ölbaum, Iroko und Gelbholz hergestellt werden.

Aber ein Baum speziell sollte den ersten Pionieren besonders im Gedächtnis bleiben.

Der reife, wilde Feigenbaum ist ein massiver Baum, mit großem Umfang und Zweigen, die so eng stehen, und Blättern, die so dicht beieinander stehen, dass sich sogar ein Vogel oder ein Leopard in seinen Wipfeln verirren könnte. Die wilde Feige verlangt Respekt. Sie wurde nie gefällt – vielleicht wegen ihrer einschüchternden Erscheinung, vielleicht weil ihr Saft klebrig ist und Ausschläge hervorrufen kann, vielleicht weil ihr Holz weich ist und ungeeignet fürs Bauen und Verbrennen – oder vielleicht weil ihr Standort normalerweise auf eine Quelle in der Nähe hinweist. Wie auch immer, die wilde Feige wird bis heute von den Kikuyu verehrt. Sie sind das Volk der *mukuyu*, der Kikuyu-Name für Feige. Ein riesiges Exemplar steht auf den Hängen der Nyandaruas, gegenüber dem Mount Kenya, in Mukurue wa Gathanga. Nach Kikuyu-Tradition ist dies der Garten Eden – ihr Geburtsort –, obwohl Historiker uns erzählen, dass die Kikuyu erst im 17. Jahrhundert hierher kamen.

Die Hänge der Nyandaruas waren fruchtbar und sehr gut geeignet für intensiven Ackerbau. Viele der Pioniere, die zunächst noch während einiger Monate des Jahres jagten und sammelten, gingen ganz zum Ackerbau über. Die Bevölkerung wuchs schnell, und weitere Siedlerwellen bewegten sich nach Süden zum heutigen Nairobi. Während dieser Zeit entwickelten die Kikuyu ihre symbiotische Beziehung zu den Massai der Savanne. Güter wurden getauscht, Wörter entlehnt und Gebräuche übernommen. Es gab auch viele Ehen untereinander. In einigen Gebieten sollen mehr als die Hälfte der Kikuyu Massaiblut in ihren Adern haben.

Die Kikuyu erreichten die Grenzen ihrer Expansion in der zweiten Hälfte des 18. Jahrhunderts. Zu jener Zeit betrachteten sie sich erstmals als eine geschlossene Bevölkerungsgruppe – die Kikuyu. Das geschah vor etwa 200 Jahren, als Clans und Familien, die sich früher aufgeteilt hätten und weitergewandert wären, nun eher dazu neigten, zusammen am gleichen Ort zu bleiben. Mukurue wa Gathanga und der riesige Feigenbaum wurden zu wichtigen Symbolen der eigenen Identität und gaben ihnen den Glauben, dass sie, die Kikuyu, für immer das gottgegebene Recht hier zu leben besaßen – auf dem Land gegenüber dem Mount Kenya, rund 150 Kilometer nördlich von Nairobi.

lice Wangui ist eine allein erziehende Mutter, die ihr zweites Kind erwartet. Die durch und durch moderne und erfolgreiche Frau, die in Nairobi ihren eigenen Friseursalon führt, hat Zugang zur besten medizinischen Versorgung in der Stadt, entschied sich jedoch, ihr Baby in dem Dorf zur Welt zu bringen, wo sie selbst geboren wurde. Ihr erstes Kind, der siebenjährige Scott, wurde dort geboren, und seine Schwester (falls das Baby das erhoffte Mädchen ist) muss ebenfalls hier geboren werden, sagt sie, im Land ihrer Kikuyu-Ahnen. Wie die meisten Kikuyu fühlt sich Alice ihrer Heimat eng verbunden – auch wenn sie weit entfernt lebt.

Nachdem sie sich von einer holprigen, durchrüttelnden Fahrt von Nairobi erholt hat, spaziert Alice Wangui mit ihrem Sohn Scott auf Wegen, in denen sie als Kind gespielt hat. Obwohl sie in der Stadt lebt, ist dies der Ort, den sie »daheim« nennt. Seit Generationen schätzt ihre Familie diese Ecke des Kikuyu-Homelands. Sowohl sie selbst als auch Scott wurden hier geboren – wie auch ihr Vater und ihr Großvater.

Die Kikuyu sind die größte ethnische Gruppe Kenias, ein östlicher Ausläufer der Bauerngesellschaften, die sich vor tausend Jahren von den Großen Seen Zentralafrikas immer mehr gen Süden und Osten ausdehnten. Anfang des 17. Jahrhunderts hatten sich Kikuyu überall in den Hochländern des heutigen Kenia niedergelassen. Ihre spirituelle Heimat (Homeland) ist fest im schönen Hochland der Nyandarua-Bergkette verwurzelt, mit Blick auf den Mount Kenya, wo Monsunwinde vom Indischen Ozean dem fruchtbaren Boden reichlich Regen brachten.

»Das ist ein Muss«, sagt Alice. »Es wird erwartet, dass man dort sein Kind zur Welt bringt, wo man selbst geboren wurde. Das ist sehr wichtig. Es wird erwartet, dass man heimkommt.«

Alices Dorf schmiegt sich ans Vorgebirge der Nyandaruas, nahe der kleinen Marktstadt Nyeri, über 145 Kilometer von Nairobi entfernt. Die Busfahrt wird lang und unbequem sein – und für eine Frau im letzten Schwangerschaftsmonat riskant. Der Arzt bedrängt Alice, die Reise nicht in diesem späten Stadium anzutreten, aber Alice muss fahren. Ein Baby, das in Nairobi zur Welt gebracht wird, kommt von nirgendwo, sagt sie.

Da ihre Mutter Charity Wacuka sich um sie sorgt, kann sich Alice (links) entspannen. »Es ist wichtig, dass ich nach Nyeri gekommen bin, weil ich möchte, dass meine Kinder der Kultur folgen und wissen, woher sie kommen«, erklärt sie. »Ich möchte, dass sie Nyeri-Wege gehen und echte Kikuyu werden.«

Stolz zeigt Alice das
gerahmte Foto ihrer
Eltern, das im Wohn-
zimmer hängt, so lange
sie sich erinnern kann.

Bald wird Alice nieder-
kommen. Wanjiku,
eine Nachbarin, neckt
sie, weil sie so tradi-
tionell ist, doch wie
jeder andere im Dorf
freut sie sich, dass sie
heimkommt, um ihr
Baby zu bekommen.
Aber die Geburt wird
nicht gänzlich tradi-
tionell vor sich gehen.
Alice geht in die Dorf-
klinik, wo sich ein
Arzt und eine Heb-
amme um sie küm-
mern werden.

Scott wird im Haus seiner Großmutter auf Neuigkeiten warten

und hoffen, dass das Baby ein Mädchen ist. »Er wünscht sich

wirklich eine Schwester«, sagt Alice.

üste

Die Sahara ist die größte Wüste der Erde. Ein Ödland von erschreckender Schönheit, mit goldenen Dünen, die sich bis zum fernen Horizont erstrecken. Ein Land der Kontraste, wo der heiße Sand Leben zerstört und die schattige Oase Leben erhält, wo tagsüber die Sonne die Feuchtigkeit aus dem Körper zieht und die Kälte der Nacht die Wüste gefrieren lässt.

Die Sahara ist die weltweit eindrücklichste Dokumentation klimatischer Veränderungen. Vor 15 000 Jahren war die Wüste noch wesentlich trockener als sie es heute ist. Vor 9000 Jahren war sie dagegen ein Paradies aus Savannen, Seen, Flüssen und Waldland, in dem zum ersten Mal Afrikaner Feldfrüchte anbauten und Vieh züchteten. Als die Sahara erneut auszutrocknen begann, übertrugen die Pioniere ihre neuen Fertigkeiten ins Niltal und in weiter entfernt liegende Gebiete.

Doch Beweise der früheren Fruchtbarkeit blieben – in den riesigen Wassermassen, die unter dem Sand liegen, Wüstenquellen speisen und Oasen begrünen, sowie im Salz der ausgetrockneten Seen, das die Karawanen der Tuareg bis heute aus der Wüste in die Städte transportieren.

Die Dünen der Sahara werden bis zu 300 Meter hoch.

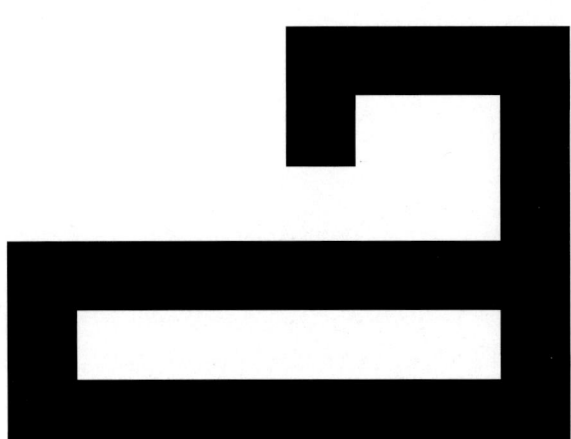ls Junge aus der Stadt, der die Kriegsjahre auf dem Land in Wales verbrachte, war ich fasziniert von Vögeln. Spatzen und Stare waren das Höchste gewesen, was ich mit meinen Krümeln zu unserem Londoner Haus locken konnte. Aber der Garten in Llantwit Vadre war voller Meisen, Finken, Amseln, Drosseln, und manchmal kam eine Bachstelze. Mit acht Jahren kannte ich alle einheimischen Vögel und auch etliche der selteneren Arten, aber trotz meiner Suche sah ich nie einen Kuckuck, den Frühlingsboten, nach dem wir lauschten,

wenn der April auf den Mai zuging. Die Schwalben und Segler folgten bald und nisteten unter den Giebeln und in den Schuppen auf der Farm. Im Herbst beobachtete ich, wie Erstere sich reihenweise auf Telefonleitungen versammelten, bereit zum Flug in den Süden. Der Gedanke, dass diese kleinen Lebewesen den ganzen Weg nach Afrika fliegen konnten, schien unfassbar, ich beneidete sie um ihre Fähigkeit, dem europäischen Winter zu entkommen.

Wie die meisten Leute sah ich die Zugvögel als »unsere« Vögel an. Heute weiß ich, dass viele, obwohl in Europa zur Welt gekommen, tatsächlich den größten Teil des Jahres in Afrika verbringen, weshalb man sie eher als »afrikanische« Vögel betrachten sollte, die uns den europäischen Sommer verschönern wollen und die

nun nach Hause fliegen. Europas Vogelwelt wäre viel ärmer ohne sie. Unter den fast 750 Arten, die in einem Standardhandbuch über britische und europäische Vögel aufgezählt werden, finden sich alleine 187 Zugvögel aus Afrika. Die Entfernungen, die sie zurücklegen, sind unvorstellbar – auch innerhalb Europas. Das Blaukehlchen (*Luscinia svecica*) zum Beispiel fliegt zum skandinavischen Nordkap, nachdem es schon das Mittelmeer und die Sahara überquert hat.

Der Flug über die Sahara ist der anstrengendste Teil der Reise. Es sind 1500 Kilometer auf der direktesten Route und mehr als 2000 Kilometer auf der diagonalen Bahn, der die Vögel oft folgen. Die Flugzeiten variieren zwischen 40 und 60 Stunden, meist wird die Überquerung ohne Pause bewältigt, denn es gibt nur wenige

VORHERIGE SEITEN: **Seit Jahrtausenden bewirtschaften Menschen die Nilufer. Der Fluss bringt den fruchbaren Schlamm aus dem vulkanischen Hochland Zentralafrikas.**
OBEN: **Wasser fällt von den Bergen hinter Timia in Zentralniger und schafft einen natürlichen Pool für die Kinder des Tuaregdorfes.**

Oasen und diese liegen in großen Abständen voneinander.

Störche, Schwalben, Stare, Lerchen, Pieper, Spatzen, Rohrsänger, Drosseln und Grasmücken: Millionen und Abermillionen Vögel fressen sich fett auf den Savannen am südlichen Rand der Wüste, bevor sie über die leere Wüste nach Norden fliegen. Die Gesamtanzahl der Vögel, die jedes Jahr den Flug antreten, wurde auf 2,5 Milliarden geschätzt. Nur wenige sieht man vom Boden aus, aber Radarbeobachtungen haben bestätigt, dass Tausende in Höhen von bis zu 3000 Metern ziehen – Höhen, in denen auch Flugzeuge fliegen. Wie für die Jets reduziert sich auch für die Vögel der Luftwiderstand in solchen Höhen, die Vögel gewinnen dadurch 20 Prozent an Geschwindigkeit, ihre Energiereserven halten länger. Die Mehrzahl sind Singvögel, die etwas tiefer fliegen und wenig mehr als die 10-Gramm-Luftpostbriefe wiegen, die wir um die Welt schicken. Besonders die kleinen Vögel müssen viel »Treibstoff« tanken, bevor sie zum Trans-Sahara-Flug starten können. Ein Schilfrohrsänger zum Beispiel, der sich an den Ufern des Tschadsees mästet, nimmt die Hälfte seines Körpergewichtes

noch einmal in Form von Fett zu sich, bevor er zum großen Flug startet. Die fruchtbaren Savannen Afrikas liefern den geflügelten Boten die nötigen Energiereserven für den Flug nach Europa.

Während Pflanzen und Tiere in der Savanne besonders gut wachsen können, wird in der Wüste ihre Fähigkeit zum bloßen Überleben auf die Probe gestellt. Das Wasser – Lebenselexier des Lebens – ist hier der limitierende Faktor. Nirgends auf der Erde wird die Abhängigkeit aller Lebewesen vom Wasser so deutlich wie hier. Mehrere Jahreszeiten ohne Regen bedeuten, dass die Samen der einjährigen Pflanzen im Boden nicht aufgehen können. Mehrere Trockenjahre zwingen sogar die zähesten der mehrjährigen Büsche und Bäume dazu, ihren Haushalt auf Null runterzufahren. In der Wüste müssen Samen und Wurzeln jahrelang – sogar über Jahrzehnte – in keimfähigen Zustand im Sand liegen, immer bereit, beim ersten Regenschauer zu neuem Leben zu erwachen.

Nur jene Pflanzen, die spezielle Anpassungen an das Wüstenklima entwickelt haben, können die brennende Hitze während langer Zeiten ununterbrochener Dürre überleben. Sukkulenten haben fleischige Blätter, die die Feuchtigkeit speichern, sowie eine feste Haut, die die Verdunstung minimiert. Büsche mit Pfahlwurzeln überleben über viele Monate mit den Resten früherer Regenfälle, die sich in wasserundurchlässigen Mulden zehn oder sogar 20 Meter unter dem Sand gesammelt haben. Und auch wenn es nie regnet, befindet sich manchmal Feuchtigkeit in der Luft; diese kondensiert in den kalten Wüstennächten und bedeckt die Oberflächen mit Tautropfen. Tau erfrischt die Pflanzen und ergänzt den Wasservorrat der kleinen Tiere.

Obwohl es kaum unwirtlichere Gegenden als Wüsten gibt, faszinieren uns diese. Vielleicht erkennen wir intuitiv, dass sie ein Beispiel dafür sind, was aus einer vom Menschen missbrauchten Welt werden könnte.

Eingewickelt in seinen *tagelmust* schaut Algabit in die aufgehende Sonne, während sein Kamel die neuntägige Reise über die Wüste von Timia nach Bilma antritt. Der *tagelmust* schützt gegen Kälte, Hitze und Sandstürme.

Die Sahara ist die größte und beeindruckendste Wüste des Planeten. Sie bedeckt etwas mehr als neun Millionen Quadratkilometer, das entspricht etwa sechs Prozent der gesamten Landoberfläche der Erde. Südlich von den Savannen Malis, des nördlichen Nigeria, des Niger, Tschad und Sudan begrenzt, erstreckt sich die Sahara 2000 Kilometer nach Norden zum Atlasgebirge und der libyschen Mittelmeerküste, wo ihr Sand über die 2000 Jahre alten Ruinen römischer Städte weht. Vom Roten Meer im Osten überspannt die Wüste den Kontinent bis zum Atlantik – insgesamt über eine Distanz von 5000 Kilometern. Und ihr Einfluss macht an der Küste nicht Halt. Vom Wind verwehter Staub aus der Sahara liegt in der Mitte des Atlantiks auf dem Meeresgrund, und Staub aus der Sahara wird bis in die Karibik und das östliche Südamerika getragen. Von der Sahara allein stammen 60 Prozent des Sandes und Staubs, der jedes Jahr in die Atmosphäre geweht wird – 300 Millionen Tonnen insgesamt. In Mali, wo die durchschnittliche Staubkonzentration in der Luft zehnmal größer ist, als sie internationale Gesundheitsstandards für unbedenklich erklären, sind Atemwegserkrankungen häufig.

Alle Wüsten der Erde reichen über die nördlichen und südlichen Wendekreise. Durch die Lage in der subtropischen Passatzone wird trocken-heiße Luft herbeigeführt und bewirkt, daß die Sahara größer und arider als alle anderen Wüsten auf der Erde ist. Da Afrika am Wendekreis des Krebses am breitesten ist, bleibt ein Großteil der Sahara von maritimen Lufmassen unbeeinflusst. Deshalb hat die Sahara weniger »Wetter«, so wie der Begriff in gemäßigtem Klima verstanden wird, als praktisch jede andere Region der Erde. Fast jeden Tag scheint die Sonne von einem blauen Himmel. Ab und zu kann man hohe Wolken oder verstreute Kumuluswolken sehen, und ganz selten ziehen sie sich zusammen, um leichte Regenfälle oder sogar einen Regenguss hervorzubringen. Insgesamt gesehen ist es ein Klima mit sonnigen Tagen und klaren Nächten. Die Sahara verzeichnet über das Jahr gesehen durchschnittlich zehn Stunden Sonnenschein pro Tag. Die durchschnittlichen Maximumtemperaturen erreichen weit über 40°Celsius im südlichen Teil der Wüste und liegen in den anderen Teilen bei mehr als 35°Celsius. Die höchste Temperatur auf der Erde wurde in der libyschen Wüste

Von Kairo aus ergießt sich das Wasser des Nils durch ein Netzwerk seichter Kanäle ins Mittelmeer. Schlammablagerungen des Nils haben das Delta zu einem fruchtbaren Paradies, etwa von der Größe Hessens, gemacht.

gemessen: 58° Celsius im Schatten. Aber Schatten ist selten in der Wüste zu finden, die Bodentemperatur liegt noch um einiges höher als die Lufttemperaturen.

Wenn die Sonne ihren Höchststand am nördlichen Wendekreis im Juni beziehungsweise am südlichen Wendekreis im Dezember erreicht, schwächt sich das Hochdruckgebiet, das stationär über der Sahara liegt, an den südlichen respektiver nördlichen Rändern ab. Feuchte Winde vom Mittelmeer bringen am Jahresende etwas Regen zu den Nordrändern der Wüste und in der Jahresmitte vom Atlantik zur westlichen und südlichen Sahara. Diese temporären Regen bringen einen Gürtel karger Vegetation hervor, der die Grenzen der Wüste zu definieren ermöglicht. Dennoch ist Regen eine insgesamt seltene Erscheinung. Monatliche oder sogar jährliche Durchschnittsmengen sind bedeutungslos. In der Oase In Salah in der zentralalgerischen Wüste fällt vielleicht alle zehn Jahre ein nennenswerter Regenguss; es kommt nicht selten vor, dass ein Ort an einem einzigen Tag mehr als seinen Jahresdurchschnitt erhält, während ein anderer – nur wenige Kilometer entfernt – knochentrocken bleibt. In der Oase Kharga in Ägypten gibt es Kinder, die mit sieben Jahren zum ersten Mal Regenfälle erlebt haben.

Anfang der 80er suchte man nach einem »Maß für Wüste«, als eine Folge von Trockenjahren augenfällige Beweise dafür lieferte, dass sich die Sahara geschwind nach Süden ausbreitet. Eine Studie verglich die südliche Vegetationsgrenze im Sudan von 1958 mit derjenigen von 1975. Das alarmierende Ergebnis war die Feststellung, dass sich die Wüste in den untersuchten 17 Jahren tatsächlich zwischen 90 und 100 Kilometern nach Süden verschoben hatte. Daraus errechneten die Medien ein Vordringen der Sahara mit einer Geschwindigkeit von 5,5 Kilometern pro Jahr. Der umständliche Begriff »Desertifikation« wurde zu einem vielzitierten Begriff in der globalen Umweltdiskussion. Immer wieder wurde die fortschreitende Desertifikation in einen Zusammenhang mit der globalen Klimaveränderung, der weltweiten Erwärmung und der Umweltverschlechte-

rung gestellt. Was fehlte, waren verlässliche Untersuchungsmethoden und messbare Indikatoren. Was könnten die Ursachen für diese Ausdehnung nach Süden sein: eine kurzfristige Klimaveränderung, die globale Erwärmung, die Überweiden durch die Hirten der Sahel oder einer Kombination mehrerer Faktoren? Eine Feldstudie von 1984 aus dem gleichen Teil des Sudan fand dagegen keinerlei Beweis für das Vordringen der Wüste. Obwohl das bei manchen Erleichterung auslöste, machten die Ergebnisse eigentlich nur die bisherigen methodischen Unzulänglichkeiten sichtbar. Wenn zwei Studien zu völlig gegensätzlichen Ergebnissen kommen, kann keine der Schlussfolgerungen zuverlässig sein. Das Problem lag in der Subjektivität derartiger Untersuchungen. Die Vegetation ist auch in den feuchtesten Perioden an den Wüstenrändern spärlich und über den Daumen ermittelte Schätzungen in einem so großen Gebiet können nur ungenaue Ergebnisse liefern. Ein exakteres Messinstrument wurde die Auswertung von Satellitenaufnahmen. Grünpflanzen senden elektomagnetische Wellen aus, die im roten und nahen infraroten Spektrum von Satelliten aufgezeichnet werden können. Die Dichte von Rot korrespondiert mit der Dichte der Vegetation plus der gefallenen Niederschlagsmenge. Savannen werden zu Wüsten, wenn die Regenfälle unter 200 Millimeter pro Jahr sinken. Mit Hilfe eines solchen Index können Wissenschaftler Wüstenränder genauer bestimmen und ihre Bewegung regelmäßig überwachen. 1999 veröffentlichte Ergebnisse zeigen, dass, obwohl die Ausdehnung der Wüste zwischen 1980 und 1997 stark schwankte (zwischen 1984 und 1994 betrug der Unterschied mehr als eine Million Quadratkilometer), man nicht von einem generellen Anwachsen sprechen kann.

WENN ICH IN EINER **Höhe** von etwa zehn Kilometern über die Sahara fliege, staune ich immer wieder über die großen leuchtend grünen Kreise inmitten einer ansonsten gelben Landschaft. Hier wird unter großem technischen und finanziellen Aufwand die Wüste zu Leben erweckt, wird Wasser aus fossilen Grundwasserkörpern unter dem Sand hochgepumpt, um Getreide und Alfalfa wachsen zu lassen.

Die Wüste kann blühen, und dies nirgends auf spektakulärere Weise als in der Namib oder der Halbwüste Karoo, wo die Regenzeit innerhalb von Tagen einen dichten Blumenteppich hervorbringt – Blumen, die so unerwartet, so bunt sind, dass man sie für immer erhalten möchte. Sie stehen so eng nebeneinander, dass man sie unweigerlich mit dem Fuß zerdrückt, wenn man herumwandern will. Selbst die scheinbar ödesten Wüstenstriche beherbergen die Samen und Nährstoffe, die für einen Überfluss an Vegetation nötig sind. Es fehlt nur das Wasser.

Die Sonne brennt mit einer solchen Kraft auf die Sahara nieder, dass eine Wassermenge – wäre sie vorhanden – von der Höhe eines achtstöckigen Gebäudes im Laufe eines Jahres verdunsten würde. Ein kleiner See (sollte es ihn geben) würde innerhalb von Wochen verschwinden; ein Mensch wäre tot und ausgedörrt innerhalb von Tagen, und ein klatschnasses Handtuch trocknet innerhalb von Minuten. Die Gluthitze ist unbarmherzig.

Die Tatsache, dass es in der Sahara zwar selten, dann aber um so heftiger regnet, führt dazu, daß hier mehr Vegetation wächst als bei gleicher Niederschlagsmenge anderswo. Ein kurzer Schauer dringt nur durch die Oberflächenschichten und verdunstet sehr schnell, wenn die Sonne wieder da ist. Der Regen eines heftigen Gusses sinkt, besonders in Sandböden, in größere Tiefen, wo er durch die darüberliegenden trockeneren Sandschichten vor Verdunstung bewahrt wird. 100 Millimeter Regen innerhalb kurzer Zeit produziert viel mehr Vegetation als die gleiche Menge, die jede Woche über ein Jahr verteilt in kleinen Portionen fällt.

Deshalb bringt die Sahara trotz hoher Sonneneinstrahlung und geringen Niederschlagsmengen eine erstaunlich große Zahl an Pflanzenarten hervor. Während in der Sahara die Zahl auf 1200 geschätzt wird, wurden für die Britischen Inseln lediglich 300 mehr, sprich 1500 Arten gezählt, und das bei einem weitaus günstigeren Klima! Unter den 1200 sind 80 Arten, die es sonst nirgends auf der Welt gibt.

Pflanzen atmen durch die Poren in ihren Blättern, indem sie Sauerstoff abgeben und Kohlendioxid aufnehmen, das sie für die Fotosynthese benötigen. Gleichzeitig können sie bis zu 95 Prozent des vorhandenen Wassers über ihre Blätter verlieren. Würden sie , um die

Verdunstung zu reduzieren, ihre Poren schließen, würden sie Wasser sparen, sich gleichzeitig aber auch den Nachschub an Kohlendioxid abschneiden. Wüstenpflanzen haben deshalb andere Anpassungsmechanismen an die hohe Verdunstung und die intensive Sonneneinstrahlung entwickelt.

Die Flechten und Algen, die an Wüstenfelsen wachsen, schalten ihre Lebensprozesse fast komplett ab, wenn es kein Wasser gibt, und trocknen dabei fast vollständig aus. Ihre Überlebenstechnik besteht darin, ihren Stoffwechsel kurzfristig zu reaktivieren, wenn es zu Niederschlägen kommt. Dies hat jedoch zur Folge, dass sie extrem langsam wachsen.

Annuelle Pflanzen wachsen dagegen sehr schnell. Sie produzieren die bunten Blumenteppiche, die aus der Namib und der Karoo bekannt sind, in der Sahara aber nur selten auftreten. Ihre Strategie ist es, keimfähige Samen über Jahre oder Jahrzehnte im Boden zu lagern. Bei einer Untersuchung der Karoo-Flora fand man 41 000 lebensfähige Samen pro Quadratmeter in den obersten 7,5 Zentimetern des Sandbodens. Die Pflanzen sind in der Lage, beim ersten Regen sofort zu keimen, die vorhandenen Nährstoffe aufzunehmen (die eigentlich in trockenem Sand zahlreicher vorhanden sind als in feuchtem Boden, wo Nährstoffe an organisches Material gebunden sind), schnellstmöglich zu reifen und so viel wie möglich Samen zu entwickeln. Der Vorgang kann nicht gestoppt oder umgekehrt werden. Die Pflanzen haben dafür keine eingebauten Reserven. Falls der Regen nach dem Keimen des Samens ausbleibt, wird die junge Pflanze verwelken und sterben, ohne blühen und Samen ansetzen zu können.

Mehrjährige Pflanzen gehen dieses Risiko nicht ein. Ihre Anpassungsmechanismen laufen vielmehr darauf hinaus, am Leben zu bleiben statt Samen für zukünftige Generationen zu produzieren. Sie legen in guten Zeiten Reserven an und reduzieren dann ihre Stoffwechselproduktion, um das Leben während der Trockenzeit zu erhalten. Sukkulenten haben dicke, fleischige Blätter entwickelt, die den zweifachen Zweck erfüllen, sowohl Feuchtigkeit zu bewahren als auch die mit Poren ausgestattete Oberfläche zu verkleinern. Andere reduzieren den Wasserverlust, indem sie zuerst ihre Blätter verlieren, später sogar ganze Zweige, bis nur noch ein einziger kleiner Zweig mit einigen ruhenden Knospen am Leben ist. Während ein Großteil der Pflanze abgestorben ist, kann bei genügend Feuchtigkeitszufuhr neues Leben aus diesen ruhenden Knospen wachsen.

Während sich der überirdische Teil dieser mehrjährigen Pflanzen bemüht, die Verdunstungsverluste zu reduzieren, versucht der unterirdische Teil, so viel Wasser wie möglich aufzunehmen. In gemäßigten Zonen breiten sich die Wurzeln einer Pflanze normalerweise nicht weiter aus als ihr oberirdisches Blätterdach. Bei Wüstenpflanzen ist ein extensives Wurzelsystem dagegen normal, bei manchen Pflanzen ist dies sogar extrem ausgeprägt. Ein Beispiel dafür ist ein kleiner Busch, *Leptadenia pyrotechnica*, der nur 160 Zentimeter hoch wird. Seine Wurzeln reichen jedoch bis zu 11,5 Meter tief in den Untergrund und erstrecken sich bis zu zehn Meter um die Pflanze herum. Ein solches Wurzelsystem nutzt etwa 850 Kubikmeter Boden aus, das entspricht dem Volumen eines zweistöckigen Hauses mit vier Schlafzimmern, und sammelt damit genug Wasser, um mindestens vier Jahre ohne Regen überstehen zu können.

DIE **SAHARA HAT EINE** verborgene Geschichte. Im Zentrum stehen die Berge des Tassili-N'Ajjer, einem Sandsteinmassiv, das der Wind in ein Labyrinth aus verschlungenen Klüften und grotesken Sandsteinsäulen verwandelt hat. In dieser Mondlandschaft sind die Tage brennend heiß und die Nächte eiskalt. Der Wind zerrt an den Nerven, und der Lebensfaden selbst scheint nie und nirgends sonst so dünn zu sein wie hier. Dennoch fand ein Naturforscher, der Anfang 1980 die Gegend besuchte, in einer engen Schlucht eine Gruppe lebender Zypressen. Das zarte Grün ihrer Nadeln bildete einen willkommenen Kontrast zu den endlosen Ocker- und Brauntönen der sonnenverbrannten Landschaft. Die Bäume stehen auf einem Haufen Felsen und windgeschliffenen Steinen, und ihre offen daliegenden Wurzeln schlängeln sich durch Spalten und unter kippenden Steinen hindurch auf ihrer Suche nach Wasser. Die Zypressen produzieren Zapfen mit lebensfähigen Samen, aber keiner keimt. Der Boden ist zu trocken.

Durch Analyse der Baumringe hat man festgestellt, dass diese Zypressen zwischen 2000 und 3000 Jahre alt sind. Als sie Schösslinge waren, sprudelten Flüsse durch das Tassili-N'Ajjer. Die Sahara war eine blühende Savanne, die eine große Zahl an Pflanzen und Tieren ernähren konnte. Es gab Seen voller Fische und Vögel an ihren Ufern. Menschen jagten und fischten und hüteten Rinderherden. Die Rinder hatten elegant geschwungene Hörner. Die Menschen ernteten Sorgho und zogen sich ab und zu in die flachen Höhlen des Tassili N'Ajjer zurück, wo sie die glatten Sandsteinwände mit Malereien schmückten, die Geschichten aus ihrem täglichen Leben erzählen. Sie malten Giraffen, Gazellen, Nashörner, Flusspferde, Rappenantilopen und Elefanten. Sie malten Jäger mit Pfeil und Bogen, Hirten mit Vieh und Menschen, die neben ihren Hütten sitzen – zu sehen sind der Pfeil, der Stock und die Harke.

Die Höhlen des Tassili-N'Ajjer enthalten mehr als 4000 Malereien und unzählige Felsgravierungen. Experten halten diese für die großartigste Sammlung prähistorischer Kunst. Die Tassili-Künstler stellten ihre Kunstwerke her, indem sie Ockerfarben zu einem Pulver mahlten, das sie mit Flüssigkeit (nicht unbedingt Wasser) mischten und mit Federn oder Tierhaarpinseln auftrugen. Sie benutzten leuchtendes Gelb, Rot und Braun – auffällig und selbstbewusst, in einem Stil, der Picasso würdig gewesen wäre. Die ältesten Malereien datieren auf 6000 v.Chr. zurück, die jüngsten sind etwa 1000 v.Chr. entstanden. Innerhalb dieser dargestellten 5000 Jahre hat sich ein gewaltiger Fortschritt in den menschlichen Aktivitäten vollzogen, die in den Malereien plastisch zum Ausdruck kommen.

Die frühen Malereien zeigen Jäger und wilde Tiere – einschließlich eines riesigen, heute ausgestorbenen Büffels – sowie maskierte Figuren, deren Körper die genauen Bewegungen eines Tanzes vermitteln. Eine geheimnisvolle maskierte Figur aus der frühen Periode wirkt wie einer religiösen Zeremonie entsprungen. Sie steht allein da: 1,50 Meter groß, abstrakt, aber dennoch deutlich als Mensch zu erkennen, aus ihren Armen und Schenkeln wachsen Pflanzen. Hirten betraten um 5000 v.Chr. die Galerie und bedeckten die Wände (und auch einige frühere Malereien) mit ihren kühnen Bildern von gescheckem Vieh mit ausladenden Hörnern und wedelnden Schwänzen. Ihre Darstellungen der damaligen Bewohner und ihrer Aktivitäten sind realistischer als diejenigen früherer Maler. Zwei Männer jagen einen entflohenen Ochsen, ein anderer bindet eine folgsame

Kuh mit Schlappohren fest, die wohl jetzt gemolken werden soll, und wieder andere Männer scheinen in eine lebhafte Konversation vertieft zu sein, während sich eine Frau provozierend daneben niedergelassen hat.

Ab 1200 v.Chr. tauchen Bilder von Pferden und Wägen in den Tassili-Galerien auf und dokumentieren die Zeit, als Menschen aus dem Mittelmeerraum mit den Bewohnern dieser zentralsaharischen Regionen in Kontakt traten. Ein von Pferden gezogener Wagen trägt zwei Männer, einer von ihnen hält die Zügel, während der andere wohl einen Speer in der linken Hand trägt. Eine Frau in langem Rock schaut zu, wie der Wagen vorbeifährt, und ein Hund springt hinter ihm her. Die Geschäftigkeit dieser Szenen lässt auf eine Invasion von Fremden schließen. In der Tat wurden die Leute bedroht – aber nicht von Eindringlingen aus dem Norden. Die Natur selbst hatte sich gegen sie verschworen. Der unbarmherzige Einfluss eines sich verändernden globalen Klimas saugte die Feuchtigkeit aus dem Land, brannte die Vegetation nieder und schuf unfruchtbare Wüsteneien.

Die Erinnerung an bessere Zeiten spiegelt sich sogar im Gebirgsnamen wider: der Name Tassili N'Ajjer bedeutet »Plateau der Flüsse«. Die Malereien sind wie Schnappschüsse eines elysischen Paradieses, die die Wände eines inzwischen zum Hades gewordenen Ofens dekorieren. Kein anderer Ort der Erde liefert ein so überzeugendes Bild des Klimawechsels wie diese Höhlenmalereien. In einem Augenblick geologischer Zeit wurde aus einem Garten eine Wüste. Die Sonne, die in guten Zeiten das Leben genährt hatte, löschte jetzt alle aus, die sich nicht an eine völlig andere Lebensweise anpassen konnten. Die Zypressen kämpfen in ihrer ursprünglichen Form weiter, aber bald wird es auch sie nicht mehr geben. Die Austrocknung der Sahara war jedoch kein einmaliges Ereignis, sondern in dieser Form

Felsmalereien in den Tiefen der Sahara, die Giraffen und andere Savannentiere zeigen, stammen aus einer Zeit vor 8000 bis 2100 Jahren vor unserer Zeit.

FOLGENDE SEITEN: Im schnell wachsenden Kairo, hier von jenseits des Nils und der Brücke des sechsten Oktober aus gesehen, leben zehn Millionen Menschen. Die Wohnungsnot ist ein ernstes Problem, ein großer Platzbedarf konkurriert mit Ägyptens begrenztem Ackerland.

Das alte Fort in Fachi in Niger, wo Karawanen kurz anhalten, um ihre Kamele zu tränken, wurde in Kolonialzeiten befestigt, als die Tuareg sich – oftmals gewaltsam – gegen das französische Gesetz auflehnten.

schon mehrmals vorgekommen. Da das globale Klima die Veränderung verursachte, waren nicht nur die Sahara, sondern alle Regionen weltweit davon betroffen. Die Sahara ist nur ein augenfälliges Beispiel von vielen, doch ihre Isolation und das weitgehende Fehlen menschlichen Einflusses macht sie zu einer so wertvollen und einzigartigen Informationsquelle für die Klimageschichte der Erde. Und die vorliegenden Beweise enthüllen dramatische Veränderungen.

Vor 7000 Jahren war die Sahara eine Savannenlandschaft mit Seen und Flüssen, die die ersten Tassili-Künstler inspirierte. Vor 15 000 Jahren war sie jedoch noch um einiges trockener als heute, vor 25 000 Jahren dagegen feuchter als zur Zeit der Tassili-Künstler. Diesen Wechsel zwischen feuchten und trockenen Perioden, die sich jeweils über einige Tausend Jahre erstreckten, gibt es schon seit Millionen von Jahren, bedingt durch die sich immer wieder ändernde Rotation der Erde um die Sonne und die damit verbundenen schwankende Intensität und Menge der Sonneneinstrahlung, alles betrachtet über einen Zeitraum von Zehn- und Hunderttausenden von Jahren. Vor 40 Millionen Jahren war die Sahara von einem Netz großer Flüsse durchzogen, die den Kontinent von Ost nach West durchquerten und deren Quellen in heute nicht mehr existierenden Bergen lagen, die ungefähr an der heutigen ägyptischen Küste des Roten Meeres standen.

Dieses transafrikanische Entwässerungssystem (TADS: Trans-African Drainage System) hatte die zweifache Größe des Kongobeckens und war dreimal so groß wie das des Nils. Seine Hauptkanäle waren Hunderte von Metern tief. Seine breitesten Täler hatten bis zu 30 Kilometer Durchmesser – etwa so breit wie der Ärmelkanal. Man ahnte seine Existenz kaum bis Anfang 1980 (obwohl die ausgedehnten Wasserkörper, die bekanntlich unter der Sahara liegen, ein Hinweis darauf waren), als Satellitenbilder das Netz alter Wasserläufe sichtbar machten. Bodenvermessungen bestätigten daraufhin deren Alter, Größe und Ausdehnung. Das TADS bestand mindestens 20 Millionen Jahre lang, bis es vor etwa 15

Millionen Jahren durch eine geologische Aufwölbung in der Region des Roten Meeres gestört wurde. Die Wasserläufe trockneten aus und füllten sich allmählich mit vom Wind verwehtem Sand.

OBWOHL DIE **S**AHARA heute kein Gebiet ist, in dem Bauern Ackerbau betreiben würden, hat es eine entscheidende Rolle bei der Entwicklung der Landwirtschaft in Afrika gespielt. Häufig hält man den Nil für den Geburtsort des Ackerbaus in Afrika, doch die Sahara hat eine viel zentralere Rolle gespielt. Altägyptische Zivilisationen entwickelten zwar den extensiven Ackerbau, doch ihre Anbaufrüchte – Weizen, Gerste, Erbsen und Linsen –, waren schon früher im fruchtbaren Halbmond des Nahen Ostens kultiviert und erst vor nicht all zu langer Zeit im Niltal eingeführt worden. Die Kultivierung einheimischer afrikanischer Feldfrüchte in der heute leeren und wasserlosen Sahara hatte jedoch

Sorgho, das hier heimisch ist – wurde vor 8000 Jahren in der Sahara gepflanzt. Das früheste bekannte domestizierte Rind Afrikas wurde vor mehr als 6000 Jahren durch die Savannen der heutigen Sahara getrieben.

Bis vor 10 000 Jahren lebten die Menschen in Afrika vom Jagen und Sammeln. Die fruchtbare Sahara mit ihren Seen, Flüssen und weitläufigen Grasländern brachte neue Variationen hervor. Zum ersten Mal begannen einzelne Gruppen, auf verschiedene Weise das Lebensnotwendige zu erarbeiten. Die Malereien des Tassili N'Ajjer dokumentieren die Anwesenheit von Hirten und ihrem Vieh. Harpunen und Pfeilspitzen zeigen, dass andere fischten und jagten. Mahlsteine findet man überall, und sie deuten, wenn auch nicht immer auf Ackerbau, so doch auf das Sammeln und die Zubereitung von wildem Korn fürs Kochen hin. Die Töpferei ist weit verbreitet und die Erfindung des Töpferns selbst eine einschneidende Entwicklung. Die Töpfe erleichterten nicht nur das Wasserholen und die Aufbewahrung der Nahrung, sondern gaben den Frauen auch das Werkzeug an die Hand, einen Brei zu kochen, der als Ersatz für Muttermilch hergenommen werden konnte. Die Verkürzung der Stillzeit verkürzte auch den Abstand zwischen den Geburten, was wiederum einen beachtlichen Geburten- und Bevölkerungsanstieg zur Folge hatte.

Alles in allem scheint die Sahara zu jener Zeit ein wahrer Garten Eden gewesen zu sein, die damals lebenden Menschen fanden in der Natur reichlich Nahrung, ergänzt um angebautes Getreide und Tiere, die ihnen Fleisch und Milch lieferten. Es entstand ein Agarsystem, einhergehend mit einer zunehmend differenzierten kulturellen Entwicklung. Klimatische und ökologische Rekonstruktionen der damaligen Bedingungen zeigen, dass die Region etwa 21 Millionen Stück Vieh hätte ernähren können, die wiederum für Millionen von Menschen den Lebensunterhalt hätten liefern können. Diese Zahlen sind hypothetisch, aber sie vermitteln eine Vorstellung davon, wie viele Menschen sich über den übrigen Teil des Kontinents verteilen mussten, als die Sahara erneut auszutrocknen begann. Hirten und Bauern verließen die Sahara.. Erst mit der Ankunft des Kamels in Afrika, das zwischen dem 2. und 5. Jahrhundert n.Chr den Trans-Sahara-Handel möglich machte, wagten sich die Menschen wieder in die Sahara.

schon sehr viel früher begonnen. Die grünen Felder des Niltals sind die wahre Antithese zum ausgebleichten Saharasand, durch den der Fluss träge dahinfließt, doch diese scheinbar gegensätzlichen Züge bildeten zusammen eine treibende Kraft in der Entwicklung des Ackerbaus und der menschlichen Besiedlung in Afrika. Die Sahara fungierte als Motor, zog Leute in feuchten Perioden aus den umliegenden Regionen an und vertrieb sie wieder, wenn sich die klimatischen Bedingungen verschlechterten. Das Niltal selbst war für die Menschen eine Zufluchtsstätte aus der Wüste und zugleich ein Sammelpunkt, von dem aus die Wüste wiederbevölkert wurde, wenn es die Umweltbedingungen dort zuließen. Die Saharabewohner perfektionierten die menschliche Fähigkeit zur Anpassung und Innovation. So vollzogen sich paradoxerweise viele der Entwicklungen, die später der Grundstein vieler afrikanischer Gesellschaften wurden, zuerst dort, wo jetzt die trockene Wüste ist. Die ersten Töpfe wurden aus Saharaton vor mehr als 9000 Jahren hergestellt. Das erste Getreide des Kontinents –

Karawanen mit Tausenden von Kamelen verkehrten regelmäßig auf der Route durch die Sahara nach Bilma. Sie transportierten Salz aus der Wüste in den Sahel und in die Waldgebiete Westafrikas. Heute bestehen Karawanen aus etwa hundert Kamelen.

Wie viele andere Leute wuchs ich mit der Vorstellung auf, dass Timbuktu der abgelegenste Ort ist, den man sich vorstellen kann. So war es eine angenehme Überraschung herauszufinden, dass ich dorthin vom malischen Mopti, wo ich über archäologische Arbeiten berichtet hatte, fliegen konnte. Da es nur zweimal pro Woche Flüge dorthin gab, unternahmen die meisten Besucher nur einen Tagesausflug in die Oasenstadt. Ich blieb jedoch länger, und als der einzige europäische Besucher in der Stadt lernte ich bald Mohamed Ali kennen, der jedes Mal aus dem Schatten der Palmen sprang, wenn ich mich aus dem Hotel wagte, und mich immer wieder zu einem Wüstenritt auf einem seiner Kamele überreden wollte. Mohamed war ein Targi (vom Volk der Tuareg), und seine Familie zog mit einer Karawane, die über eine Entfernung von etwa 600 Kilometern grabsteingroße Salzblöcke aus den Minen in Taoudeni nach Timbuktu brachte. Ich lehnte das Angebot des Ausritts ab, trank aber Pfefferminztee mit ihm und seiner Familie in ihrem Haus und sprach über unsere unterschiedlichen Lebensweisen. Als er hörte, dass ich eine 15-jährige Tochter hatte, bot Mohamed sofort 200 Kamele für ihre Hand und versicherte, dass sie glücklich sein und man gut für sie sorgen würde. Er schrieb ihr sogar einen Brief und bot an, Kamele für die Reise nach Timbuktu zu schicken, falls ich ihr kein Flugticket kaufen wollte.

Die Bürokratie hätte vermutlich Mohameds Kamele mehr an der Durchführung seiner Pläne behindert als alles andere, falls Alice seine Einladung angenommen hätte, denn das Kamel ist die wahrscheinlich zäheste Kreatur der Erde. Es kann mehr als hundert Liter auf einmal trinken und damit bis zu neun Tage ohne Wasser aushalten. Somit kann es sich bis zu viereinhalb Tage von der nächsten Wasserstelle entfernt befinden, was einer Reichweite zum Futtersuchen von mehr als 400 Kilometern entspricht (zum Vergleich: der Elefant hat eine Reichweite von weniger als 50 Kilometern). Kamele kommen in der Wüste so gut zurecht, weil sie die Hitze ohne zu schwitzen ertragen können. Ihre

Körpertemperatur vollzieht die Schwankungen der Tagestemperaturen mit, während ihr »Radiator und Wärmetauscher« eine ausgeglichene Gehirntemperatur garantiert. Die Nieren des Kamels benötigen keine großen Wassermengen, um Abfallprodukte aus dem Organismus hinauszuschwemmen. Wenn ein Kamel kaum noch Wasser gespeichert hat, ist sein Urin eher dick- als dünnflüssig und sein Kot trocken genug, um fast sofort nach dem Ausscheiden als Brennstoff genutzt zu werden.

Wie es mit dem Wasser ist, so ist es auch mit der Nahrung. Kamele essen viel, wenn ihnen ausreichend Nahrung zur Verfügung steht, überleben aber auch lange ohne Nahrung. Ein hoch spezialisiertes Enzym ermöglicht es ihnen, sich schnell an wechselnde Bedingungen von Kargheit oder ausreichendem Nahrungsangebot anzupassen. Nur das Schwein kann vergleichbar schnell überschüssige Nahrung in Fett umwandeln; was die Nutzung von Fettreserven angeht, ist das Kamel jedoch einzigartig. Andere Wiederkäuer verlieren beim Hungern Muskelgewebe, das Enzymsystem des Kamels jedoch ermöglicht es diesem, so lange von den Fettreserven zu zehren, bis sie gänzlich erschöpft sind.

Das Kamel kommt ursprünglich weder aus Afrika oder Arabien, wie man annehmen könnte, sondern aus Nordamerika, wo die Fossilien eines kaninchengroßen Tieres, das vor 50 Millionen Jahre lebte, als der Vorläufer der Kamelfamilie identifiziert wurden. Vor zwei Millionen Jahren waren die Nachkommen dieses kleinen Vorfahren schon um einiges größer und hatten sich über die Bering-Straße in den halbtrockenen Regionen Asiens und des Mittleren Ostens ausgebreitet. Ein anderer Zweig der Familie wanderte Richtung Süden, von ihm stammen das südamerikanische Lama und Alpaka ab. Von den heutigen zwei Kamelarten ist das zweihöckrige mit seinem dicken Fell ideal an die winterkalten Wüsten seines zentralasiatischen Lebensraums angepasst.

Das Dromedar wurde vor 4000 Jahren in Südarabien domestiziert und hat im Nahen und Mittleren Osten schnell den ochsengezogenen Karren als bevorzugtes Langstreckentransportmittel verdrängt. Mit nur zwei Zehen pro Fuß, die durch eine dünne Haut verbunden sind, spreizt sich der Fuß des Kamels beim Laufen und verhindert ein zu tiefes Einsinken im weichen Sand.

Dies ermöglicht es ihm, doppel so schwere Lasten wie ein Ochse zu tragen – und das mit doppelter Geschwindigkeit und über Gelände, das für jedes Allradfahrzeug unpassierbar ist. Im Laufe der Zeit wurde das Dromedar, oder Kamel im allgemeinen Sprachgebrauch, über das Rote Meer gebracht und zunächst am Horn von Afrika heimisch. Von dort breitete es sich auf dem nordafrikanischen Kontinent über den Sahelgürtel bis zum Atlantik hin aus, im Norden ist es seit 600 bis 800 v.Chr. im Niltal bekannt.

In Ostafrika und entlang des Sahararandes war es den nomadischen Viehzüchtern von Somalia bis Senegal möglich, mit Hilfe der Kamele die trockenen Savannen dort in Wert zu setzen, wo Vieh nicht überleben konnte. Mit Hilfe der Kamele erweiterte man das schon bestehende Kommunikationsnetz um eine weitere Dimension. In der Sahara selbst begannen Kamele, Güter und Personen zwischen den Oasen und durch das Innerste der Wüste zu transportieren. Die Trans-Sahara-Handelswege existierten schon seit Jahrhunderten – im Zickzack zwischen Oasen und weniger trockeneren Refugien wie dem Tassili-N'Ajjer, aber ihre Reichweite und Effektivität wurde durch den Nahrungs- und Wasserbedarf der Packtiere stark reglementiert. Die Einführung von Kamelen, den sogenannten »Wüstenschiffen«, erweiterte sowohl die Handelswege als auch die transportierbaren Mengen. Wahrscheinlich waren es die Vorfahren der heutigen Tuareg, die als erste Kamele auf den Trans-Sahara-Handelswegen benutzten.

Der Name »Tuareg« kommt von einem arabischen Wort, das soviel wie »jene, die von Gott verlassen sind« bedeutet –, und ist vermutlich ein Kommentar zu ihrem Widerstand gegen das Vordringen des Islam in die Zentralsahara im 11. Jahrhundert n.Chr. Der heftige Widerstand der Tuareg damals war jedoch vor allem ökonomischer und nur in zweiter Linie religiöser Art. Das Interesse der arabischen Händler konzentrierte sich auf die beachtlichen Mengen Gold, die man in den alten Felsen südlich der Sahara, dem heutigen Mali und Ghana, zu finden glaubte. Eine Enzyklopädie der moslemischen Welt von etwa 900 n.Chr. berichtete: »Man sagt, dass jenseits der Nilquelle Dunkelheit liegt und jenseits der Dunkelheit sind Gewässer, die Gold wachsen lassen ... Gold wächst im Sand wie Karotten und wird bei Sonnenaufgang geerntet.«

Ein Großteil der afrikanischen Goldvorräte war unberührt, bis die Nachfrage von nichtafrikanischen Ländern immer stärker wurde. Der Handel kam in Schwung, als die Einführung von Kamelen die Trans-Sahara-Durchquerungen praktikabel machten. Goldmünzen aus Karthago an der Mittelmeerküste von 296 bis 311 n.Chr. gelten als erste Hinweise auf den trans-saharischen Goldhandel. Anfangs war die Menge an Münzen klein, die wachsende Goldmenge, die seit dem 4. Jahrhundert n.Chr. im römischen Nordafrika zirkulierte, lässt auf einen stark gestiegenen Metallhandel quer durch die Sahara schließen – keine andere bekannte Quelle hätte ausgereicht.

Nach der arabischen Eroberung Nordafrikas 711 n.Chr. stieg die Nachfrage nach westafrikanischem Gold weiter. Der Trans-Sahara-Handel bekam eine neue Qualität, als Europa begann, zum ersten Mal seit dem Fall des weströmischen Reiches Goldmünzen zu prägen: 1252 in Florenz, seit 1254 in Frankreich und seit 1257 in England. Zwischen dem 11. und 17. Jahrhundert war Westafrika der führende Goldlieferant für die internationale Wirtschaft, und im späten Mittelalter war es verantwortlich für fast zwei Drittel der Weltproduktion. Gegen Ende des 15. Jahrhunderts, als die Portugiesen endlich ihr Ziel verwirklichten, den Handel durch einen Seeweg zur westafrikanischen Küste zu umgehen, ging die Anzahl der Karawanen drastisch zurück. Die portugiesischen Karavellen landeten 1472 an den Küsten des heutigen Ghana. Das Handelszentrum, das sie gründeten, wurde bald bekannt als El Mina (die Mine), die Küste als »Goldküste« (den Namen trägt sie noch heute); jahrzehntelang transportierten die Portugiesen das Gold tonnenweise nach Europa.

Obwohl es genügend Gold gab, fiel es den Portugiesen schwer, dafür adäquat zu bezahlen. Pferde überlebten nicht lang im Äquatorialklima, und die Menge an Stoffen und Kurzwaren, die das Akan-Volk, das den Handel an der Goldküste kontrollierte, akzeptierte, war be-

Münzen und eine Quittung zeugen vom Sklavenhandel: »Mein Sklave mit Namen Luis aus dem Land Angola ... für den Preis von vierhundertfünfzig Pesos.«

grenzt. Feuerwaffen waren begehrt, aber als Handelware vom Papst verboten, der befürchtete, sie würden die feindlichen Kräfte des Islam erreichen. Bald jedoch entdeckten die Portugiesen eine afrikanische Ware, die die Akan bereitwillig im Tausch gegen ihr Gold akzeptieren würden und die in Massen nahe an der Küste verfügbar war: Sklaven.

Zu der Zeit, als die Portugiesen an der Goldküste landeten, breitete sich ein Zweig der Akan, bekannt als die Ashanti, in die Waldregionen des Hinterlandes, wo das Gold geschürft wurde, aus. Die Ashanti brauchten für ihren Vorstoß mehr Arbeitskräfte zum Roden, für den Ackerbau und das Schürfen, als sie selber aus ihren eigenen Reihen stellen konnten. Schon vor der Ankunft der Portugiesen hatten sie Sklaven aus dem Norden im Tausch gegen Gold erworben, nun bekamen sie sie auch aus dem Süden. Die Portugiesen kauften die menschliche Tauschware an den Ankerplätzen entlang der Bucht von Benin und im Nigerdelta, wo die Herrscher der Benin und Igbo bereitwillig die Sklaven weiterverkauften, die sie selbst im Tausch gegen Handelsgüter erworben hatten. Dies brachte dem Streifen neben der »Goldküste« noch dazu den Beinamen »Sklavenküste« ein. Die Portugiesen wurden somit zu Mittelsmännern in einem Netzwerk, das bisher ausschließlich von Einheimischen gepflegt wurde.

Zwischen 1500 und 1535 transportierten sie 10000 bis 12 000 Sklaven durch die Bucht von Benin von der Sklavenküste zur Goldküste. Daneben transportierten sie auch beträchtliche Mengen Sklaven nach Portugal. Die erste menschliche Fracht kam am 8. August 1444 in Lagos an, und der Bericht des königlichen Bibliothekars existiert noch:

Wegen der Hitze begannen die Seeleute sehr früh am Morgen, ihre Boote fertig zu machen und jene Gefangenen an Land zu bringen ... Aber welches Herz konnte so hart sein und nicht von Mitleid getroffen werden beim Anblick der Gruppe? Viele hielten ihren Kopf gesenkt, und ihre Gesichter waren über-

strömt mit Tränen, als sie einander sahen, andere stöhnten voller Schmerz und schauten verzweifelt zum Himmel empor, schrien laut auf, als ob sie den Vater der Natur um Hilfe bäten; andere schlugen ihre Gesichter mit den Handflächen und warfen sich in voller Länge auf den Boden; andere klagten wie in einem Trauergesang, gemäß dem Brauch ihres Landes.

Und obwohl wir kein Wort ihrer Sprache verstanden, passte der Klang zum Ausmaß ihrer Trauer.

Aber Gefühl hielt die Händler nicht zurück. Afrikanische Sklaven kamen in so großer Zahl nach Portugal, dass sie in der Mitte des des 16. Jahrhunderts beinahe zehn Prozent der Bevölkerung von Lissabon und einen

Salzbecken in Fachi, Niger, bezeugen die Wandlung der Sahara von einer gut bewässerten Savanne zu einer Wüste. Vor 10 000 Jahren lag hier ein riesiger See. Das Salz aus der Umgebung sammelte sich im See; nach dem Austrocknen des Sees blieb eine Salzpfanne.

sie zum Christentum zu bekehren), doch ihr Monopol wurde immer stärker von Schwarzhändlern ausgehöhlt. Deren Operationsmethode war es, auf portugiesische Schiffe zu warten, die zur Heimreise ablegten, und dann sowohl Schiff als auch Ladung zu kapern. 1562 trieb es der englische Abenteurer John Hawkins noch weiter, als er 300 Sklaven aus Westafrika erwarb, »teils mit dem Schwert und teils durch andere Mittel«, und sie über den Atlantik auf die Karibikinseln verfrachtete, wo sie in den neuen Zuckerplantagen arbeiten mussten.

Hawkins' Reise steht für den Augenblick, als Europas Süßmäuler durch ihre Nachfrage nach Zucker ungewollt Einfluss auf die Geschichte Afrikas und des amerikanischen Kontinents nehmen sollten. Zucker war sehr gefragt, und Hawkins gebührt die zweifelhafte Ehre, den Dreieckshandel im Atlantik begonnen zu haben. Güter aus Europa wurden gegen Sklaven in Afrika getauscht, die wiederum gegen Zucker in der Karibik getauscht wurden. Zucker ließ sich in Europa gegen einen Profit verkaufen, der die hohen Investitionen mehr als wett machte. Hawkins wurde ein reicher Mann. Als er geadelt wurde, legte er Wert darauf, dass auf seinem Wappen afrikanische Sklaven deutlich dargestellt wurden. Während der nächsten drei Jahrhunderte wurden mehr als neun Millionen Sklaven über den Atlantik transportiert. Der größte Teil, 42 Prozent, wurde an Plantagenbesitzer auf den Zuckerinseln der Karibik verkauft; 38 Prozent wurden (von den Portugiesen) nach Brasilien transportiert; weniger als fünf Prozent landeten in den heutigen Vereinigten Staaten – zwischen 10 und 20 Prozent starben unterwegs. Eine große Anzahl westafrikanischer Sklaven wurden durch die Sahara gebracht, um in Nordafrika verkauft zu werden, ein nicht unbeträchtlicher Teil von Ostafrika nach Arabien verfrachtet.

Auch die Tuareg hatten ihren Anteil am trans-saharischen Sklavenhandel. Sie waren wahrscheinlich nicht nur Mittelsmänner, sondern auch Kunden, da Sklaverei

großen Teil des Gesindes ausmachten. Es war unvermeidlich, dass die Profite, die nach Portugal flossen, die Aufmerksamkeit der anderen europäischen Seemächte erregten. Ein Edikt von Papst Nikolaus V. gewährte 1455 den Portugiesen das exklusive Recht, mit den Bewohnern Westafrikas Handel zu treiben (unter der Auflage,

ein fester Bestandteil der Tuareg-Gesellschaft ist und war. Auch heute noch spricht ein Mann ohne Skrupel von den Sklaven seiner Familie, doch im Vergleich zu früher ist die Sklaverei heute vergleichsweise mild. Die heutigen Sklaven sind verarmte Bauern und ihre Familien, die sich den Tuareg angeschlossen haben, um zu überleben. Sie leisten die schwere Arbeit, sind aber in die Tuareg-Gesellschaft integriert, nicht selten heiraten ihre Töchter einen Targi. Aus der Sicht der Tuareg scheint der Hauptgrund für den Sklavenerwerb zu sein, sie in die Gemeinschaft zu integrieren und damit Inzucht zu verhindern und die Familien zu vergrößern.

WÄHREND DER TRANS-SAHARA-Handel mit Gold und Sklaven Millionen Menschen Elend und Tod brachte, transportierten die Tuareg aber auch eine Ware, die Leben zu erhalten half: Salz. Die Sahara ist die größte Salzlagerstätte Afrikas. Als die Seen und Wasserläufe der Feuchtperiode auszutrocknen begannen, sog das verdunstende Wasser Mineralsalze aus dem Boden. Mit dem Austrocknen der Seen entstanden riesige Salzebenen. So war beispielsweise der See, der vor 10 000 Jahren das Becken nördlich von Bilma in Niger füllte, mindestens 120 Kilometer lang und 20 Kilometer breit. Als das Wasser verdunstet war, blieb ein Seebett zurück, das bis in eine Tiefe von sechs Metern mit Salz in einer Konzentration von bis zu 50 Prozent gefüllt war. Die Gesamtmenge Salz in diesem Becken wird auf mehrere Millionen Tonnen geschätzt. Ähnlich riesige Salzvorkommen in der Sahara gibt es bei Taoudenni und Teghaza im nördlichen Mali und in Tichitt in Mauretanien. Dieses hochwertige Salz liegt im Zentrum der größten Wüste der Erde, Tausende von Kilometern von den menschlichen Siedlungen entfernt, die es zum Leben brauchen und auf diese Lagerstätten angewiesen sind.

Die Bestandteile von Salz, Natrium und Chlorid, sind unverzichtbar für viele Körperfunktionen, sie werden jedoch ausgeschwitzt und ausgeschieden und müssen ständig ersetzt werden. Eine tägliche Dosis von etwa zwölf Gramm wird medizinisch empfohlen, auch in tropischen Regionen. Die meisten Menschen nehmen genug Salz mit ihrer täglichen Nahrung auf, besonders diejenigen, die Käse und Fleisch essen, beides von Natur aus salziger als andere, vegetarische Nahrungsmittel. Überall auf der Welt haben Menschen eine Vorliebe für Salz entwickelt, wodurch sie häufig mehr als nötig konsumieren. Menschen sind seit undenklichen Zeiten süchtig danach. In der ganzen Welt war Salz der begehrteste Nahrungsmittelzusatz, und wo es kein Salz gab, wurde das Verlangen danach zu einem starken Motiv für die Entwicklung und den Aufbau eines Salzhandels. In der Tat steht der Salztransport von der Quelle zum Konsumenten in Afrika wahrscheinlich für die ersten Fernhandelswege der Welt. Im 16. Jahrhundert waren diese so klar definiert, dass portugiesischen Entdecker den Salzwegen ins Innere des Kontinents folgten. Und der Umfang des damaligen Salzhandels war beeindruckend.

Unter der Annahme, dass jeder Mensch mindestens zwölf Gramm Salz pro Tag benötigt, brauchte eine ländliche Gemeinschaft mit 250 Leuten in Afrika etwas mehr als eine Tonne pro Jahr. Persönlicher Geschmack, medizinischer Gebrauch, das Haltbarmachen von Häuten und Nahrungsmitteln und anderes mehr verdoppelten in der Regel die benötigte Menge, hinzu kam das Vieh, das die benötigten Mengen nochmals verdoppelten. Somit lag der Gesamtbedarf einer Gemeinschaft von 250 Menschen bei mindestens vier Tonnen Salz pro Jahr. 1000 Personen brauchten 16 Tonnen; eine Million benötigte 16 000 Tonnen. Damals lag die Gesamtzahl der afrikanischen Bevölkerung, die auf Salz angewiesen war, bei geschätzten 10 Millionen. Daraus lässt sich ein jährlich benötigter Gesamtbedarf von 160 000 Tonnen ableiten. Für die Kamele, die das Salz von den Lagerstätten in der Sahara zu den Savannen trugen, waren das 800 000 Ladungen.

Diese groben Zahlen sagen aus, wie stark die Nachfrage nach Salz den Handel in Afrika beeinflusste und

Zwischen einer und sechs Millionen Tonnen hochwertigen Salzes liegen im Becken von Bilma. Auf dem Höhepunkt des Sahara-Handels wurden jährlich 70 000 Kamelladungen (etwa 6600 Tonnen) aus der Region exportiert.

FOLGENDE SEITEN: **Mit gespreizten Füßen und schwieligen Sohlen kann das Kamel auf weichem Sand, den kein anderes Transportmittel überwinden kann, schwere Lasten tragen.**

vorantrieb. Im 19. Jahrhundert, als europäische Entdecker zum ersten Mal die Ränder der Zentralsahara erreichten, war das Handelsvolumen gigantisch. Ein Augenzeuge berichtet, dass jedes Jahr bis zu 70000 Kamelladungen Salz allein aus der Bilma-Region exportiert wurden. Das Bilma-Salz wurde direkt nach Süden transportiert und versorgte vor allem die salzarmen Sahel-Regionen des Niger, Tschad und Nordnigerias; von dort wurden beträchtliche Mengen weitergehandelt in die Waldregionen Kameruns und Südostnigerias, wo Salz ebenfalls selten war. Steinsalz aus Lagern in der westlichen Sahara in Tichit, Teghaza und Taoudenni wurde ebenfalls nach Süden transportiert, die Karawanenrouten vereinten sich unterwegs.

Der Niger war eine Hauptader des Salzhandels in der Sahara. Die legendäre Stadt Timbuktu war der zentrale Umschlagplatz, bedingt durch seine Lage am Niger,

dort, wo der Strom sich um den alten goldhaltigen Felskern Westafrikas nach Osten krümmt. Man erinnert sich noch daran, dass sich Zehntausende von Kamelen in Timbuktu zur halbjährlichen Salzkarawane versammelten. Die Karawanen hatten eine Länge von 35 Kilometern, 1300 Kilometer Wüste nach Teghaza und Taoudenni lag vor ihnen. Sie kehrten jedes Jahr mit 4000 bis 5500 Tonnen Salz nach Timbuktu zurück. Bei diesem handelte es sich um reines Steinsalz, in Form von 30 Kilogramm schweren Blöcken, weiß und glatt wie Marmorgrabsteine. Von Timbuktu aus wurde das Salz auf Kanus geladen den Fluss hinauf nach Jenne-jeno geschafft, von dort mit Eseln zum Waldrand transportiert, auf menschliche Träger weiterverteilt und durch die Wälder bis in die entferntesten Siedlungen getragen. Bei jeder Etappe stieg sein Wert durch die Transportkosten und die Preisaufschläge der Zwischenhändler. Bis ein

Der Mais von Suleyman Barka in Timia, Niger, wächst gut. Obwohl die Tuareg als unerschrockene Wüstennomaden bekannt sind, zwang wirtschaftlicher Druck viele dazu, ein semi-sesshaftes Leben zu führen.

Block Salz aus der Sahara in Kong, der heutigen Elfenbeinküste, ankam oder Gonja im heutigen Ghana erreichte, hatte er fast 2000 Kilometer zurückgelegt und war ebenso ein Prestigegut geworden. Araber, die im 10. Jahrhundert auf Besuch in Mali waren, berichteten, dass Steinsalz immer geleckt wurde, um Verschwendung zu vermeiden. In Gonja wurde Salz zum 60-fachen des Preises in Bilma verkauft.

Für jedes einzelne Salzkörnchen, das in die Region kam, musste etwas von vergleichbarem Wert hinausgehen. Elfenbein war eine Ware, die einen willigen Markt fand und Bauern ein Einkommen durch die Elefanten lieferte, die sie dauernd von ihren Feldern vertreiben mussten. Eine andere Tauschware war die Kolanuss, ein süchtig machendes Stimulans, dessen bitterer Geschmack den Durst löschte und zum Symbol der Gastfreundschaft in den Sahel- und Sahara-Regionen Westafrikas avancierte. Auch die Nuss regte den Fernhandel an; im 13. Jahrhundert wurde sie regelmäßig durch die Sahara zu den nordafrikanischen Märkten getragen – und von dort weiterverkauft. Im späten 20. Jahrhundert erreichte die Bedeutung der Kolanuss eine neue, weltumspannende Dimension: als Zutat zum weltweit beliebtesten alkoholfreien Getränk: Coca Cola.

Der Handel mit dem Salz der Sahara geht weiter, nun aber in einem Bruchteil des früheren Umfangs, denn heute ist billig hergestelltes Salz vielerorts ohne Karawanentransport verfügbar. Wie lange dieser überhaupt noch bestehen wird, ist unsicher.

Die Tuareg kämpften gegen die Araber, sie kämpften gegen die französischen Kolonialbeamten, und sie haben immer gegen die Regierungen der unabhängigen afrikanischen Staaten rebelliert, die die Sahara-Regionen beanspruchten, die Tuareg als ihre ureigensten ansehen. Doch trotz allen heftigen Kampfes gegen einen gemeinsamen Feind und für ihre Rechte auf Unabhängigkeit bildeten sie nie eine politische Einheit. Die Tuareg sind aufgeteilt auf acht unabhängige Gruppen, jede behielt ihre politische und kulturelle Distanz zu den anderen.

Heute leben etwa 1,5 Millionen Tuareg in den Sahara-Regionen Algeriens, Malis und Nigerias. Die Tuareg im Norden, Hüter der Tassili-N'Ajjer-Malereien und der Inbegriff der blauverschleierten Krieger der Sahara, sind heute eine kleine Gemeinschaft und haben ihre traditionelle Lebensweise fast aufgegeben. Während der Kolonialzeit wurde ihr halbnomadisches Viehzüchterdasein um die Kultivierung von Gärten (von Sklaven gepflegt) ergänzt; die Karawanen, die einst die Wüste im Norden durchquerten, wurden durch Lastwagenkonvois ersetzt. Für viele Tuareg des Nordens wurde der Tourismus das einzige Mittel, wenigstens einen Anflug ihres stolzen Ruf zu wahren. Indem sie sich und ihre Kamele an örtliche Tourveranstalter vermieteten oder als Führer und Köche arbeiteten, verdienten sie genug Geld, um weiter ihr traditionelles Leben zu führen. Gegenwärtig ist auch diese Einnahmequelle zum Erliegen gekommen, denn die seit 1990 bestehende Algerienkrise hat den Tourismus nahezu zum Erliegen gebracht. Obwohl die meisten Tuareg des Nordens nun in Dörfern wohnen, führen vielleicht noch 1000 eine halbnomadische Existenz, vor allem deshalb, weil die Regierung ihr Heimatland zum Nationalpark erklärt hat. Dafür hatte es ein starkes politisches Motiv gegeben (die algerische Regierung hatte so viel Ärger im Norden, dass das Letzte, was sie wollte, ein Tuareg-Aufstand im Süden gewesen wäre), aber es brachte den betroffenen Tuareg auch viele andere Vorteile. Die Regierung stellte Zelte, etwas Bargeld zur Verfügung und beschäftigt etwa 400 Parkaufseher, die etwa 110 Euro pro Monat verdienen. Obwohl nicht alle in Frage kommenden Tuareg diese Entwicklung gutheißen, könnte ihre traditionelle Lebensweise wahrscheinlich ohne sie nicht überleben.

Für die Tuareg in der südlichen Sahara ist die Situation nur unwesentlich besser. Lastwagen ersetzen zunehmend Kamele auf den Salzrouten von Bilma zu den Märkten in Nordnigeria, doch noch ist ein Großteil des Handels fest in den Händen der Tuareg und ihrer Kamele, auch wenn sie ihre Kosten nur schwer decken können.

Die Karawane war letztes Jahr ein finanzielles Desaster für Mahmouda, dessen Familie vor einer Generation die halbnomadische Lebensweise aufgab und sich in der Oase Timia in Niger niederließ. Sie bauen Mais, Gemüse und Obst an und halten Ziegen und einige Rinder.

Wenn es in der Wüste zwischen Fachi und Bilma Nacht wird, sinken die Temperaturen dramatisch. Das Feuer zum Kochen des Abendessens bietet auch den Menschen Wärme. Dank des klaren Himmels über der kalten Wüstennacht kann der Anführer die Position und die Route der Karawane bestimmen.

Die Sklaven der Familie kümmern sich um die Arbeit auf dem Hof, Mahmoudas Mutter – den matriarchalischen Traditionen der Tuareg-Gesellschaft folgend – kümmert sich um Familien- und Verwandtschaftsangelegenheiten, während sich Mahmouda und seine Altersgenossen nach dem nomadischen Leben sehnen, das sie als Kinder kannten. Sie halten noch eine Herde Kamele und durchqueren jedes Jahr die 500 Kilometer Wüste nach Bilma, wo sie Salz kaufen, um es auf den Märkten von Nordnigeria zu verkaufen, weitere 600 Kilometer im Süden.

Die Rundreise dauert fünf Monate. Zehn Männer und 100 Kamele müssen bis zu 50 Kilometer am Tag laufen, und oft ziehen sie 16 Stunden ununterbrochen durch den Sand bei Temperaturen, die 50 °Celsius im Schatten erreichen können – und Schatten ist eine weitgehend hypothetische Vorstellung. Futter für die Kamele wird geschnitten und in Ballen verpackt, Wasserhäute und Vorratstaschen werden gefüllt, Gebete um Erfolg und eine sichere Rückkehr werden gesprochen. Die Reise wird mit militärischer Präzision geplant, aber es kann trotzdem schief gehen. Letztes Jahr starben auf dem langen Treck von Bilma etliche der salzbeladenen Kamele an Erschöpfung, bevor die Karawane die Märkte erreichte. Ihre Fracht musste mit ihnen in der Wüste zurückgelassen werden, und dadurch wurden alle Hoffnungen auf Profit zunichte gemacht, genauso wie alles Geld, das Mahmouda in das Salz investiert hatte. Dies ist die letzte Salzkarawane, die Mahmouda anführen wird. Diesmal nimmt er seinen Sohn Adam mit, damit er die Tradition des Tuareg-Salzhandels kennenlernt. Adam ist zehn Jahre alt. Natürlich wirkt er nervös, als er das Leitkamel von den Bergen wegführt hinaus in die Wüste.

ZU DER ZEIT, ALS ADAMS Vorfahren die Höhlenwände des Tassili N'Ajjer schmückten, fiel der Regen, der das Seebecken in Bilma füllte, noch wesentlich heftiger in

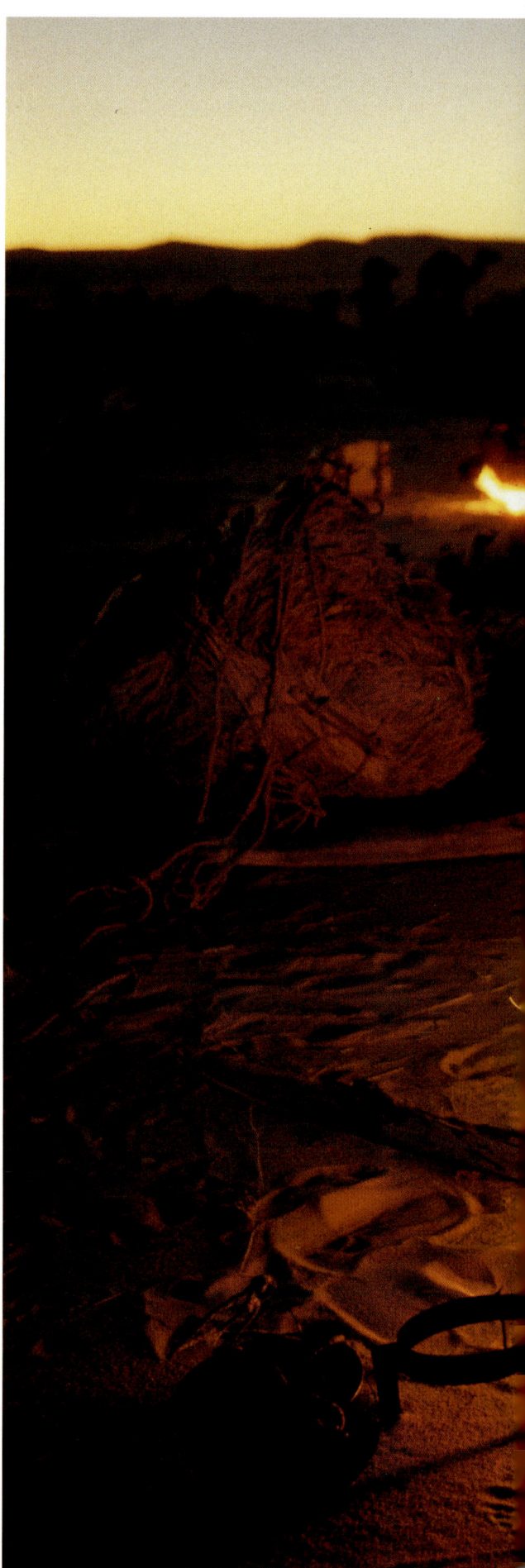

den Hochländern Zentralafrikas, wo der Nil seine lange Reise zum Mittelmeer beginnt. Früher floss der Fluss wegen Niedrigwasser unregelmäßig, Teile des Flusslaufes trockneten während der heißesten Monate des Jahres oft völlig aus. Doch zu Beginn einer neuerlichen Feuchtperiode schwoll das Einzugsgebiet des Flusses beträchtlich an. Flüsse aus den äthiopischen Hochländern mündeten in den Strom und brachten schließlich mehr als viermal so viel Wasser mit wie der Quellfluss aus den zentralafrikanischen Hochländern. Der Nil führte seitdem ganzjährig Wasser, wenngleich die Wassermenge auch weiterhin mit den Jahreszeiten schwankte. Die saisonalen Überschwemmungen konnten riesig sein, das Tal hinunterrauschen, über die Ufer treten und die Ebenen rechts und links des Stroms überfluten. Vor etwa 7200 Jahren stieg der Fluss mehrmals auf eine Höhe von 16 Metern über dem heutigen Überschwemmungsniveau an. Es waren Landstriche, in denen man sich nur jeweils eine kurze Zeit sicher aufhalten konnte. Als sich der Fluss ein tieferes und breiteres Flussbett schuf, wurden die Überschwemmungen weniger dramatisch und besser vorhersehbar. Bauern, die sich ins Niltal zurückgezogen hatten, als die Sahara auszutrocknen begann, ließen sich nun dauerhaft in der Ebene nieder, die durch den sedimentierten Schlick, der einst von den vulkanischen Hochländern des Südens heruntergewaschen worden war, sehr fruchtbar war.

Vor 5000 Jahren hatten die jährlichen Überschwemmungen des Flusses mehr als 18 000 Quadratkilometer bebaubaren Landes in Ägypten geschaffen. Dieser schmale Streifen fruchtbaren Landes, der sich durch die Wüste schlängelte, wurde von etwa 1,8 Millionen Menschen bewohnt, die sich am stärksten flussabwärts von Assuan und um das Nildelta konzentrierten, dort, wo das heutige Kairo liegt. In diesen Regionen vereinigten sich die Kulturen der Sahara und des Nahen Ostens und bereiteten den Boden für eine einzigartige und erstaunliche Zivilisation.

Das Niltal der alten Ägypter war im Wesentlichen ein Staat, der durch die Regentschaft eines Herrschers, des Pharaos, und einer Elitebeamtenschaft (die oft auch aus Mitgliedern der Herrscherfamilie bestand), zusammengehalten wurde. Der Pharao wurde als göttliches Wesen angesehen – die lebendige Personifizierung des Sonnengottes Ra und Gegenspieler von Osiris, dem Gott des Totenreiches. Die Verbindung zwischen den Lebenden und den Toten erklärt die ungeheure Wichtigkeit, die die alten Ägypter dem Begräbnis der Pharaonen und den Vorbereitungen ihres Leben nach dem Tod zumaßen. Die Großartigkeit der Pyramiden und der Königsgräber im Niltal geben eine Vorstellung von dem menschlichen und materiellen Angebot, das der herrschenden Elite zur Verfügung stand. Aber nichts davon wäre möglich gewesen ohne die Nilüberschwemmung und seine fruchtbare Fracht, die er zurückließ.

3000 Jahre lang ernteten die Ägypter die Wohltaten des Nils. Sie bearbeiteten das Land mit dem Pflug und erfanden den *shaduf* (einen einfachen, tragbaren Wassereimer) und das *sagia* (ein ochsengetriebenes Wasserrad), um Wasser aus dem Fluss holen und ihre Felder bewässern zu können. Die Überproduktion erlaubte es ihnen, die Grundlagen der Astronomie und der Mathematik zu entdecken, eine geschriebene Sprache zu erfinden und zahlreiche Bilder und Statuen zu schaffen, die ihre Gesellschaft, Kultur und Glaubenssätze so nachdrücklich dokumentieren. Sie arbeiteten mit Kupfer und Gold. Sie horteten Edelsteine und stellten exquisiten Schmuck her. Dennoch kamen sie nie über die Bronzezeit hinaus. Das Eisenschmelzen kam zeitverzögert ins Niltal, trotz der Nähe zu Anatolien, wo die Technologie zuerst entwickelt wurde. Dafür gibt es wahrscheinlich zwei Gründe. Zunächst war nicht genug Holz vorhanden, um den riesigen Bedarf an Holzkohle zu decken, der für den Schmelzvorgang nötig war. Zum anderen brauchten die Ägypter das Eisen nicht. Ackerbaugeräte aus Bronze genügten vollkommen, um den weichen Schwemmlandboden des Nils zu bearbeiten. Die Ägypter erhielten jedoch eine grausame Lektion über die begrenzten Einsatzmöglichkeiten der Bronze, als sie zwischen 675 und 663 v.Chr. von assyrischen Streitkräften besiegt wurden, die mit Eisenwaffen kämpften.

Die Geschichte geht weiter – Assyrer, Griechen, Römer, Türken, Franzosen, Briten und schließlich die ägyptische Unabhängigkeit –, aber keiner ihrer Helden hätte ohne die Wohltätigkeit des Nils einen Eindruck in den Geschichtsbüchern hinterlassen. Ägyptens vollkommene Abhängigkeit vom Fluss, der allein ihm das Leben schenkt, war nie auffälliger als heute.

Vor 150 Jahren besaß Ägypten fünf Millionen Morgen Ackerland und fünf Millionen Bürger. Heute hat es wenig mehr als sieben Millionen Morgen Ackerland, aber 65 Millionen hungrige Bewohner. Alle neun Monate ist eine weitere Million Münder zu stopfen. Im Jahr 2025 wird es etwas mehr als 95 Millionen Ägypter geben – und sie alle werden Nahrung, Wasser, Dienstleistungen, Arbeit und eine Wohnung brauchen. 95 Prozent der Fläche Ägyptens sind unfruchtbare Wüste. Wenige Menschen nur wollen an den Rändern der Wüste leben, deshalb wohnen 90 Prozent der Bevölkerung dort, wo frühere Generationen Ackerbau betrieben hatten. Im Nildelta und an den Ufern des Nils werden Industriekomplexe, Häuser und Straßen auf genau dem Boden gebaut, der das Land eigentlich ernähren sollte. Im Delta allein wuchsen zwischen 1972 und 1990 die städtische Gebieten um 58 Prozent. Wenn dieser Trend anhält, wird Ägypten bis 2010 zwölf Prozent seiner gesamten Ackerbaufläche verlieren. Schon heute muss Ägypten sechs Millionen Tonnen Getreide pro Jahr importieren, und die Situation kann nur dramatischer werden. So versucht der Staat nun, seinen riesigen Wüsten fruchtbares Land abzuringen. Mindestens vier Millionen Hektar wurden in den 30 Jahren bis 1990 in Wert gesetzt, aber das Gesamtanbaugebiet wuchs im gleichen Zeitraum nur um etwa eine halbe Million Hektar.

Indigokleid, handgewebter Gürtel und charakteristisches Messer sind Ikonen des Reichtums der Tuareg.

Die Neugewinnung von Bewässerungsland durch Umleitung von Nilwasser scheint die naheliegende Antwort zu sein, aber auch hier tauchen eine Fülle von Problemen auf: Auch Nilwasser gibt es nicht unbegrenzt, die stromaufwärts liegenden Staaten kämpfen mit eben den gleichen Nöten der Übervölkerung. Sudan, Uganda, Kenia und Äthiopien kämpfen ebenso mit mit Bevölkerungswachstum und einem erhöhten Nahrungsmittelbedarf wie Ägypten – Probleme, die überall einen hohen Wasserbedarf nach sich ziehen. Doch jeder gesteigerte Wasserbedarf senkt die den Ägyptern zur Verfügung stehende Wassermenge. So ist der Nil Mittelpunkt der regionalen Außenpolitik Ägyptens, und seine Regierung

hat nie gezögert, notfalls mit Krieg zu drohen. Die Einsätze sind hoch, aber die Staatsintressen werden durch internationale Vereinbarungen aus Zeiten gedeckt, als die Situation weniger kritisch war. So macht man ernsthafte Versuche, einen Weg zu finden, um alle Parteien zufrieden zu stellen.

Erst einmal mit scheinbar unüberwindlichen Problemen konfrontiert, zeigen sie oft ein ungeahntes Talent, einfallsreiche Lösungen zu finden. Die umliegende Wüste und ein unberechenbarer Fluss führten einst zu Innovationen, auf denen die bedeutenden und mächtigen Nilzivilisationen gründeten. Land und Wasser sind immer noch die dringendsten Aufgaben in Ägypten. Während Ingenieure nach neuen Lösungen für die alten Probleme suchen und die Politiker Konflikte zu vermeiden trachten, gibt es im Land genug Zeugnisse vergangener Erfolge. Mit dem Grünstreifen beiderseits des Nils hat die Menschheit der Wüste getrotzt. Die Monumente des alten Ägypten in Giseh, Memphis und Luxor zeigen, was dieses alte Volk zuwege brachte, und ihr Erbe besteht weiter. In der ländlichen Umgebung bleiben die wesentlichen Fragen der Beziehung Mensch-Natur unverändert. Jeder Bauer weiß, dass es nicht gut gehen kann, wenn man gegen die natürliche Ordnung verstößt. Die Wüste kann alles zurückfordern, was ihr so mühevoll abgerungen wurde.

So liegt gedämpfte Hoffnung in dem Wissen, dass viele der Pflanzen, Tiere, Fische und Vögel, die die alten Ägypter in ihren Malereien darstellten, immer noch in der Region leben. Bauern kümmern sich um ihre Reihen von Tomaten und Salat beim Gurren der Palmtauben, beim Singen der Haubenlerche und dem Rufen des Wiedehopfs – Vögel, die es hier schon vor 5000 Jahren gab. Enten und Sumpfschnepfen fliegen in der Abenddämmerung in die Lagunen, Reiher staken durch das flache Wasser, und Schwalben gleiten über das Wasser und fressen sich Energiereserven für den letzten Abschnitt ihres Fluges von Afrika nach Europa an.

ie Tuareg sind die unangefochtenen Herren der Sahara. Kein anderes Volk ist in der eintönigen Ödnis der Wüste so zu Hause wie sie. In blaue und indigofarbene Kleider gehüllt und geleitet von den Sternen, führen sie seit Jahrhunderten ihre Karawanen über den Sand. Ihr Freiheitsdrang ist ungebrochen, ihre Wanderungen kennen keine Grenzen, doch nur das Kamel macht sie möglich.

Die Wüstenschiffe wurden vor etwa 1500 Jahren in der Sahara eingeführt. Sicher auf den Beinen und fähig, tagelang ohne Wasser auszukommen, ermöglichten Kamele es den Tuareg, Händler zu werden, die sich furchtlos ins Sandmeer der Sahara wagten.

Tuareg-Karawanen beförderten Gold, Elfenbein und Sklaven von Westafrika über die Sahara zum Mittelmeer und transportierten arabische und europäische Luxusgüter sowie Salz zurück. Das Salz stammte von riesigen Ablagerungen alter trocken gefallener Seen in der Sahara und fand in den Wäldern und Grasländern Westafrikas gute Absatzmärkte.

Salz aus der Wüste brachte Gold aus den Wäldern. Doch der Wert sank, als das Handelsvolumen stieg. Im 19. Jahrhundert transportierten bis zu 50 Kilometer lange Karawanen jährlich 5000 Tonnen Salz aus der Wüste. Das 20. Jahrhundert brachte noch stärkere Veränderungen. Heute sind viele Tuareg sesshafte Bauern. Einige holen mit Lastwägen das Salz aus der Wüste. Aber es gibt noch immer ein paar, die den traditionellen langen Weg gehen.

In Timia, einem Tuaregdorf in den Ausläufern des Aïr in Niger, hilft Salahou beim Beladen der Kamele. Morgen wird die Karawane zur Oase Bilma aufbrechen, zu einer 430 Kilometer langen Reise durch die Dünen und den Flugsand der Sahara – eine der unerbittlichsten Regionen der Erde. In Bilma werden die Männer die Kamele mit Salz beladen und nach Süden ziehen, um ihre Ladung auf den Märkten von Nordnigeria zu verkaufen, ehe sie nach Timia zurückkehren. Die Rundreise geht über fast 3000 Kilometer. Es wird Monate dauern, bis Salahou wieder sein Heimatdorf sieht.

Der zehnjährige Adam ist dabei, seine Kindheit hinter sich zu lassen (links). Dieses Jahr wird er, statt lediglich neben den Kamelen seines Vaters zu stehen, während sie auf die Beladung warten, mit ihnen ins Herz der Sahara wandern. Als ältestem Sohn ist es Zeit für ihn, in das Familiengeschäft einzusteigen.

Adam verbrachte sein ganzes Leben am Rand der Sahara, war aber niemals richtig in die brutale Leere der Wüste gekommen. Er ist ein wenig ängstlich. »Ich habe gehört, dass der Teufel in der Wüste lebt, das macht mir Angst«, sagt er.

Aber es ist nicht der Teufel, der ihn auf dem Karawanenzug in ein Scheingefecht verwickelt (oben). Die maskierten Männer sind seine verkleideten Verwandten. »Dies ist Adams Initiation«, erklärt Adams Onkel Ibouchi. »Jeder, der diese Reise zum ersten Mal antritt, muss durch diese Prüfung.« Adam hat einen ersten Schritt in Richtung Mannsein getan.

» Jeden Tag bete ich zu Gott«, sagt Adams Großmutter Tamakoit.

»Ich bete, dass Adam und sein Vater gesund zurückkommen.

Ich bete für ihre Rückkehr.« – »Wir danken Gott für unsere

Rückkehr«, sagt Ibouchi.

Oben: Mädchen aus dem Dorf, die zuschauen, wie die Karawane für den Aufbruch fertig gemacht wird, werden ihre Freunde vermissen. Während die Männer weg sind, erledigen die Frauen alles im Dorf – und beten für die sichere Rückkehr der Karawane.

Links: In der Nacht vor dem Aufbruch der Karawane kommen Jungen aus dem Dorf zu Adam ins Heim seiner Familie in der Nähe Timias, um Koranverse zu singen. So ist es seit Jahrhunderten Tradition. Jede Tuaregreise beginnt und endet im Gebet. Die Herren der Wüste wissen, dass sie in der Sahara nur mit Gottes Schutz überleben können.

enwald

Der tropische Regenwald steht als Sinnbild für die Stabilität und das Gleichgewicht der Natur. Seit Tausenden von Jahren ist er dort zu finden, wo ihm ein ausreichendes Angebot an Wärme und Feuchtigkeit zur Verfügung steht. In seiner Ausdehnung passte es sich an die jeweiligen klimatischen Gegebenheiten an, bewahrte jedoch in seinem Kern die immer gleiche Vielfalt an Pflanzen, die ihn von den artenärmeren Wäldern der gemäßigten Breiten unterscheidet und deren Wert wir auch heute nur in Bruchstücken kennen.

Die Menschen stammen von den Bewohnern des Waldes ab (unsere nächsten Verwandten – die Schimpansen und Gorillas – leben noch immer dort), doch aufgrund der evolutionären Anpassung an das Leben in der Savanne sind sie heute nur schlecht für ein Leben in den Wäldern ausgestattet. Die Wälder des Kongobeckens bedecken eine Fläche von etwa zwei Millionen Quadratkilometern, diese wird aber von nicht mehr als 150 000 Pygmäen und drei Millionen Bantu bewohnt– das sind annähernd so viele Menschen, wie in Berlin leben, dessen Fläche aber lediglich den 2000. Teil der Regenwälder im Kongo ausmacht.

Die neue Politik einer nachhaltigen Holzentnahme bewahrt vielleicht den Regenwald Kameruns vor der völligen Vernichtung.

 uf dem Höhepunkt der letzten großen Eiszeit vor etwa 18 000 Jahren, als bis zu fünf Kilometer dicke Gletscher ein Drittel der Landoberfläche der Erde bedeckten, war ein Großteil der eisfreien Fläche Wüste. Damals befand sich die Erde während des ganzen Jahres sehr viel weiter von der Sonne entfernt als heute und blieb dort mehrere tausend Jahre lang in dieser Distanz. Die globalen Temperaturen fielen um 8° bis 11° Celsius unter die heutigen Werte. Das in Eis gebundene Wasser ließ die Meeresspiegel dramatisch sinken.

Entlang der afrikanischen Küsten fiel der Meeresspiegel bis zu 130 Meter unter die heutige Marke; die südliche Spitze des Kontinents lag mehr als hundert Kilometer weiter südlich als heute. Da der antarktische Eispanzer einen großen Teil der südlichen Ozeane bedeckte, sank auch die Temperatur des ohnehin schon kühlen Benguelastroms, der kaltes Tiefenwasser entlang der afrikanischen Atlantikküste Richtung Norden verfrachtet.

Die Oberflächentemperaturen des Ozeans fielen bis in Höhe der Kongomündung in den Atlantik um einige Grad Celsius. Durch das kühlere Wasser bedingt sank die Verdunstungsrate bis zu 70 Prozent, die auflandigen Winde waren deshalb viel trockener als in der wärme-ren Periode zuvor. Der Südwestmonsun, der vorher regelmäßig Niederschläge nach Westafrika gebracht hatte, wurde unterdrückt. Die Sahara dehnte sich weitere 500 Kilometer nach Süden aus. Der Tschadsee verlandete, Flüsse versiegten, sogar der Nil nördlich von Khartum wurde durch Wanderdünen gestaut. Der Sand der Kalahari wurde bis zum Kongo geweht – 2000 Kilometer weiter nördlich als seine gegenwärtige Nordgrenze.

Die Fläche der äquatorialen und tropischen Tieflandregenwälder betrug kaum ein Zehntel der heutigen Ausdehnung. In den feuchteren Perioden zuvor hatten sie einen Großteil Äquatorialafrikas bedeckt. Nun waren sie nur noch eine Kette isolierter Waldinseln in West- und Zentralafrika.

Afrika wurde nie wieder so trocken wie in dieser letzten Eiszeit. Als sich das Weltklima erwärmte, erreichten
die Wälder ihre frühere Ausdehnung – und breiteten
sich während der Feuchtzeit, die die Sahara in eine Landschaft aus Seen, Flüssen und Savannen verwandelte,
über ihre alten Grenzen hinweg weiter aus. Nach dem
Ende dieser letzten Feuchtzeit schrumpfte die Waldfläche erneut und bedeckt heute etwa sieben Prozent der
Landfläche des Kontinents. Dies ist im Vergleich zu Süd-

amerika, wo 37 Prozent des Kontinents mit Regenwald
bedeckt sind, eine vergleichsweise kleine Fläche, doch
entspricht sie noch immer einem Viertel der gesamten
Staatsfläche der Vereinigten Staaten.

Die Aufsplitterung des afrikanischen Regenwaldes in
voneinander isolierte Waldinseln reduzierte die Vielfalt
seiner Pflanzenwelt beträchtlich. In den afrikanischen
Regenwäldern finden sich weniger Familien, weniger
Gattungen und weniger unterschiedliche Arten von
Pflanzen als in den Wäldern Südamerikas oder Asiens.
Allein die winzige Insel Singapur besitzt mehr Gattungen und Arten einheimischer Palmen als das ganze afrikanische Festland zusammen. Auf den Hängen eines
einzigen Berges in Nordborneo (Mount Kinabalu) gedeiht in etwa die gleiche Anzahl an Farnarten wie in

ganz Afrika. Dennoch besitzen Afrikas Regenwälder eine beeindruckende Pflanzenfülle und spielen eine wichtige Rolle für das weltweite Klima.

Jedem, der die Wirtschaftswälder Europas vor Augen hat, mögen die tropischen Regenwälder ungeordnet vorkommen. Tote Bäume liegen herum, und ihr wertvolles Holz verrottet. Gruppen von Schösslingen, dünn und biegsam wie Radioantennen, konkurrieren um Licht und Luft. Mittelhohe Bäume kämpfen gegeneinander um Platz, zusammengebunden durch Kletter- und Schlingpflanzen, die das Unterholz in Dickichte weben, durch die sich nur eine Machete einen Weg bahnen kann. Der Boden ist nahezu vollkommen bedeckt. Blanke Erde ist nur auf den Pfaden sichtbar, die die Waldtiere offen halten.

Meine ersten Schritte in einen afrikanischen Regenwald machte ich in Begleitung nigerianischer Truppen während des Biafra-Krieges. Kugeln flogen herum. Meine Hauptsorge galt meiner eigenen Sicherheit, und ich lernte bald, dass die Sicherheitsmaßnahmen, auf die wir uns in der Savanne oder in der Stadt verlassen haben, im Wald wenig hilfreich sind. Man sieht nie genug, um sich sicher zu fühlen. Der tropische Regenwald ist dunkel und düster. Sogar ein gelegentlicher Sonneneinfall verdunkelt eher die Schatten des Verborgenen, als dass er den Boden erhellt. Bäume und Blätter verdecken immer wieder die Sicht. Ein Biafra-Soldat (oder ein Leopard) hätte hinter jedem Dickicht lauern können, und ich hätte es erst gemerkt, wenn es zu spät war. Auch Pflanzen vermitteln keine erkennbaren Größenverhältnisse oder Perspektive. Entfernungen sind schwierig abzuschätzen. Man bewegt sich zehn Meter in irgendeine Richtung – und kann sich hoffnungslos verlaufen haben. Als ich mit dem Zug in einem Gestrüpp aus Kletterpflanzen und dickblättrigen Büschen kauerte, konnte ich mir vorstellen, dass für Waldtiere die Sinnesorgane Hören, Riechen und Berühren wahrscheinlich viel nützlicher sind als das Sehen. Aber auch wenn der tropische Regenwald für die meisten von uns ein fremder Platz ist, gibt es wenige Orte auf der Erde, die einem ein so unmittelbares Gefühl der überschäumenden Fruchtbarkeit des Lebens vermitteln. Dafür gibt es gute Gründe. In den Äquatorregionen ändern sich die Anzahl der Sonnenstunden und der Stunden mit Tageslicht über das Jahr nur geringfügig. Die Durchschnittstemperaturen liegen ganz-

jährig bei etwa 25° Celsius und sinken fast nie unter 20° Celsius. Etwas Regen fällt fast jeden Tag, der allgemeine Jahresdurchschnitt liegt bei 1500 bis 2500 Millimeter und steigt in Liberia, Sierra Leone und an der Grenze zwischen Nigeria und Kamerun auf 4000 Millimeter und mehr an. Eine solch konstante Wärme- und Feuchtigkeitszufuhr ließen in diesen Gebieten die dichteste Vegetationsdecke auf der Erde entstehen. Die bloßen Ausmaße des tropischen Regenwaldes mit seinen gewaltigen Bäumen und dem undurchdringlichen Unterholz rufen den Eindruck ein Natur im Exzess hervor – ruft Assoziationen von zügellosem Wachstum, Wachstum ohne Zweck herauf. Aber wie jedes andere lebende System ist auch der Regenwald keine zufällige Ansammlung von Bäumen und Pflanzen. Er ist strukturiert und regelmäßig aufgebaut wie die Straßen, die Ladenverteilung und der Energieverbrauch in einer Großstadt.

Auch bei der so genannten »verarmten« Flora des afrikanischen Regenwaldes sprechen wir immer noch von Tausenden von Arten. Afrikas reichste Flora findet man in den Wäldern des südlichen Kamerun, des westlichen Gabun und in Teilen der Republik Kongo. In Gabun allein wurden 8000 Pflanzenarten registriert, fast ein Viertel davon findet man nirgends sonst auf der Welt. Kongo hat geschätzte 4000 Pflanzenarten, und wieder ist fast ein Viertel (22 Prozent) davon endemisch.

Die Bäume sind die Krone des Regenwaldes. Der Aufbau eines einzigen großen Stammes bedarf einer gigantischen Investition an Nährstoffen und Energie – und Zeit. Bäume haben die längste Lebenszeit auf der Erde, aber es ist schwierig ihr Alter genau zu bestimmen. Die meisten Stämme haben keine Jahresringe, die man zählen könnte, und kein Förster lebt lange genug, um aufzuzeichnen, wie viele Jahre ein Regenwaldschössling braucht, um zu reifen und zu sterben. Schätzungen gehen davon aus, dass – wie erwartet – diejenigen Bäume, die am schnellsten wachsen, auch am frühesten wieder sterben: in einem Alter zwischen 50 und 150 Jahren. Viele der Arten, die sehr langsamsam wachsen, können bis zu 350 Jahre alt werden, und diejenigen, die das Walddach erreichen, leben vielleicht bis zu 450 Jahren. Jeder Baum, der hoch genug gewachsen ist, um den Fenstern einer Wohnung im 21. Stockwerk Schatten zu spenden, und der eine Krone aus leuchtendem Grün trägt, die Lebewesen beherbergt, die man nie auf dem Waldboden zu sehen bekommt –, jeder dieser Bäume ist der Gewinner endloser Konkurrenzkämpfe mit anderen Organismen. Jeder Mahagonibaum, der sich im Walddach behaupten kann, ist der einzige Überlebende unter Zehntausenden von Baumsamen. Die Intensität dieses Kampfes macht die hohe Zahl verschiedener Baumarten deutlich. In vielen Fällen bräuchte man einen erfahrenen Botaniker, um sie voneinander zu unterscheiden. Die Bäume sind viel variantenreicher als ihre typisch glatten Stämme und fast identischen speerähnlichen Blätter vermuten ließen. In der Tat könnten fast alle Bäume, die man an einem Platz sieht, zu verschiedenen Arten gehören. In einem fünf Hektar großen Viereck hat man über 200 verschiedene Arten gezählt, diese Zahl wächst mit der Größe des untersuchten Gebietes: 300 unterschiedliche Arten auf 15 Hektar, fast 400 auf 25 Hektar. Warum gibt es so viele verschiedene Baumarten, die sich alle so ähnlich sehen? Oberflächlich betrachtet widerspricht eine solche Uniformität einer Grundregel der Evolution: Wenn zwei Arten am gleichen Ort das Gleiche tun, wird eine von ihnen einen Trick entwickeln, um sich Vorteile zu verschaffen und damit schneller fortzupflanzen zu können – und die andere wird ausgeschlossen.

Die Antwort liegt in der Lebenserwartung der Bäume. Da sie sehr lange leben, laufen Beziehungen zwischen ihnen sehr langsam ab. Es dauert Generationen, bis eine Baumart die Auswirkungen einer anderen überhaupt »bemerkt«, und es können Jahrhunderte vergehen, bevor sich etwas ändert. Aus der Sicht der Bäume findet im Wald der gleiche Wettstreit wie in jeder anderen Umgebung statt. Sie machen viele evolutionäre Experimente, doch der Regenwald bringt als Ergebnis dieser Experimente Arten hervor, die sich nur wenig voneinander unterscheiden. Die Baumriesen des Regenwaldes erwecken den Eindruck großer Beständigkeit, sind aber eigentlich ein gutes Beispiel für die evolutionären Prozesse, die noch im Gange ist.

Obwohl unser Respekt für diese beeindruckenden Bäume uns glauben macht, dass der tropische Regenwald der Welt viel zu geben hat, ist er im Grunde äußerst egoistisch. Er ist autark und großzügig den Seinen gegenüber, aber er gibt sehr wenig nach außen. Selbst Wetter macht er sich selber, denn die massiven Wolken-

bänke, die sich aus dem von den Bäumen aufsteigenden Wasserdampf bilden, treiben selten über die Waldgrenzen hinaus – der meiste Regen, den sie bringen, fällt wieder auf denselben Regenwald zurück. Aus den vom Ozean herüberwehenden feuchten Windströmungen kämmen die Wälder zusätzlich Feuchtigkeit aus der Luft. Mit so viel Wasser und Wärme kann der Wald seine Nährstoffe effektiv wiederverwerten, dass nichts verschwendet wird. Die Nährstoffe im Kompost, der sich auf dem Waldboden ansammelt, werden schnell durch ein dichtes Netz flacher Nebenwurzeln zu den Pflanzen zurückgeleitet. Es bleibt nur wenig auf dem Boden liegen. So effektiv kann die Vegetation des Regenwaldes Salze und Unreinheiten aus dem Wasser entfernen, dass in einem Fall das Grundwasser reiner war als im Handel erhältliches destilliertes Wasser.

Der weitaus größte Teil der Biomasse des Regenwaldes besteht aus Bäumen, in denen Nährstoffe seit Hunderten von Jahren in einer Form „weggesperrt" sind, und die sich nur ganz spezialisierte Insekten erschließen können. Nur 2,5 Prozent der Biomasse des Regenwaldes steht Pflanzenfressern direkt als Nahrung zur Verfügung, verglichen mit 50 Prozent in der Savanne. Diese Tatsache erklärt, warum es trotz einer hohen Artenvielfalt nur jeweils eine verhältnismäßig geringe Anzahl von Säugetierarten im Regenwald gibt.

Am seltensten sind die Menschen – obwohl die Zahl der Pygmäen, die zu einer vom Harvard-Zoologen Richard Wrangham beobachteten Elefantenjagd drängten, darauf schließen lassen mussten, dass der Wald vor Menschen nur so überquillt. Wrangham untersuchte die Nahrungssuche und das Sozialverhalten der Mbuti-Pygmäen im Ituri-Wald des Kongobeckens, als eine Gruppe Jäger einen Elefanten tötete. Es war ein seltenes Ereignis. Die Nachricht verbreitete sich schnell, und Leute aus nahen und fernen Lagern versammelten sich bald um den Erlegten. Die Aufregung war groß und schien gefährlich labil zu sein, als das Tier gehäutet und zerlegt wurde. Die Jäger arbeiteten hektisch, während Zuschauer herumwimmelten, stießen, schoben, gestikulierten und riefen. Andere gingen von einem Jäger zum nächsten und packten einen Arm, schüttelten eine Schulter und verlangten Aufmerksamkeit. Aber inmitten des Lärms wurden allmählich Verhandlungsmuster erkennbar. Den Jägern und denen mit einem unmittelbarem Anrecht auf einen Anteil Fleisch wurde von den Zuschauern gesagt, sie sollten die Verpflichtungen gegenüber der Verwandtschaft respektieren. Alte Schulden und Gefallen wurden im Tausch gegen Fleisch beglichen; neue Versprechen wurden ausgehandelt. Die Gespräche dauerten Stunden und verstärkten ohne Zweifel das Netz von gegenseitigen Verpflichtungen, das für die soziale Ordnung der Region unabdingbar war.

Dieser Vorfall verdeutlicht den Wert kooperativen Verhaltens in der menschlichen Gesellschaft, besonders im Regenwald, wo die Knappheit an direkt verwertbaren Pflanzen und die daraus resultierende geringe Dichte an Pflanzenfressern es den Menschen erschwert hat, sich hier dauerhaft niederzulassen. Der heutige Mensch stammt zwar vom den Wald bewohnenden Vorfahren ab, aber erst in der Savanne entwickelten er die für ihn heute lebenswichtigen Funktionen. Während sich die Affen, unsere Verwandten im Wald, weiterhin vorwiegend von Blättern ernährten und einen großen Darm behielten, der für die Verdauung ausreichender Mengen dieser Niedrigenergienahrung notwendig ist, war der Mensch zu einer Kost übergegangen, die vor allem aus Hochenergienahrung bestand. Der afrikanische Regenwald bietet fast keine Körner und Bohnen, Wurzeln und Knollen, aus denen ein Großteil der menschlichen Kost besteht.

Es gibt mehr als 30 Pflanzen in Afrika, die gesammelt und gegessen werden, und die man als Futterpflanze bezeichnen könnte, doch keine war ursprünglich eine Waldpflanze. Sogar die Yamswurzel, ein Grundnahrungsmittel in allen Regenwaldgebieten Westafrikas, ist ursprünglich eine Savannenpflanze, die ihre großen Knollen entwickelte, um Dürre und regelmäßiges Verbrennen zu überdauern. Erst seit der Einführung von Futterpflanzen aus anderen Gegenden konnten Menschen dauerhaft im Wald leben. Zunächst ergänzten die Savannenpflanzen den Speiseplan, dann, mit der Ankunft der Portugiesen, Mais, Maniok und Süßkartoffel aus Mittelamerika, später Bananen und Kokosyamswurzeln aus Südostasien. Aber auch mit diesen eingeführten Pflanzen war die menschliche Präsenz im Wald weiterhin begrenzt. Die Regenwälder im Kongobecken bedecken eine Fläche so groß wie Indien, aber selbst heute kann der Regenwald nur eine halbe Million Men-

Elefanten sind die Architekten des Regenwaldes. Auf ihren täglichen Wanderungen zur Futtersuche, zum Trinken und zu gemeinschaftlichen Begegnungen schaffen sie ein Netzwerk von Pfaden und Lichtungen, aus denen schließlich Wasserläufe und Wasserlöcher werden.

schen ernähren, während in Indien mehr als eine Milliarde Menschen leben.

Die Leute vom Stamm des Pfeils haben sich als Erste im afrikanischen Regenwald niedergelassen. Ihre geringe Körpergröße war ein Vorteil für die Jäger, die sich im Unterholz verstohlen durch das Gestrüpp aus Büschen und Hängepflanzen bewegen konnten. Durch ihre kleine Körperstatur war der Nahrungsbedarf geringer als beim heutigen Menschen. Die kleinwüchsigen Jäger konnten die Hitze besser ertragen, da ihre große Körperoberfläche in einem guten Verhältnis zum Volumen ihres Körpers stand, was besonders in einer Umgebung nützlich ist, in der sich die Lufttemperatur oft der Bluttemperatur annähert und Luftfeuchtigkeit extrem hoch ist. Die Waldbewohner sind unter verschiedenen Namen bekannt, je nach der Region, in der sie leben. Zu ihnen werden die Mbuti im Ituri-Wald des nordöstlichen Kongobeckens gerechnet, ebenso die Baka der Kamerun-Wälder, in Europa kennen wir sie meistens unter dem Sammelnamen Pygmäen – ein Wort aus dem Altgriechischen für faustgroße Fabel-Zwerge, die man für genauso klein hielt wie den Abstand zwischen den menschlichen Hand- und Fingergelenken.

Der erste bekannte Hinweis auf einen existierenden Pygmäen stammt aus den Berichten einer Expedition, die von Pharao Neferirkare vor mehr als 4000 Jahren in die Tiefen Afrikas geschickt worden war. In einem Zwischenbericht nach Ägypten wurde der Pygmäe beschrieben als »tanzender Zwerg des Gottes aus dem Land der Geister«, der wegen seiner seltsamen Statur gefangen genommen worden war. Als der Pharao das hörte, befahl er der Expedition:

Kommt sofort nach Norden zum Hof und bringt diesen Zwerg mit. Wenn er das Schiff besteigt, lasst ihn zuverlässig bewachen, damit er nicht ins Wasser fällt. Wenn er nachts schläft, lasst ihn nicht im Zelt allein; kontrolliert zehnmal in der Nacht. Meine Majestät wünscht diesen Zwerg mehr zu sehen als die Gaben des Sinai und von Punt.

Der erste moderne Hinweis auf die Pygmäen ist weniger schmeichelhaft. Der deutsche Botaniker Georg Schweinfurth, der die Ituri-Region 1869 erforschte, beschrieb die Pygmäen als die »Relikte einer schwindenden Rasse«, als die ursprünglichen Bewohner des Waldes, die einst als unabhängige Jäger und Sammler gelebt hatten, aber nun so degeneriert waren, dass ihr Überleben von benachbarten Dorfbewohnern abhing. Jahrzehnte lange intensive Forschungen haben Experten zu der Überzeugung geführt, dass die Pygmäen niemals permanent im tiefen Wald gelebt haben.

Alle vorhandenen Hinweise deuten darauf hin, dass die Vorfahren der Pygmäen Leute des Pfeils waren, die am Waldrand lebten. Sie machten das Beste aus beiden Welten: dem leichten Zugang zu den benötigten Grundnahrungsmitteln in der Savanne und den Möglichkeiten, das reichhaltige Angebot des Waldes zu nutzen. Als die Leute des Stockes ihr Vieh in die Savanne trieben, und andere mit der Harke die fruchtbareren Ebenen urbar machten, zogen sich die Pygmäen immer mehr in den Wald zurück, um überleben zu können. Mit den Bauern und Hirten entwickelten sie für beide Seiten nützliche Beziehungen und tauschten Honig, Fleisch und Arbeitskraft gegen die wichtigen Nahrungsmittel, die der Wald nicht liefern konnte. Von den drei Tauschwaren, die sie anbieten konnten, war wahrscheinlich zuallererst die Arbeitskraft gefragt. Sie wurde die Basis für eine dauerhafte Beziehung zwischen den Pygmäen-Sammlern und Bantu-Bauern, die es ihnen ermöglichte, tiefer in den Wald vorzudringen als sie es je allein geschafft hätten. Sie folgten den Flüssen und Elefantenpfaden und rodeten den Urwald, um Dörfer zu bauen und Gärten anzulegen.

Die Pygmäen behielten ihre nomadische Lebensweise bei, kehrten aber regelmäßig zu den Dörfern zurück, um die Jagdbeute gegen die Ernten der Gärten zu tauschen. Jagen und Ackerbau ließen einen Flickentep-

Streifen aus Rinde oder Palmwedel werden zu einem komplizierten und festen, aber dennoch leichten Korb geflochten.

pich neuer Lebensräume entstehen, die – aus menschlicher Sicht – wesentlich produktiver waren als der ursprüngliche Wald, den sie ersetzten. Einige Fachleute glauben, dass die Menschen den Regenwald in dieser Weise schon so lange nutzen, dass die Verteilung und Zusammensetzung des heutigen Waldes nicht mehr den Primärwald wiederspiegeln, sondern das Ergebnis ein Zusammenspiel menschlicher Aktivität und natürlicher Prozesse ist. Das trifft besonders auf die Waldränder zu. Waldinseln, die man zunächst für Relikte eines Primärwaldes hielt, der einst die ganze Gegend bedeckt hatte, sind in der Tat wohl eher als Sekundärwald, der um Dörfer herum gewachsen ist, zu bezeichnen – wobei mit Sicherheit einige Bäume von den Dorfbewohnern selbst gepflanzt worden sind.

Die Ackerbau treibenden Dorfbewohner, mit denen die Pygmäen Handel trieben, waren die Vorhut einer weitgehend unbekannten Völkerwanderung, die in der menschlichen Geschichte ihresgleichen sucht – der Bantu-Wanderung. Innerhalb von ein paar Tausend Jahren veränderten die Bantu das soziale Gefüge Afrikas südlich der Sahara grundlegend: Aus einer von Jägern und Sammlern dünn besiedelten Region wurde ein Gebiet, das von permanent in Dörfern lebenden Bauern dominiert war. Dabei handelte es sich nicht um Eroberung, genau genommen auch nicht um eine Wanderung. Es handelte sich vielmehr um die Neuverteilung einer stetig wachsenden Bevölkerung. Wurde ein Dorf zu groß, zogen einige Einwohner fort, um woanders ein neues zu gründen.

Die Heimat des Bantu-Volkes waren die Graslländer im heutigen Grenzgebiet von Nigeria und Kamerun, dort bearbeiteten sie den fruchtbaren Boden an den Waldrändern. Kulturpflanzen wie die Yamswurzeln gehörten zu ihrer Kost, ergänzt durch Fleisch. Vor etwa 5000 Jahren begannen sich die Bantu auszubreiten. Alle fünf bis zehn Jahre zogen die Dorfbewohner zu neuen Plätzen, wobei sie natürliche Lichtungen und Waldränder bevorzugten. Die Wanderung vollzog sich anfangs sehr langsam und benötigte in einem Fall 600 Jahre, um eine Distanz von 1000 Kilometern zu überwinden, und bewegte sich insgesamt um nicht mehr als 22 Kilometer pro Jahrzehnt. Als die Bantu jedoch den Wald verlassen hatten, beschleunigte sich ihre Ausbreitung rapide. Bantu-Bauern siedelten schon vor 2500 Jahren in der Region der Großen Seen Zentralafrikas' und hatten die Küste Südafrikas und damit die südliche Grenze ihrer Ausbreitung etwa 900 Jahre später erreicht – im 4. Jahrhundert n. Chr.

Nach rund 3000 Jahren bewohnten die Bantu praktisch das ganze Afrika südlich der Sahara. Sie lebten in einem Gebiet, dass sich von den Savannen des Sahel entlang des Südrandes der Sahara, wo ihre Ausbreitung von den kamel- und viehzüchtenden Leuten des Stocks behindert wurde, bis zur südwestlichen Ecke des Kontinents erstreckte. Am südlichen Ende Afrikas, das so weit südlich des Äquators liegt wie das Mittelmeer nördlich davon entfernt ist, herrschte jedoch ein Klima mit Winterregen und trockenen Sommern, in dem die eigentlich auf Sommerregen angewiesenen Pflanzen der Bantu-Bauern nicht gedeihen konnten. Somit war die Kapregion praktisch bis auf vereinzelte einheimische Jäger und Sammler menschenleer, als die ersten europäischen Siedler mit ihren den Winterregen benötigenden Pflanzen ankamen. Nur diesem ökologischen Zufall ist es zu verdanken, das sich Europäer im südlichen Afrika überhaupt niederlassen konnten.

DAS **DORF BIASA** liegt an der Straße durch den Ituri-Wald, einer Straße, die anderswo gerade mal als Feldweg bezeichnet würde. Baruwani wartete auf mich, er wollte aber sofort aufbrechen, nachdem ich vom Lastwagen geklettert war. Obwohl die Jäger der Pygmäen ihr Fleisch (und die Arbeitskraft) regelmäßig gegen Mais, Obst und Maniok tauschen, herrscht eine Atmosphäre gegenseitigen Misstrauens. Die Pygmäen bleiben nie länger als nötig in den Bauerndörfern.

Das Pygmäen-Lager lag etwa eine Stunde von Biasa entfernt. Die Frauen bauten eine Hütte für mich, sobald wir angekommen waren, indem sie große ovale Blätter so effektiv über den kugelförmigen Rahmen aus frischen

Schösslingen spannten, dass während des Sturms am Nachmittag kaum ein Regentropfen hindurchkam. Jeden Nachmittag gab es einen Regenschauer, bei dem ich mich in meine Hütte zurückzog, während es viele Pygmäen genossen, draußen im Regen sitzen zu bleiben.

Es waren sieben Männer und sieben Frauen in Baruwanis Gruppe, die miteinander elf gesunde Kinder hatten – neun davon unter fünf Jahren. Am Abend brannten sieben Feuer. Während die Kinder spielten oder Bogen schnitzten, um Pfeile auf improvisierte Ziele zu schießen, waren die Erwachsenen ständig in Bewegung – holten Holz und Wasser, packten ihre Vorräte an Maniok und Blättern aus, bereiteten Waldpilze und Fleischstückchen für das Essen vor.

Es gab kaum Diskussion, keinen offensichtlichen Plan, aber allmählich merkte ich, dass dem Ganzen doch ein wohlgeordnetes System zugrunde lag. Feuerholz, Wasser, Essen – alles wurde zu den Feuerstelle gebracht und ohne Verzögerung zubereitet. Als das Essen fertig war, versammelte sich jede Familiengruppe um ihr Feuer und aß zusammen aus einem Topf. Bis die Mahlzeit beendet war, war es dunkel.

Die Frauen stapelten Holz auf eines der Feuer, und alle versammelten sich. Baruwani sang zur Begleitung des auf einem hohlen Stamm geklopften Rhythmus von dem Elefanten: »Der Elefant ist ein riesiges Tier / Er lebt in Herden / Er ist schwer zu töten / Unsere Leute haben Glück, dass sie tapfere Jäger haben.«

Baruwanis Gruppe nutzte den Lagerplatz schon fast zwei Monate, als ich meinen Besuch machte, und er sah eindeutig verwohnt aus. Die Hütten verloren ihre Blätter, der Boden war bedeckt mit einem Durcheinander von Feuerstellen, alten Blättern, verstreuten Papaya- und Palmnussschalen. Alles dokumentierte das grundlegende Prinzip der nomadischen Lebensweise der Jäger-Sammler: Es ist ungesund, zu lange an einem Ort zu bleiben. Die Gruppe würde bald weiterziehen.

FOLGENDE SEITEN: **Das Gewirr von Kletterpflanzen, jungen Bäumen und Stämmen alter Bäume am Boden des Bosquet-Gemeindewaldes ist ein Hinweis auf die Vitalität im oberen »Stockwerk«. Obwohl der Regenwald dicht von Bäumen und Pflanzen bewachsen ist, kann nur wenig davon direkt genutzt werden, um Tiere und Menschen zu ernähren, das erklärt auch seine dünne Besiedlung.**

EPIDEMIEN SIND DIE GEISSEL der Menschheit, und sie kommen dort am häufigsten vor, wo sehr viele Menschen permanent in engem Kontakt leben – und damit genügend Personen zur Verfügung stehen, zu denen die Krankheitserreger überspringen können. Besonders Mittel- und Großstädte sind solche Brutstätten. Ein modernes Beispiel: Labortests fanden heraus, dass ein normaler nigerianischer Geldschein Bakterien enthält, die Gastroenteritis, Furunkel, Gerstenkörner und Bindehautentzündung verursachen. Fehlt es dagegen an ausreichend Krankheitsüberträgern, stirbt die Krankheit aus. Masern benötigen eine Gemeinschaft von etwa einer halben Million Menschen, um eine endemische Infektion aufrechtzuerhalten. So war die Gefahr, dass sich eine Infektion so in der Bevölkerung festsetzte, dass sie eine Generation nach der anderen angreifen konnte, bei unseren frühesten Vorfahren durch ihre ge-

ringe Anzahl insgesamt und die isolierte Lebensweise minimal.

Durch den Ackerbau und die Gründung permanent bewohnter Dörfer wurde diese natürliche Beschränkung der Krankheitsausbreitung aufgehoben. Die Bantu-Bauern, die feste Dörfer in den Wäldern anlegten, schufen erst die Bedingungen für eine Ausbreitung der Malaria. Früher hatten die Moskitos, die die Krankheit übertragen, ihre Blutmahlzeiten auf wilden Tieren zu sich genommen, nun wurden die Menschen eine weitere Nahrungquelle, als die ersten Bauern damit begannen, geschlossene Waldstriche in genau die Art offene, feuchte und locker bewachsene Umgebung zu verwandeln, die die Insekten bevorzugen. Waldlichtungen erhöhten die Anzahl der Brutplätze für die Moskitos, und da ihre Reproduktionszeit in Tagen gemessen wird, entwickelte sich in Kürze eine Art, die menschliches Blut bevorzugte: *Anopheles gambiae*. Die neu entwickel-

Heute sind die Baka des kamerunesichen Regenwaldes im Dorf Bosquet sesshaft. Ihre Häuser sind mit Wellblech gedeckt, die Wände sind ein Fachwerk aus dünnen Pfosten und rotem Waldschlamm.

ten Stechmücken breiteten sich wie die Pest in den Schneisen aus, die die Bauern in der Natur hinterließen. Wo Ackerbau üblich wurde, wurde *Anopheles gambiae* der verbreitetste Moskito. Leider überträgt *Anopheles gambiae* den Parasiten, der die gefährlichste Form von Malaria verursacht: *Plasmodium falciparum*.

Die mikroskopisch kleinen einzelligen Organismen der Gattung *Plasmodium*, die Malaria verursachen, gehören wahrscheinlich zu den ältesten der menschlichen und vormenschlichen Parasiten. Sie sind mindestens 60 Millionen Jahre alt und scheinen zunächst in den Därmen von Reptilien gelebt zu haben. Sie zogen weiter zu Vögeln und Säugetieren, als Raubtiere ein infiziertes Reptil fraßen. Nachdem vor 35 Millionen Jahren blutsaugende Insekten aufgetaucht waren, muss das Plasmodium die Stechmücken als Mittel zur eigenen Verbreitung hinzugewählt haben. Wenn Parasiten über einen saugenden Moskito (zusammen mit einem Anti-Gerinnungsspeichel, den das Insekt ausscheidet, um das Blut flüssig zu halten) in die Blutbahn gelangen, dringen sie in die roten Blutkörperchen ein und zerstören sie in Millionenzahl. Der Wirt leidet unter Fieberschüben und anhaltende Schwäche, wenn aufeinander folgende Parasitenwellen sich in den zerrissenen Blutkörperchen vermehren und nach anderen suchen, in die sie eindringen könnten. Jeder uninfizierte Moskito, der in dieser Zeit an dem Wirt saugt, nimmt nun ebenfalls Parasiten auf.

Malaria trat zuerst in Afrika auf, ist aber heute ein weltweites Gesundheitsproblem. 40 Prozent der Weltbevölkerung leben in malariagefährdeten Gebieten. Und es gibt keinen Hinweis darauf, dass die Bedrohung in naher Zukunft einzudämmen ist. In gefährdeten Regionen wird fast jedes Kind noch vor dem dritten Lebensjahr infiziert. Alle 30 Sekunden stirbt ein Kind an der Krankheit; afrikanische Kinder unter fünf Jahren sind chronisch krank und erleiden durchschnittlich sechs Anfälle pro Jahr. Tödlich infizierte Kinder sterben manchmal innerhalb von drei Tagen, nachdem die ersten Symptome aufgetaucht sind. Die Körper der Überlebenden verlieren meistens alle lebenswichtigen Nährstoffe, was wiederum ihre körperliche und geistige

Entwicklung hemmt. Malaria ist während einer Schwangerschaft besonders gefährlich und verursacht starke Anämie, die oft zum Tod der Mutter und ihres ungeborenen Kindes führt. Tragischerweise wissen viele Menschen in malariagefährdeten Gebieten sehr wenig über die ansteckende Krankheit. Eine Umfrage in Ghana ergab zum Beispiel, dass die Hälfte der Befragten nicht wusste, dass Moskitos die eigentlichen Krankheitsüberträger sind.

In ländlichen Gebieten trifft Malaria die arbeitenden Familien besonders hart. Im Vergleich zu gesunden Familien können die Betroffenen nur noch 40 Prozent ihres Bodens bearbeiten und eine entsprechend geringere Ernte einfahren. So werden die durch Malaria verursachten Kosten in Afrika südlich der Sahara auf insgesamt mehr als zwei Milliarden Dollar pro Jahr geschätzt.

Seit 1950 besprühte man die Brutstätten der Moskitos mit DDT, um Malaria unter Kontrolle zu halten, kannte jedoch lange nicht die durch DDT verursachten Belastungen für die Umwelt. Heute weiß man, dass die Moskitos und der Malariaparasit schon kurze Zeit nach chemischen Einsätzen eine verheerende Resistenz gegen jegliche Insektengifte und Präventivmaßnahmen entwickeln. Die Chininderivate, die europäische Reisende in Malariagebieten in den letzten Jahrzehnten vor Malaria schützten, wirken heute nicht mehr. DEET – ein Medikament, das die US-Regierung vor 50 Jahren entwickelt hat und das heute noch von Millionen Touristen benutzt wird – wirkt höchstens 15 Minuten.

Die Weltgesundheitsorganisation (WHO) hat das Programm »Kampf der Malaria« gestartet, dass mit nationalen Plänen versucht, die Krankheit in 80 Prozent der betroffenen Länder einzudämmen oder zumindest die Ausbreitung zu verhindern. In den nächsten zehn Jahren soll jedes Kind in Afrika unter einem mit Pyrethrin – einem moskitotötenden Insektengift – imprägnierten Netz schlafen. Die WHO hofft mit dieser Kampagne jedes Jahr eine halbe Million Menschenleben retten zu können. Skeptiker jedoch befürchten, dass der Plan scheitern wird. Ärzte warnen davor, dass Moskitonetze, die vor der Infektion schützen, den Aufbau natürlicher Resistenz vermindern, sodass schließlich mehr Kinder getötet als gerettet werden. Biologen befürchten, die Moskitos könnten zukünftig stärker während des Tages saugen.

Allerdings ist der menschliche Organismus angesichts der Malaria selbst nicht ganz passiv geblieben. Als *Plasmodium falciparum* bzw. *malariae* so stark wie noch nie in den Regenwäldern Westafrikas auftrat, beobachtete man, dass – obwohl praktisch alle Neuankömmlinge in Malariagebieten kurz nach dem Biss ernsthaft erkrankten –, eine nicht unbeträchtliche Anzahl an dort lebenden Personen nicht infiziert wurde. Weitergehende Forschungen ergaben, dass diese Personen eine gewisse Resistenz gegen Malaria erworben hatten. Grund für diese Resistenz waren die Sichelzellen. Bei Menschen mit Malariaresistenz hatte das Gen, das die Gestalt der roten Blutkörperchen bestimmt, zugunsten einer Form mutiert, das den normalerweise runden Blutkörperchen eine mond- oder sichelförmige Gestalt verlieh. Diese in ihrer Form veränderten Blutkörperchen zerreißen, wenn der Malariaparasit in sie eindringt, sie gewähren dem Parasiten auf diese Weise keinen Raum zur einer explosionsartigen Vermehrung, und reduzieren dadurch die Wirkungen der Malaria. Das Auftreten der Sichelzelle bei Bevölkerungsgruppen mit hohem Malariarisiko wurde als ein Beispiel sichtbarer menschlicher Evolution beschrieben – die erste nachweisbare genetische Reaktion auf eine Bedrohung von außen. Die beschriebene Resistenz entwickelte sich mit dem Vordringen der Bauern in den Regenwald und ermöglichte den nachfolgenden Generationen das Überleben. Aber der scheinbare Sieg über die Krankheit hatte seinen Preis. Die Sichelzellen, die den Parasiten einen Raum zum Vermehren verweigern, blockieren gleichzeitig auch Kapillargefäße und können deshalb eine Reihe von gefährlichen Krankheiten verursachen, die von schwacher Anämie bis zum Herzversagen reichen können. Gefährdet sind vor allem die Personengruppen, die das Sichelzellen-Gen von beiden Elternteilen erben. Die meisten dieser Opfer sterben schon als Kind an der Sichelzellen-Anämie. Diejenigen Kinder, die das Gen von nur einem Elternteil erben, besitzen eine gewisse Resistenz gegen Malaria, keinesfalls aber Immunität – doch verläuft bei ihnen das Krankheitsbild stark abgeschwächt. In der Natur der Sache liegt es, dass, wenn alle nicht an Sichelzellen-Anämie sterben sollen, jede neue Generation eine große Zahl Individuen enthalten muss, die eine Malariainfektion überlebt haben, ohne jedoch das Gen zu besitzen.

TROTZ DER MALARIAGEFÄHRDUNG gründeten Bantu-Bauern im Regenwald zahlreiche Dörfer und kleine Städte. In einigen Fällen begünstigte eine Kombination aus historischen und sonstigen Umständen die Bildung großer Staaten mit einem städtischen Zentrum und einem alleinigen Herrscher – mit einem Wort: Königreiche. Die Ausbreitung des Waldes hat viele Erinnerungen daran zugedeckt, zudem hat der europäische Einfluss historische Berichte gefärbt, wenn nicht gar verzerrt. Aber es bleibt noch genug, um nachzuweisen, dass es hoch entwickelte Gesellschaften mit einer sehr produktiven Ackerbaukultur gab. Archäologische Zeugnisse beweisen, dass Bauern vor fast 3000 Jahren in den Wäldern des heutigen südöstlichen Nigeria siedelten; die Ursprünge der Stadt Benin datieren wahrscheinlich aus jener Zeit.

Vor der Ankunft der Portugiesen Ende des 15. Jahrhunderts waren die Herrscher von Benin mächtig genug, um den Bau einer großen Stadtmauer zu beauftragen, die einen Umfang von 11,6 Kilometern hatte und deren Höhe 17,4 Meter vom Grund des äußeren Grabens bis zum oberen Rand der erhaltenen Mauer maß. Die menschlichen Anstrengungen zur Bewältigung dieser gewaltigen Erdarbeiten waren unvorstellbar, nach Schätzungen muss eine Armee aus 1000 Männern fünf Jahre lang zehn Stunden am Tag daran gearbeitet haben. Doch der Mauerbau war kein einzelnes Großprojekt. Im Dickicht, das das moderne Benin City umgibt, haben Archäologen ein gigantisches Netz von Einfriedungen entdeckt, die ein Gebiet von etwa 6500 Quadratkilometern bedecken und die miteinander durch Erdwälle verbunden sind, deren Gesamtlänge mehr als 16 000 Kilometer beträgt. Sie dokumentieren das Zusammenwachsen isoliert liegender Dörfer zu einer Stadt und stehen für eines der größten Werke städtebaulicher Konstruktion in der nicht-industrialisierten Welt. Es wurde weit mehr Material bewegt als für den Bau der Pyramiden von Giseh. Die Anlage beschäftigte 1000 Männer 150 Jahre.

Ein holländischer Reisender, der um 1600 die Stadt Benin besuchte, beschrieb ihre Hauptstraße als »eine große, breite Straße, nicht gepflastert, die sieben- oder achtmal breiter zu sein scheint als die Warmoes-Straße in Amsterdam«. Benin war zu jener Zeit ein etablierter Stadtstaat mit mehreren Tausend Einwohnern und wurde von den umliegenden Bauern mit Nahrungsmittel beliefert, denn diese bezeugten dem Oba, dessen Status dem eines Gottkönigs nahekam, damit ihre Ehrerbietung. Der Oba wurde nie gesehen außer als verschleierte Figur in Zeremonien, die die Macht und Autorität des Oba bekräftigen sollten. Seine Herrschaft war absolut – Leben und Tod eines jeden Mannes, einer jeden Frau und eines jeden Kindes lagen in seiner Hand. Künstler und Handwerker wurden beschäftigt, um Gegenstände herzustellen, die die Autorität des Staates in Stein, Holz, Elfenbein und Bronze wiedergaben. Hunderte von Bronzetafeln – die meisten sind weltweit in Museen zu sehen – zierten die Wände des Palastes des Oba und seiner Verwaltungsgebäude und stellten in einer einzigartigen stilisierten Weise Zeremonien-, Ritual- und Eroberungsszenen dar. Steinfiguren – abstrakte Darstellungen der Gottheiten – besaßen eine Aura göttlicher Autorität. Elfenbeinzähne, groß wie ein Mensch, waren von einem Ende zum anderen mit Bildern beschnitzt, die die vornehme Würde des Hofes von Benin darstellten. Das künstlerische und handwerkliche Können hatte zweifellos uralte Wurzeln. Die feinen Details und der Glanz der Bronzetafeln zeigen eine hohe Fertigkeit im Gießen, die nur über Generationen hinweg erworben worden sein konnte. Eine solche Spezialisierung auf ein Handwerk war nur in einer Gesellschaft möglich, die von ihren Handwerkern nicht erwartete, dass sie zugleich auch als Bauern ihren Lebensunterhalt verdienten – mit anderen Worten, es existierte eine Gesellschaft mit mehreren sozialen Schichten.

Trotz all ihres Ruhms hat Benins Geschichte eine dunkle Seite – den Sklavenhandel. Sklaverei wurde in Afrika schon vor der Ankunft europäischer Händler praktiziert. Afrikaner waren die Ersten, die Afrikaner versklavten, und Afrikaner waren auch unter den ersten Kunden europäischer Sklavenhändler. Die 10 000 Sklaven, die die Portugiesen zwischen 1500 und 1530 von den Beninern und anderen Gruppen an der Küste kauf-

600 Jahre alte Benin-Bronzen lassen auf einen hohen kulturellen Entwicklunsgrad in Westafrika schließen – lange bevor die Europäer kamen.

ten, wurden an Händler an der Küste des heutigen Ghana weiterverkauft, die dafür mit Aschanti-Gold bezahlten.

Das Aschanti-Reich ist der einzige Teil Afrikas, dessen Bewohner sowohl gute Bedingungen für eine produktive Landwirtschaft als auch wertvolle Rohstoffe vorfanden. Kumasi, die Hauptstadt der Region, am Rand des Regenwaldes gelegen, hatte sowohl Zugang zu den Produkten des Regenwaldes wie auch denen der Savanne. Sklaven rodeten den Wald für den Ackerbau und trugen seine Produkte – vor allem Kolanüsse – zu den entfernt liegenden Märkten. Kumasi wurde zum Zentrum eines Handelsimperiums, das zur Zeit seiner größten Ausdehnung (1820 waren es über 250 000 Quadratkilometer) größer als das heutige Großbritannien war.

Die Waren wurden von Kumasi aus entlang von vier Hauptstraßen (nicht -wegen!) in die Savannengebiete im Norden transportiert, weitere vier Straßen ermöglichten den Handel nach Süden zur Küste. Die Anlage des Straßennetzes erleichterte den Aschanti die Kontrolle über die unterworfenen Territorien. Doch obwohl die Aschanti-Gesellschaft immer eine militärisch geprägte war, lag die Stärke des Königreichs zuallererst in seinen politischen Institutionen. Das politische System führte den König und die lokalen Häuptlinge in einem Nationalen Rat zusammen. Der Aschanti-König regierte als *primus inter pares* in diesem Nationalen Rat, er wurde aus matrilinearen Kandidaten von der Königinmutter und hochrangigen Häuptlingen ausgewählt – ein System, das die Gefahren von Streitigkeiten, die bei anderen Staaten in Afrika und anderswo auf der Welt häufig zu instabilen politischen Verhältnissen führten, erfolgreich minimierte.

FOLGENDE SEITEN: **Bei der Feier zum 25. Jahrestag seiner Besteigung des Goldenen Stuhls wird der Aschanti-König Otumfuo Poku Ware II. in einem Festzug auf Schultern getragen.**

Unbefestigte Straßen durch das Herz des Regenwaldes in Kamerun wurden primär für die Holzindustrie angelegt. Manche Regionen wurden massiv abgeholzt, doch der Regenwald wird sich erholen, wenn nur selektiv alte Bäume gefällt wurden.

Dennoch war Gold das Geheimnis der lang anhaltende Stabilität des Aschanti-Reiches. Die geschürfte Goldmenge ist legendär. Auch heute noch steht Ghana durch sein Aschanti-Gold an 13. Stelle der Weltproduzenten – dies entspricht zwar nur einem Zehntel der südafrikanischen Produktion, ist aber immer noch genug, um der Hauptdevisenbringer des Staates zu sein. Im frühen 19. Jahrhundert notierten die Goldküste besuchende Europäer, dass in einer Reihe von Minen jeder Minenarbeiter zwei Unzen pro Tag schürfte; in einer anderen waren angeblich 10 000 Sklaven beschäftigt. Sie gruben schräge Löcher mit breiten Stufen in Tiefen bis zu 50 Metern. Das Erz aus den Goldflözen wurde in Kalebassen oder Körben gesammelt und mit Hilfe einer Menschenkette zur Oberfläche transportiert, wo es zerkleinert, gewaschen, gesiebt und als Goldstaub verpackt oder geschmolzen anschließend zu Tafeln oder Fäden verarbeitet wurde.

Abgesehen von dem Gold, das in den Staatssäckel wanderte, war es in der Aschanti-Wirtschaft so verbreitet, dass der Fiskus zusätzlich große Mengen in Form von Steuern, Zehnten, Abgaben und Strafen einnahm. So zahlte eine Provinz angeblich eine jährliche Abgabe von 18 000 Unzen an den Staat; eine andere, ärmere Provinz dagegen nur 450 Unzen. Als Kopfsteuer wurde eine Zehntel Unze von jedem verheirateten Mann in jedem Dorf eingezogen. An den Gerichtshöfen wurden kleine Straftaten mit Goldstrafen belegt; selbst wenn jemand sich als unschuldig erwies, wurde von ihm erwartet, dass er eine Dankesgabe in Gold an den Staat zahlte. Diejenigen, die schwerer Straftaten für schuldig befunden und zum Tod verurteilt worden waren, konnten ihren Freispruch mit 500 Unzen erkaufen.

Alles, selbst ein paar Bananen, hatte seinen Preis in Goldstaub und Händler trugen passende Mengen bei sich, zusammen mit einer Waage und reich verzierten Gewichten aus gegossener Bronze. Eingetauscht in Sklavenarbeit ermöglichte das Gold den Aschanti, sich die umliegenden Regenwälder nutzbar zu machen. Eingetauscht in Musketen verteidigte es das Königreich gegen seine Feinde. Der Staat war alles. Der Aschanti-König versicherte sich der Gefolgschaft ehrgeiziger Anhänger, indem er sie mit Goldkrediten an sich band. Das von einem Häuptling angesammelte Gold gehörte nicht seinen Nachkommen, sondern dem Häuptling oder dem Staat. Hohe Todessteuern sollten verhindern, dass reiche Männer eigene Dynastien aufbauen konnten. Das Gold gab den Aschanti-Herrschern etwas, was bemerkenswerterweise in den meisten afrikanischen Gesellschaften fehlte: die Möglichkeit, den individuellen Wettstreit in den Dienst des Staates zu stellen.

Augenzeugenberichte aus den frühen Tagen der Begegnung der Europäer mit den Aschanti vermitteln den Eindruck unglaublicher Aktivität, sie berichteten von einem Volk, das mit Ackerbau, Goldabbau, Handwerk und Handel beschäftigt war, wobei rituelle Zeremonien jeden freien Moment füllten. Historische Berichte erzählen von lang andauernden militärischen Unternehmungen und Schlachten mit Armeen aus 9000 Männern und Frauen – und vermittelten damit den Eindruck, es handele sich um einen dichtbesiedelten Staat. Jedoch waren das Aschanti-Reich und der westafrikanische Regenwald immer dünn besiedelt. Der damals übliche Wanderfeldbau konnte keine große Anzahl an Menschen ernähren.

Das Dorf Biasa, wo die Pygmäenjäger Fleisch gegen die Ernte der Dorfbewohner tauschten, ist wahrscheinlich typisch für Bauerndörfer, wie es sie schon seit Hunderten von Jahren im Regenwald gibt. Hier leben etwa 40 Familien. Die jüngste politische Entwicklung in der Demokratischen Republik Kongo (ehemals Zaïre) hat die Biasa-Bewohner weitgehend sich selbst überlassen, ungewollt wiederholen sich die Bedingungen ihrer Vorfahren mehr als es den Bewohnern lieb ist. Es fehlt an jeglicher Infrastruktur, das Wasser kommt aus dem Fluss, der Brennstoff aus dem Wald.

Die Häuser entlang der Straße haben alle einen rechteckigen Grundriss, sind aus Schlamm und Zweigen gebaut, haben zwei Räume und ein mit Palm- oder Bananenblättern gedecktes Dach. Der festgetretene Boden um jedes Haus wird säuberlich frei gehalten von Unkraut und Abfall, damit Schlangen und Skorpione hier kein Versteck finden. In Nduye gibt es eine Missionsschule, rund 20 Kinder laufen jeden Tag die neun Kilometer hin und zurück und suchen während der häufigen Regengüsse Schutz unter Bananenwedeln. Wie in einem Großteil des Kongobeckens fallen in der Nduye-Region durchschnittlich 2000 Millimeter Regen pro Jahr. Ausreichende Niederschläge und Temperaturen um 30° Celsius garantieren gute Ernten.

Doch Landwirtschaft im tropischen Regenwald ist mühsam: Der Boden ist arm an Nährstoffen, die Bauern müssen ständig neues Land roden, das sie nur zwei bis drei Jahre bewirtschaften können, weil der Boden dann zu ausgelaugt ist. Dann liegt das Stück Land 25 Jahre lang brach, der Wald beginnt hier wieder zu wachsen, der Boden kann sich regenerieren. Durch den traditionellen Wanderfeldbau war der Wald immer ein Mosaik aus bebautem Land und Lichtungen in verschiedenen Stadien der Brache. Auch aus diesem Grund war der Wald immer dünn besiedelt gewesen. Selbst die 17 000 Quadratkilometer im Zentrums des Aschanti-Reiches im Regenwald von Ghana, dort, wo die Bevölkerung am dichtesten gewesen sein muss, hätten nur etwa 425 000 Menschen ernähren können. Ein Hauptgrund für die dünne Besiedlung des Regenwaldes ist die Notwendigkeit einer extensiven Landwirtschaft. Eine relativ kleine Anzahl Personen nutzte ein verhältnismäßig großes Gebiet auf verschiedenste Art und Weise – in dieser Tradition wurden die Regenwälder Ghanas über Jahrhunderte genutzt. Ghana wird oft als das afrikanische Land bezeichnet, das den größten Teil seiner Wälder angeblich erst in der zweiten Hälfte des 20. Jahrhunderts verloren hat. Neuere Ergebnisse haben jedoch gezeigt, dass die ursprüngliche Waldfläche nie so groß gewesen ist wie zunächst angenommen. Ein nicht unbeträchtlicher Teil der Waldfläche, die als Referenzfläche für die Beurteilung des Abholzungsumfangs herangezogen worden ist, war schon damals Sekundärwald oder schon Jahrzehnte lang brach liegendes Land.

Das soll nicht heißen, das Offensichtliche zu leugnen: Während der letzten 50 Jahre wurde ohne Zweifel zu viel vom äquatorialen Regenwald abgeholzt –, aber eine weniger emotionale Sichtweise der Angelegenheit ist der Sache auf jeden Fall zuträglicher. Wenn seriöse Zeitschriften berichten, dass bis zu 90 Prozent des westafrikanischen Regenwaldes im letzten Jahrhundert verschwunden seien, provozieren sie nur die verzweifelte Schlussfolgerung, dass der Versuch, die restlichen zehn Prozent zu retten, sinnlos ist.

Große Waldgebiete in Westafrika gingen im 20. Jahrhundert durch Ackerbau, Abholzung, Feuer, Bergwerke und Plantagenwirtschaft verloren, insgesamt ist es jedoch nur etwa ein Drittel der Fläche, von der in den Medien berichtet wird. Zudem hat sich der Wald an einigen Stellen sogar wieder ausgedehnt. Alte Termitenhügel in den Wäldern von Ostghana sind der sichtbare Beweis dafür, dass heutige Regenwaldgebiete vor nicht allzu langer Zeit offene Savannen gewesen sind, denn Termiten leben ausschließlich in der Savanne. Archäologische Funde deuten darauf hin, dass auch Kumasi nicht immer von dichtem Regenwald umgeben war.

Der Regenwald ist eines der dynamischsten Ökosysteme der Erde und lässt sich nicht leicht zurückdrängen, was alle Bauern seit Generationen wissen. Auch heutzutage verbringen die afrikanischen Bauern die Hälfte der Zeit damit, frisches Unkraut zu jäten, weit mehr Zeit als anderswo auf der Erde. Die durch den Verlust des Regenwaldes hervorgerufenen Probleme sind groß. Exaktere Erhebungsmethoden und ein noch besseres Verständnis über den Aufbau und die Ökologie können helfen, die Hoffnungslosigkeit in Tatendrang zu verwandeln.

Kamerun tat einen Schritt in die passende Richtung. In Kamerun wurde mehr Wald abgeholzt als in jedem anderen afrikanischen Land. Bis 1985 hatten Waldarbeiter in nur 60 Jahren 64 Prozent des Waldes ausgebeutet. Die Abholzpraxis in Kamerun war jedoch stets sehr selektiv, man nahm nur reifes Holz und fällte selten alle stehenden Bäume. In einigen Gebieten konnte so drei- oder viermal geerntet werden.

Die Baka sagen, ihre Vorfahren wurden aus dem Himmel geworfen, weil sie zu viel Lärm machten, aber die sanften Klänge, die Felix auf seiner selbst gemachten Harfe *(ayita)* spielt, dürften kein Problem gewesen sein.

FOLGENDE SEITEN: Die Baka bauen in Waldlichtungen Maniok an. Die knolligen Wurzeln der von den Portugiesen eingeführten Pflanze sind stärkehaltig, enthalten aber Gifte, die aus dem Mehl ausgelaugt werden müssen, bevor es weiterverarbeitet werden kann.

Baka-Rituale folgen traditionellen Mustern, besonders wenn jemand stirbt. Westliche Kleidung wird
abgelegt, Körperbemalung wird aufgetragen, Waldpflanzen werden geschwenkt, und der Ebouma-Tanz
treibt den Geist des Verstorbenen dazu, Frieden mit
den Ahnen zu schließen.

Gegen Ende 1980 stieg die Menge geschlagenen Hol-
zes dramatisch an, unter anderem als Folge einer sich
stetig verschlechternden Wirtschaft. 1996 allein wurden 2,6 Millionen Kubikmeter Holz auf etwa 270 000
Hektar Regenwald geerntet – das entspricht in etwa einem Siebtel der Gesamtwaldfläche. Nicht immer wurde
eine schonende Holzentnahme praktiziert, aber auch
nur selten ein kompletter Kahlschlag durchgeführt. So
kann sich wenigstens ein Teil wieder regenerieren,
wenn man dem Wald die Zeit dazu lässt. Um dieses Ziel
zu erreichen, wird eine bessere Kontrolle der Zufahrts-
straßen zu den Wäldern sowie die Überwachung der eigentlichen Holzentnahme propagiert. Und wer wäre
besser dafür geeignet als die Menschen, die am längsten
im Wald leben und ihn am besten kennen?

Wissenschaftler haben den Schluss gezogen, dass die
heutigen Pygmäen von drei verschiedenen Gruppen abstammen, die über einen Zeitraum von 10 000 bis 20 000
Jahren voneinander isoliert gelebt haben. Ein möglicher
Grund dafür könnte die lange Trockenzeit sein, die den
Zerfall des vormals geschlossen Waldes in drei Wälder
zur Folge hatte. Die Baka von Kamerun sind möglicherweise die älteste dieser Gruppen. Jahrhundertelang waren die Baka darauf angewiesen, alles zu teilen, was der
Wald ihnen an Nahrung und anderem Notwendigen
bot. Kein Einzelner in der Gruppe hatte das Recht,
irgendeinen Teil des Waldes als seinen persönlichen Besitz zu beanspruchen.

Ihre Ortskenntnis und ihr Wissen um die Schätze des
Waldes waren ihr Kapital. Der Regenwald war kein Paradies auf Erden, doch die Baka hatten sich über Generationen äußerst erfolgreich an das Leben in dieser
schwierigen Umgebung angepasst.

In den letzten Jahren jedoch hat sich das Leben für
die Baka grundlegend geändert. Regierungsstellen und
christliche Missionare überredeten sie, sich dauerhaft
in Dörfern niederzulassen. Sie nahmen die Lebensweise
der Ackerbau treibenden Bantu an, mit denen sie früher
lediglich Handel getrieben hatten. Ohne Übergang

mussten die Baka eine auf gegenseitiger Unterstützung
und Teilen beruhende Lebensform zugunsten einer auf
persönlichem Profit basierenden aufgeben. Zunächst waren sie leichte Beute für Betrüger und Ausbeuter, denn sie
verstanden die Spielregeln nicht.

Doch erstaunlich schnell passten sich die Baka an die
neuen Umstände an. Die Dorfbewohner von Bosquet
forderten die Regierung auf, dem Regenwald um ihr
Dorf einen besonderen Status zu gewähren. Damit stand
der Wald nun unter ihrem Schutz und ihrer Kontrolle.

Nur Sie durften das Fällen genehmigen, und schon bald konnten sie die Versuche eines Holzhändlers vereiteln, den Wald zu betreten und Bäume ohne ihre Erlaubnis zu fällen. Die Ausarbeitung von Plänen für ein nachhaltiges Waldmanagement wird viel Zeit in Anspruch nehmen. Die Holzindustrie will die Anpassung der Baka-Dorfbewohner an die neue Wirtschaftsordnung finanzieren. Sie verstehen – besser als jeder andere –, dass ein umsichtiges Management das Gebot des Tages ist, nicht ein generelles Verbot des Abholzens.

Man hat den afrikanischen Regenwald schon jahrhundertelang genutzt. In der Vergangenheit wurde ein Baum nur gefällt, um Platz zu machen für Pflanzungen und den Hausbau. Heute geht es um Bau- und Möbelholz, und die Nachfrage ist gewaltig. Aber die Wälder können auf vernünftige Weise und zum Wohle aller bewirtschaftet werden – zum Nutzen derer, die dort wohnen, wo die Bäume wachsen, bis hin zu den Stadtbewohnern, deren Esstisch durch das Holz eines Regenwaldbaumes glänzt.

Für die Baka sind die mysteriösen Tiefen des Kongo-Regenwaldes ihre Heimat. Die alten Ägypter kannten diese Waldbewohner und nannten sie »Volk der Bäume«. Frühe Forscher bezeichneten sie auf Grund ihrer kleinen Statur als »Pygmäen«. Die Baka sagen, sie leben hier länger, als irgend jemand weiß. Sie haben sogar eine Legende, wonach ihre Vorfahren aus dem Himmel geworfen wurden, weil sie zu laut waren, und entsandt wurden, um den Wald zu beleben. Seit je bringen ihre Stimmen, ihr Lachen und ihre Musik die Wärme der Menschen in den Furcht erregenden Wald.

Wärme und reichlich Niederschlag lassen das äquatoriale Herz Afrikas mit konstanter Kraft pulsieren, aber fast alle Gaben des Waldes sind in den Baumriesen verschlossen. Die Bäume nützen das Nährstoffangebot so effizient, dass der Boden, auf dem sie stehen, extrem nährstoffarm ist. Nur wenig bleibt für andere Organismen übrig. Einfallsreichtum, eine lange Tradition und überliefertes Brauchtum ermöglichten es den Baka, im Wald Generation um Generation zu überleben.

Heute ist der traditionelle Lebensstil der Baka bedroht. Die riesigen Bäume, die seit Jahrhunderten als unverwechselbare Realität ihrer Existenz standen, werden für den Weltmarkt an exotischen Harthölzern gefällt. Die Nachfrage ist hoch, doch die Baka haben sie zu ihrem Vorteil genutzt. Sie haben erfolgreich bei der Regierung um die Kontrolle ihrer Wälder nachgesucht und planen jetzt, sie als erhaltenswertes Erbe aller wie auch zum eigenen Profit zu verwalten.

Im Regenwald kommt die Findigkeit der Menschen am besten zum Tragen. Der dünne Pfeil, den Richard Kadjama im Mund hält, wird, wenn er ihn von seinem Bogen abfeuert, schnell und lautlos durch das Unterholz schießen, um das arglose Ziel – einen Vogel oder ein kleines Säugetier – zu durchbohren.

Nahrung ist im Regenwald nicht leicht zu finden, weshalb es eine gute Idee schien, als die Regierung Kameruns um 1960 die Baka ermunterte, den Wald zu verlassen. Die meisten Baka wohnen heute in Dörfern an den roten Lehmstraßen, die durch den Regenwald geschlagen wurden. Sie genießen die Wohltaten eines Hauses, den Zugang zu medizinischer Versorgung und die Möglichkeit des Handels.

Die Jungen (oben) und
Pascal Kokpa (rechts)
wurden in Bosquet
geboren, einem
Straßendorf im Her-
zen Kameruns. Sie
kannten niemals eine
andere Art zu leben,
aber alle Baka glau-
ben fest daran, dass
der sie umgebende
Regenwald ihre ei-
gentliche Heimat ist,
in der nur die Baka
das Recht haben, zu
jagen und Wald-
produkte zu sammeln.

» Es ist im ganzen Land bekannt, dass die Baka im Wald leben«,

sagen sie. »Wir waren die Ersten, die hier lebten – er gehört von

Rechts wegen uns. «

» Der Staat siedelte uns an den Waldrand nahe der Straße«, stellen sie

heraus, weshalb »der Staat jetzt unserem Dorf dafür den Wald übergeben

sollte. «

Ohne die Einwilligung oder das Wissen der Baka wurde in ihrem Waldstück ein großer Baum gefällt. Die Straße, die so viel Gutes in ihr Leben gebracht hat, brachte nun Probleme – Holzfäller, die die wertvollsten Bäume mitnehmen, ungeachtet dessen, in wessen Wald sie sich befinden. Die Baka baten die regionale Regierung, der Staat möge den Wald den Dorfbewohnern zusprechen, damit diese ihn beschützen können. Als ihrer Bitte entsprochen wird, setzen die Dorfbewohner die Grenzen ihres Waldes fest (oben). Eine Inventur der Bäume soll durchgeführt werden, und ein Programm kontrollierten Holzschlags wird das langfristige Überleben des Waldes sicherstellen und Arbeitsplätze und Einkommen für die Baka schaffen.

Das oben gezeigte Holz stammt von gefällten Bäumen, die von Holzfällern im Wald liegen gelassen wurden.

BerGe

Afrikas hohe Berge stehen wie weit
verstreute Inseln inmitten der Savanne
und dem Tieflandsregenwald. Die äquatoriale Sonne und die dünne Luft sorgen auf Afrikas höchsten Bergen
bei Tag für sengende Sommerhitze und
bei Nacht für frostige Winterkälte.
Am Kilimandscharo ist der Aufstieg aus
den Vorbergen in der Savanne hinauf zu
den Gletschern am Gipfel vergleichbar
mit einer Reise vom Äquator zum Pol –
und das auf eine Entfernung von nur
wenigen Kilometern.

Heidekrautwälder und alpines Moor-
land, durchsetzt mit hochaufragendem
Kreuzkraut und Lobelien, zählen zu den
erstaunlichen Anpassungen des Pflan-
zenreichs an diese extreme Umgebung,
während die Dscheladas und der
Semienfuchs zwei einzigartig an das
Leben in der Höhe angepasste Tiere
sind. Menschen reagieren auf natürliche Zwänge häufig mit sozialen und
kulturellen Anpassungen, in der isolierte Bergwelt Äthiopiens entstand daraus
eine bemerkenswerte Geschichte
menschlicher Tapferkeit.

Der Blaue Nil gräbt einen tiefen
Canyon durch die Hochgebirgslandschaft
Äthiopiens.

Morgendämmerung. Als die Sonne auf der Ebene außerhalb von Korem in Äthiopien durch die schneidende Kälte der Nacht bricht, erhellt sie eine biblische Hungersnot – jetzt, im 20. Jahrhundert. Dieser Ort, so sagen hier die Helfer, ist fast die Hölle auf Erden. Tausende halb toter Menschen kommen hierher, um Hilfe zu suchen. Viele finden nur den Tod. Sie strömen jeden Tag aus Hunderte von Kilometern entfernten Dörfern her, geschwächt vom Hunger, dem Verzweifeln nahe. Tod ist hier überall.

Der Fernsehbericht der BBC vom 23. Oktober 1984 wurde in der Welt gesendet. Eine Hungersnot war über Äthiopien hereingebrochen – schon wieder. Erinnerungen an die äthiopische Hungersnot zehn Jahren zuvor wurden wachgerufen durch Bilder von ausgemergelten Kindern, von Müttern, die die Fliegen von den Augen ihrer sterbenden Babys verscheuchten, von Vätern, die Gräber aushoben. Wieder einmal entstanden provisorische Flüchtlingslager um die hastig eingerichteten Hilfszentren herum. Tausende von Menschen – die meisten Bauern und Familien mit einer stolzen Vergangenheit, in der sie genug Nahrung für sich selbst und die Gemeinschaft anbauen konnten– wurden zum unwürdigen Hochhalten von Schüsseln gezwungen. Die Welt reagierte großzügig und stellte Millionen Dollar

für das Lindern der Hungersnot zur Verfügung. Aber was war geschehen? War die Hungersnot eine Folge der Dürre oder hatten die Bauern das Land beim Versuch, eine wachsende Bevölkerung zu ernähren, zu sehr ausgelaugt? War die Dürre eine Folge der Klimaveränderung und vielleicht ein erstes Anzeichen der globalen Erwärmung, vor der Wissenschaftler regelmäßig warnten? Oder braute sich etwas noch Düstereres zusammen?

In den vergangenen Jahrzehnten haben Dürre und Hungersnot, politische Unruhen und Bürgerkrieg Äthiopien zu einem Abbild menschlichen Leids gemacht. Einige Jahrhunderte zuvor hatten gerade seine geographische Lage und seine einzigartigen ökologischen Bedingungen die Entwicklung von besonders erfolgreichen Anpassungsmechanismen und speziellen

VORHERIGE SEITEN: **Ein Lehm-Haarknoten, gekrönt von einer Straußenfeder, demonstriert unter Karo-Bauern im Südwesten Äthiopiens das hohe Ansehen und den Mut eines Mannes.**
OBEN: **Die Bevölkerung Äthiopiens, gegenwärtig etwa 66 Millionen Menschen, wird sich wohl in den nächsten 25 Jahren verdoppeln.**

kulturellen Eigenheiten gefördert. Darunter fallen Pflanzen und Tiere, die durch ihre Anpassung an das Hochland Äthiopiens einzigartig auf der Welt sind. Bei den Menschen schufen die Herausforderungen des Lebens auf den Hochebenen Glaubensgemeinschaften, die zu Sammelpunkten der Opposition gegen despotische Herrscher wurden.

1973 erlitt Äthiopiens Provinz Welo eine Hungersnot, in der etwa 40 000 bis 80 000 Menschen starben. Die Regierung von Kaiser Haile Selassie weigerte sich, das Problem wahrzunehmen, wie sie schon 1958 und 1966 Hungernöte ignoriert hatte. Aber diesmal war die Hungersnot ernster. Obwohl die kaiserliche Regierung versuchte, das Ausmaß der Not vor Vertretern der Vereinten Nationen zu verbergen (bis die Medien darüber berichteten), und die offiziellen Reisewege des Kaisers verlegt wurden, um ihm den Anblick des Unglücks zu ersparen, konnte der Staatsapparat die altäthiopische Tradition des Massenbettelns nicht ignorieren.

Tausende von Bauern, die von der Hungersnot betroffen waren, marschierten protestierend in die Städte. Es gab keine Lebensmittelaufstände und zu Beginn keine

Lalibela in Äthiopien ist für seine Felsenkirchen berühmt, aber es ist auch das Zuhause von Bauern, deren Häuser dicht gedrängt an den Berghängen stehen. Dahinter erheben sich die Berge – sie bieten den Bauern wenig kultivierbares Land.

Gewalt – aber die Situation wurde ungemütlich, als Stadtbewohner, Studenten und rangniedrige Armeeoffiziere die Hungersnot als Symbol für die Notwendigkeit politischer Änderungen aufgriffen. Die Regierung wurde gestürzt. Kaiser Haile Selassie wurde umgebracht, Minister und Regierungsbeamte eingesperrt. Oberst Mengistu Haile Mariam wurde neues Regierungsoberhaupt. Bald danach beschnitten neue Gesetze den reichen Landbesitzern ihre traditionellen Rechte. Ihre Ländereien wurden unter den Bauern verteilt, die bis dahin für ihre Herren in Armut, immer kurz vor dem Verhungern, gearbeitet hatten.

Mengistu, der mit seinem Hass auf das alte Regime die Revolution verkörperte, war angeblich »aus dem Bauch der äthiopischen Massen hervorgegangen«. Sein Ruf als Mann des Volkes wurde noch ausgeschmückt durch Gerüchte, er stamme von Sklaven ab. Aber Oberst Mengistu Haile Mariam war nicht der Mann, der zu sein er vorgab. Schnell sank seine Hochachtung innerhalb der Bevölkerung, als er Rivalen ermorden ließ und sich Machtbefugnisse verschaffte, die noch über diejenigen hinausgingen, die die Revolution zuvor beseitigt hatte. Binnen kurzem verbreiteten sich Gerüchte, dass Mengistu aristokratischer Abstammung sei. Er begann, sich mit Kaiser Tedros aus dem 19. Jahrhundert zu vergleichen. Doch auch seine Zeit sollte kommen.

Die marxistische Ideologie, die als Folge der Revolution dem feudalen Äthiopien eine Landreform beschert hatte, brachte auch der Verwaltung grundlegende Veränderungen. Selbst das Nationalmuseum wurde davon erfasst. Die Direktoren wurden aufgefordert, Museumsexponate mit Themen, die die nationale Identität und Einheit hervorheben, auszustellen. Die Verantwortlichen griffen auf die alte Tradition zurück, bildhafte Darstellungen zur Illustration politischer Themen zu nutzen, und gaben ein Gemälde in Auftrag, dessen Thema einen symbolischen Moment der nationalen Geschichte aufgreifen sollte. Man einigte sich auf einen Künstler, schließlich wurde das Museum mit einem Gemälde geschmückt, das das Fällen eines alten, riesigen Regenwaldbaumes zeigte. Das Gemälde sollte »den Triumph des Volkes über Feudalismus und Rückständigkeit« symbolisieren.

HOCHAUFRAGENDE **BÄUME** sind in Äthiopien selten. Die Wälder mit hohen Zedern und Wacholderbäumen, die einst die Täler und Hochplateaus bedeckten, sind schon lange verschwunden. Ihr termitenresistente Holz mit schöner Maserung wurde für Gebäude und die Feuerstätten einer rasch wachsenden Bevölkerung geschlagen. Einst bedeckten Wald und Waldland etwa 87 Prozent des äthiopischen Hochlands, nach jüngsten Untersuchungen sind es nur noch 2,4 Prozent. Die Zerstörung begann schon vor dem 16. Jahrhundert, bis 1900 waren jedoch noch etwa 40 Prozent des Hochlands waldbedeckt. Die massive Zerstörung während des 20. Jahrhunderts resultierte aus einer explodierenden Bevölkerungszahl und einer immer stärker werdenden Ausbeutung des städtischen Umlandes. Das Hochland umfasst weniger als die Hälfte der äthiopischen Staatsfläche, doch leben hier fast 90 Prozent der Bevölkerung. Auch ein Großteil der landwirtschaftlich nutzbaren Fläche liegt auf dem Hochland, zwei Drittel des gesamtstaatlichen Viehbestands weiden hier.

Über die Zerstörung des Waldes begann man sich ab 1900 Sorgen zu machen. Ein umfangreiches Wiederaufforstungsprogramm wurde gestartet, aber weniger mit der Zielsetzung, den natürlichen Wald zu ersetzen, als vielmehr sicherzustellen, dass in Äthiopien auch weiterhin genügend Holz zur Verfügung steht. Kaiser Menelik II. fragte im Ausland um Rat, und man überzeugte ihn davon, dass Eukalyptus die Antwort auf den drohenden Holzmangel in Äthiopien sei. Überall im Land legten die für den Wald zuständigen Regierungsstellen Eukalyptusplantagen an und ermunterten private Landbesitzer und Dorfbewohner, das Gleiche zu tun.

Eukalyptus wächst schnell, und eine Plantage – mit ihren Baumreihen in ordentlichem Abstand – benötigt weniger Platz als ein natürlicher Wald, aber Eukalyptus ist ein egoistischer Baum, der dem Boden Wasser und Nährstoffe entzieht, ohne viel zurückzugeben.

Spezialisierte wirbellose Tiere und Mikroorganismen haben sich mit den Eukalyptusbäumen in ihrer

Muhajawe Taju ist Aufseher des staatlichen Eukalyptuswaldes auf den Hügeln über der äthiopischen Hauptstadt Addis Abeba. Die Bäume wurden vor über hundert Jahren als Brenn- und Bauholz gepflanzt.

Heimat Australien entwickelt, wo sie beim Kompostieren des Laubs helfen und so die Rückkehr der Nährstoffe in den Boden beschleunigen. Wenn sie, wie in Äthiopien, nicht vorhanden sind, bleibt das Laub der Eukalyptusbäume jahrelang liegen – unberührt von den zersetzenden Organismen des afrikanischen Kontinents, die die scharfen Harze des Baumes nicht verarbeiten können. Wo Eukalyptus gepflanzt wurde, wächst nicht viel anderes, und während ein natürlicher Wald das Wasser wie ein Schwamm hält, läuft der Regen, der auf eine Eukalyptusplantage fällt, einfach ab, schafft Erosionsprobleme und liefert fast nichts für den Grundwasserspiegel, der die Quellen in der Trockenzeit am Fließen hält. Einer von Meneliks Vorgängern, Zera Yakob, der von 1434 bis 1468 regierte, scheint die Bedeutung der Wälder für die Umwelt erkannt zu haben. Zumindest war er sich bewusst, dass das unkontrollierte Fällen der Wälder große Schäden nach sich ziehen konnte. Um wichtige Wasserscheiden zu schützen, erklärte Zera Yakob damals die Wof-Washa- und Jibat-Wälder, 150 Kilometer nördlich und westlich von Addis Abeba, zu Waldreservaten. Er befahl, dass die Wälder nahe der Hauptstadt, die einst die Yerer- und Wechecha-Berge überzogen hatten (25 Kilometer östlich und 20 westlich von Addis Abeba), wieder aufgeforstet werden sollten. Wacholdersamen wurden in den Wof-Washa-Wäldern gesammelt und auf den kahlen Bergen eingepflanzt. Alle Reservate wurden zu Ländereien deklariert, auf denen das unkontrollierte Fällen von Bäumen verboten war. Die damals angepflanzten Wälder gibt es immer noch. Massive Wacholderbäume, bis zu 400 Jahre alt, stehen stolz zwischen den sich natürlich regenerierenden jüngeren Bäumen – ein beredtes Zeugnis für Zera Yakobs Weitsicht und Erfolg.

Wenn anderswo in Äthiopien ein alter Wacholderbaum überlebt, steht er fast immer hinter den schützenden Mauern eines Kirchhofs. Religiöse Autorität ist nicht weniger streng als ein königliches Edikt, und einen Baum zu fällen, der auf geweihtem Grund steht,

kommt einer Schändung gleich. Trotzdem sind diese Bäume ein erbärmlicher Anblick. Wie sie da alleine stehen, ihre dürren Zweige ausgestreckt wie verdorrte Glieder, sehen sie aus wie ältere Bürger, die still ihr Schicksal beklagen.

DAS LAND ÄHIOPIEN ist die gebirgigste Teil Afrikas, eines Kontinents, der insgesamt nicht viele Gebirge aufzuweisen hat. Der Großteil der afrikanischen Landfläche liegt zwischen 500 und 1000 Meter über dem Meeresspiegel, weniger als 1,35 Prozent erheben sich auf 2000 Meter oder mehr, und nur 0,1 Prozent liegen höher als 3000 Meter. Viele afrikanische Gebirge sind vulkanischen Ursprungs und geologisch gesehen entsprechend jung. Der Kilimandscharo, einer der bekanntesten Berge der Welt und zugleich Afrikas höchster (5895 Meter), ist nur wenig älter als eine Million Jahre; der Gipfel des Kibo existierte noch nicht, als unsere Vorfahren zu seinen Füßen über die Ebenen wanderten

schwüngen der Erde beeinflusst wurde. Wo die Artenvielfalt auf einem Berg niedrig ist, steht fest, dass sich diese erst nach dem Rückzug der Gletscher dort ansiedeln konnten. Wo entfernt stehende Gipfel identische Pflanzen aufweisen, die nur hier vorkommen, gibt es kaum Zweifel, dass ein klimatisch bedingter Korridor beide Gipfel einst durch einen gemeinsamen Vegetationsgürtel verbunden haben muss. So ist die Vegetation des Mount Kenya ähnlich der des Kongobeckens, während der vergleichsweise jüngere Kilimandscharo größere Gemeinsamkeiten mit den Usambara-Bergen aufweist.

Insgesamt aber gibt es nur vergleichsweise wenige Hochgebirgslandschaften und diese in großer Entfernung voneinander. Äthiopien hat daran den größten Anteil. Obwohl es kaum vier Prozent der kontinentalen Landfläche einnimmt, liegen 50 Prozent der Erhebungen über 2000 Meter und knapp 80 Prozent über 3000 Meter auf äthiopischem Staatsgebiet. Das Hochland enstand vor 30 Millionen Jahren beim Aufstieg einer pilzförmigen »Wolke« heißen Materials aus dem Erdinneren. Die Magma-Wolke maß etwa 2000 Kilometer im Durchmesser und stand genau über der heutigen Afar-Region Äthiopiens; sie bog die Erdkruste in Form einer riesigen Kuppel nach oben. Die Oberflächenspannung hielt die Haut der Kuppel viele Millionen Jahre lang stabil, als sie schließlich unter der Belastung zerriss, entstanden drei strahlenförmig auseinander laufende Einbrüche. Der eine ist nun vom Roten Meer aufgefüllt, der zweite ist der Golf von Aden und der dritte das Great Rift Valley, das große Ostafrikanische Grabensystem, das von nun an wie ein Reißverschluss den afrikanischen Kontinent nach Süden zu öffnen begann.

Vulkane spuckten Millionen von Jahre immer wieder Lava an den Rändern des Risses und hatten schließlich mehr als 350000 Kubikkilometer aufgetürmt, genug um die gesamten Vereinigten Staaten fast 20 Meter hoch zu bedecken. Die Vulkane kamen vor fünf Millionen Jahren langsam zur Ruhe und hinterließen eine

Tropische Hochgebirge machen das Leben nicht gerade leicht. Jeden Tag Sommer und jede Nacht Winter – das sind ohne Übertreibung die Bedingungen, die das Pflanzenleben in der afroalpinen Zone des Kilimandscharo auf harte Proben stellen. Eine Form von Senecio (eine Familie, zu der auch das Kreuzkraut gehört) hat sich zu einer riesigen Pflanze mit dicken Stämmen entwickelt, mit Blättern, die nachts die Knospe umschließen, und ausgestattet mit einem zähen Schleim, der als Frostschutzmittel dient.

Alle afrikanischen Hochgebirge stellen jeweils einander ähnelnde klimatische Herausforderungen dar, dadurch sind sie sich auch alle in ihrer Vegetationszusammensetzung ähnlich: Alle haben eine ähnliche Abfolge von Vegetationsgürteln, beginnend mit dem Tieflandregenwald, gefolgt von einer Bergwaldzone, einer Bambuszone, an die sich die Heide- und die afroalpine Zone anschließen. Die Unterschiede in ihrer pflanzlichen und faunistischen Zusammensetzung machen deutlich, wie sehr der Kontinent von den großen Klimaum-

FOLGENDE SEITEN: Eine Halskette aus Kaurimuscheln gibt dem zuversichtlichen Blick einer Bauersfrau im äthiopischen Hochland eine besondere Note. Die aus den Lagunen der Malediven-Inseln gefischten Kaurimuscheln waren einst die Währung im Sklavenhandel.

Hochgebirgslandschaft, die praktisch vegetationslos den Einflüssen des Wetters und der Erosion ausgesetzt war. Gletscher bedeckten die Bergländer während der Eiszeiten. Die Sonne dörrte die Lavafelder der Hochebene aus. Wind und Regen zerfraßen die steilen Klippen des Steilhangs und formten eine erstarrte Landschaft aus Gipfeln und Canyons, Abgründen und zerklüfteten Fächern mit Graten und Schluchten. Wie beim Grand Canyon ruft der erste Anblick der äthiopischen Gebirgslandschaft Ehrfurcht hervor. Die inneren Kräfte der Erde türmten während Jahrmillionen riesige Berge auf, und gleichermaßen unbarmherzige Kräfte haben sie seither wieder eingeebnet.

Zerklüftete Steilhänge und Abbrüche an den Nord-, Ost- und Westseiten des Massivs und Wüsten im Süden haben zur Isolation der äthiopischen Hochländer beigetragen. Wegen seines geologisch gesehen jungen Alters hält man das äthiopische Massiv bezüglich seiner Pflanzen und Tiere für arm, aber die isolierte Lage und eine einzigartige Umgebung machten aus der Region ein »ökologisches Vakuum«, das Lebewesen aus anderen Teilen anzog, die sich schnell an die besondere Situation annpassten und Arten entwickelten, die an keinem anderen Ort Afrikas zu finden sind. Äthiopien ist Heimat etlicher endemischer Tiere und Pflanzen. Von den 219 Säugetierarten dieser Region findet man 28 ausschließlich in Äthiopien. Ebenso kommen 23 von Äthiopiens 665 Brutvogelarten nirgends sonst auf dem Kontinent vor, zusammen mit unzähligen Insekten, Amphibien, Reptilien und Pflanzen. Die Hochlandrose (*Rosa abyssinica*), die süß duftende Blätter und Blüten hat, findet man nur in Äthiopien. Ebenso schmückt die afrikanische Primel (*Primula verticillata*) nur die schattigen moosigen Sickerstellen von Äthiopiens Hochlandtälern. Die Blauflügelgans (*Cyanochen cyanopterus*) ist ebenfalls einheimisch in Äthiopien, ihre Vorfahren sind vor langer Zeit aus dem Heimatland der Halbgänse, den alpinen Grasländern Südamerikas, über den Atlantik geflogen gekommen. Und dann gibt es noch die Ohrlose Kröte (*Nectophrynoides malcolmi*), ein kleines Geschöpf, das man nur in Höhen zwischen 3200 und 4000 Metern findet, wo es oft sehr kalt und meistens sehr trocken ist. Um unter diesen Bedingungen zu überleben, mussten sich die normalen Fortpflanzungsmethoden der Amphibie der geänderten Umgebung anpassen. Anstatt als Laich

in Teichen abgelegt zu werden, der dort vom Männchen befruchtet wird, werden die Kröteneier im Körper des Weibchens befruchtet (dadurch besteht kein Risiko mehr, dass sie erfrieren) und im Boden abgelegt, wo die Kaulquappen sich nur vom Eidotter ernähren, bis sie winzige »Erwachsene« sind (wodurch das Problem der Trockenheit überwunden wird). Verwandte Arten der Ohrlosen Kröte kennt man aus den Bergwäldern Tansanias und Liberias, und deshalb glauben Naturforscher, dass diese Kröten in Afrika weit verbreitet waren, als die kalten und trockenen Bedingungen der Eiszeiten vorherrschten. Da sie heute aus den meisten Gebieten des afrikanischen Tieflands verschwunden sind, stellen sie vielleicht eine »konservierte Art« dar, eingesperrt in ein kleines Gebiet, aus dem sie eines Tages befreit werden. Wenn Kälte und Trockenheit wiederkehren, sollten die einzigartigen Anpassungsmechanismen der winzigen Kröten es ihnen gestatten, ihr früheres Territorium zurückzugewinnen.

Auch der Berg-Nyala lebt in den äthiopischen Hochländern; die Waldantilope ernährt sich von Kräutern, deren scharfes Aroma andere Pflanzenfresser meiden. Eine andere einheimische Art, der Walia-Steinbock, trennte sich in der jüngeren Vergangenheit ebenso von seinem Vorfahren (dem Nubischen Steinbock) und fand auf den steilen Felsen eine Nische, weil er mit erstaunlicher Wendigkeit auf der Suche nach Futter, das nur er erreichen kann, herumklettert. Und auf den Klippen des Nordmassivs findet man an nassen und kühlen Abenden Äthiopiens farbigste Tiere, die sich, vor Raubtieren sicher, für die Nacht vorbereiten, in dem sich einander wärmend zusammendrängen: die Dschelada-Paviane.

Sie werden wegen des charakteristischen Fleckens nackter rosafarbener Haut auf ihrer Brust auch Blutbrustpaviane genannt. Der Dschelada ist ein Gras fressender Affe, der einen Großteil seiner Wachzeiten – vorzugsweise ungestört – mit Essen verbringen muss, wenn er die nötigen Nährstoffe aus einer nährstoffarmen Nahrung in sehr kalter Umgebung aufnehmen will. Fossilienfunde aus anderen Teilen Afrikas deuten darauf hin, dass vor zwei bis fünf Millionen Jahren fünf oder sechs Dschelada-Arten verbreitet waren, aber heute überlebt nur noch die Art, die man in den äthiopischen Hochländern findet. Die anderen Linien starben wahrscheinlich aus, als sie von größeren und geschickteren Gras fressenden Affenarten aus den Savannen vertrieben wurden (unsere Vorfahren spielten vielleicht bei der Vertreibung eine Rolle). Die äthiopischen Hochländer erwiesen sich als ideale Zuflucht für die Dscheladas. Hier gibt es genug Gras und wenig Konkurrenz. Weil die Dscheladas so viel Zeit mit Essen verbringen müssen, sind sie besonders friedlich und ordentlich. Es gibt viel weniger Zank als bei den anderen Affenarten und keinen Streit um Futter oder Platz. Es gibt genug für alle; nur die Essenszeit ist begrenzt. Dscheladas versammeln sich oft zu Hunderten und fressen auf einem Stück Grasland zielsicher alle Blätter, Stängel und Wurzeln ab, sodass diese von den Einheimischen »Dschelada-Felder« genannt werden. Aber die Verwüstung ist nicht unwiderruflich, denn die »Felder« werden bald von einer Vielzahl anpassungsfähiger und schnell wachsender Pflanzen wiederbesiedelt.

Die Dscheladas essen im Sitzen, was Energie spart und Wärmeverluste vermeidet. Wie der Naturforscher Jonathan Kingdon feststellt, hatte diese Verhaltensweise einzigartige evolutionäre Folgen. Alle Primaten haben großes Interesse an ihren Genitalien – aber nicht alle sind in erster Linie an Sex interessiert. Bei den Affen sind besonders Genitalgesten, die sexuelle Unterwerfung nachahmen (das »Präsentieren«, wie es Ethologen nennen), Teil der alltäglichen sozialen Ordnung und werden zur Aggressionsbeschwichtigung oder als freundlicher Gruß eingesetzt. Natürlich ermöglicht es den Männchen auch, auf die gerötete und geschwollene Vulva aufmerksam zu werden, die bedeutet, dass ein Weibchen paarungsbereit ist.

Indem sie sich hinsetzten, um Energie zu sparen, haben die Dscheladas ein wichtiges Mittel verloren, um den inneren Frieden in der Gruppe zu bewahren und die sexuelle Bereitschaft der Weibchen zu überwachen. Als bemerkenswertes Beispiel evolutionärer Erfindungsgabe haben die Dschelada den Verlust wettgemacht, in-

dem sie einen Flecken nackter Haut um die Brüste herum entwickelten, der sich zur gleichen Zeit wie die Vulva rötet und anschwillt. Der Fleck auf der Brust ahmt die geschwollene Vulva nach. Er wird von den gleichen Hormonen hervorgerufen, und die Botschaft kann nicht missverstanden werden: Dieses Weibchen ist bereit zur Fortpflanzung. Daher der Name Blutbrustaffe (oder -pavian). Männchen zeigen ebenfalls die nackte rosa Brust, aber bei ihnen dient sie nur dem Zweck, Individuen beiderlei Geschlechts anzuziehen oder abzuwehren.

Die rosa Brust des Dschelada-Pavians, eine Anpassung an seine Lebensbedingungen, führte zu seinem populären Namen: Blutbrustpavian.

Dscheladas sind wie wir Primaten, und Fossilienfunde aus der Afar-Senke beweisen, dass unsere Vorfahren schon vor vier Millionen Jahren in der äthiopischen Region lebten. Zu jener Zeit waren die Hochländer kahle, raue Berge, und die Tieflandsavannen boten alles, was man brauchte. Jäger arbeiteten sich hinauf in die Berge, als die Wälder sich ausdehnten. Als vor etwa 7000 Jahren eine neuerliche Trockenperiode in Afrika begann, als Klimaveränderungen den Ebenen lange Dürrezeiten bescherten, zogen Bauern und Hirten in die Höhen. Hier fanden sie eine für menschliche Besiedlung hervorragend geeignete Umgebung. In tropischen Regionen in Höhen von über 2000 Metern sind die Temperaturen angenehmer und die in den Tiefländern verbreiteten Krankheiten wie Malaria, Schlafkrankheit und Bilharziose fehlen gänzlich. Die Tsetsefliege, die in weiten Teilen Afrikas die Viehzucht unmöglich macht, kommt in den kühlen Hochländern nicht vor. Darüber hinaus stauen die Landerhebungen feuchte Luftmassen, zwingen diese zum Aufstieg, Wolken bilden sich und Regen fällt. Die feucht-heißen Winde, die vom Roten Meer herüberwehen, werden zum Aufstieg gezwungen, wenn sie 60 Kilometer landeinwärts auf den Steilabbruch des Rift Valley treffen, und ergiebiger Regen fällt auf die Hochebene.

Als die ersten Menschen hier siedelten, gab es eine Reihe einheimischer Pflanzen, die wie geschaffen für

Teff ist ein kleines Korn. Für die Bauern entscheidend ist die Fähigkeit des Teff, auch dann noch zu reifen, wenn andere Getreide vertrocknen. Da der Teff sich in den äthiopischen Hochländern entwickelte, ist er an seine Umwelt perfekt angepasst und wird seit langer Zeit von den einheimischen Bauern kultiviert.

den menschlichen Speiseplan schienen. Die äthiopischen Hochländer enthalten mehr einheimische Pflanzen, die Menschen als Nahrung nutzen können als jeder andere Teil Afrikas. In der Tat wird die Region als »eines der größten und ältesten Zentren für heimische Saatpflanzen« beschrieben. Äthiopien ist die Heimat der »falschen Banane«, Ensete (*Musa ventricosa*), deren stärkehaltiger Wurzelstock seit Jahrhunderten ein Grundnahrungsmittel der Bevölkerung im südlichen Teil der Hochländer ist. Die ölhaltige *Noog* (*Guizotia abyssinica*) ist eine weitere einheimische Pflanze, die in Äthiopien gegessen wird. Ebenso die Oromo-Kartoffel (*Plectranthus edulis*), die wild wächst, aber auch kultiviert wird. Die Samen der Färberdistel (*Carthamus tinctorius*) werden geröstet und gemahlen und zum Eindicken von Suppen und Getränken verwendet. Die scharf riechenden Blätter von Sensel (*Adhatoda schimperiana*) werden benutzt, um Malaria zu behandeln, aber auch als Topfreiniger verwendet. Zum Teil wird sie auch heckenartig als Einfriedung gepflanzt. Nicht zu vergessen der Kaffee (*Coffea arabica*), ein einheimischer, verstreut wachsender Strauch, der in den unteren Regionen des Waldes versteckt wächst, und dessen Beeren die Äthiopier seit 2000 Jahren als Bestandteil eines erfrischenden Getränks kennen. Kaffee war bis ins frühe 17. Jahrhundert in Europa praktisch unbekannt, wurde aber bald sehr beliebt. 1675 gab es allein in London 3000 Kaffeehäuser, und heute ist Kaffee der größte Agrarimportartikel der Vereinigten Staaten und vieler Länder der westlichen Welt.

Aber während Kaffee den Geist anregte, waren es die Getreidesorten, die den Körper ernährten. Fingerhirse (*Eleusine coracana*) stammt wahrscheinlich aus Äthiopien (obwohl der erste Hinweis auf seinen Anbau aus Indien kommt) und spezielle Sorten Weizen, Gerste und Sorgho wurden vor Ort aus einem nichtheimischen Typ gezüchtet (wahrscheinlich vom Nil oder von jenseits des Roten Meeres). Das Getreide jedoch, das am meisten zur geschichtlichen Entwicklung der Region betrug,

war äthiopischen Ursprungs. Nachdem es vor 2500 Jahren auf der Hochebene zum ersten Mal angebaut worden war, legte es die Grundlage für das Wachstum einer Zivilisation, deren Größe und Klugheit keiner anderen im Afrika südlich der Sahara gleich kam. Dieses Getreide war der Teff *(Eragrostis tef)* – sein Samen ist kleiner als ein Nadelkopf.

Auch heute noch wird Teff auf weitaus mehr Land ausgesät als jede andere Pflanze in Äthiopien, und jahrhundertelang wurde er ausschließlich dort angebaut. Es gibt keinen Hinweis darauf, dass Teff jemals in Südarabien angebaut wurde, was den Schluss zulässt, dass er schon vor dem 8. Jahrhundert v.Chr. kultiviert wurde, als südarabischer Einfluss zum ersten Mal die äthiopische Hochebene erreichte. Relativ sicher wurden Weizen und Gerste zu jener Zeit aus Südarabien nach Äthiopien eingeführt, zusammen mit dem Pflug, der Techniken des Terrassenanbaus und der Bewässerung. Aber Weizen und Gerste konnten den Teff nie als bevorzugte Kulturpflanze ersetzen, da Teff am besten an das Klima der Hochländer angepasst war.

Die Teff-Felder, die der nordäthiopische Landschaft nach der Regenzeit ihr charakteristisches Aussehen geben, sehen eher wie sich im Wind wiegende Heuwiesen als wie Getreidefelder kurz vor der Ernte aus. Die Pflanze ist leicht und zart mit einem winzigen Korn. Aber Größe ist kein Maß für Qualität. Mit seinem ernährungsphysiologischen Wert übertrifft Teff jede andere Getreidesorte, die in Äthiopien angebaut wird. Kohlenhydrat- und Eiweißgehalt sind gleich hoch oder übertreffen noch den von Mais, Sorgho, Weizen und Gerste, doch wichtiger ist seine spezielle Aminosäurenzusammensetzung, die perfekt den Anforderungen menschlicher Ernährung entspricht. Teff enthält besonders viele derjenigen Aminosäuren, die der Körper nicht selbst herstellen kann und die deshalb mit der Nahrung aufgenommen werden müssen. Eine einzige Portion Teff pro Tag liefert genügend dieser wichtigen Aminosäuren, um ohne andere Eiweißquellen das Leben aufrechtzuerhalten, während zwei Portionen täglich ausreichen, um eine ausgewogene Ernährung zu garantieren.

Für eine Hochzeit wird *injera* zubereitet. Teff enthält mehr essenzielle Mineralstoffe als anderes Getreide; sein Nährwert wird durch die Zugabe von Vitaminen noch erhöht.

FOLGENDE SEITEN: Bei einer Hochzeit in Addis Abeba tragen junge Gemeindemitglieder selbst gewebte Baumwollkleidung und Kronen aus Satin.

Im 19. und 20. Jahrhundert, als Dürre und Hungersnot immer wieder großes Unglück über Äthiopien brachten, lag der besondere Wert des Teff nicht so sehr in seinem Nährwert, sondern vor allem in seiner Fähigkeit, auch dann erntereif zu werden, wenn andere Getreidesorten wegen Wassermangels vertrockneten. Da Teff in einzigartiger Weise an die klimatischen Bedingungen der Region angepasst ist, lässt er Körner aus jeder Blüte, die bestäubt wurde, entstehen und reifen, auch wenn während der Reifezeit kein weiterer Regen fällt. Andere Getreidearten, die in Äthiopien angebaut werden, lassen bei fehlendem Niederschlag entweder gar keine (Mais) oder nur einige Körner reifen (Gerste und Sorgho).

Der verlässlichste Teil der regionalen Regenfälle weht im August und September vom Roten Meer herüber, somit können Bauern, die Teff pflanzen, der nach diesen Regenfällen blüht, mit einer sicheren Ernte rechnen, auch wenn die Regenfälle das weitere Jahr über ausfallen. Hochgezüchtete Getreidesorten mit hohem Ertrag lassen sich nur in Jahren pflanzen, in denen die Bedingungen gut sind. Für den Existenzbauern, der davon leben muss, ist ein ausreichender Ertrag an Teff auch in einem schlechten Jahr überlebenswichtig.

Durch den Terrassenanbau konnte sich die Anbaufläche über die Hügel ausdehnen. Als der Pflug eingeführt worden war (von Ochsen gezogen, die Viehzüchtern aus dem Westen hierher gebracht hatten), waren auf der nördlichen Hochebene um 500 v.Chr. die Grundlagen für eine prosperierende Landwirtschaft geschaffen.

Monumentale Tempel wurden in Yeha, Haoulti und Mantara errichtet; die Altäre waren einem Pantheon von Göttern geweiht, die fast mit denen identisch waren, die man aus dem südarabischen Königreich jener Zeit kannte. In Haoulti fand man einen aufwendig geschmückten »Thron«, der aus einem einzigen Block feinkörnigen örtlichen Kalksteins gemeißelt war. Unter den vielen bemerkenswerten Metallgegenständen an den Fundstätten sind in der Regel immer Äxte, Beile, Sicheln und Bronzeschwerter sowie Ringe, Scheren, Schwerter und Dolche aus Eisen.

Die großen Gebäude, die Gräber, Skulpturen und Altäre, die aufwändigen Steinmeißel- und Metallarbeiten und Schriftliches an all diesen Stätten weisen darauf hin, dass spätestens ab dem 3. Jahrhundert v. Chr. auf der nordäthiopischen Hochebene eine komplexe Gesellschaft, wahrscheinlich ein Staat, bestanden haben muss. Man geht von mehreren sozialen Schichten aus, und da einige Inschriften von Königen erzählen, die über Gruppen von Menschen herrschen, die deutlich nach »rot« und »schwarz« unterschieden wurden, kann man daraus schließen, dass die Bevölkerung auch nach Rassen getrennt war.

Eine Stadt mit Namen Aksum war das Zentrum dieser Entwicklung. Sie schmiegte sich unter einen Halbkreis niedriger bewaldeter Hügel und hatte dadurch eine einmalige Lage – sowohl in strategischer als auch in natürlicher Hinsicht. Von Norden floss ein Fluss durch eine enge Spalte, die man mit einem Staudamm versah, um Wasser für die Trockenzeit, in der der Fluss oft zu versiegen drohte, zu speichern. Nahe der Stadt gab es offenes Gelände für Felder und Viehweiden, während die Wälder auf den Hügeln Bau- und Feuerholz lieferten.

Der Aufbau der Stadt entsprach der gesellschaftlichen Zusammensetzung. Die Häuser der Reichen lagen auf den Anhöhen, wo sie in den Genuss einer kühleren Brise kamen, die Handwerker und niederen Klassen lebten unten im Tal. Steinbrüche in den nahen Hügeln lieferten das bevorzugte Baumaterial der reichen Bewohner. Die ärmeren bauten mit Lehmflechtwerk, die Dächer waren mit Stroh gedeckt.

Was wir von Aksum wissen, stammt aus archäologischen Ausgrabungen, der genauen Untersuchung alter Landoberflächen und vorsichtigen Einschätzungen des jeweiligen Klimas. Es existieren keine Augenzeugenberichte vom Alltagsleben in der Stadt, aber ihr modernes Gegenstück Axum (die andere Schreibweise wird vorzugsweise benutzt, wenn die alte Stadt gemeint ist) ist immer noch so weit von einer modernen Welt entfernt, dass es einen kleinen Eindruck vom früheren Aksum vermitteln kann.

St. Georg ist eine von elf unmittelbar aus dem weichen Vulkantuff gehauenen Kirchen in Lalibela im äthiopischen Hochland. Ein Herrscher des 12. Jahrhunderts wollte Lalibela als neues Zion errichten.

»Biblisch« war das Wort, das mir sofort in den Sinn kam, als ich Axum besuchte. Die Straßen sind nicht gepflastert, es gibt mehr Karren und Esel als motorisierten Verkehr, und die Menschen tragen grobe handgewebte Umhänge, Sandalen an den Füßen und einen Stab in der Hand, wenn sie durch den lockeren Sand schlurfen. Stimmen und die Geräusche menschlicher Aktivität herrschen vor – ein erstaunlicher Unterschied zu den Misstönen mechanischen Lärms, den die meisten Stadtbewohner ertragen müssen.

Abseits der Hauptstraße schlängeln sich schmale Pfade zwischen den Häusern durch und lassen einen Blick erhaschen auf Höfe, in denen Frauen Teff mahlen und über Holzkohleöfen *injera* zubereiten. Ihre Männer arbeiten auf den Feldern und die Kinder hüten die Ziegen.

Seit dem 1. Jahrhundert n.Chr. war Aksum das Wirtschafts- und Verwaltungszentrum eines Reiches, dessen Einfluss über das Rote Meer bis nach Südarabien reichte. Seine Herrscher hielten engen Kontakt mit dem Oströmischen Reich und erlangten im 3. Jahrhundert internationale Bedeutung durch das Prägen eigener Münzen in Gold, Silber und Bronze; damalige persische Führer beschrieben Aksum als eines der vier wichtigsten Königreiche der Welt (die drei anderen waren Persien, Rom und Sileos – womit möglicherweise China gemeint war).

Obwohl es hoch oben auf dem Plateau liegt, 150 Kilometer entfernt vom nächsten Zugang zum Roten Meer und noch weitere 60 Kilometer von Adulis (eine beschwerliche achttägige Reise den Steilabbruch hinunter), exportierte Aksum Güter von der Hochebene und dem Sudan bis nach Indien, China, dem Schwarzen Meer und Spanien. Plinius berichtete im 3. Jahrhundert von Elfenbein, Nashornhörnern, Flusspferdehäuten und Sklaven aus Aksum. Andere Quellen nennen Goldstaub, Weihrauch, Zibetkatzenmoschus – und sogar lebende Elefanten. Ein Autor beschreibt eine Herde von etwa 5000 Elefanten, die in der Nähe von Yeha »auf einem weiten Feld weideten«.

Die Güter, die Aksum exportierte, wurden am Ort oder aus dem Hinterland im Tausch gegen Vieh, Eisen und Salz erworben. Eisen wurde wahrscheinlich auf der Hochebene geschmolzen, aber Salz musste in Verdunstungsteichen an der Küste gesammelt oder aus Vorkommen in der Danakil-Wüste gegraben und den Steilabbruch hinaufgetragen werden. Deshalb war Salz ein besonders wertvolles Gut auf der Hochebene und ihrem Hinterland, und es blieb ein wichtiges Tauschmittel bis in die moderne Zeit.

Aber während Aksums wirtschaftlicher und territorialer Einfluss wuchs, blieben seine Möglichkeiten, Nahrung anzupflanzen und damit seine Bevölkerung zu ernähren, begrenzt. 500 n. Chr. erstreckte sich die Stadt Aksum über 75 Hektar und hatte etwa 20 000 Einwohner. Die Stadt war weitläufiger und dichter bevölkert als ihr modernes Gegenstück – aber nie größer. Inzwischen hatten ihre Herrscher eine »Gigantomanie« entwickelt, wie es treffender nicht zu beschreiben ist.

Steigender Konsum infolge steigenden Reichtums ist bekannt. In Aksum spiegelte sich dieser in der Größe und dem Pomp ihrer Häuser und in der Vielfalt und dem Umfang der importierten Luxusgüter, die man in den Ruinen der Gebäude fand. Darunter befanden sich Glas und Keramik, Gegenstände aus Edelmetall, Stoffe und Kleider, Wein und Zuckerrohr, Pflanzenöle, Aromen und Gewürze. Die meisten Luxusgüter wurden vom östlichen Mittelmeer importiert. Die herrschende Elite lebte gut, selbst nach dem Tod wurde noch auffälliger Luxus getrieben.

In einer frühen Entwicklungsstufe übernahm Aksum den Brauch, seine Herrscher in Steingruften zu beerdigen und ihre Gräber mit monumentalen Stelen (oder Obelisken) zu schmücken. Man fand insgesamt über 140 Stelen in der Stadt. Die meisten sind jedoch umgestürzt. Einige liegen wie gestrandete Wale neben trockenen, staubigen Straßen. Andere verstopfen schmale Schluchten. Die Fragmente einiger zerbrochener Stelen wurden in Kirchenmauern eingebaut.

Die meisten Stelen haben eine unregelmäßige Form, sind aber völlig glatt mit abgerundeten Ecken, geschwungenen Seiten und flachen Wellen entlang der ganzen Länge gearbeitet. Vergleichbar mit Skulpturen wurden diese Stelen vielleicht deshalb so gemeißelt, um die Form des natürlichen Steines hervorzuheben. An-

ders jedoch die sechs größten Stelen von Aksum – sie verkörpern eher die Intention, die natürliche Form zu verändern als zu belassen. Jede ist präzise behauen, hat einen rechteckigen Grundriss, die Oberflächen sind ausführlich verziert mit Basreliefdarstellungen vielstöckiger Gebäude.

Eines der größeren Beispiele steht noch inmitten kleinerer, ungeschmückter Steine in einem gepflegten Park des heutigen Axum. Es ist ein monolithischer Granitblock von 21 Metern Höhe und mit geome-

trischer Präzision geschnitten, um ein zehnstöckiges Gebäude darzustellen. Am Fuß befindet sich eine falsche Tür. Die gestürzten Teile einer noch größeren, 24 Meter hohen Stele sind ähnlich geschmückt, wurden aber 1937 während der italienischen Besatzung Äthiopiens nach Rom gebracht und nahe dem Circus Maximus wieder aufgebaut. (Es gibt Überlegungen diese Stele nach Axum zurückzubringen.) Die größte von allen – 33 Meter lang, drei mal zwei Meter an der Basis und auf allen vier Seiten gemeißelt, um ein dreizehnstö-

Priester tragen in einer Prozession das *tabot* durch die Straßen Lalibelas. Es ist eine Kopie der Bundeslade, jener Truhe, die ursprünglich die Gesetzestafeln mit den Zehn Geboten enthielt. Jede der 20 000 Kirchen Äthiopiens hat ein *tabot*. Die von Priestern bewachten Ikonen sieht man nur bei Zeremonien, hier bei Timkat zu Ehren der Taufe Christi.

FOLGENDE SEITEN: Die Landschaft von Lalibela, dem Ort mit den Felsenkirchen, liegt 1900 Meter hoch. Die zerklüftete und von Dürren heimgesuchte Region ist für den tiefen religiösen Glauben ihrer Bewohner bekannt.

ckiges Gebäude darzustellen – ist in fünf riesige Stücke zerbrochen, wobei kleinere Fragmente beim Aufprall absplitterten. Man weiß nicht, ob dieses massive, geschmückte Stück Stein jemals aufrecht stand.

Wie auch immer, diese gewaltige Aksum-Stele wiegt über 500 Tonnen und war wahrscheinlich der größte monolithische Steinblock, der in der alten Welt jemals geschnitten und vielleicht aufgestellt wurde. Seine Herstellung bedurfte technischer Fertigkeiten und Arbeitskräfte in einer Größenordnung, die mit der des Pyramidenbaus vergleichbar ist. Der Granitblock wurde aus einem Berg mehr als vier Kilometer westlich von Aksum gehauen, wo man die Narben des Steinbruchs noch heute sehen kann. Den Stein mit den einfachen Metall- oder Steinwerkzeugen der damaligen Zeit zu behauen und Basreliefmuster zehn bis zwanzig Zentimeter tief in seine ganze Oberfläche einzumeißeln (insgesamt etwa 330 Quadratmeter), hätte eine große Steinmetztruppe jahrelang beschäftigt.

Man kann nur spekulieren, wie der Stein vom Steinbruch nach Aksum transportiert und aufgestellt wurde. Man hat wohl Rollen benutzt und vielleicht auch Elefanten. Trotzdem war der Transport eines solch massiven Steines über vier Kilometer und seine Aufrichtung ein Unterfangen, das auch den Einfallsreichtum und die technischen Möglichkeiten moderner Ingenieure auf eine harte Probe stellen würde.

Keine der sechs großen Stelen von Aksum ist identisch, aber wenn man sie der Größe nach ordnet, ist jede aufwendiger geschmückt als die vorhergehende. Diese »Gigantomanie« scheint bei der größten der sechs Stelen geendet zu haben; vielleicht wurde ihr Sturz als böses Omen gesehen, vielleicht demonstrierte ihre Herstellung die völlige Unmöglichkeit des Behauens, Transports und Aufstellens von etwas noch Größerem. In jedem Fall bewegte sich die Entwicklung im 4. Jahrhundert n.Chr. in Aksum in eine Richtung, die die weitere Jagd nach noch Größerem unmöglich machte. Stadt und Staat sollten Opfer des eigenen Erfolges werden.

Hinter der mit Schutzengeln geschmückten Tür in der Narga-Selassie-Kirche am Tanasee liegt das *tabot*. Der Legende nach wurde die Bundeslade von einem frühen Herrscher nach Äthiopien gebracht; sie wird in der Marienkirche in Axum aufbewahrt.

Während der Zeit des protzigen Konsums waren die regionalen Wälder abgeholzt worden, um die Holzkohleöfen der Eisenschmelzer und lokalen Glas-, Ziegelstein- und Töpfermanufakturen zu füttern; man benötigte Holz und Holzkohle zum Kochen und Heizen, zusätzlich wurde Holz beim Haus- und Möbelbau verwendet. Die Landschaft wurde kahl, und während das Roden zunächst zusätzliches Land verfügbar machte, um genug Nahrung für eine wachsende Bevölkerung anzubauen, setzte es gleichzeitig den Boden einer starken Auslaugung und Erosion aus. Ironischerweise beschleunigten die reichen Regenfälle, die das Wachstum von Aksum gefördert hatten, nun seinen Verfall. Nährstoffe wurden aus dem Land geschwemmt, als der Boden von den Hügeln heruntergewaschen wurde. Regen, der einmal ein Segen gewesen war, wurde nun ein Fluch.

»Der Zusammenbruch der Aksumer Zivilisation und Kultur war das Ergebnis einer Verkettung sich gegenseitig verstärkender Prozesse, die zu einer Verschlechterung der Umwelt und einem jähem demographischen Abstieg führten.« Aksums Probleme der Nahrungsmittelproduktion im Inland wurden verstärkt durch die wirtschaftlichen und politischen Schwierigkeiten im Ausland. Im späten 6. und frühen 7. Jahrhundert reduzierte Krieg im östlichen Mittelmeer den Markt für Luxusgüter in einem verarmenden Römischen Reich. Dann erlangte Persien die Kontrolle über Südarabien (und bedrohte die Handelswege nach Indien), und im frühen 8. Jahrhundert zerstörten arabische Kriegstruppen Adulis, die Hafenstadt am Roten Meer.

Aksum war nun vom Handel auf dem Roten Meer abgeschnitten. Es wurden keine Goldmünzen mehr herausgegeben. Das zentralistische System brach zusammen. Innerhalb von wenigen Generationen wurde aus Aksum und seinen umliegenden Gemeinden ein loser Haufen von Dörfern. 800 n.Chr. hatte Aksum fast aufgehört zu existieren. Die Menschen verließen die verarmte Gegend, um sich auf den jungfräulichen Böden im Süden niederzulassen, wo sie Weizen und Gerste aus Südarabien ablehnten und sich wieder auf die Pflanze besannen, die in der Region am besten gedeiht: Teff. Diese Entscheidung legte den Grundstein für den modernen äthiopischen Staat. Zugleich wurde Aksum zum Symbol der alten königlichen und religiösen Autorität – und ist es bis heute geblieben.

Aksum trat erst im 4. Jahrhundert n.Chr. zum Christentum über, aber die äthiopische Tradition behauptet, dass seine Verbindungen zu biblischen Ereignissen bis ins 9. Jahrhundert v.Chr. zurückreichen, als die Königin von Saba von ihrem äthiopischen Palast aufgebrochen sein soll, um König Salomo in Jerusalem zu besuchen. Ihre Begegnung wird im Buch der Könige I, Kapitel 10, beschrieben:

Und sie kam nach Jerusalem mit einem sehr großen Gefolge, mit Kamelen, die Gewürze trugen und viel Gold und Edelsteine. Und als sie zum König Salomo kam, sprach sie mit ihm über alles, was in ihrem Herzen war …

Und sie gab dem König hundert und zwanzig Talente Gold und an Gewürzen eine große Menge und Edelsteine. Es kam kein solcher Überfluss an Gewürzen mehr ins Land, wie sie die Königin von Saba dem König Salomo gab.

Und der König Salomo gab der Königin von Saba alles, was ihr gefiel und wonach sie verlangte, außer dem, was er ihr von sich aus gab. Und sie wandte sich um und zog in ihr Land mit ihrem Gefolge.

Äthiopische Tradition interpretiert den letzten Vers so, dass Salomo die Nacht mit der Königin von Saba verbracht hatte, sodass seine Geschenke an sie auch den Sohn beinhalteten, den sie nach ihrer Rückkehr in Äthiopien gebar. Das Kind wurde David genannt und bestieg zur rechten Zeit den Thron als Menelik I., Gründer der salomonischen Dynastie, deren letzter Vertreter Haile Selassie war. Später wurde die Verbindung zwischen Äthiopien und jüdisch-christlicher Religion durch eine Legende gestärkt: Als Menelik noch ein junger Mann war, habe er die sagenhafte Bundeslade nach Aksum gebracht.

Die Bundeslade war in den Zeiten des Alten Testaments der heiligste Gegenstand – und der wertvollste.

Als stabile Kiste aus Akazienholz, bedeckt und ausgelegt mit Gold, war sie für die Steintafeln, auf denen die Zehn Gebote durch den Finger Gottes geschrieben worden waren, angefertigt worden. Nach ihrer Fertigstellung am Fuße des Berges Sinai um 1250 v.Chr. begleitete die Lade die Israeliten durch die Wüste und verhalf ihnen bei jedem Treffen zum Sieg, auch bei der Eroberung Palästinas. König David brachte die Lade nach Jerusalem, und sein Sohn Salomo ließ sie im Tempel aufstellen, den er gerade baute, als ihn die Königin von Saba besuchte. Die Legende erzählt, dass David, Sohn von Salomo und der Königin von Saba, als junger Mensch ein Jahr am Hof seines Vaters verbrachte. Bei seiner Abreise stahl er die Bundeslade aus dem Tempel und trug sie zurück nach Aksum, wo sie danach blieb.

So erzählt man die Geschichte... Es ist eine schöne Geschichte – aber nur, weil es keine andere Erklärung für das Verschwinden der Bundeslade gibt. Auch die Bibel sagt darüber nichts aus. Dennoch widersprechen historische Fakten den Behauptungen, sie sei in Aksum. Die Legende von Salomo, Saba und Menelik hat keine historische Grundlage. Die Königin von Saba ist eine mythische Figur. Aksum existierte nicht als politisches Gebilde, als Salomo lebte, und die Stadt Aksum selbst wurde erst etliche Jahrhunderte, nachdem Menelik angeblich die Lade aus Jerusalem gebracht hatte, gegründet.

Aber der Glaube ist eine starke Macht. Nach dem Zusammenbruch des aksumitischen Staates wurde die Kirche die Quelle von Einfluss und Autorität in Äthiopien. Könige erwarben göttlichen Status – als Priesterkönig –, und bald erreichten fabelhafte Geschichten von Äthiopien und seinen Monarchen Europa. Der früheste bekannte Hinweis auf einen König von Äthiopien erscheint in einem Manuskript von 1145, das »Presbyter Johannes« (oder »Johannes den Älteren«) einen mächtigen christlichen Priesterkönig nennt, der ein riesiges Reich beherrscht, das man damals irgendwo in Mittelasien vermutete. Ein Brief, 1165 angeblich adressiert an den byzantinischen Herrscher Manuel I. von »Presbyter Johannes« selbst, behauptete, dass zu den Wundern seines Reiches auch der Jungbrunnen gehörte, weiterhin ein Fluss, dessen Bett gänzlich aus Edelsteinen bestand, Ameisen, die nach Gold gruben, Kieselsteine, die Licht abgaben oder einen Menschen unsichtbar machen konnten, und ein Spiegel, der es Johannes

ermöglichte, jeden Ort in seinen sieben Königreichen zu sehen.

Wie viel Glauben auch immer den fantastischeren Elementen dieser Geschichten geschenkt wurde, die Herrscher des mittelalterlichen Europa entschieden, dass der Priesterkönig Johannes ihnen vielleicht helfen würde, die arabischen Invasoren abzuwehren, die im Begriff waren, ganz Europa zu erobern. Die Aussicht, die Muslime von hinten angreifen zu können, war verlockend. Die portugiesische Flotte, die unter Vasco da Gama 1497 Lissabon verließ, hatte Briefe von König Emanuel I. von Portugal an Johannes bei sich, die sicherlich in der Hoffnung geschrieben worden waren, eine militärische Allianz mit dem äthiopischen Monarchen zu bilden. Vasco da Gama umrundete das Kap der Guten Hoffnung und segelte die ostafrikanische Küste hinauf bis Malindi, bevor er einen östlichen Kurs über den Ozean auf Indien nahm. In den Häfen entlang der afrikanischen Küste erhielt er Berichte, die die Existenz von Johannes bestätigten, aber es gelang ihm nicht, die Briefe bei diesem abzugeben. Sicher wussten Europäer nicht, dass der damalige Presbyter Johannes mit den Arabern freundschaftliche Beziehungen unterhielt. Sein Vorgänger hatte Mohammeds Familie und seinen Anhängern Zuflucht gewährt, als der Prophet 616 aus Arabien floh. Islam und Christentum haben in Äthiopien seither immer friedlich koexistiert.

Das europäische Interesse an Afrika wurde erwidert. Afrikaner wagten sich regelmäßig von der ostafrikanischen Küste weg über Handelswege zum Roten Meer und nach Indien. Tatsächlich erkundeten Äthiopier die Straßen europäischer Städte, lange bevor Europäer Äthiopien oder einen anderen Teil Afrikas südlich der Sahara besuchten. Der erste Europäer, der Äthiopien aufsuchte, war ein Italiener, Pietro Rombulo, der 1407 die lange und beschwerliche Reise auf sich nahm. Bemerkenswert, könnte man meinen, aber tatsächlich hatten Äthiopier Italien schon 1306 besucht – 100 Jahre früher. Die Hinweise sind spärlich und immer kurz, aber ein Dokument, das zufällig von Historikern gefunden wurde, die mittelalterliche Archive durchsuchten, beschreibt, wie ein Priester in Genua eine Gruppe von 30 Äthiopiern befragte, die von Besuchen in Avignon und Rom heimkehrten, aber in Genua auf günstige Winde zum Heimsegeln warten mussten. Der Bericht lässt darauf schließen, dass die äthiopischen Reisenden in Italien keine ungewöhnliche Erscheinung waren.

Falls die Äthiopier von Presbyter Johannes auf eine Mission zum Papst geschickt worden waren, vermutlich mit Dolmetschern oder selbst fähig, in einer gemeinsamen Sprache, wahrscheinlich Latein, zu kommunizieren, kann man schließen, dass ihrer Reise andere Informationsreisen vorangegangen waren. Man weiß, dass Äthiopier regelmäßig Ägypten und Zypern besuchten und Pilgerfahrten zu den heiligen Stätten Palästinas machten, wo sie Verbindungen zum Rest der christlichen Welt herstellten. Diese Kontakte gaben den Europäern übertriebene Vorstellungen von der Rolle, die Äthiopier in einer Allianz gegen den Islam spielen konnten. Man glaubte zum Beispiel, dass die Äthiopier den Nil beherrschten. Ein typischer Bericht behauptet, dass »wenn es Johannes gefällt, kann er den Fluss in eine andere Richtung fließen lassen.«

1400 schickte König Heinrich IV. von England einen Brief an den »König von Abessinien, Prester John« und bat offenbar um König Davids (also des damaligen Priesterkönigs Johannes) Teilnahme an einem Kreuzzug gegen den Islam. Man weiß nicht, ob Heinrichs Brief Äthiopien jemals erreichte, aber 1402 schickte König David selbst Gesandte nach Italien und bat um technische Hilfe (ohne jeden politischen Hintergedanken), und empfing auch mehrere florentinische Handwerker an seinem Hof. Berichte im Vatikan beweisen, dass Geleitbriefe mindestens drei italienischen Gruppen gegeben wurden, die zwischen 1451 und 1453 nach Äthiopien zogen. Ein Reisender, der 1482 Äthiopien besuchte, berichtete bei seiner Rückkehr, er habe dort zehn Italiener getroffen, die seit 25 Jahren im Land lebten. Auch die Franzosen schickten Missionen nach Äthiopien. Um 1520 entsandte der Herzog von Berry einen Neapolitaner namens Pietro, der nicht nur erfolgreich nach Äthiopien gelangte, sondern auch eine Äthiopierin heiratete und einige Jahre dort lebte.

Diese bruchstückhaften Beweisstücke fügen sich zusammen zu dem klaren Beweis, dass zwischen Äthiopien und Europa in der ersten Hälfte des 15. Jahrhunderts kontinuierliche Beziehungen aufgebaut wurden. Es gab einen regen Austausch, viel davon auf Initiative der Äthiopier. Darüber hinaus erkennt man die wirklichen Ausmaße der europäischen Kenntnisse über das Land von Johannes auf zwei zeitgenössischen Landkarten: dem *Egyptus Novelo*, gezeichnet in Florenz um 1454, und der *Mappa Mundi*, 1460 in Venedig gezeichnet. Obwohl der *Egyptus Novelo* nur Nordostafrika zeigt, während die *Mappa Mundi* eine Darstellung der ganzen Welt liefert, enthalten beide Details der äthiopischen Geographie und der Lage von Städten, die aus erster Hand kommen mussten. Noch bezeichnender ist es, dass die *Mappa Mundi* Afrika umgeben von Ozeanen zeigt, womit sich die Annahme bestätigt, dass es damals eine nahe liegende Idee war, den Kontinent zu umsegeln.

VIELE DER GESCHICHTEN um Presbyter Johannes, dem Priesterkönig, waren Mythen, aber die Könige von Äthiopien waren real. Ihre Form von religiösem Nationalismus vereinte das Volk der äthiopischen Hochländer im christlichen Glauben und begründete Wurzeln, die eine Nation von nicht selbstverständlicher Dauerhaftigkeit entstehen ließ. Die Herrscher waren grausame Despoten – zumindest einige von ihnen. Kriegsherren beuteten skrupellos die Bauern aus. Bürgerkriege verwüsteten das Land – aber nichts davon konnte den Staat zerstören. Herrscher wie Beherrschte glaubten an die ultimative Sanktion der göttlichen, transzendentalen Autorität, die der Kirche verliehen war. Das Wort Gottes, auf Stein geschrieben und aufbewahrt in der Bundeslade, lag in den dunklen Verstecken des Heiligtums in Aksum. Kein menschliches Auge hat sie je gesehen, aber kein Äthiopier ist jenseits ihrer Authentizität.

Eine Nachbildung der Lade befindet sich in jeder der über 20 000 christlichen Kirchen Äthiopiens. Diese Nachbildungen, bekannt als *tabots*, spielen eine zentrale Rolle in größeren religiösen Ereignissen – besonders dem Timkat-Fest, wenn das *tabot* in einer Prozession aus jeder Kirche hinausgetragen wird und die Gläubigen sich verbeugen und beten, wenn es an ihnen vorbeizieht. Eine Nachbildung der Lade wird auch in Axum bei der Timkat-Prozession gezeigt – wo Skeptiker den echten Gegenstand erwarten könnten. Die Menschen kommen zu Tausenden zum Timkat-Fest nach Axum. Mengen schieben sich an den Stelen vorbei, jenen riesigen behauenen Steinen, die fühlbare Beweise liefern für die alte Geschichte der Region, aber es gibt keine respektvollen Gesten – schon gar keine Ehrerbietung – den

Relikten einer früheren Kultur gegenüber. Das alte Aksum ist vergessen. Die Relikte der Vergangenheit sind auffallend, aber die Menge will heute nur das *tabot* sehen – die Nachbildung einer Reliquie – und ist eher an den Versprechungen des Glaubens für die Zukunft interessiert als an den Zeugnissen der Vergangenheit.

Die Kraft des Glaubens war etwas, was das neue Regime ignorieren wollte, als es 1974 die Macht von Kaiser Haile Selassie übernahm. Die Ambitionen der neuen, vom Kommunismus inspirierten Herrscher erwiesen sich bald als genauso tyrannisch wie die ihrer Vorgänger. Sie führten Reformen ein, die viele Aspekte der alten Ordnung wegfegen sollten – einschließlich der Religion. Einige Aspekte der Reform wurden bereitwillig aufgenommen, besonders die Landreform, aber der Versuch, den Einfluss der Kirche zu reduzieren, misslang gründlich. Als die diktatorische Natur des neuen Regimes immer deutlicher wurde, lieferte die Religion ein Netz gemeinsamen Glaubens, durch das sich Opposition ausbreiten und festigen konnte.

Als ob sich Geschichte wiederholen wollte, war es wieder eine Hungersnot, die den Boden bereitete für den Zusammenbruch des Regimes. Der BBC-Bericht vom 23. Oktober 1984 lenkte die Aufmerksamkeit der Welt auf die äthiopische Krise, aber anders als Haile Selassies Regierung 1975 begrüßte das Mengistu-Regime diesmal die internationale Aufmerksamkeit, die die Hungersnot von 1984 erregte. Sie passte dem Regime ins Konzept. Die fremde Presse waren nur zu bereit, die Hungersnot der Dürre (und sogar der globalen Erwärmung) zuzuschreiben, und so konnten die äthiopischen Führer die Aufmerksamkeit von der groß angelegten – von der Regierung geleiteten – Umsiedlung der Bevölkerung ablenken, von wirtschaftlichem Umbruch und Bürgerkrieg, die mehr zur Hungersnot beitrugen als die Dürre. Darüber hinaus lieferten die großen Mengen Nahrungsmittelhilfe, die ins Land flossen, eine praktische Vorratsquelle für die äthiopische Armee, die gegen die abtrünnigen eritreischen und tigreischen Truppen kämpften. Die Armee sorgte für den Transport der Hilfsorganisationen, aber nur ein Bruchteil der ihnen zugedachten Lebensmittel erreichte die Hungeropfer. Im Dezember 1984 sagte der stellvertretende Außenminister Tibebu Bekele dem US-Geschäftsträger »wahrscheinlich mit mehr Aufrichtigkeit als beabsichtigt«, dass »Nahrung ein Hauptbestandteil unserer Strategie gegen die Abtrünnigen ist«. 1985 erhielt Äthiopien etwa 1,25 Millionen Tonnen Nahrungsmittelhilfe, von denen nur 90 000 Tonnen in die Gegenden Eritreas und Tigres – das frühere Umland von Aksum – verteilt wurden, die nicht von der Regierung beherrscht waren und wo zwischen einem Drittel bis zur Hälfte der Hunger leidenden Bevölkerung lebte.

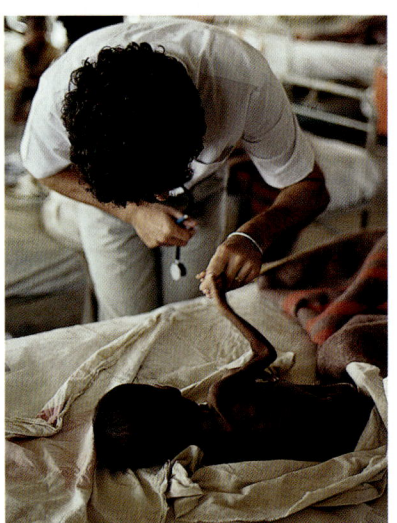

Ein junges Hungeropfer in Äthiopien, dessen Überlebenschance so dünn ist wie seine Glieder, wird hier in einer Einrichtung für Unterernährte untersucht.

Nach der Hungersnot von 1975 hatten Landreform und Umstrukturierung der agrar-industriellen Gesellschaft zu unvorhergesehenem Wohlstand für Millionen auf dem Land lebender Äthiopier geführt. Die Revolutionsregierung zeigte eine ernsthafte Bereitschaft, die Ursachen der Hungersnot anzugehen – statt sich auf Hilfe von außen zu verlassen –, was sehr befürwortet wurde. Aber die Desillusionierung kam bald, als klar wurde, dass sich die Regierung weit mehr mit der Unterwerfung der Abtrünnigen in Eritrea und Tigre befasste als mit dem Wohlergehen der ländlichen Bevölkerung. Eine vergrößerte Armee musste ernährt werden. Ebenso Regierungsanhänger in den Städten. Bald wurden die Bauern gezwungen, wie schon in vorrevolutionärer Zeit streng vorgeschriebene Getreidequoten an Agenten der Zentralregierung abzuliefern. Einige waren sogar gezwungen, eine »Hungersnothilfe-Steuer« zu zahlen. Bauern mussten ihr Land verlassen und in Gemeindedörfern wohnen. Viele wurden vom Norden des Landes in den Süden umgesiedelt. Der Verkauf von Getreide außerhalb der Regierungsstellen wurde eingeschränkt, und die Anzahl der Getreidehändler sank in zehn Jahren von 20 000 bis 30 000 auf weniger als 5000. All dies führte zu massiver Verarmung; und was noch bedeutender ist, die Maßnahmen machten eine Produktion völlig uninteressant. Warum sollte man Nahrungmittel produzieren, wenn die Regierung sie wegnehmen würde?

Dennoch waren die Aussichten Anfang 1980 positiv. Die nördliche Region hatte in den späten 70er-Jahren zwei schlimme Dürreperioden durchgemacht, 1980 und 1981 waren wieder normal Regenjahre, 1982 war sogar ein sehr gutes Jahr. Einige Regionen erlebten 1983 eine Dürre, aber andere erfreuten sich wiederum überdurchschnittlich ergiebiger Regenfälle. Vegetationsaufnahmen der Vereinten Nationen, die über Satellitenbilder gewonnen wurden, zeigten, dass sich die Bedingungen 1983 und Anfang 1984 verbessert hatten. Dennoch begann Anfang 1983 ein kleiner Strom mittelloser Flüchtlinge in die Hungerhilfezentren zu strömen und um Hilfe zu bitten. Der Strom wuchs im Laufe des Jahres immer weiter an und wurde Ende 1984 zu einer Flut. Es hatte Anfang des Jahres eine weit verbreitete Dürre gegeben, aber sie war nicht die direkte Ursache der Hungersnot. Sie verwandelte nur ein ernstes Problem in eine Katastrophe. Die Landbevölkerung war von der Regierung ausgeblutet worden. Die Bauern hatten kein Saatgut und keine Vorräte mehr übrig, und es ist kein Zufall, dass die größte Hungersnot in den Kriegsgebieten herrschte und die Flüchtlingswellen jeweils mit den größeren Militärkampagnen korrespondierten.

Hunderttausende starben in der äthiopischen Hungersnot von 1984/1985, und Millionen mehr waren verzweifelt, hatten ihre Häuser verloren, die Familien waren dezimiert und das Leben der Kinder irreversibel geschädigt. Die Welt reagierte auf die Katastrophe mit beispielloser Großzügigkeit, die durch Band Aid und zahllose andere Spendenkampagnen angeregt wurde. Das Ausmaß der Reaktion schien eine neue Ära der globalen Anteilnahme an jenen einzuläuten, die durch unverschuldetes Unglück getroffen wurden. Das macht die herzlose Schikane der Mengistu-Regierung umso tragischer, die darauf hinarbeitete, dass die humanitären Bemühungen der Welt das Leiden eher verlängerten als sie zu mindern. Besonders in Tigre ernährten die Hilfslieferungen die Soldaten und nicht die Landbevölkerung.

Im Großen und Ganzen trug das Hilfsprogramm dazu bei, Mengistus Amtszeit zunächst zu verlängern, doch andere Faktoren führten dennoch zu seinem Fall. Der Zusammenbruch der kommunistischen Mächte in der Sowjetunion in den späten 80er-Jahren reduzierte fühlbar die Militärhilfe, die Äthiopien von diesen erhalten hatte. In den größeren und kleineren Städten des ganzen Landes wuchs die Opposition gegen die Mengistu-Herrschaft, wobei die Kirche zum Sammelpunkt des Protestes wurde. Die Kirchen füllten sich, religiöse Autorität erstarkte, als Priester – fast ohne Ausnahme – ihre Gemeinden bei Demonstrationen anführten, die als religiöser Eifer getarnt waren, aber auch kodierte Botschaften der politischen Opposition weitertrugen. Die Regierung konnte nichts gegen sie unternehmen. Ein Priester, der mit den Behörden bei einem Versuch kooperierte, das *tabot* mitten in der Nacht aus seiner Kirche in Addis Abeba zu entfernen, wurde von seiner wütenden Gemeinde angegriffen und getötet. Während der letzten Jahre der Mengistu-Herrschaft wurden die Massen, die jedes Jahr zum Timkat reisten, um das *tabot* zu sehen, größer und entschlossener.

Im Mai 1991 entkam Mengistu in einer dunklen Nacht aus Äthiopien nach Simbabwe, wo er offiziellen Flüchtlingsstatus erhielt. Wie müde Reisende, die ihrer schweren Last entbunden sind, machten die Äthiopier nach dem Fall des Mengistu-Regimes eine kurze Verschnaufpause und begannen dann, die Probleme des Landes mit dem ihnen typischen Elan anzupacken. Korem, in der Welt bekannt als Symbol einer Katastrophe, fand bald wieder sein altes Selbstbewusstsein – ein kleines friedliches Handelsdorf, das eine verstreute Gemeinde von Bauern betreute. Heimzukehren war nicht leicht für die vielen Tausenden, die zu den Flüchtlingslagern geströmt waren. Sie schlurften zurück zu ihren Gehöften, geschwächt an Körper und Geist, mit schmerzhaften Erinnerungen an die Kinder und Verwandten, die sie in Gräbern zurückgelassen hatten. Sogar das Klima war dem Land wohlgesonnen nach der Hungersnot. Eine Folge außergewöhnlich guter Regenjahre half den schon so lange leidenden Bauern, ihren früheren stolzen und ehrenhaften Status wiederzuerlangen. Sie pflügten den Boden, säten und ernteten. Bald waren sie wieder auf dem Weg nach Korem – aber diesmal nicht als Flüchtlinge, jetzt waren sie wieder erfolgreiche Bauern.

Die hohen, felsigen Berge Äthiopiens sind der letzte Lebensraum des seltenen Walia-Steinbocks, des Dschelada-Pavians und des bedrohten Semienfuchses. Judentum, Islam und Christentum fanden hier ein Zuhause. Ihr Vermächtnis hinterließ ein Land voller heiliger Stätten.

In Äthiopien wurde 400 Jahre nach Christi Geburt das Christentum eingeführt – während sich Europa nach wie vor im frühen Mittelalter befand. Die Kirche gewann Einfluss und Autorität im ganzen Land. Könige hatten Götterstatus – und wurden so berühmt, dass Geschichten über den Priesterkönig Johannes das ferne Europa erreichten. Das Allerheiligste des Judentums, die Bundeslade mit den Zehn Geboten, soll sich in Äthiopien befinden, nachdem sie von einem legendären äthiopischen König aus Salomos Tempel hierher gebracht worden sein soll. Eine Kopie der Lade wird in jeder der 20 000 Kirchen des Landes aufbewahrt.

Im 12. Jahrhundert baute man die Stadt Zion in Lalibela nach. Ein Hügel wurde Kalvarienberg genannt, ein Bach wurde zum Jordan. Im Laufe der Jahrhunderte meißelten die Gläubigen elf Kirchen aus dem Felsgestein von Lalibela. Jedes Jahr strömen Tausende Gläubige zu der Timkat-Feier in die Stadt, um den feierlichen Umzug des *tabot* von den Kirchen zum Taufbecken beizuwohnen. Für die meisten Teilnehmer ist ein Spritzer heiliges Wasser der Höhepunkt der Timkat-Feierlichkeiten. Doch für einige junge Männer ist ein Platz in der Prozession zugleich der erste Schritt auf dem Weg zum Priestertum.

Äthiopien ist ein zutiefst spirituelles Land, in dem die Autorität der Kirche von den 24 Millionen orthodoxen Christen weitgehend respektiert wird.

Der 16-jährige Kebkab Wube Wodemariam (links) studiert, um Priester zu werden wie sein verstorbener Vater und sein Bruder Liku. Die Schriften, die er auswendig lernen muss, sind in Ge'ez verfasst, Afrikas ältester geschriebener Sprache. Hier schreibt Kebkab unter den wachsamen Augen seines älteren Bruders eine Seite ab.

» Mein Ziel ist es, meine religiöse Erziehung durch eine moderne Ausbildung

zu ergänzen«, sagt er. »Ich möchte ein Theologiestudium absolvieren und

dann zurückkommen, um hier der Kirche zu dienen.«

Nach der sonntäglichen
Morgenmesse ist
Kebkab in nachdenk-
licher Stimmung (links).
Er folgt den alten Tra-
ditionen, hat aber neue
Ideen. Er will im Ausland
studieren.

Inzwischen erreicht
Kebkab eine wichtige
Stufe auf seinem reli-
giösen Werdegang,
denn er ist dazu aus-
erwählt worden, bei
der jährlichen Timkat-
Zeremonie teilzuneh-
men. Hier bereitet er
sich, ganz in Weiß ge-
kleidet (oben rechts),
auf die Prozession vor.

Als Priesterschüler ist
Kebkab beim Essen
auf die Gaben der
Dorfgemeinschaft
angewiesen, die
manchmal wenig zu
geben hat (oben).
»Die Erziehung und
der Lebensstil sind
hart«, sagt er, »aber
es ist der einzige Weg,
um sich als Priester zu
qualifizieren.«

Timkat feiert die Taufe
Christi. Der Höhe-
punkt ist das Ver-
sprengen des heiligen
Wassers über die
Gläubigen (rechts).

»Viele Leute kommen, um getauft zu werden, und werden vom heiligen Wasser geheilt«, sagt Kebkab. »Dies ist eine große Erleuchtung für mich.«

Sahel

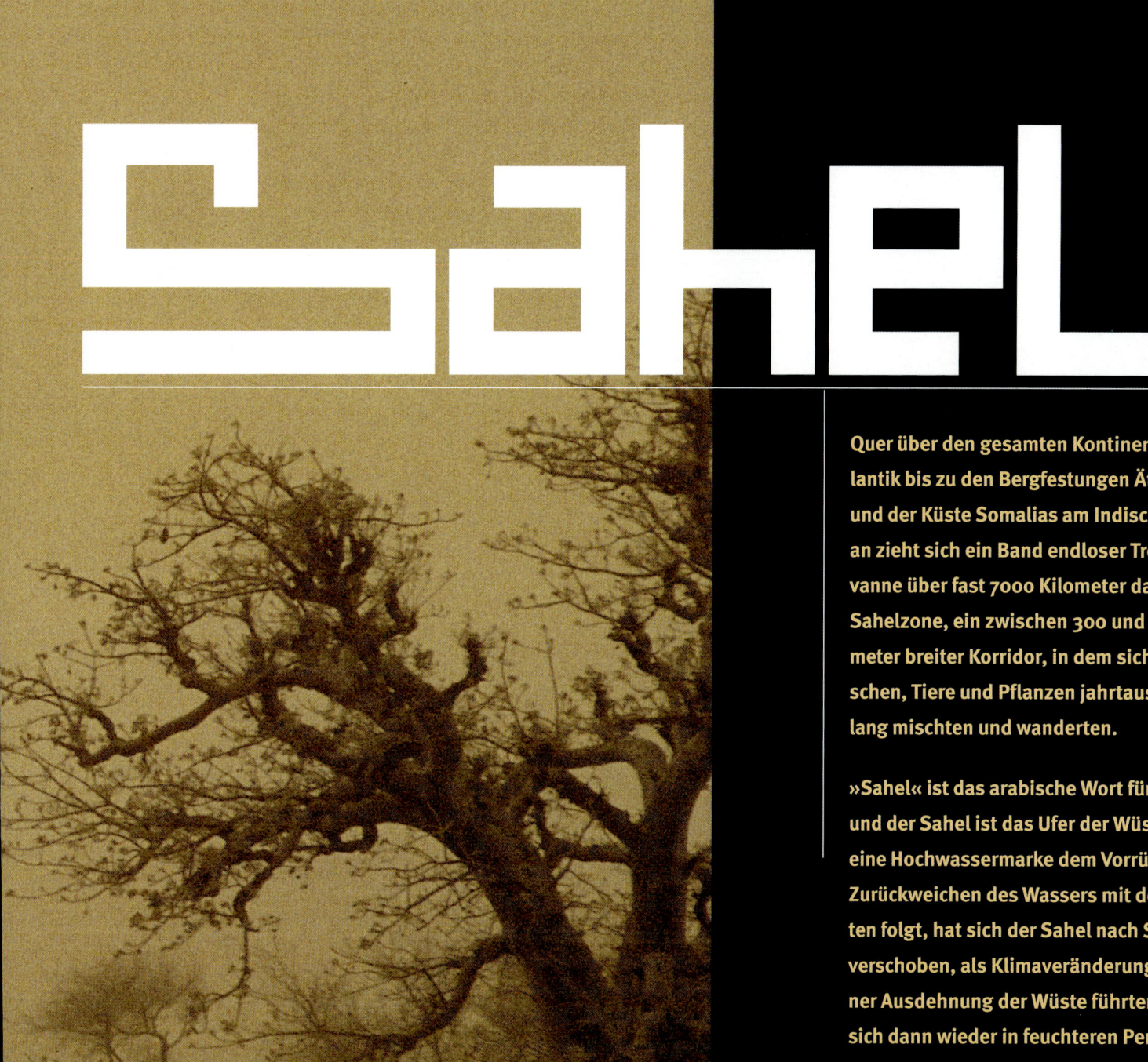

Quer über den gesamten Kontinent vom Atlantik bis zu den Bergfestungen Äthiopiens und der Küste Somalias am Indischen Ozean zieht sich ein Band endloser Trockensavanne über fast 7000 Kilometer dahin: Die Sahelzone, ein zwischen 300 und 1100 Kilometer breiter Korridor, in dem sich Menschen, Tiere und Pflanzen jahrtausendelang mischten und wanderten.

»Sahel« ist das arabische Wort für Ufer – und der Sahel ist das Ufer der Wüste. Wie eine Hochwassermarke dem Vorrücken und Zurückweichen des Wassers mit den Gezeiten folgt, hat sich der Sahel nach Süden verschoben, als Klimaveränderungen zu einer Ausdehnung der Wüste führten, um sich dann wieder in feuchteren Perioden nach Norden zu verschieben. Doch all die Zeit über hat der Sahel Afrika mit einem Landschaftsgürtel voll Leben spendender Möglichkeiten ausgestattet.

Die Viehhirten sind die Herren des Sahel: die Fulani in Senegal und Mali, die Peul in Niger, die Dinka im Sudan und die Samburu in Kenia. Sie alle sind nomadisierende Viehhirten, deren Rinder auf den fernen Hügeln des Sahel weiden und dort den dürftigen Grasbewuchs zu Fleisch, Milch und Kälbern verwandeln, der ihren Heimatdörfern Wohlstand bringt.

Der Harmattan kommt als Vorbote kommender Regenfälle in das Dogonland in Mali.

ie Ansammlung von Hütten lag am südlichen Rand der El-Barta-Ebene, 2000 Meter über dem Meeresspiegel. Die niedrigen, fensterlosen Hütten behielten am Tag und in der Nacht eine angenehme Temperatur, die Kühen, die in der Dorneneinfriedung zusammengepfercht waren, gaben einander genug Wärme; doch am frühen Morgen wurde die Luft kalt. Als Vorbereitung zum Melken wärmte Nankarusi erst einmal ihre Hände in einem Strahl Urin, der praktischerweise von einer der Kühe floss, und legte dann die grob ausgestopfte

Haut des Kalbs, das am vorherigen Tag von Geparden getötet worden war, vor seine Mutter, die das Ersatzgebilde beschnüffelte und dann artig ihre Milch laufen ließ. Nankarusi massierte die Zitzen und leitete die Milch in den langen polierten Kürbis. Sie erhielt nur ein paar Tassen voll, denn die kleinen Samburukühe geben nie große Mengen Milch. Als das Melken beendet war und die Herde die Einfriedung verlassen hatte, nahmen die Frauen Hände voll vom frischen, nassen Dung und warfen ihn an die Wände der Hütten, um Risse und Löcher zu füllen.

Am Rand eines Abgrunds scheuten die Leittiere der Herde plötzlich alle zurück – wie Blätter, die von einem Windzug erfasst wurden –, kurze Zeit später erklärte sich ihre Furcht durch das Erscheinen zweier *moran*

(Krieger), die eine frische Löwenhaut auf einer Stange zwischen sich trugen. Am vorhergehenden Tag hatten drei Löwen, zwei Weibchen und ein Männchen, eine Kuh getötet und gefressen, während der Hirtenjunge hilflos zusehen musste. Als die Krieger spät am Abend die Schuldigen gefunden und gestellt hatten, waren die Weibchen davongerannt, aber das Männchen hatte sich kämpferisch gezeigt und wurde mit sieben Speeren getötet.

Auf der Ebene grasten einige Zebragruppen. Sie hoben die Köpfe von dem wenigen Gras, als sich die Herde näherte, und gingen dann friedlich und unbeeindruckt aus dem Weg. Im Laufe des Tages erhob sich ein Band flimmernder weißer Hitze vom Boden und ließ die fernen Ndoto-Berge im Dunst verschwinden. Es gab kein

VORHERIGE SEITEN: **Drei junge Frauen unterwegs zum Daral-Fest in Diafarabé in Mali.**
OBEN: **Der Niger – Lebensader des westlichen Sahel – wird seit Jahrhunderten von Händlern befahren, die zwischen den Städten und den Dörfern pendeln.**

Anzeichen für Regen. Roter Sand, Klumpen von grauen Zwergbüschen, Akazienbäume mit Dornen, die von den kahlen Zweigen wie gebleichte Fischgräten abstanden – inmitten der Trockenheit fand das Vieh irgendwie immer noch etwas zu fressen. Aber es musste auch trinken.

Lesopen, ein Mann, dessen Fähigkeit, aus der Konstellation der Sternen lesen zu können, sehr geschätzt wurde, hatte gesagt, wenn es keinen Regen gäbe, bevor das Horn der Plejaden unter den Horizont sank, würde es die ganze Zeit nicht regnen. In der letzten Woche hatten sich über den Ndoto-Bergen und den Gipfelkämmen des Mount Nyiru Wolken gesammelt und waren immer mehr angewachsen, dann aber wieder auseinandergerissen worden, und das Horn der Plejaden war in der letzten Nacht unter dem Horizont verschwunden. Es gab immer noch einige dicke Wolken über den Hochländern im Süden und dem westlichen Steilabbruch des Rift Valley, aber es bestand kaum Aussicht auf Regen auf der El-Barta-Ebene, und die nächste Gelegenheit dafür war erst in vier oder fünf Monaten.

Mehrere Herden tranken schon aus dem leerer gewordenen Damm unterhalb Koitokol, als Linolosi mit seinem Vieh ankam, und nicht alle waren Samburu. Koitokol ist der Punkt, an dem das Samburu-Territorium in das seiner Nachbarn übergeht, den Rendille und den Turkana in Nordkenia. Von der Mauer des Dammes aus konnte man sehen, wie sich andere Herden aus den Ebenen näherten und Wolken von Staub aufwirbelten, Turkana aus dem Westen, Rendille aus dem Norden und Osten, Samburu aus dem Süden und Osten.

Gibt es ausreichend Regenfälle, trennen diese drei Gruppen verschiedene Weideländer, die jeweils von verschiedenen Tieren beweidet werden. Die Samburu können aufgrund der relativ starken Regenfälle sowohl Rinder als auch Schafe und Ziegen in ihrer Heimat, den Hochländern, halten. In den trockeneren Tiefländern der Koroli- und Kaisut-Wüsten nördlich des Samburu-Territoriums halten die Rendille nur Kamele. Die Turkana am Südende des Turkanasees und im Hochofen des Suguta Valley sind viel anpassungsfähiger und leben hauptsächlich von Schafen und Ziegen, aber halten auch Rinder, wenn es ausreichend Weiden gibt.

Im Grunde genommen trennt die Natur die drei Gruppen. Jede hat sich auf die Haltung der Tiere spezialisiert, die sich auf ihrem Territorium am besten ernähren lassen. Die Menschen selbst definieren sich vor allem über ihre kulturellen Unterschiede.

Die Rendille, oder »Menschen des Kamels«, teilen vieles mit den Samburu, den »Menschen des Viehs«. Die zwei Gruppen verbinden sich traditionell gegen die Turkana, die vor allem wegen ihres fehlenden Sozialgefüges bekannt sind. Sie praktizieren keine Beschneidung, und sie haben wenige Nahrungstabus. Selbst Fisch essen sie, wie die Samburu-Ältesten betonen.

Jetzt, auf dem Höhepunkt einer neuerlichen Dürreperiode, fielen sowohl die Turkana als auch die Rendille ins Samburu-Territorium ein. Die Weiden, die sie verlassen hatten, gaben praktisch keine Nahrung mehr für ihre Tiere. Die Weidemöglichkeiten im Hochland wurden auch für das Samburu-Vieh weniger, aber es gab noch immer genug für die genügsameren Kamele und Ziegen, die mehr an den Büschen nagen als im eigentlichen Sinne zu weiden. Aus der Sicht der Rendille und Turkana gab es keine Wahl. Sie mussten entweder ins Samburu-Territorium ziehen oder ihrem Vieh beim Sterben zusehen. Aber sie wurden nicht gerne willkommen geheißen. Am Damm erzählte man Geschichten von ähnlichen Vorfällen in der Vergangenheit, als darüber blutige Scharmützel zwischen Turkana- und

Samburu-Kriegern ausbrachen. In dieser Dürreperiode waren schon mehrere Turkana-Lager im Samburu-Territorium angelegt worden; nahe der Stadt Isiolo waren Speere geworfen und Männer verwundet worden. Die Spannungen waren an den wenigen verbliebenen Wasserstellen besonders groß, wo sich die Herden und ihre Hüter zwangsläufig mischten. Die diplomatischen Fähigkeiten der Ältesten waren immer wieder gefragt, als Samburu-Krieger zunehmend aufgeregter wurden.

Bei vereinzelten Kämpfen wurden einige Krieger getötet, aber den Ältesten gelang es, den Frieden zu wahren. Im kritischen Moment ließ der Druck in den Tiefländern nach, als die Samburu ihre großen Viehherden die schwierigen Pfade zu den Hochplateaus des Mount Nyiru hinauftrieben, 2000 Meter oberhalb der Ebenen. Hier, auf den grasbewachsenen Waldlichtungen ihres heiligen Berges, fand das Vieh ausreichend Nahrung. Ihnen folgten die Kamele der Rendille, knabberten an der kümmerlichen Vegetation, die die Samburu zurückgelassen hatten, die Turkana wiederum trieben ihr Vieh in das Gebiet, aus dem die Rendille fortgezogen waren. Aber wenn die Weiden auf Nyiru selbst in der Trockenzeit so üppig sind, warum hielten die Samburu ihr Vieh dort nicht das ganze Jahr über? Weil sie Durchfall bekommen, wenn sie zu lange so reichhaltig zu essen bekommen, erklärte Linolosi, weil Zecken und Krankheiten schnell auf der feuchten Weide entstehen und weil eine Reservefläche für die Trockenzeit, das ganze Jahr über genutzt, bei einer ernsthaften Dürre weniger nützlich wäre. Mit Nyiru in der Hinterhand und der Bereitschaft jeder Gruppe, die freiwerdenden Weiden der abziehenden Gruppe zu nutzen, waren die Samburu, Rendille und Turkana in der Lage, mehr Tiere während der Dürre am Leben zu erhalten.

AUCH ZU BESTEN ZEITEN ist es eine Herausforderung, eine Herde, die so gross sein muss, dass ihre Besitzer auch davon leben können, mit Wasser und Gras zu versorgen. Auf den Ebenen des afrikanischen Sahel fällt nur gelegentlich Regen, die Entfernungen zwischen Weideland und Wasser sind beträchtlich. Aus dieser Herausforderung hat sich eine Lebensform entwickelt, in der die Verbindung zwischen Mensch und Umwelt ganz unmittelbar ist. Noch vor ein paar Jahren trennte nur ein sehr schmaler Grat Erfolg und Misserfolg. Heute ist der Spielraum größer geworden durch zusätzliche Nahrungsmittel und die Geldwirtschaft. Die Viehhirten hängen nicht mehr ausschließlich vom Wohl und Wehe ihrer Herden ab. Eine verbesserte Gesundheitsvorsorge hält mehr Leute am Leben, von der Geburt bis ins hohe Alter. Aber Viehzüchter sind nur ein kleiner Bruchteil der Sahelbevölkerung, auch wenn sie einen großen Teil des Landes in Anspruch nehmen.

Von den insgesamt 200 ethnischen Gruppen in Ostafrika sind nur 15 Viehzüchter, und zwölf davon halten sich in der semiariden Sahelzone Nordkenias auf. Diese zwölf Gruppen machen nur sechs Prozent der kenianischen Bevölkerung aus, aber sie nutzen ganze 85 Prozent der Landesfläche.

Die regional unterschiedliche Bevölkerungsdichte steht in unmittelbarem Zusammenhang mit den Niederschlagsmengen und dem landwirtschaftlichen Potenzial. Kenianische Bauern neigten immer dazu, Viehhirten als gefährliche und verschwenderische Herumtreiber anzusehen. Diese Sichtweise hat ihre Wurzeln in den unterschiedlichen Strategien der Landnutzung und wurde in den Jahren nach der Unabhängigkeit durch westliche Experten gestützt, die ihre Entwicklungshilfeprojekte durchsetzen wollten. Die Frage, was man mit den Hirten machen soll, war für afrikanische Politiker, die aus Regionen kamen, in denen der Ackerbau dominierte, und westliche Experten mit ihrer beschränkten Landeskenntnis einfach zu beantworten. Ihrer Meinung nach waren die Herden zu groß und das Vieh deshalb von zu schlechter Qualität. Kleinere Herden mit wohlgenährteren Tieren – das lautete die Forderung. Der Verkauf dieser hochwertigeren Tiere würde das notwendige Einkommen bringen und so die traditionelle Abhängigkeit von der Milchwirtschaft aufheben. Für die Viehzüchter hieße diese Entwicklung, dass sie auf Land siedeln würden, das ihnen

Diese schönen, von Malis hervorragenden Goldschmieden gearbeiteten Schmuckstücke sind auf dem Daral-Festival in Diafarabé zu sehen.

gehört, und sich auf die Aufzucht hochwertiger Rinder konzentrieren könnten. Sie hätten die Möglichkeit, ihre Kinder in die Schule zu schicken, nebenher etwas Ackerbau zu betreiben und in der Tourismusindustrie zu arbeiten. Sie könnten vielleicht sogar die Wildtiere jagen, mit denen sie sich die Savannen teilten und die so viel wertvolles Gras fraßen.

Mit einem Wort, *Maximierung* war die Strategie der Entwicklungsplaner. Aber auf den Sahelweiden ist *Überleben* die Strategie, die die Hirten zu respektieren gelernt hatten. Ihre Lebensweise wird von dem natürlichen Auf und Ab des Klimas und der sich damit ändernden Natur bestimmt. Diese kann man sich nur zu Nutze machen, wenn man auch die Erfahrungen aus der Vergangenheit auswertet. Das Leben eines Viehhirten zeigt die Möglichkeiten der menschlichen Fähigkeit, sich jeden Tag neu den sich ändernden Umweltbedingen anzupassen.

In Gegenden, wo die Regenfälle im Laufe mehrerer Jahren stark schwanken und es keine zuverlässigen Vorhersagen gibt, ergibt sich die Größe einer Herde tatsächlich aus den Auswertungen der Regenfälle früherer Jahre. Das Ziel eines Viehzüchters muss es immer sein, so viele Tiere wie möglich aufzuziehen, denn nächstes Jahr oder im darauffolgenden Jahr regnet es vielleicht gar nicht. Ihre Entscheidung, große Herden zu halten, wird oft mit der Argumentation kritisiert, dass sie Vieh für eine Form des Reichtums halten und dass große Herden deshalb ein Zeichen von Habgier seien. Das ist falsch. Ein großer Viehbestand ist die Versicherung für mögliche schlechte Zeiten. Lepusiki hatte zum Beispiel 200 Rinder, als die Dürre von 1984/85 einsetzte. Er verlor 80 Prozent seiner Herde und hatte so immer

FOLGENDE SEITEN: **Rinder sind das Vermögen eines Dorfes. Sie werden während der Regenzeit auf entfernt liegende Weiden geschickt, um das nach der Regenzeit wachsende Gras des Sahel zu fressen.**

Die Bauern des Niger-Binnendeltas säen und pflanzen mehrmals während der Überschwemmungszeit: Reis, wenn das Wasser kommt, Sorgho und Hirse, wenn die zurückweichende Flut gut durchnässte Böden hinterlässt.

noch 40 Tiere – seine besten Tiere –, um seine Familie bis zum Ende der Dürreperiode am Leben zu erhalten. Hätte er nur 40 Tiere besessen (eine Zahl, die wahrscheinlich Agrarökonomen empfehlen würde, um den Geldrückfluss pro Landeinheit zu maximieren) und hätte nur 50 Prozent verloren, wäre es für Lepusiki und seine Familie schwierig geworden, zu überleben und eine neue Herde aus den verbliebenen 20 Tieren aufzubauen.

Die Haltung von Ziegen und Schafen ist ein weiterer wichtiger Aspekt der Überlebensstrategie der nomadischen Viehhirten, der oft kritisiert wird. Ziegen sind besonders umstritten, weil sie sich angeblich zu schnell fortpflanzen und die Umwelt zu sehr schädigen. Aber Ziegen bieten ein lebenswichtiges Sicherheitsnetz. Sie sind sehr zäh und können dort noch überleben, wo andere Tiere sterben. Am wichtigsten jedoch ist, dass sie sich auch dann noch weiter fortpflanzen, wenn Rinder bereits unfruchtbar geworden sind. Ziegen hören als Letzte mit der Milchproduktion auf, wenn die Dürre schon lange anhält, und beginnen als Erste wieder mit der Produktion, wenn endlich der ersehnte Regen fällt. Ihre Tragzeit ist kurz, die trächtigen Ziegen beginnen mit der Milchproduktion wenige Tage nach den ersten guten Regenfällen. Die Samburu bauten in den trockenen Siebzigerjahren große Schaf- und Ziegenherden auf. Viele Tiere überlebten die Dürre von 1984/85, während die Rinder starben. Als die Dürre vorbei war, konnte eine große Zahl Ziegen und Schafe gegen die äthiopischen und Somali-Rinder getauscht werden, mit ihnen stockten die Samburu ihre Herden wieder auf.

Im Laufe der Jahrhunderte haben die sahelischen Viehhirten geeignete Strategien entwickelt, sich optimal im Sahel zu ernähren. Ihre Bevölkerungsdichte ist gering, doch das hat seine Ursache in den ökologischen Bedingungen des Landes. Aber wie sieht es mit der Zukunft aus? Es ist unwahrscheinlich, dass sich andere Methode finden werden, die vorhandenen Ressourcen des Sahel so zu nutzen, dass damit mehr Menschen er-

nährt werden können als gegenwärtig. Farmen mit viel Land oder Bewässerungsanbau könnten sicherlich den Profit einiger weniger maximieren, würden aber nie so viele Leute pro Quadratkilometer beschäftigen und ernähren, wie es die Viehzucht kann. Die vorhandenen natürlichen Ressourcen und die damit ernährbare Bevölkerungszahl bleiben weiterhin der alles begrenzende Faktor. Es gibt im Sahel mehr Menschen und mehr Vieh als jemals zuvor, trotz wiederkehrender Dürre, Hungersnöten und Streit unter den Stämmen. Die Überlebensstrategie der traditionell lebenden Viehhirten kann ganz offensichtlich nicht diese wachsende Bevölkerungszahl auffangen. Das über so viele Jahrzehnte funktionierende System hat sich schon jetzt bis an seine möglichen Grenzen ausgeweitet und intensiviert. Der Verkauf von Vieh macht bereits einen beträchtlichen Prozentsatz im System aus. Mehr Schulen und größeres wirtschaftliches Wachstum in der Sahelzone könnte alternative Fähigkeiten fördern und Arbeitsplätze jenseits der Viehzucht schaffen.

Der Sahel zieht sich als breiter Streifen quer durch Afrika, beginnend am westlichsten Kap von Senegal an der Atlantikküste bis hin zu den Wällen des äthiopischen Berglandes, weiter nach Süden und Osten über Südäthiopien, Nordkenia und Somalia zum Horn von Afrika – dem östlichsten Punkt des Kontinents. Es ist ein 7000 Kilometer langes Band endloser Savanne, immer mindestens 300 Kilometer und an einigen Stellen bis zu 1100 Kilometer breit. Den Gezeiten gleich hat sich der Sahel in historischer Zeit mit den Klimaveränderungen nach Norden und Süden bewegt. So verwandelte sich die Sahara im Laufe der Jahrtausende von einer knochentrockenen Wüste in eine grüne, fruchtbare Savannenlandschaft und nach Rückgang der Regenfälle wieder in eine abweisende Wüste. Die Vegetation des Sahel wird von Norden nach Süden mit den zunehmenden Regenfällen zum Äquator hin immer üppiger und vielfältiger. Sie reicht von spärlichen Büschen an den Wüstenrändern bis zu den bewaldeten

Der westafrikanische Reis *Oryza glaberrima*, der hier geworfelt wird, ist das Grundnahrungsmittel des Sahel. Er wurde mehrere Tausend Jahre von Sahel-Bauern kultiviert und unterscheidet sich grundlegend vom asiatischen Reis *Oryza sativa*. In Afrika gibt es zahlreiche Reissorten, die, auf unterschiedliche Böden und Wasserhöhen spezialisiert, ausgesät werden.

Grasländern im Süden. Aber ungeachtet dessen war die Sahelzone immer ein durchgehender Ost-West-Korridor durch Afrika, durch den zahllose Generationen von Pflanzen, Tieren und Menschen wanderten. Kein anderer Teil Afrikas verfügt auf einer so großen Fläche über eine solche Einheitlichkeit im Landschaftbild und in Bezug auf seine Bewohner. Die Geparden Nordkenias könnten die Nachkommen von den heute so selten anzutreffenden Geparden des Senegal sein. Die malischen Elefanten sind wahrscheinlich mit denen verwandt, die im Südsudan leben. Alle Antilopenarten des Sahel haben gemeinsame Vorfahren, auch die Raubtiere – die Löwen, Hyänen, Wildhunde und Schakale.

In der Tat scheinen von allen Lebewesen, die in der Sahelzone wohnen, die Menschen am unterschiedlichsten zu sein. Die Region beherbergt eine beeindruckende Vielfalt an Kulturen und Sprachen, die, um nur einige zu nennen, von den Fulani im Senegal und Mali, über die Peul im Niger, die Dinka im Sudan bis zu den Samburu in Kenia reichen. Auch wenn die Unterschiede zwischen diesen Gruppen signifikant zu sein scheinen, haben sie doch alle eines gemeinsam: Sie alle sind Hirten – Menschen des Stocks –, die meisten von ihnen Rinderhirten. Besonders die Fähigkeit der Rindes, Gras in eine erneuerbare Nahrungsquelle umzuwandeln, hat die Menschen dazu gebracht, sich in Regionen vorzuwagen, die sonst nicht zu nutzen gewesen wären. Es ist keine große Übertreibung zu sagen, dass das Rind die Geschichte des Sahel entscheidend mitgeprägt hat.

Zehn Länder liegen entweder ganz oder teilweise in der Sahelzone, von West nach Ost sind das: Senegal, Mauretanien, Mali, Burkina Faso, Niger, Tschad, Sudan, Äthiopien, Kenia und Somalia. Die Gesamtbevölkerung liegt bei etwa 100 Millionen, das entspricht rund 15 Prozent der Bevölkerung Afrikas südlich der Sahara. Von diesen 100 Millionen leben etwa 10 Millionen in Städten. Dass heisst, dass mindestens 90 Millionen hier eine Familie gründen und Generation für Generation in einer Region leben, die Fachbücher als trockene Halbwüste beschreiben. Ihre Fähigkeit zu überleben sollte eigentlich umfassende Bewunderung hervorrufen, insbesondere für die Kraft und Erfindungsgabe der dort lebenden Menschen; aber an den Sahel denkt man vor allem im Zusammenhang mit menschlichem Unglück. Nach etlichen Jahren mit geringen Regenfällen rückte eine verheerende Dürre den Sahel in den Blickpunkt der Öffentlichkeit. Die Sahelzone, oftmals auch als »heimgesuchtes Land« bezeichnet, ist seither ein Synonym für Dürre und Verwüstung geworden. Sie steht auch für das mögliche Elend, das der Welt bevorsteht, falls die globale Erwärmung Realität wird und weite Teile des Globus in eine dem Sahel vergleichbare Landschaft verwandeln werden. Einige Sorgen sind sicherlich angebracht, doch fehlt es insgesamt an einem wirklichen Verständnis für das ökologische Wechselspiel.

ALLE **HAUSRINDER** stammen vom ausgestorbenen wilden Auerochsen, *Bos primigenius*, ab. Der erste Hinweis auf seine Domestizierung stammt aus Südwestasien und Südosteuropa, wo Rinderknochen an Stätten gefunden wurden, die sich 8000 Jahre zurückdatieren lassen. Hilfsmittel dabei war die Größe, denn domestizierte Tiere sind im Allgemeinen kleiner als ihre wilden Vorfahren. Dies ist wahrscheinlich das Resultat einer unzureichenden Ernährung und dem Ziel der Züchter, kleine Tiere für die Zucht auszuwählen und zu züchteten, denn kleinere Tiere lassen sich generell leichter halten. Obwohl der Auerochse aus Eurasien stammt, wanderte er vor einer Million Jahren nach Nordafrika und hat dort bis in römische Zeiten überlebt.

Die Überreste von sechs großen wilden Auerochsen, deren Alter auf 19 000 Jahre bestimmt werden konnte, wurden an einer Stätte im Niltal gefunden, sie sind Beweise dafür, dass die Menschen damals Jagd auf sie gemacht haben. Die Entdeckung von 10 000 Jahre alten menschlichen Begräbnisstätten im Sudan, in denen Rinderschädel als Grabsteine verwendet wurden, zeigt, dass die Menschen damals schon eine enge Bindung zu diesen Tieren entwickelt hatten. Das könnte bedeuten, dass, unabhängig von der Haustierwerdung des Auerochsen in Eurasien, auch in Afrika Rinder domestiziert wurden. Das vollständig erhaltene Skelett eines Hausrinds, das in der Zentralsahara gefunden und auf eine Zeit vor 6000 Jahren datiert wurde, scheint diese Theorie zu bestätigen. Andere Theorien glauben, dass domestiziertes Vieh aus dem Nahen Osten nach Afrika gebracht wurde. Zweifellos kamen Ziegen und Schafe als Haustiere über diese Route nach Afrika, da sie keine direkten Vorfahren in Afrika haben.

Wie auch immer, die eigentliche Heimat aller Rinder sind die gemäßigten Breiten. Kälte bekommt dem Rind besser als Hitze, Feuchtigkeit besser als Trockenheit. Doch in der Sahelzone sind Rinder Lebensbedingungen ausgesetzt, die sowohl sehr heiß als auch sehr trocken sein können. Es kann diese Extremsituationen überleben, aber nur innerhalb der Grenzen, die auch dem in gemäßigten Zonen gezüchteten Tier gesetzt sind. Das Rind muss im Allgemeinen jeden Tag trinken, um gesund zu bleiben, zumindestens aber alle paar Tage, um überhaupt zu überleben. In den Tropen nutzen Rinder das Wasser, das sie trinken, viel weniger effektiv, als es diejenigen Tiere tun, die sich hier entwickelt haben. Ein Gnu oder eine Kuhantilope brauchen viel weniger Wasser als eine Milchkuh. Wenn es dem Rind heiß ist, trinkt es nicht nur, um zu verhindern, dass es austrocknet, sondern auch, um sich abzukühlen, indem es riesige Wassermengen durch den Körper schleust. Eine Studie berichtet von einem Fall, in dem sich parallel zu einem Temperaturanstieg die Urinproduktion auf das Fünffache von 25 auf 125 Liter erhöhte. Selektives Züchten hat Rinderarten hervorgebracht, die es zwei oder mehr Tage ohne Wasser aushalten, doch jeder Wasserentzug setzt die Tiere einer gefährlichen Stresssituation aus. In der Folge fressen sie weniger und bauen schnell ab. Somit ist es für die Viehzüchter im Sahel extrem wichtig, ihre Herden in guter Verfassung zu halten – ihr persönliches Leben hängt davon ab.

Wie die meisten Viehzüchter des Sahel beschafft Lepusiki gelegentlich Fleisch für seine Frau Nankarusi und die Familie (besonders an Festtagen und als Eiweißergänzung nach einer Entbindung oder Krankheit); in schlechten Zeiten trinken sie Blut von lebenden Tieren. In den letzten Jahren wurde der Speiseplan durch verschiedene Getreide ergänzt, doch Milch bleibt weiterhin das Grundnahrungsmittel. Um einen beständigen Nachschub an Milch zu garantieren, muss Lepusikis Herde immer eine bestimmte Anzahl an Kühen enthal-

ten, die vor kurzem gekalbt haben, zusammen mit einigen trächtigen, die dann Milch geben werden, wenn die anderen damit aufgehört haben. Aber Kühe werden nur dann trächtig und kalben erfolgreich, wenn sie ausreichend ernährt werden – keine leichte Aufgabe auf Lepusikis Weidegebiet, wo es auch in besten Zeiten nur spärliches Gras zu fressen gibt. Die europäische Milchwirtschaft reserviert ihre nahrhaftesten Weiden für die Milchproduktion und lässt nur Rinder auf ihren Weiden grasen, doch auch Lepusikis Kühe erzeugen genug

Milch – in einer Region, die nur als Halbwüste zu bezeichnen ist.

Dass die Ernährung der Sahelbevölkerung auf Milch und nicht auf Fleisch ausgerichtet ist, hat erhebliche Vorteile. Milcheiweiß wird fünfmal effektiver produziert als Muskelprotein. Milch kann man jeden Tag bekommen, während eine Kuh nur einmal in ihrem Leben Fleisch liefert. Die Milchproduktion beginnt innerhalb weniger Tage nach dem Ende einer Dürre, während Muskelgewebe Monate zur Regeneration braucht. Aber Kühe gut genährt zu halten, erfordert viel Mühe und

Für die Leute aus Diafarabé ist die Überquerung des Niger, mit der die achtmonatige Wanderung ihrer Rinder durch den Sahel endet, ein schwieriger und aufregender Moment. Kälber, die während der Wanderung geboren wurden, sind noch zu klein, um durch das Wasser zu schwimmen; deshalb werden sie mit dem Kanu über den Fluss gesetzt.

FOLGENDE SEITEN: Die Moschee von Diafarabé ist in traditioneller Bauweise aus Lehmziegeln erbaut worden. Nach starken Regenfällen müssen ausgewaschene Wände neu verputzt werden. Als Stützen für den Gerüstaufbau sind Pfähle in die Wände eingelassen worden.

Fachkenntnisse von den Hirten und bürdet den Männern, die sie führen, eine hohe Verantwortung auf. Die Anführer jeder Gruppe brauchen gründliche Kenntnisse der Landschaft, ihrer klimatischen Zyklen, ihrer Herden. Es genügt nicht zu wissen, wo es heute Gras gibt. Sie müssen wissen, wo sie es in den kommenden Tagen, Wochen und Monaten finden können, wie lange es für wie viele Kühe ausreichen wird, wo es genügend Wasser geben wird und wann die Herden zu den weit auseinanderliegenden Salzteichen geführt werden müssen. Die Anführer müssen ausrechnen, wann die Herde zu neuem Weidegebiet aufbrechen muss. Sie müssen wissen, wann die Kühen kalben werden, und welche Kühe als nächstes brünstig sind.

Die Samburu-Gesellschaft wird als Gerontokratie beschrieben – eine, die ihre Ältesten besonders verehrt. Kein Wunder. Die Ältesten sind eine unerlässliche Quelle an Wissen, das sich auf die Erfahrungen eines ganzen Lebens stützt. Sie kennen ihre Umgebung, ihre Leute und ihre Tiere gründlich. Sie beobachten die Mondphasen und die Bewegungen der Sterne und Planeten. Sie nutzen diese Himmelszeichen als Kalender zur Bestimmung der sieben Zeiten im Jahr, in denen es regnen könnte, und diejenigen Zeitabschnitte dazwischen, die man als »lange« und »kurze Hunger« kennt.

Es gibt fast immer eine Periode der Dürre und des Hungers zwischen einer und der nächsten Regenzeit, aber wenn die Regenfälle mehr als neun Monate lang das Weideland nicht begrünen können (der Tragezeit von Menschen und Kühen), beginnen die Ältesten von den Todeszyklen zu sprechen. Der erste ist der Kalbstod, der zweimal alle sieben Jahre kommen kann, wenn Föten abgehen, Euter austrocknen und Kälber sterben. Dann gibt es den Viehtod, den ein Mann dreimal in einer Lebenszeit von 74 Jahren erleiden kann. In dieser Periode sind die Regenfälle sieben aufeinanderfolgender Jahre schlecht oder fallen gänzlich aus: Vieh stirbt und die Samburu hängen zunehmend von den ihnen verbleibenden Schafen und Ziegen ab. Und schließlich gibt es den Bullentod. Wenn die Dürre so schlimm ist und so lange andauert, dass selbst die starken Bullen sterben, ist es sicher, dass auch Menschen sterben werden. Es wird als schlechtes Omen gesehen, nur vom Bullentod zu sprechen. Diese Tragödie kann alle 100 Jahre einmal passieren. Dürre und Epidemien wie Pocken sowie die Rinderpest haben die Samburu gegen Ende des 19. Jahrhunderts beinahe ausgerottet. 1984/195 erlebte die Sahelzone 24 Monate ununterbrochen anhaltender Dürre. Neben einem Verlust von 80 Prozent ihres Rinderbestandes verloren die Samburu zusätzlich 40 Prozent ihrer Schafe und Ziegen und fünf Prozent ihrer Kamele. Es starben viele Menschen, und ohne die Hungerhilfe wäre deren Zahl noch höher gewesen.

Über ihre Landeskenntnis und ihr Wissen von den Sternen hinaus glauben die Samburu, dass ihr Schicksal in den Händen ihrer Gottheit, Nkai, liegt, deren Name zugleich das Samburu-Wort für Regen ist (wie es auch bei den Massai ist, mit denen sie nahe verwandt sind). Dieser Glaube beeinflusst alles, was sie tun. Die Samburu leben in einer für die menschliche Existenz nur begrenzt nutzbaren Zone, oft am Rande des Verhungerns. Dennoch herrscht dort, wo man aufgrund der äußerst harten Lebensbedingungen eine intolerante Art erwarten könnte, eine Atmosphäre des gegenseitigen Wohlwollens. Wenn sich Älteste begegnen, grüßen sie sich in der Form von Rede und Antwort – sie fragen nach der Familie, der Siedlung, dem Vieh, dem Land. Die Antworten sind immer positiv, begleitet von einem leichten Kopfnicken und den Worten »*Nkai, Nkai!*«, die in beschwörenden Tönen wiederholt werden (negative Themen, über die diskutiert werden muss, werden später angesprochen). Beim Verabschieden segnen die Ältesten die Jüngeren, und wieder ist die Antwort »Nkai, Nkai«. Ein junger Mann wird um einen Segen bitten, wenn er es für nötig hält. Kinder gehen zu soeben angekommenen Ältesten und warten schweigend auf den Segen einiger ruhig gesprochener Worte und der rechten Hand, die leicht auf den Kopf gelegt wird, worauf wieder die Antwort »Nkai, Nkai« ist. So werden der Name Gottes und das Wort für Regen in der Samburu-Gemeinschaft ständig mit Ehrerbietung wiederholt.

Nkai soll in einer Höhle auf Mount Nyiru wohnen, hoch über den trockenen Ebenen des Sahel am Südende des Turkanasees. In der Tat ist Nyiru als Zuflucht vor den Heimsuchungen einer brennenden Dürre scheinbar ein Paradies. Die Hänge sind bedeckt mit Zedern- und Gelbholzwäldern. Gurgelnde Bäche durchziehen die Lichtungen und Wiesen des Gipfelplateaus. Es gibt Honig und wilde Früchte und das Vieh gibt gute Milch, wenn es aus der Dürre der Ebene nach oben getrieben wurde.

Die Samburu haben die Bedeutung von Mount Nyiru in ihrem Leben in Rituale gefasst. Ein Mann, der vom Berg zurückkehrt, trägt einen Zedernzweig im Haar, selbst in entfernt liegenderen Gegenden wird ein Zedernzweig als Zeichen der Ehrerbietung für den Berg getragen. Man kennt immer die Richtung, in der Nyiru liegt. Gott und Regen haben Mount Nyiru gesegnet, glauben die Samburu, wie zerstört das Land im Umkreis auch sein mag.

DIE SAMBURU SIND eine kleine Gruppe in Nordkenia. Weiter westlich stellen die Fulani eines der größten Vieh züchtenden Völker der Erde dar. Mit fast 10 Millionen sind sie eine der größen westafrikanischen Bevölkerungsgruppen und einmalig unter allen Afrikanern, weil sie so verstreut über den Kontinent leben. In jedem Sahelland von Senegal bis Sudan gibt es Fula sprechende Menschen. Sie tragen unterschiedliche Namen: Peul in Mauretanien oder Wodaabe in Niger, aber sie haben ein gemeinsames Erbe und sind bekannt als die Fulani. Sie traten vor nicht einmal 2000 Jahren das erste Mal an den Ufern des Senegal auf, ihre Ausbreitung über die ganze Sahelzone ist also nicht sehr lange her, ein Grund, warum sich die Sprache nicht auseinander entwicklt hat.

So wie die Regenfälle im Sahel von Norden nach Süden zunehmen, nimmt auch die Bevölkerungsdichte zu. Der nördliche Sahelrand ist nur dünn bevölkert, die meisten Menschen leben dort, wo es genügend Regenfälle für den Ackerbau gibt. Hier produzieren Bauern das Getreide, das die Viehzüchter gegen Milch- und andere Tierprodukte tauschen. Mehr als die Hälfte der Fulani züchten kein Vieh, und von denen, die es tun, sind nur ein kleiner Bruchteil echte Nomaden, Menschen ohne festen Wohnsitz, die ein Leben lang von Ort zu Ort ziehen und ausschließlich von den Produkten ihrer Herden leben. Der Rest ist »halbsesshaft« und betreibt sowohl Viehzucht als auch Ackerbau.

Die halbsesshaften Fulani haben feste Dörfer, die oft an Flüssen oder um einen Brunnen oder eine andere permanente Wasserquelle herum angelegt wurden. Ihr wichtigstes Grundnahrungsmittel ist die Hirse, daneben halten sie große Viehherden. Während die nomadisierenden Viehzüchter mit ihrem Vieh auf der Suche nach Weideland in der Trockenzeit über ein weit ausgedehntes Gebiet ziehen, werden die Herden der halbsesshaften Fulani während der Trockenzei im Kral gehalten, nur während der Regenzeit weiden sie weit entfernt vom Dorf. Das System ist wohldurchdacht. Indem das Vieh während der Regenzeit vom Dorf weggebracht wird, steht das zuvor als Weide genutzte Land nun für den Getreideanbau zur Verfügung. Die Ernten sind eingeholt, wenn das Vieh zurückkehrt, die Stoppeln liefern Futter, während das Vieh zugleich das Land düngt.

Wenn das Vieh während der Regenzeit das Dorf verlässt, nutzt es Weidegebiete, die nur zu dieser Jahreszeiten grün sind. Es erscheint zunächst unsinnig, dass die Menschen dann nicht bei ihrem Vieh sind, wenn es die meiste Milch gibt. Doch die Milch der umherziehenden Herden ist nicht verloren, denn sie ernährt die Hirten und – am wichtigsten – die Kälber und macht sie fett. Würden ihre Mütter im Dorf gemolken, bekämen sie viel weniger Nahrung. Jede Familie behält außerdem immer einige Milchkühe im Dorf. Während der Regenzeit wachsen die Herden zahlenmäßig am stärksten und verbessert sich der Gesundheitszustandes der Tiere erheblich. Auf diese Weise nutzen die halbsesshaften Fulani die Regenzeit optimal: Während die umliegenden Felder Getreide liefern, vermehrt sich gleichzeitig der Wohlstand des Dorfes in weit entfernt liegenden Landstrichen.

Getreide und Kälber sind existenziell für den Fortbestand der Fulani-Gemeinschaft, mit ihnen werden Kinder aufgezogen und die Jugendlichen ernährt, die dann die nächste Generation hervorbringen werden. Die Zukunft jeder Gemeinschaft hängt von einer gesicherten Fortpflanzung ab, auch wenn nur wenige Leute das als wichtigsten Zweck des Lebens ansehen. Paare verlieben sich, heiraten und bekommen Kinder und denken kaum an die umfassendere Ordnung der Dinge. Liebe und Ehe sind scheinbar allein die Sache von Individuen, begonnen durch persönliche Anziehung oder elterliche Arrangements, bestätigt durch soziale Gepflogenheiten und zu Ende geführt in der gegenseitigen Verpflichtung, Kinder unter großer Verantwortung zu erziehen. Aber bei den Hirten des Sahel hat die Fortpflanzung einen ganz anderen Stellenwert. Eine unberechenbare Umwelt lässt wenig Spielraum für Irrtümer. Wie junge Menschen ihre ihnen zugewiesenen Rollen ausfüllen, kann ein Maßstab für ihre Ehetauglichkeit sein.

Reis und Rinder sind die Nahrungsgrundlage der Deltabewohner. Eine weitere Nahrungsquelle ist der Fisch. Unglaubliche Mengen werden aus dem Fluss geholt – aus dem Fluss selbst und dem ganzen Überschwemmungsgebiet. Die meisten Fischarten bringen alljährlich Nachkömmlinge in riesiger Zahl hervor.

Wenn Errou und seine Begleiter mit dem Vieh von Diafarabé am nördlichen Rand des Niger-Binnendeltas aufbrechen, nehmen sie die Hoffnungen und den gesamten Reichum des Dorfes mit. Sie werden acht Monate lang fort sein auf der Suche nach Weideland, das viele Tausend Quadratkilometer umfasst. Die Dorfbewohner erwarten, dass die Hirten ihren Reichtum mehren. Errou selbst freut sich darauf, die Frau, die er liebt und zurückließ, nach seiner Rückkehr zu heiraten. Er hofft, das tun zu können, wenn er sich als Hirte einen guten Ruf erworben hat, und so seine Rolle in der Gemeinschaft erfüllt.

MILCH IST EINE lebenswichtige Kalziumquelle für jene Menschen, deren Speiseplan nicht ausreichend Gemüse enthält. Aber viele Afrikaner kommen wegen ihrer genetischen Prädisposition nicht in den Genuss der Vorzüge kalziumreicher Milch. Alle Menschen können als Babys und Kinder Laktose – Milchzucker – verdauen, aber nur wenige behalten diese Fähigkeit als Erwachsene bei. Es ist nur natürlich, dass die Vieh züchtenden Menschen im Allgemeinen auch als Erwachsene Laktose vertragen, während diese für die Kornbauern unverträglich wird.

Das Laktosemolekül ist zu groß und komplex, um als Ganzes die Wände des Dünndarms zu durchdringen. Es muss zunächst von einem Enzym, Laktase, zerlegt werden. Laktase hat keine andere Funktion, als Milchzucker zu zerlegen, somit wird aus physiologischer Sicht die Laktaseproduktion überflüssig, sobald ein Baby abgestillt ist. Deshalb wird zu diesem Zeitpunkt das Gen, das die Laktaseproduktion aktiviert, bei allen Säugetierarten, mit Ausnahme des Menschen, »abgeschaltet«. Viele Menschen produzieren über das Babyalter hinaus Laktase.

Der erste Hinweis darauf, dass Milch nicht unbedingt für alle und jeden »gut« ist, kam von westlichen Ernährungswissenschaftlern um 1960, nachdem inter-

Tanz bei Sonnenuntergang auf dem Daral-Fest in Diafarabé: Schöne Frauen, ein Wirbel von Seidengewändern in exotischen Farben, Gold und faszinierende Musik – das bedeutet mehr als nur eine Feier zur Heimkehr von Rindern und Hirten. Das Fest des Wiedersehens gibt der Gemeinschaft Halt und vertieft den verbindenden Glauben an ihre tradierten Werte.

nationale Hilfsorganisationen Millionen Tonnen Milchpulver rund um den Globus verteilt hatten, ihre Großzügigkeit aber nicht immer auf Begeisterung stieß. Während Amerikaner und Europäer literweise Milch in dem festen Glauben tranken, sie sei gesund, klagten die Bewohner hilfesuchender Länder, dass sie davon krank würden. In Westafrika erzählten Dorfbewohner einem Angehörigen des Peace Corps, dass das Milchpulver aus den Vereinigten Staaten böse Geister enthielt und deshalb gemieden würde. Anderswo wurden große Liefermengen dazu benutzt, Häuser weißzuwaschen, nachdem man zuerst etwas Ton beigemengt hatte.

Zuerst dachten die Spender, das Problem wären mangelnde Hygiene, schmutziges Wasser und fehlende Erfahrung mit dem unbekannten Nahrungsmittel. Während die US-Regierung Berge von Milchpulver nach Übersee transportierte, verteilte sie zeitgleich überschüssige Milch auch an bedürftige Amerikaner im eigenen Land. Schwarze in den Armenvierteln klagten daraufhin gleichfalls über Unwohlsein und Durchfall, nachdem sie die Milch getrunken hatten. Auf der Suche nach den Ursachen stieß man auf die Milchunverträglichkeit, hervorgerufen durch fehlende Laktase. Nachfolgende Tests ergaben, dass 70 Prozent der amerikanischen Schwarzen Laktose nicht verdauen konnte, während 85 Prozent der weißen Amerikaner dazu in der Lage war.

Das führte zu der Schlussfolgerung, dass die Laktosetoleranz bei ethnischen Gruppen variiert. Studien in Afrika bestätigten diese Theorie, zusätzlich die unterschiedliche Verträglichkeit bei Viehhirten und Bauern. Untersuchungen brachten die Erkenntnis, dass die überwiegende Zahl erwachsener Menschen laktose-intolerant ist. Die Fähigkeit, als Erwachsener Milch zu verdauen, ist keineswegs der Normalfall, sondern ein anormales, erst vor kurzem entwickeltes Phänomen einiger Volksgruppen.

Diese Toleranz kann erst mit der Domestizierung von Vieh vor etwa 10 000 Jahren begonnen haben. Offensichtlich gingen Laktosetoleranz und Viehzucht Hand in Hand. Keine Hirtengemeinschaft hätte ohne sie existieren können, während keine Ackerbaugemeinschaft darauf angewiesen war. Wenn ein Elternteil laktosetolerant ist und der andere nicht, wird bei den gemeinsamen Kindern durch genetische Selektion nur das Toleranzgen kopiert. So konnte sich die Milchverträglichkeit im Erwachsenalter über Viehzüchtergemeinschaften hinaus verbreiten.

So großzügig wie sich das Rind für Afrika erwies, blieb es dennoch wegen seiner Herkunft aus gemäßigten Breiten anfällig für eine Krankheit, die sich in der einheimischen Tierwelt des Kontinents als harmlos erweist. Gemeint ist Trypanosomiase – die Schlafkrankheit beim Menschen, Nagana beim Vieh. Sie wird von einzelligen Parasiten (Trypanosomen) verursacht, die in den Blutkreislauf eindringen, das Immunsystem außer Gefecht setzen und sich unbarmherzig in einer Dimen-

Stunden leben würde. Sie fragte ihn nach seinem Namen. Und ob er wüsste, wo er sei. Justin nickte und murmelte eine Antwort, als sie seinen Kopf anzuheben versuchte – aber er war zu steif, seinen Rücken konnte er auch nicht bewegen.

Justin war vor fünf Tagen ins Krankenhaus gebracht worden. Drei Tage lang gaben ihm die Krankenschwestern ein Medikament, das die Zahl der Parasiten in seinem Körper reduzieren sollte, aber Justin hatte einen Rückschlag erlitten. Jetzt waren sein Gehirn und die Wirbelsäule voller toter Parasiten, und sein Immunsystem attackierte heftig die Überbleibsel und verursachte Gewebeentzündungen. Justin wimmerte wie in einem bösen Traum, als ihm die Krankenschwester eine Injektion mit Steroiden gab. Man hoffte, dass die Steroide die Entzündung reduzieren und den Druck auf Justins geschwollenes Gehirn mindern würden.

Die Hoffnung erfüllte sich. Justin lebte noch, als die Ärztin am nächsten Tag ihre Runde machte. In der Tat waren die Schwellungen seines Kopfes und seines Halses geringer geworden, und er lehnte sich auf seine Ellbogen und schlürfte Suppe aus einer Schüssel. Obwohl er weder lächelte noch mit ihr sprach, war die Ärztin erleichtert, dass es ihm so viel besser ging. Wahrscheinlich würde er überleben.

Die mikroskopisch kleinen Parasiten, die Justin an die Pforte des Todes geführt hatten, waren durch eine Fliege in seinen Blutkreislauf gelangt – der Tsetsefliege (Gattung *Glossina*) –, die sie wiederum mit dem Blut eines Wildtieres aufgenommen hatte. Die einzige Nahrungsquelle der Tsetsefliege ist Blut. Sie saugen jeden Tag und finden ihren Wirt durch Sehen und Riechen. Mit einem degenähnlichen Stechrüssel sind sie fähig, sogar die Haut eines Nashorns zu durchstechen; deshalb gibt es wenige Tiere, die nicht zu ihren Opfern zählen. Antilopen, Büffel, Warzenschweine und Buschschweine sind ihre Hauptquelle; Menschen und Vieh werden unvermeidlich gestochen, denn der bevorzugte Lebensraum der Tsetse ist der gleiche wie der von Mensch und Haustier: ein warmes und wasserreiches Mosaik aus Bäumen, Büschen und offenem Grasland. Diese Bedingungen finden sich in fast der Hälfte aller Länder südlich der Sahara, verteilt auf 38 Länder. Mindestens 50 Millionen Menschen leben in diesen Regionen mit nochmals der gleichen Anzahl Vieh.

sion vermehren, die der Körper nicht vertragen kann. Unbehandelt können die gefährlichsten Formen der Krankheit innerhalb von Wochen das befallene Individuum töten. Obwohl weniger schwere Krankheitsformen sich über Jahre hinziehen können, greifen alle das zentrale Nervensystem an, dringen in das Gehirn ein und verursachen Krämpfe, Delirium und Koma – daher auch der Name Schlafkrankheit.

Tausende fallen ihr jedes Jahr zum Opfer. Die Krankheit begann bei Justin, einem der Opfer, mit Kopfschmerzen und leichtem Fieber, Gelenkschmerzen und dauernder Müdigkeit. Einige Wochen später wollte Justin einfach nicht mehr aufwachen. Er war einer von hundert Patienten, die im Tambura-Hospital im Südsudan wegen fortgeschrittener Schlafkrankheit behandelt wurden. Er lag teilnahmslos auf dem Bett, war furchtbar dünn und trug nur zerrissene Shorts und eine dünne Halskette aus blauen Perlen. Seine Sandalen standen auf dem Fensterbrett über seinem Bett. Justin war zwölf Jahre alt, und die Ärztin konnte nicht sagen, ob er noch 24

Rund 300 000 Menschen werden jedes Jahr in Afrika mit der Schlafkrankheit infiziert. Etwa 20 000 sterben an der Krankheit, somit hat Trypanosomiase einen verheerenden Effekt auf das Wohlergehen des Kontinents als Ganzes.

Die Weltgesundheitsorganisation (WHO), die United Nations Food and Agricultural Organisation (FAO), die Europäische Union und andere Hilfsorganisationen investieren Millionen von Dollar in die Suche nach einem Mittel, das entweder die Tsetsefliege oder die von ihr übertragene Krankheit auszurotten hilft.

Mit einem Fünf-Millionen-Dollar-Projekt, an dessen Spitze die International Atomic Energy Agency stand, gelang es, die Fliege auf der Insel Sansibar, nahe Tansania an der ostafrikanischen Küste, auszurotten, indem man Millionen Männchen großzog, die durch Bestrah-

Die Brücke über den Bani bringt Frauen zum Markt in Djenné und Kinder auf ihrem Weg zur Schule und bietet den Fischern einen schattigen Anlegeplatz. Die Stadt wurde im achten Jahrhundert von Kaufleuten gegründet und war Mittelpunkt und Ziel islamischer Gelehrsamkeit und Pilgerfahrten.

Weibchen bewahrt wortwörtlich alle ihre Eier in einem Korb auf und brütet jedes erfolgreich aus.

Anders als die meisten Insekten, die in einem Zeitraum von mehreren Wochen Hunderte von Eiern legen und deren Überleben fast ganz dem Zufall überlassen, produziert die weibliche Tsetsefliege nur zehn Eier in einer Lebensspanne von etwa 100 Tagen und tut alles ihr Mögliche, um sicherzustellen, dass diese geschlechtsreif werden. Sie paart sich nur einmal, einige Tage nachdem sie erwachsen wurde, und hortet das Sperma, um damit jeweils ein Ei in ihrem Körper zu befruchten. Die frisch geschlüpfte Larve ernährt sich von den inneren Milchdrüsen der Fliege. Nach einigen Wochen ist der Unterleib der Mutter fast völlig mit der Larve gefüllt, sie sucht sich deshalb ein schattiges Stück feuchten Bodens, in das sie ihre Last entlädt. Sobald die Larve geboren ist, gräbt sie sich im Boden ein und verpuppt sich innerhalb von einer Stunde. Mehrere Wochen später kommt eine erwachsene Fliege heraus, und der Kreislauf wiederholt sich.

Wenn die Trypanosomen einmal im menschlichen Körper sind, durchbrechen sie die Immunabwehr, indem sie ständig ihr Äußeres ändern. Trypanosomen sind umgeben von einer Schutzschicht, deren Anti-Gen-Eigenschaften sich ändern können, um die Antikörperreaktion des Wirts zu umgehen.

Das Immunsystem des Wirts zerstört vielleicht eine erste Welle der Parasiten, aber die übrig gebliebenen Parasiten erholen sich schnell, wenn sich Überlebende mit anderen Anti-Gen-Eigenschaften fortpflanzen. Trypanosomen können mindestens hundert Anti-Gen-Variationen hervorbringen, und diese Kunst der schnellen Veränderung vereitelt die Bemühungen, Impfstoffe gegen die Schlafkrankheit und Nagana herzustellen. Im Augenblick bieten die Behandlung infizierter Menschen und die Kontrolle der Tsetsefliegenpopulation die beste Möglichkeit, Trypanosomiase loszuwerden – die »Geißel Afrikas«.

lung unfruchtbar gemacht worden waren und dann freigelassen wurden, um sich mit den Weibchen zu paaren. Es wurden keine Nachkommen geboren, und schließlich starben die Fliegen dort aus. Aber dieser Erfolg auf einer isolierten Insel würde auf dem Festland Afrikas schwer zu wiederholen sein. Nicht zuletzt deshalb, weil die Tsetsefliege so weit verbreitet und ihre Fortpflanzungsstrategien so erfinderisch sind. Das

Die Behandlung ist dann am erfolgreichsten, wenn die Krankheit im frühen Stadium erkannt wird. Deshalb koordiniert die Weltgesundheitsorganisation ein Überwachungs- und Behandlungsprogramm in 22 afrikanischen Ländern. Die Krankheit kann normalerweise geheilt werden, wenn sie erkannt wird, bevor sie auf das zentrale Nervensystem übergreift. Danach zeigt nur noch ein Medikament Wirkung, das zu fast 20 Prozent Arsen enthält, und somit für den Patienten genauso giftig wie für die Parasiten sein kann. Infiziertes Vieh zu behandeln ist nicht möglich, die Tiere sterben einfach. Sie vor der Tsetsefliege zu schützen, kostet zwischen 34 und 77 Dollar pro Tier und Jahr. Eine solche jährliche Ausgabe überträfe schnell den Wert des Tieres.

Paradoxerweise scheint die effektivste Art, die Tsetsefliege unter Kontrolle zu bringen, zu sein, mehr Menschen und ihr Vieh ins Land zu bringen. Wo genügend Menschen in von der Tsetse verseuchte Gebiete gezogen sind, haben sie das Vorkommen der Fliege weitgehend reduziert. Eine mögliche Erklärung dafür ist, dass die Menschen die Gasttiere der Fliege vertreiben oder töten. Ein anderer Grund ist die Zerstörung des natürlichen Lebensraums der Fliegen durch die Anlage von Gehöfte. Als Folge des sich ausdehnenden Straßennetzes bauten Nigerianer entlang der neuen Straßen neue Dörfer. Durch die Anlage von Gebäuden und Gehöften wurde die Umgebung trockener, war weniger schattig und somit generell ungeeigneter für die Tsetsefliege. Wo mehr als 40 Personen pro Quadratkilometer leben, sinkt die Tsetse-Verseuchung unter das lebensbedrohliche Niveau. Hirten und ihr Vieh schufen schon immer einen von der Tsetsefliege ungeliebten Lebensraum.

Keine anderen Tiere kürzen das Gras so gründlich wie eine Herde Vieh unter menschlicher Aufsicht. Vom ersten Grünschimmer bis zur Trockenzeit hält das Vieh die Weiden sehr kurz. Starkes Abweiden stellt sicher, dass kein Baum- oder Strauchsämling höher als einige

Fula-Frauen sind nicht nur wegen ihrer Schönheit und ihrer kunstvollen Haartrachten berühmt, sondern auch für ihre Fertigkeiten beim Sticken.

Zentimeter wird. Wenn es keinen Schutz durch Bäume gab, konnte die Tsetsefliege in Schach gehalten werden. Dieser natürliche Kontrollmechanismus wurde während der Rinderpestepidemien, die zwischen 1889 und den frühen Jahren des 20. Jahrhunderts 90 bis 95 Prozent allen Viehs in Afrika auslöschten, zerstört. Nachdem die Rinderpest das Vieh und seine Hirten aus der Savanne vertrieben hatte, wurde innerhalb von ein oder zwei Jahren aus offenem Weideland waldiges Grasland und schattige Dickichte und somit ideale Bedingungen für die Ausbreitung der Tsetsefliege geschaffen. Als vor einem Jahrhundert Europäer nach Afrika strömten, wurde diese mit der Tsetsefliege infizierte Landschaft, in der es nur so von wilden Tieren wimmelte, zum Archetypus des »unverdorbenen« Afrika. Die Idee, weite Gegenden leerer afrikanischer Savanne zu Wildreservaten zu machen, zuerst zum Zwecke der Jagd und später zur Arterhaltung, kam in jener Zeit auf. Damals war man der Ansicht, dass sich alle Ökosysteme auf einen »Höhepunkt« hin entwickeln, der dann für immer bestehen bleibt. Die europäischen Siedler und Kolonialbeamten nahmen deshalb an, dass das Land, das sie voller Tiere und ohne Menschen vorgefunden hatten, diesem »Höhepunkt« einer landschaftlichen Entwicklung entsprach, und sie machten sich daran, diesen Zustand der Klimax zu bewahren.

Sie schufen Afrikas große Wildreservate und Nationalparks: Serengeti und Massai Mara, Tsavo und Selous, Kafue, Okavango, Krüger und so weiter. Sie ordneten an, dass Menschen und ihr Vieh für immer aus diesen Parks ausgeschlossen werden sollten, und wussten nicht, dass einige Jahrzehnte zuvor diese Regionen offenes Grasland gewesen waren mit weidenden Viehherden, nicht ausschließlich mit Antilopen besetzt. »Ein Nationalpark muss ein Stück ursprünglicher Wildnis bleiben, um effektiv zu sein...Keine Menschen, nicht einmal Einheimische, sollten innerhalb seiner Grenzen wohnen.

»Die Serengeti kann nicht wilde Tiere und Haustiere zur gleichen Zeit ernähren«, schrieb der deutsche Biologe Bernhard Grzimek, Autor des einflussreichen Buches und Films *Serengeti darf nicht sterben*. Aber Viehzüchter hatten jahrtausendelang ihr Vieh in Harmonie mit wild lebenden Tieren gehütet. Die Rinderpest veränderte das Ökosystem zuungunsten des offenen Graslands in eine Buschland. Aus heutiger Sicht betrachtet, haben die falschen Forderungen der Umweltschützer zwei verschiedene Biotope geschaffen: eines, in dem die Menschen leben und der Busch und die Tsetsefliege »gezähmt« sind, und ein anderes, in dem die westliche Vision des »wilden« Afrika lebendig erhalten wurde, wo Buschland dominiert und die Tsetsefliege hervorragende Bedingungen vorfindet.

Wie der Nil ein grünes Band des Wohlstands durch die östliche Sahara legt, so bringt der Niger das Leben spendende Wasser in die Sahel-Region von Mali. Bauern, Fischer, Hirten und Jäger haben seit Tausenden von Jahren die reiche Umgebung genutzt, wobei sie ihre Aktivitäten jweils an das jahreszeitlich bedingte Ansteigen und Fallen der Flut angepasst haben. Das Leben der einzelnen Menschen war verwoben durch Bande gegenseitiger Abhängigkeit und Achtung. In Jenne-jeno rollen Archäologen die Beweise einer einzigartigen Geschichte auf. Eine Wand des Ausgrabungsschachts zeigt 1600 Jahre kontinuierlicher Besiedlung. Die Beweise bestehen aus zerbrochenen Töpferwaren, Tongewichten, Spinnwirteln, Mahlsteinen, Kaminen – Überresten des alltäglichen Lebens, die so beredt von Menschen erzählen können.

Von den Ausgrabungen aus konnte ich die Skyline des modernen Djénné sehen, zwei oder drei Kilometer weiter nördlich. Staub, der vom stärker werdenden Wind aufgewirbelt wurde, hatte die Landschaft in eine eintönige graue Ebene verwandelt. In geringer Entfernung, neben dem Damm, auf dem die Hauptstraße nach Djénné verläuft, brannten drei Frauen neue Töpfe. Der Brennofen war ein riesiger Haufen Reisstroh, der niedrig schwelte und dessen innere Hitze nur sichtbar wurde, wenn der Wind ein plötzliches Glühen der orangefarbenen Flamme an die Oberfläche brachte.

Der Niger, der diese lange ununterbrochene menschliche Besiedlung in den Feuchtgebieten des Sahel ermöglicht hat, kommt aus den Ausläufern des Tingi-Ge-

birges an der Grenze zwischen Guinea und Sierra Leone. Obwohl das Gebirge kaum mehr als 250 Kilometer vom Atlantik entfernt liegt, fließt er landeinwärts, und nimmt, verstärkt durch seine Zuflüsse, eine weite geschwungene Route zum Ozean: nordöstlich durch den Sahel nach Timbuktu, dann weiter nach Osten und Südosten durch Niger und Nigeria Richtung seiner Mündung an der Bucht von Guinea. Auf seiner Reise aus dem Hochland von Guinea zum Atlantik überwindet der Niger eine Strecke von 4200 Kilometern.

Das Tingi-Gebirge zählt zu den ältesten der Erde, als es sich vor etwa 3600 Millionen Jahren erhob, waren die Felsen durchzogen mit mineralerzhaltigen Adern. Im Laufe von Millionen von Jahren erodierten die Felsen, die Mineralvorkommen wurden weggespült und verblasen. Sie brachten der Region reiche Eisen- und Aluminiumerzstätten, zusammen mit reichen Gold- und Diamantenvorkommen. Sedimentierte Sande und Tone haben sich nördlich des Gebirges in solchen Mengen gesammelt, dass unter ihrem Gewicht das darunter liegende Becken zum Einsinken gebracht wurde. Die von den Geologen Taoudeni-Mulde genannt Depression ist eine der größten ihrer Art auf der Welt.

Die Landschaft erhält ihren Reiz durch aufgestellte Sandsteinschichten und Steilabbrüche, erhöhte Flussufer und sanft gewellte Landstriche. Die Vielfalt dieser Landschaftsformen entspricht nicht der ihr zugrunde liegenden Gleichförmigkeit. Die Sedimente, die das Becken füllen, haben sich, vergleichbar mit dem Zucker in der Dose, gleichmäßig verteilt. Auf die Gesamtfläche gesehen, ist das Relief erstaunlich eben. Wo der Niger um das Bandiagara-Plateau herum nach Nordosten ausweicht, fällt der Fluss über eine Entfernung von mehr als 200 Kilometern nur um zehn Meter. Auf diesem breiten und sanft abfallenden Stück nimmt der Niger den Charakter eines Deltas an. Er teilt sich in ein Gewirr kleinerer Ströme, die ihren Lauf immer wieder ändern, aber bei Timbuktu wieder zusammenkommen, sodass der Niger ab dort wieder als ein Strom weiterfließt.

WIE DER NIL wird auch der Niger von jahreszeitlichen schwankenden Regenfällen in Quellgebiet des Hauptstromes und seiner Zuflüsse gespeist. Wenn die Regenfälle einsetzen, schwillt der Fluss

In einem Winkel eines Hauses in Diafarabé bewahrt eine Fula-Frau die Gegenstände auf, die sie in die Ehe einbringen will. Aus Schilf oder Palmblättern geflochtene Matten, gestickte Decken, Körbe, Schüsseln und verzierte Kalebassen – all das wartet auf den Tag, wenn sie und ihr Mann das Heim für ihre eigene Familie einrichten werden.

an und strömt auf das flache Delta zu. Mehr und mehr steigen die mäandrierenden Ströme, erreichen die Fluten die Oberkante der Dämme, überschwemmt das Hochwasser allmählich das rechts und links liegende ausgedörrte Land. In einem Jahr mit durchschnittlichen Regenfällen verwandeln die Fluten des Niger 30000 Quadratkilometer ausgetrockneter Sahelzone in ein kompliziertes Flechtwerk von Kanälen, Untiefen, Teichen, Marschen und Seen. Dazwischen liegen, Inseln gleich, trockene Landstriche, auf denen Häusergruppen dicht gedrängt stehen. Das ist das Niger-Binnendelta – von der Fläche her so groß wie Belgien.

Da der Niger in einer Region alten Gesteins entspringt, bringt er wenig Schlick und Sedimente ins Binnendelta. Der Nil transportiert etwa 770 Gramm Sediment pro Kubikmeter aus seinem Quellgebiet. Im Gegensatz dazu transportiert der Niger lediglich 75 Gramm. Jährliche Sedimentbildung im ägyptischen Niltal kann in Zentimetern gemessen werden, im Binnenddelta des Niger beläuft sie sich auf weniger als ein Zehntel Millimeter pro Jahr. Der Nil ist ein schlammiger Fluss; der Niger und sein wichtigster Nebenfluss, der Bani, sind klar.

Die Wassermenge jedoch ist enorm. 70 Milliarden Kubikmeter Wasser laufen jedes Jahr in das Binnendelta. Nur etwa die Hälfte verlässt am nördlichen Ende nahe Timbuktu das Delta. Die andere Hälfte geht durch Verdunstung, durch Bewässern und als Grundwasser verloren. Die jährliche Überschwemmung schafft ein riesiges, vielfältiges und ungeheuer produktives Ökosystem.

Die Überschwemmung beginnt im September, da aber das Überschwemmungsgebiet so groß und das Gefälle der Hauptkanäle so gering ist, braucht das Wasser seine Zeit, bis es den entferntesten und höchstgelegenen Teil des Deltas erreicht hat. Diese Gebiete sind nur einen oder zwei Monate lang überflutet. Die am tiefsten gelegenen Stellen stehen dagegen mehr als sechs Monate lang bis zu drei Meter unter Wasser. Der Höhepunkt der Überschwemmung wird Anfang November erreicht, dann beginnen die Wasserstände überall wieder zu fallen. Im Mai ist das Delta erneut so trocken, dass sogar die Hauptkanäle weniger als zehn Meter Breite haben und kaum kniehohes Wasser führen.

Wenn sich die Flut über die ausgedörrte Deltaebene ergießt, wird das Wasser mit Nährstoffen angereichert, die wiederum aus kompostierter Vegetation und Dung stammen. Die Nährstoffe ermöglichen ein explosives Wachstum von Bakterien, Algen, Plankton und höheren Pflanzen. In Regionen, die sechs oder mehr Monate überschwemmt werden, hält das Wachstum schnell wachsender Gräser, bekannt unter dem Sammelnamen *bourgou*, mit den steigenden Wassermassen Schritt. Ihre Fotosynthese treibenden Pflanzenteile sowie die Samen bleiben immer an der Wasseroberfläche. *Bourgou* produziert in einer Saison bis zu 17 Tonnen Viehfutter pro Hektar. In Gebieten, die über drei bis sechs Monate überschwemmt werden, wird der einheimische afrikanische wilde Reis (*Oryza barthii* und *Oryza breviligulata*) angebaut, er erbringt etwa zehn Tonnen Viehfutter oder Getreide pro Hektar. Zum Vergleich: In einem Großteil des Sahel, der nur durch Niederschlag bewässert wird, werden selten mehr als fünf Tonnen Reis pro Hektar geerntet.

Der erstaunliche Reichtum des Niger-Binnedeltas bietet den Menschen verschiedene Möglichkeiten, sich ihren Lebensunterhalt zu verdienen. Bauern säen den domestizierten westafrikanischen Reis, *Oryza glaberrima*, auf Böden aus, die von den Sommerregen feucht sind, wenn sich die Überschwemmung nähert. Während der Überschwemmung ernten die Sahelbewohner von Kanus aus wilden Reis und das *bourgou*-Getreide *Echinochloa*.

Wenn die Flut zurückweicht, werden Hirse und Sorgho als *décrue*-Pflanzen auf den durchnässten Böden angebaut. *Crue* ist das französische Wort für Hochwasser, Überschwemmung; *décrue* bezieht sich auf das Zurückweichen des Wassers danach. Für die Viehzüchter fällt das Zurückweichen der Flut mit der Ankunft der Trockenzeit in den Sahelregionen im Norden zusammen, die sie während der Regenzeit durchwandert haben. Wenn sie sich ihren Heimatdörfern nach der langen Wanderung nähern, grasen ihre Herden das freiliegende *bourgou* und die Getreidestoppeln ab.

Eine dritte wichtige Einnahmequelle – überraschend am Rande der Sahara – ist der Fischfang. In der Trockenzeit konzentrieren sich die Fische des Deltas entweder auf das Flussbett, wo vom einstigen Strom nur kleine Teiche geblieben sind, oder sie überdauern gefangen in kleinen isoliert liegenden Seen, Teichen und Sümpfen auf der Überschwemmungsebene. Mit der Ankunft der Flut werden sie erneut aus ihren Gefängnissen befreit. Durch die Überschwemmung steigt ihr Nahrungsangebot: Algen, Plankton, Wasserpflanzen und Insekten, aber auch Fische. Haben sich die Fische erst einmal im Delta verteilt, wachsen sie sehr schnell. Sie laichen, die Eier der meisten Arten entwickeln sich innerhalb von zwei Tagen; dadurch ist sichergestellt, dass die jungen Fische dann geboren werden, wenn Nahrung am reichhaltigsten zur Verfügung steht und Pflanzen den größten Schutz vor Raubtieren bieten. Während des Hochwassers geht ihr Wachstum sehr schnell voran, Fettreserven werden aufgebaut, um die kommende Trockenheit überleben zu können. Wenn die Flut zurückgeht, verkleinert sich der Lebensraum im Wasser erneut. Fische sammeln sich in Kanälen, die zum Fluss zurücklaufen. Das Nahrungsangebot wird kleiner, es beginnt ein Massenexodus.

Die Fleisch fressenden Fische ziehen als erste den Fluss abwärts. Sie lauern an den Ausgängen der Kanäle, durch die die reichlich vorhandenen Jungtiere kommen müssen.

Im Niger werden gewaltige Mengen Fisch gefangen. Laut einem FAO-Bericht fing von 50 000 berufsmäßigen Fischern jeder in einem Durchschnittsjahr etwa 1,66 Tonnen – somit ein Gesamtvolumen von 90 000 Tonnen. Grundlage dieser Hochrechnungen waren aber lediglich die Fänge, die für den Verkauf bestimmt waren. Wahrscheinlich wurden noch einmal weitere 45 000 Tonnen gefangen, die von den Fischern und ihren Familien gegessen wurden.

Immer mehr Fische stranden in den sich rasch verkleinernden Teichen der Überschwemmungsebene. Die Sterblichkeitsrate ist auch in diesen Refugien sehr hoch, da Futter und Schutz begrenzt sind. Die Fischpopulation im Binnendelta überlebt diese massiven jährlichen Verluste, weil lediglich 10 Prozent der Jungtiere eines Jahrganges benötigt werden, um den Bestand der Fortpflanzungsgemeinschaft zu garantieren.

Okra, die hier in einem Garten in Diafarabé gepflückt wird, ist eine einheimische afrikanische Pflanze. Sie heißt auch Frauenfinger (wegen ihrer fingerlangen Schote) oder Gumbo (Frucht) und kommt in vielen tropischen Gerichten als Gemüse vor. Sie kann gekocht, gebraten, getrocknet oder sauer eingelegt oder zum Eindicken von Eintopfgerichten verwendet werden.

Archäologische Funde deuten darauf hin, dass Hirten, Bauern und Fischer vor etwa 4000 Jahren begannen, das Niger-Binnendelta gemeinschaftlich zu nutzen. Sie stellten Eisenwerkzeuge her und begannen, den wilden westafrikanischen Reis anzubauen, der zu einem wichtigen Garant einer Lebensgemeinschaft wurde, die bis zum heutigen Tag Bestand hat.

Wilder westafrikanischer Reis, *Oryza glaberrima*, wurde höchstwahrscheinlich im Nigerdelta kultiviert. Er hat erfolgreich die Verbreitung der ergiebigeren asiatischen Arten verhindert, vor allem durch seine Fähigkeit, relativ sichere Ernteerträge unter ganz unterschiedlichen Boden- und klimatischen Bedingungen zu erbringen. Mehr als 41 verschiedene Sorten von *Oryza glaberrima* sind bekannt, einige davon wachsen auch in drei Meter tiefem Wasser, der asiatischen Reis *Oryza sativa* dagegen kann bis maximal ein Meter Tiefe gedeihen. Die Reisbauern im Delta säen eine Mischung verschiedener Arten auf dem gleichen Feld aus, die alle unterschiedliche Wachstumszeiten, von 90 bis zu 210 Tagen, haben. Mehrfachsaaten werden in Intervallen von Tagen oder Wochen durchgeführt, in langen und schmalen Feldern, die über ganz unterschiedliche Bodentypen entlang der unterschiedlichen Überschwemmungslinien verlaufen. Die Anbaumethoden und -zeiten werden durch eine Vielzahl von Faktoren bestimmt – einschließlich komplizierter kosmologischer Beobachtungen. Es ist ein Spezialwissen, das nur ungern weitergegeben wird.

Besondere Kenntnisse werden auch von Hirten und Fischern gefordert; die Integration ihrer Fähigkeiten in ein Gesamtsystem ermöglichte es jeder Gruppe, mehr Menschen zu ernähren, als ohne Zusammenwirken möglich wäre. Die Integration war immer komplex. Hatte die Bevölkerungsdichte einen kritischen Punkt erreicht, mussten die verschiedenen Gruppen eng beieinander leben und häufig das gleiche Stück Land zur glei-

chen Zeit nutzen. Die Wahrscheinlichkeit von Stammesfehden scheint hoch, das Binnendelta ein »Sumpf von interethnischer Feindseligkeit« gewesen zu sein. Doch was die frühe Geschichte der Menschheit im Delta auszeichnet, ist nicht der Konflikt, sondern sein völliges Fehlen. Das spiegeln die Dörfer und Städte wieder. Die Menschen, die zuerst im Binnendelta siedelten, hinterließen keine monumentale öffentliche Architektur, keine extravaganten Begräbnissbeigaben oder beschriftete Tafeln, die Könige priesen und von Eroberungstaten berichteten.

Die Geschichte von Jenne-jeno scheint außergewöhnlich friedlich verlaufen zu sein. In der Regel finden sich an anderen urbanen archäologischen Stätten überall Hinweise darauf, dass Wohnstätten bis auf die Grundmauern zerstört wurden, zum Beispiel in Form von verbrannten Schichten, in Jenne-jeno ist davon nichts zu finden.

Obwohl das Binnendelta des Niger für ein paar Monate im Jahr ein ausreichend bewässertes Paradies ist, ist es doch immer noch ein Teil des Sahel. Wenn die Fluten verdunsten, vom Boden aufgenommen oder flussabwärts transportiert werden, hängt das Überleben der Menschen im Delta wieder von dem ab, was der Sahel sonst zu bieten hat.

Ob man Lepusiki in Kenia nimmt oder die Menschen im Sahel – für sie alle ist das Überleben in schlechten Zeiten entscheidend. Die wahre Geschichte des Sahel ist ein Bericht über Kämpfe gegen eine abweisende Umwelt, nicht gegen Menschen. Der Sahel ist ein unnachsichtige Naturraum. Einer, der die Zusammenarbeit und nicht den Konflikt belohnt.

m Ufer des Niger in Diafarabé in Mali herrscht freudige Aufregung. Das Vieh und die jungen Fulani-Hirten kehren endlich nach Hause zurück – nach acht langen Monaten. Auf der anderen Seite des Flusses stürzen sich die Rinder ins Wasser. Die Hirten schwimmen neben ihnen her und treiben die schnaubenden, stolpernden Tiere vorwärts. Alle gelangen glücklich auf der Seite von Diafarabé ans Ufer – die Männer lachen, die Rinder sind wohlgenährt. Das ist der Höhepunkt des Jahres. Die Zukunft der Dorfgemeinschaft ist gesichert.

Mit nahezu 16 Millionen Menschen sind die Fulani heute die wahrscheinlich weltweit größte Bevölkerungsgruppe unter den Viehhirten. Mit ihrer traditionellen Lebensweise prägen sie die Sahelregion; man trifft sie in jedem Sahelstaat vom Atlantik bis zum Nil. Was sie verbindet, ist ihre gemeinsame Abstammung von Menschen, die vor weniger als 2000 Jahren damit begannen, das Grasland des Sahel zu beweiden. Das harte Hirtenleben prägte die gesellschaftlichen Strukturen und die Kultur der Fulani. Der Sahel stellt den südlichen Rand der Sahara dar, wo es gerade noch genügend Regen gibt, um ein breites Band spärlichen Gestrüpps und Weidelands entstehen zu lassen. Es gibt nur wenige Wasserlöcher. Obwohl die Ausdehnung des Sahel riesig ist, sind die Weiden weit verteilt. Aber jede Generation von Fulani-Viehhütern lernt, diese Ernte aus der Ferne einzubringen.

Errou ist bald zu Hause. Er und seine Gefährten haben nach langer, anstrengender Wanderung über das Grasland die Rinder unversehrt an das Ufer des Niger gebracht. »Ein harter Job«, sagt er. »Wir gehen von Sonnenaufgang bis Sonnenuntergang. Wir werden sehr durstig und die Kühe sehr müde. Man muss unentwegt neue Weideflächen finden. Das ist es, was einen pausenlos beschäftigt. Im Busch muss man stets völlig konzentriert sein ... Deine Aufgabe ist es, wohlgenährte Rinder zurückzubringen.«

Wohlstand und Selbstwert des Dorfes werden in die Rinder investiert. Errou hofft, dafür gelobt zu werden, dass er sie gesund und wohlgenährt nach Hause gebracht hat. Aber vorher müssen sie noch den Fluss überqueren.

Tausende von Tieren wagen den Sprung ins Wasser. Die Flussdurchquerung ist ein Tag der Freude und des Feierns. Errou (oben, Zweiter von links) und seine Freunde präsentieren sich in ihren besten Gewändern.

» Im Wasser kann es echt gefährlich sein. Ich schwimme neben meinen
Rindern durch den Fluss«, sagt Errou, »und versuche, sie auseinander
zu halten, damit sie sich nicht gegenseitig verletzen.«

Ica Bar (oben) ist Errous Freundin. Heute wird er zurückkommen. »Ich kann es gar nicht erwarten, ihn wiederzusehen«, sagt sie. »Wir werden bei dem Fest mitfeiern und singen und tanzen.« Und bestimmt wird auch von Heirat die Rede sein.

Männer aus dem Dorf versammeln sich am Fluss-ufer (links) und begutachten mit kritischem Blick den Zustand der Rinder, die das Ufer erreichen. Errous Heiratschancen hängen sehr davon ab, wie gut er sich um die Herde geküm-mert hat. »Ich würde mich freuen, wenn meine Kühe die dicksten und schönsten wären«, sagt er.

Grosse

Seen

Sie entstanden, als gewaltige Eruptionen und Umwälzungen das Rift Valley schufen: die großen Seen. Sie gehören zu den bedeutendsten und sehenswertesten Binnengewässern der Welt. Der Victoriasee ist die Quelle des Nils, des längsten Flusses der Erde, und ist selbst der weltweit drittgrößte Süßwassersee. Der Tanganjikasee ist so tief, dass er ein Hundertstel des gesamten Süßwasservorkommens der Erde fasst.

Regen fällt in dieser Gegend im Überfluss, die Böden sind fruchtbar und das Klima ist warm. Die Umgebung der großen Seen bietet die besten naturräumlichen und klimatischen Voraussetzungen für eine wachsende Bevölkerung. Bantu-Bauern siedelten hier zuerst vor 3000 Jahren. Ihre Zahl nahm ständig zu und wuchs um ein Vielfaches, als Banane, Mais und Maniok eingeführt wurden.

Ruanda, Burundi und das westliche Uganda stellen die am dichtesten bevölkerte Region des gesamten Kontinents dar – Afrikas Garten Eden. Doch

Constantine Maneke saß bequem im Schatten von Orangenbäumen, das Kind auf seinem Knie aß eine Banane, die es gerade im Hain hinter dem Haus gepflückt hatte, als er mir mitteilte, dass er dazu bereit wäre, mir ein paar Tage lang die Besonderheiten des Ackerbaus auf Ukara, einer Insel nahe der Südostküste des Victoriasees, zu erklären. Obwohl sie nur 80 Quadratkilometer groß ist, konnte Ukara eine Bevölkerung von etwa 16 000 Menschen ernähren, seit sie vor mehr als einem Jahrhundert zum ersten Mal gezählt wurden. Somit hat die Insel eine durch

schnittliche Bevölkerungsdichte von 200 Menschen pro Quadratkilometer, fast das Sechsfache von ganz Tansania. Offensichtlich machen die Bauern von Ukara etwas richtig.

Mit so wenig Raum für eine weitere Expansion war intensive Produktion der Schlüssel zum Geheimnis, erklärte Mr. Maneke. Als wir eine Tour über die Insel machten, betonte er, dass jedes verfügbare Stückchen bebaubaren Landes bestmöglich genutzt würde. Durch Bewässerung und Terrassenanbau konnte man das Land nahe den Flüssen der Insel ständig bewirtschaften. Die Seeufer, wo Überschwemmungsgefahr die Pflanzen bedrohte, waren in Wasserwiesen umgewandelt worden und lieferten so eine kontinuierliche Grasernte für den Viehbestand der Insel. Mr. Maneke selbst besaß fünf Rin-

der und wollte unbedingt, dass ich sie mir anschaute. Ich erwartete, dass er mich zu einer gemeinsamen Weide führen würde, aber ich fand stattdessen heraus, dass jede Familie ihr Vieh im Hof des Hauses hielt. Die Tiere verbringen ihr Leben in runden, flachen Gruben mit niedrigem Zaun und einem Strohdach, und sie schienen bei bester Gesundheit und ganz zufrieden zu sein. Sie bekamen regelmäßig Wasser und Futter, und der Dung, der sich in der Grube ansammelte, wurde alle sechs Monate weggeräumt und auf den Hirse-, Mais- und Maniokfeldern ausgebreitet.

Bewässerung, Terrassenanbau, Wasserwiesen, Düngen – die Menschen hatten ein System gefunden, wie man eine hohe Bevölkerungsdichte auf Ukaras begrenzter Landfläche erhalten konnte, lange bevor irgendein

Agrarspezialist aufgetaucht war, und sie bewiesen, dass es – in Afrika wie überall – Menschen immer dort gut geht, wo die Bedingungen annehmbar sind.

Reichlich Wasser und fruchtbare Böden gibt es in Afrika selten am gleichen Ort. Die meisten Regionen haben unzuverlässige Regenfälle oder schlechte Böden – oder beides. Im Herzen Afrikas ist das anders. Hier

haben die Erdbeben und Vulkane, die vor 20 bis 30 Millionen Jahren das Great Rift Valley erschütterten, eine Reihe von Seen hinterlassen und die Voraussetzungen für fruchtbaren vulkanischen Boden geschaffen. Wenn das Paradies jemals auf Erden existiert hat, muss es in der Gegend der Großen Seen in Zentralafrika gelegen haben. Die Region, die etwa 1000 Kilometer von Nord nach Süd misst und etwa 400 Kilometer breit ist, umfasst die Hochländer von Burundi und Ruanda und die Grasländer von Westtansania und Uganda, die bis zu den Ufern des Victoriasees reichen. An diesem Punkt durchquert der Äquator Afrika, aber da kein Teil der Region weniger als 1000 Meter und ein Großteil sogar über 2000 Meter hoch liegt, sind die klimatischen Bedingungen

nie so unangenehm heiß und feucht wie in den äquatorialen Tiefländern. Darüber hinaus zieht die hoch liegende Landmasse feuchte Winde an und erhält somit verlässlichere Regenfälle. Die Regenfälle sind relativ hoch und gleichmäßig über das Jahr verteilt, auch wenn sie von Ort zu Ort variieren. Selbst die zwei kurzen Trockenzeiten verlaufen selten ganz ohne Regen.

Grüne Hügel saugen den Regen auf, und Ströme und Flüsse tragen den Überfluss hinunter zu den Seen. Nur der Baikalsee ist tiefer als der Tanganjikasee und nur der Lake Superior größer als der Victoriasee. Der grünschimmernde Kiwusee füllt das Kraterbecken eines lange erloschenen Vulkans im Virunga-Gebirge; der Eduardsee liegt im Schatten der legendären Mondberge; der Albertsee leitet das Wasser aus den Hochländern des östlichen Kongo in den Nil. Von seinem Ursprung im Victoriasee wird der Nil auf seiner Reise zum Mittelmeer durch seine vielen Flußschleifen länger als jeder andere Fluss auf der Welt – mit 6670 Kilometern ist er sogar länger als der Amazonas oder der Mississippi und Missouri zusammen.

Die Landschaft ist malerisch, und seit Menschengedenken lebte hier das Großwild, das in der Region der Großen Seen reichlich vorhanden war. Gorillas und Schimpansen fanden gute Lebensbedingungen in den Wäldern. Flusspferde und Krokodile waren in den Seen und Flüssen weit verbreitet. Elefanten, Büffel, Nashörner, Giraffen, Zebras, Elenantilopen, Gnus und viele kleinere Pflanzenfresser bewohnten das waldige Grasland und die Savanne. Löwen, Leoparden, Geparden, Hyänen und Wildhunde machten Jagd auf die großen und kleinen Pflanzenfresser. Servalkatzen, Wüstenluchse, Schakale, Ginsterkatzen und Mungos fraßen Springhasen, Erdhörnchen und Mäuse. Erdferkel und Schuppentiere vertilgten die Ameisen und Termiten. Die Vergangenheitsform hat hier Bedeutung, denn die Wildtiere der Großen Seen sind heute nicht mehr so zahlreich vorhanden wie noch in der jüngeren Vergangenheit. Heute findet man sie vor allem in den Nationalparks und Reservaten, vertrieben aus ihren angestammten Gebieten durch die unerbittlichen Flüchtlingswellen in dieser Region. In ganz Afrika hat die

Mit den Erfahrungen aus der Kolonialzeit waren die Länder um die Großen Seen schlecht auf die Unabhängigkeit vorbereitet. Aus dem Traum von der Demokratie wurde bald ein Albtraum von Korruption, Regierungsversagen, Wirtschaftszusammenbrüchen, Hass, Bürgerkrieg und sogar Völkermord.

Region der Großen Seen die beste naturräumliche Ausstattung für eine menschliche Besiedlung und wurde ein Sammelpunkt bei der Bantu-Wanderung. Im Zeitraum von einigen tausend Jahren veränderte diese die bewohnte Landschaft Afrikas südlich der Sahara. Wo einst nur verstreute Gruppen nomadischer Jäger und Sammler lebten, dominierten nun die Dörfer der Bauern.

Bantu-Siedler kamen zum ersten Mal vor 3000 Jahren an die Großen Seen und brachten das Fachwissen des Eisenschmelzens mit, das sowohl zur Rodung der Wälder beitrug (da Holzkohle nötig war) als auch zur Entwicklung des Ackerbaus (mit der Herstellung von Harken). Die Böden waren fruchtbar, das Klima angenehm und die Menschen fleißig. Es ist kein Zufall, dass Ruanda, Burundi und Westuganda die intensivst bewirtschafteten und am dichtesten besiedelten Regionen in Afrika sind.

Auf den Hügeln stehen Bananenhaine dicht nebeneinander, düster und dunkelgrün. Die gleichzeitige Anwesenheit von Blüten und Früchten kennzeichnet eine Pflanze, die das ganze Jahr hindurch zu ernten ist. Der Mais gedeiht, das Vieh liefert Milch, Dung und Fleisch, ebenso Ochsen, um den Pflug zu ziehen, und eine kleine Kaffeebaumplantage bringt das Geld herein, das man zum Erwerb der wichtigsten Haushaltsgüter braucht. Auch wenn das ein idealisiertes Bild ist, so kann doch das dörfliche Landnutzungssystem an den Großen Seen zehnmal so viele Menschen pro Quadratkilometer ernähren wie Mosambik oder Schweden. Burundi hat einen größeren Teil seiner Landfläche permanent bewirtschaftet oder beweidet als jedes andere Land auf der Welt: 87 Prozent. Ruanda hat weniger, 75 Prozent, aber auch das ist ein höherer Prozentsatz als in fast allen afrikanischen Ländern (Ausnahmen sind hier Lesotho und Nigeria).

Aber wie man weiß, brachte das Ende des 20. Jahrhunderts eine Zeit unaussprechlicher Grausamkeit und unsäglichen Abschlachtens über Afrikas reichste Landschaft. Wie für die meisten Menschen beschränkten sich meine Erfahrungen mit den grausamen Vorfällen in Ruanda und Burundi auf die Schrecken von Fernseh- und Presseberichten, aber die Tage, die ich auf Ukara verbracht hatte, gaben dem Ganzen einen bedrückenden Beigeschmack. Die Insel war so dicht besiedelt wie die Dörfer in Ruanda. Mr. Maneke und seine Nachbarn hatten ihr ganzes Leben eng beieinander gelebt – wie Generationen vor ihnen. Es war einfach unglaublich, dass sie einander hätten abschlachten können. Und dennoch war es in Ruanda passiert. Warum?

800 000 bis 850 000 Tutsi plus 10 000 bis 30 000 Hutu wurden im Völkermord von Ruanda getötet. Innerhalb von nur hundert Tagen wurde die Tutsi-Bevölkerung von 930 000 auf nur 130 000 dezimiert. Für jeden Tutsi, der am Leben geblieben war, waren sieben gestorben. Die Wellen der Angst breiteten sich auch im Ausland aus und führten im benachbarten Burundi und dem Kongo (damals Zaïre) zu Mordexzessen. Nach einem massiven Exodus lebten schließlich fast zwei Millionen Menschen in Flüchtlingslagern, unterstützt von den Vereinten Nationen in Tansania. Die meisten sind nach Hause zurückgekehrt, aber die Gegend ist immer noch traumatisiert.

Diese furchtbare Episode in einer Geschichte des Völkerhasses hat ihre Wurzeln in den europäischen Vorstellungen von der Überlegenheit der Rassen, die in der Kolonialzeit von Beamten nach Afrika getragen wurden. Die Berliner Konferenz von 1885, in der die europäischen Mächte Afrika unter sich aufgeteilt hatten (der bekannte »Kampf um Afrika«), machte Ruanda-Urundi (wie die Region damals hieß) zu einem Teil Deutsch-Ostafrikas. Ethnographen waren unter den ersten Besuchern der neuen Kolonie, und sie berichteten, dass Ruanda-Urundi von drei verschiedenen ethnischen Gruppen bewohnt war: den Twa, den Hutu und den Tutsi.

Die Twa wurden beschrieben als Pygmäen-Jäger und -Sammler, die seit Urzeiten in der Region lebten. Die Hutu waren Bantu sprechende Bauern, die später gekommen waren, so berichteten sie, während die Tutsi Viehzüchter seien, die angeblich nach Ruanda-Urundi aus einem Heimatland irgendwo in Nordostafrika eingewandert waren, wo sie die Nutznießer ägyptischen, arabischen oder sogar europäisch-zivilisierenden Einflusses gewesen sind.

Die Ethnographen schlossen daraus, dass sich die Tutsi allmählich und auf friedliche Weise in der Region niedergelassen hatten, über einen langen Zeitraum hinweg, in dem sie praktischerweise ihre eigene Sprache aufgegeben und begonnen hatten, die Bantu-Sprache der Hutu (so wie die Twa) zu übernehmen, sodass alle drei Gruppen die gleiche Sprache hatten. Im Aussehen jedoch waren die drei Gruppen angeblich sehr verschieden. Die Tutsi wurden beschrieben als groß, gut aussehend, schlank und gut proportioniert, während man auf die Twa als groteske kleine Kreaturen heruntersah und sie oft Zwerge nannte. Zwischen den Twa und den Tutsi standen die stämmigen einheimischen Bantu.

Spätere Forschungen haben gezeigt, dass sowohl die Hutu als auch die Tutsi von den ursprünglichen Bantu-Bauern abstammten, die sich in der Region der Großen Seen niedergelassen hatten. Sie hatten einen gemeinsamen Ursprung und eine gemeinsame Sprache, aber unterschieden sich schon beim Eintreffen der Europäer in Lebensweise und Zahlen. Die Tutsi waren vor allem (aber nicht nur) Hirten, während die meisten Hutu (aber nicht alle) Bauern waren. Die Zahl der Hutu-Bauern übertraf die der Tutsi-Hirten etwa acht zu eins. Wie bei den Kikuyu und Massai, den Fulani und den Hausa war die Beziehung zwischen Hirten und Bauern weitgehend symbiotisch – zweifellos gelegentlich antagonistisch, aber auch sich gegenseitig unterstützend. In der Art der Sozialwissenschaften des späten 19. Jahrhunderts tendierten deutsche Ethnographen dazu, eher die Faktoren zu betonen, durch die sich Menschen unterscheiden, als die Gebräuche zu erkennen, die sie verbinden.

Die großen Herden der Tutsi, ihre hochmütige Haltung und die Ansammlung an Reichtümern gaben den Tutsi einen aristokratischen Anstrich, mit dem sich die deutschen Kolonialbeamten bereitwillig identifizierten und den die Tutsi nur zu gern verinnerlichten. Sie erzählten den Kolonialherren, dass sie die fast völlige politische und wirtschaftliche Macht über die Hutu (und natürlich die Twa) hätten, dass alles Vieh der Region und, zumindest theoretisch, auch das ganze Land ihnen gehöre. Das Land werde regiert von Tutsi-Prinzen, die wiederum einem absoluten und halb-

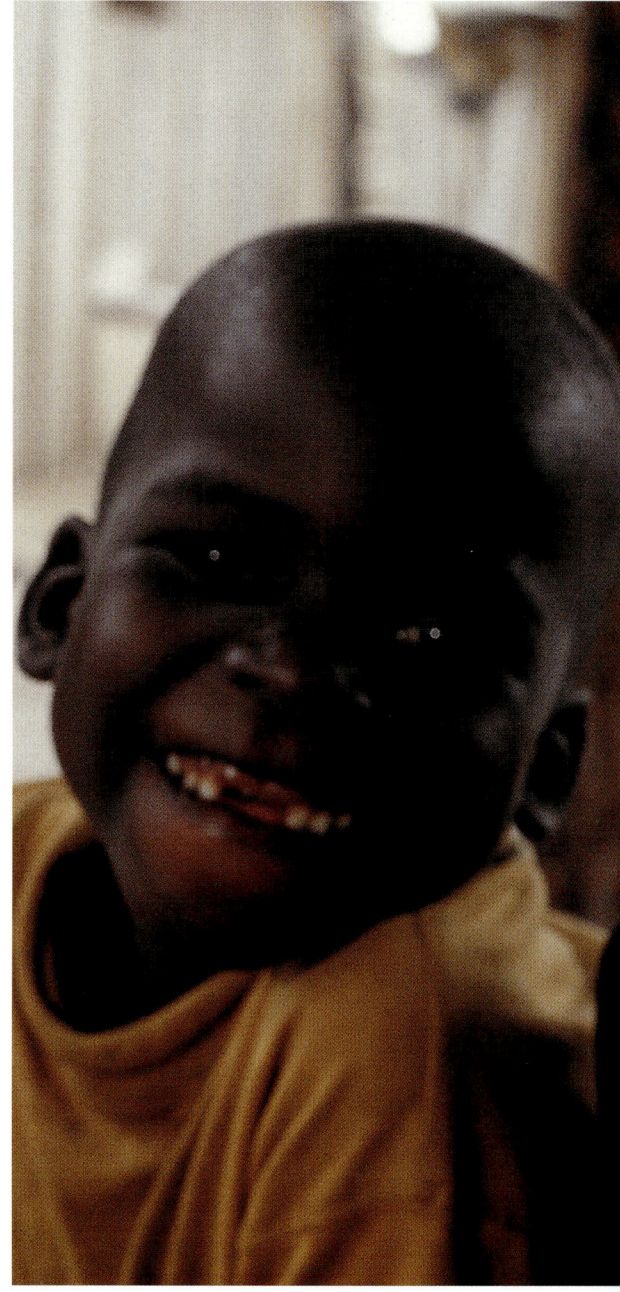

göttlichen Oberhaupt unterstanden, dessen Autoritätssymbol eine Trommel war, behängt mit den Genitalien geschlachteter Feinde, erzählte man den Deutschen. Wie vorauszusehen war, sahen die Kolonialherren den von den Tutsi beanspruchten königlichen Status als Mittel an, deutsche Kontrolle der Region zu erleichtern. Sie führten ein System der indirekten Herrschaft ein und regierten das Territorium nach den Vorstellungen der Tutsi. Obwohl die Tutsi nur 12 bis 15 Prozent der Bevölkerung von Ruanda-Urundi ausmachten, beherrsch-

ten sie praktisch das Land – in erster Linie zu ihrem eigenen Nutzen. Das verhieß nichts Gutes für die Zukunft.

Im Ersten Weltkrieg eroberten belgische Truppen Ruanda-Urundi, und die Territorien wurden nach dem Krieg Belgien überlassen. Ein Mandat der League of Nations verlangte von der neuen Kolonialmacht, die Länder wie ein »heiliges Pfand der Zivilisation« zu regieren, bis sie »unter den schwierigen Bedingungen der modernen Welt auf ihren eigenen Füßen stehen konn-

Die Zukunft eines Landes hängt von seinen Kindern ab. Während der Jahrzehnte des Schreckens wurde eine ganze Generation um ihre Chance auf eine Ausbildung gebracht. Wenigstens in Uganda bessert sich die Lage.

FOLGENDE SEITEN: Im Ruwenzori-Gebirge – den berühmten »Mondbergen« – bringt die Äquatorsonne jeden Tag sommerliche und die dünne Luft jede Nacht winterliche Temperaturen. Unter diesen Bedingungen gedeiht hier eine Art des Greiskrauts bis zur Größe von Bäumen.

ten«. Die belgische Antwort darauf war, den Tutsi mehr Autorität zu geben, indem sie sie mit mehr Regierungsstellen ausstatteten und es nur Tutsi-Kinder erlaubten, in die Schule zu gehen. Da die Tutsi eine überlegene Rasse waren, argumentierten sie, wäre es eine Verschwendung, die Hutu auszubilden.

Häufig war es aber schwierig zu sagen, wer Hutu und wer Tutsi war. Der typisch große, schlanke Tutsi und der kurze, stämmige Hutu waren leicht zu erkennen, aber zwischen diesen Extremen gab es Tausende, wenn nicht sogar die Mehrheit der Bevölkerung, deren Aussehen überhaupt keinen Hinweis auf eine Gruppierung feststellen ließ. Generationen von Mischehen, Wanderung und Veränderungen in Beruf und wirtschaftlichem Status hatten die Unterschiede verwischt. Das alles zählte nicht. 1926 führten die belgischen Behörden einen Ausweis ein, um die Sache zu klären. Laut Gesetz musste der Ausweis klarstellen, zu welchem Stamm der Inhaber gehörte. Wo das Aussehen keine Schlüsse zuließ und es keine Beweise der Abstammung gab, wandte man eine einfache Formel an. Diejenigen mit zwei oder mehr Kühen wurden als Tutsi eingestuft, diejenigen mit weniger als Hutu.

Über den ganzen Zeitraum belgischer Kolonialherrschaft hinweg verstärkten die Tutsi ihren Einfluss auf die entscheidenden sozialen, wirtschaftlichen und politischen Schlüsselstellen. Während lokale Tutsi-Häuptlinge die Vorgaben der Kolonialregierung befolgten, mehr Steuern und Arbeitskraft von Kleinbauern, meistens Hutu, zu fordern, benutzten sie ihre gestiegene Autorität auch dazu, ihren Rivalen und den schwachen Bauern Vieh und Land wegzunehmen. Doch der Widerstand gegen sie wuchs, besonders als die Unabhängigkeitsbewegung in ganz Afrika in Schwung kam.

Unabhängigkeit bedeutete Demokratie, und da die Tutsi nur eine kleine Minderheit der Bevölkerung darstellten, war der Sieg der Hutu garantiert. Als die Belgier mit dieser offensichtlichen Realität konfrontiert wurden, wechselten sie plötzlich die Seite. Nachdem sie die Unterdrückung der Hutu durch die Tutsi jahrelang geduldet hatten, begannen sie nun, Tutsi-Häuptlinge zu entlassen und Hutu auf die freiwerdenden Posten zu setzen. Wo immer sie konnten, organisierten die neuen Häuptlinge sofort die bewusste Verfolgung ihrer früheren Herren, was zu einem zunehmenden Massenexodus von Tutsi führte.

Ruanda und Burundi wurden 1962 unabhängig. Im Interesse von Frieden und Harmonie hätte man von der neuen Hutu-Regierung erwarten können, dass diese eine Versöhnung herbeiführen, Ausweise abschaffen und die Gleichheit aller als Bewohner von Ruanda zum obersten Staatsziel ausrufen würde. Doch der aufkommende Nationalismus galt nicht der Auslöschung eines Kolonialregimes, sondern war inspiriert von der Absicht, das Erbe einer tyrannischen, einheimischen Hegemonialmacht anzutreten, die die Kolonialregierung eingesetzt und unterstützt hatte. Einmal an der Macht, strebte die Hutu-Elite nicht nach nationaler Einheit, sondern nach absoluter Vorherrschaft.

Bald nach der Unabhängigkeit wurde eine offizielle ethnische Quotenregelung eingeführt. Da die Tutsi nur neun Prozent der Bevölkerung ausmachten, erhielten sie nur neun Prozent der Schulplätze und nicht mehr als neun Prozent der Posten in Verwaltung oder anderen Schlüsselbereichen. Diese Unterdrückung wurde verstärkt durch von offizieller Seite tolerierte Verfolgung. Es gab Tötungen und Massenexodus. Die Vorfälle ereigneten sich sowohl in Ruanda als auch Burundi, und so wurden die beiden Länder Partner in einem schrecklichen Kreislauf. Wenn Tutsi in Ruanda getötet wurden, fürchteten die Tutsi in Burundi um ihr Leben. Wenn Hutu in Burundi getötet wurden, hatten die Hutu in Ruanda verstärkt Angst. Furcht nährte Hass und Vergeltung in einem Zyklus der Gewalt. Der Völkermord, der ausbrach, nachdem die Präsidenten sowohl von Ruanda als auch von Burundi bei einem Flugzeugabsturz im April 1994 getötet worden waren, war bewusst geplant. Die Organisatoren von Ruandas »Endlösung« sind namentlich bekannt. Örtliche Bürgermeister befahlen der Landbevölkerung, »die Felder zu säubern«. Ein Radiosender trieb sie an: »Die Gräber sind noch nicht voll.« Die Hutu-Banden schlachteten Geschäftsleute, Journalisten, Priester, Studenten, Kinder und ganze Familien zu Tausenden, bevor Erschöpfung schließlich die Gewalt zum Stillstand brachte. Nun erwarten in Ruanda 90 000 Killer den Prozess. Die Justiz allein kann nicht die Probleme politischer Instabilität, großer Armut und entwurzelter und vertriebener Massen lösen, aber es ist ein Anfang gemacht. In der Zwischenzeit ist die Geschichte der Tutsi und Hutu eine schreckliche Anklage gegen das Konzept der Stammesorganisation, das die Kolonialzeit nach Afrika brachte.

IN **SAMBIA BEMERKTE** der Häuptling einer kaum bekannten Gruppe einmal: »Mein Volk waren nicht die Soli, bis uns der Bwana D.C. [Mr. District Commissioner] 1937 sagte, es sei so.« In der Tat gab es kaum ethnisches Denken in Afrika, bevor es die Kolonialbehörden nach Afrika brachten. Im Gegensatz zur verbreiteten Meinung war Stammesorganisation kein kulturelles Charakteristikum, das in der afrikanischen Vergangenheit tief verwurzelt gewesen wäre. Es war eine bewusst hergestellte ideologische Tradition, die während der Kolonialzeit geschaffen wurde. Kolonialbeamte glaubten, jeder Afrikaner gehöre einem Stamm an, so wie jeder Europäer einer Nation angehörte. Stämme wurden definiert als kulturelle Einheiten mit einer gemeinsamen Sprache, einem ähnlichen Sozialgefüge und vergleichbaren Gewohnheitsrechten. In Tanganjika, das nach dem ersten Weltkrieg an Großbritannien fiel, verwendeten die neuen britischen Beamten in der Überzeugung, dass die Deutschen den Rest jeglicher präkolonialer afrikanischer Sozialsysteme zerstört hatten, beträchtlichen Aufwand darauf, Stämme zu identifizieren und ihre Häuptlinge zu finden. »Jeder Stamm muss als eigene Einheit angesehen werden ... Jeder Stamm muss einem Häuptling unterstellt sein«, sagte ein Provinzkommissar 1926 seinen Angestellten.

Diese Vorstellungen hatten wenig Verbindung mit Afrikas Geschichte, aber sie waren der Treibsand, auf den Kolonialbeamte eine neue politische Geografie bauten. Als der Prozess erst einmal in Bewegung war, wurde er von den Afrikanern selbst enthusiastisch gefördert. Die erfundenen Geschichten schienen ihnen mehr Ordnung und Gewissheit in ihrem Leben zu bieten. Weil »Europäer glaubten, Afrikaner gehörten zu Stämmen, schufen Afrikaner Stämme, zu denen sie gehörten«. Und mit den Stämmen kamen die Häuptlinge. Es gab immer einzelne mit ganz persönlichen Motiven, warum sie mit den Kolonialbeamten zusammenarbeiten wollten. In ganz Afrika wurde Stammesidentität der Katalysator, der es ehrgeizigen Einzelnen und Gruppen ermöglichte, Status, Herrschaft

und Reichtum zu erlangen. Stämme wurden die Stützpunkte, von denen aus Politiker den Feldzug für nationale Unabhängigkeit begannen. Stammesdenken war auch eine ideologische Zuflucht in schwierigen Zeiten – während Hungersnot, Wahlen oder auch bei einer Stellensuche –, dann polarisierte sich Stammesgefühl in eine Vorstellung von »sie und wir«, die zu oft in Blutvergießen ausartete.

EIN **GRUNDNAHRUNGSMITTEL,** das die größeren Bevölkerungen ernähren würde, kam früh nach Afrika. Die einheimischen afrikanischen Pflanzen wie Sorgho, Hirse und Yamswurzel boten nur begrenzte Möglichkeiten, um den gut bewässerten fruchtbaren Boden um die Großen Seen optimal zu nutzen. Das Fehlen einer Trockenzeit beschränkte ihr Wachstum, ihr Anbau war sehr anspruchsvoll und die Bauern produzierten selten mehr Nahrung als für den Eigenbedarf nötig. Die Banane und ihre Verwandte, die Plante (Kochbanane), brachten eine völlig neue Dynamik ein – und gaben dem Bevölkerungswachstum und der Entwicklung einen ungeahnten Schub.

Obwohl die Banane, die Mr. Maneke seinem Sohn gegeben hatte, als ich ihn auf seinem Anwesen besuchte, vor allem dazu gedacht war, das Kind während unseres Gesprächs zu beschäftigen, war sie auch ein Hinweis darauf, wie leicht zugänglich diese Frucht in der Region der Großen Seen ist, und welche Bedeutung sie als Grundnahrungsmittel hat. Afrika produziert 35 Prozent der Welternte, und wo Bananen und Kochbananen Grundnahrungsmittel sind, isst jeder Afrikaner etwa 250 Kilogramm pro Jahr (in Europa liegt der Durchschnittsverbrauch bei einer Banane pro Woche – rund 11 Kilogramm pro Jahr). Bananen und Kochbananen sind eine ausgezeichnete Energiequelle und übertreffen damit die meisten Wurzelpflanzen, sie sind zwei- bis dreimal nahrhafter als Getreide. Sie sind auch eine gute Quelle für Kalium und Vitamin C, enthalten aber wenig Eisen und Kalzium und praktisch kein Eiweiß und Fett; machen also eine Ergänzungsnahrung notwendig. Der Wert der Banane beschränkt sich nicht auf die Ernährung. Der geringe Arbeitsaufwand beim Anbau ist genauso wichtig. Haupterwerbsbauern können sich einer regelmäßigen und verlässlichen Bananenernte in großen Mengen sicher sein. Die

Bananen wurden zuerst in Südostasien angebaut und vor etwa 200 Jahren nach Afrika gebracht. Heute produziert Afrika mehr als ein Drittel der Welternte. Bananen und die mit ihr verwandten Kochbananen sind ein Grundnahrungsmittel der Menschen in ganz Äquatorialafrika.

Banane ist eine Dauerpflanze. Ein gut gepflegter Bananengarten kann 30 oder mehr Jahre lang gute Ernten liefern. Der leichte Anbau ermöglichte es Generationen von afrikanischen Bauern, davon zu leben. Ein junger Mann, der einen Haushalt für sich und seine Frau aufbauen will, rodet bis zu einem Hektar Land und pflanzt dort Bananenwurzeln, aus denen bald mehrere Stämme sprießen werden. In zehn bis 18 Monaten trägt jeder Stamm Früchte, und der Mann hat ausgesorgt. Die Pflege des Hains besteht vor allem darin, tote Vegetation zu kompostieren. Stämme, die Früchte getragen haben, werden geschlagen und der Länge nach durchgeschnitten, um einen zusammenhängenden Bodenbelag zu bilden – eine einfache Methode, das Unkraut im Keim zu ersticken und Erosion zu minimieren sowie die Fruchtbarkeit zu erhalten. Das Wachstum der Schösslinge in einem reifen Hain kann gesteuert werden, sodass es in jeder Entwicklungsstufe das ganze Jahr hindurch Stämme gibt. Die Familie zu ernähren beschränkt sich darauf, eine Staude, die zum Kochen reif genug ist, abzuschneiden. Im Gegensatz zu Körnern und Knollen müssen Bananen vor dem Kochen nicht zerkleinert werden, und die dadurch gesparte Energie kann für Blattgemüse, Langbohnen, Fleisch oder getrockneten Fisch verwendet werden, die den Eiweiß- und Fettmangel wettmachen.

Die Banane kann eine mäßige Dürre überstehen, trägt aber keine Früchte, wenn der Boden längere Zeit trocken bleibt. Obwohl sie fast in ganz Afrika angebaut wird, ist sie ganzjährig nur dort ein verlässliches Grundnahrungsmittel, wo die Regenfälle mehr oder weniger beständig und die Temperaturen immer relativ hoch sind: Bedingungen, wie sie am Äquator und besonders in der Region der Großen Seen herrschen. Wie und wann genau die essbare Banane und die Kochbanane aus ihren Ursprungsländern in Südostasien nach Afrika gebracht wurden, ist noch nicht bekannt, aber man weiß, dass sie seit 2000 Jahren in der hiesigen Gegend angebaut werden. Darüber hinaus haben die Menschen Bananen und Kochbananen hier schon so lange angebaut, dass die Afrikaner variantenreicher sind als anderswo auf der Welt. Unter den Bananensorten, die in der Region der Großen Seen angebaut werden, sind 60 ausschließlich afrikanisch.

Westlich der Großen Seen, wo die Banane als Anbaufrucht dominiert, ist die Vielfalt der Kochbanane noch beeindruckender. Von den Seen bis zur Atlantikküste, durch die ganze Breite des äquatorialen Regenwaldes, wächst die Kochbanane in jedem Dorf in ausreichender Menge. Man hat etwa 120 Züchtungen entwickelt und die meisten gibt es nur hier. Kochbananen sind perfekt an den äquatorialen Regenwald angepasst. Im Gegensatz zur einheimischen Yamswurzel (ursprünglich eine Savannenpflanze) macht der Kochbanane das Ausbleiben der Trockenzeit nichts aus. Sie gedeiht hervorragend in starken Regenfällen, die das ganze Jahr über auftreten. Der Wald muss nur teilweise gerodet werden, im Gegensatz zur völligen Rodung für die Yamswurzeln; die Kochbanane benötigt viel weniger Pflege, wenn sie einmal gepflanzt ist. Insgesamt produziert die Kochbanane zehnmal mehr Nahrungseinheiten auf einer gleichen Fläche als die Yamswurzel und das mit nur einem Bruchteil des Arbeitsaufwandes.

Bananen und Kochbananen hatten einen großen Einfluss auf die Demographie Äquatorialafrikas. Die Steigerung der Anbauproduktivität ließ auch die Bevölkerungszahlen anwachsen, Siedlungen wurden größer. Höhere Produktivität ließ die Geburtenrate steigen und zog hungrige Einwanderer aus weniger erfolgreichen Gemeinschaften an. Die Bananengärten waren »Inseln der Fruchtbarkeit und des Reichtums«, die ihre Besitzer und viele weitere Familien ernähren konnten. Aber neben der Bananenproduktion gab es eine weitere Möglichkeit, an den Großen Seen reich zu werden. Während einige Bauern mit ihren Bananenplantagen großem Reichtum erwirtschafteten, begannen andere damit, die dazwischen liegenden Graslandschaft mit ihren Viehherden in Wert zu setzen.

Viehzüchter des Sahel wie die Fulani und Samburu entwickelten die notwendigen Fähigkeiten, um ihr Vieh mit minimalen Ressourcen am Leben zu erhalten. Es war eine Überlebensstrategie, um auch unter schlimmsten Bedingungen die Grundbedürfnisse stillen zu können. Die Viehzüchter, die ihr Vieh auf den Grasländern der Großen Seen hüteten, waren zum Überleben jedoch nicht ausschließlich auf ihren Viehbestand angewiesen und konnten es sich deshalb leisten, Vieh als Rücklage, zur Mehrung ihres Reichtums, aufzuziehen. Die auf den Grasländern weidenden Rinder waren eine zusätzliche Einnahmequelle, eigentlich ein Luxus, und sie sollten ein Symbol für Reichtum und Macht ihrer Besitzer werden.

Die Grasländer an den Großen Seen gelten als die üppigsten Afrikas. Sie erhalten mehr Niederschlag als in der Sahel-Savanne und bleiben doch durch einen glücklichen Zufall von der Geißel der Tsetsefliege verschont. Ihrer hohe Produktivität ermöglichte es, die Fortpflanzung der Rinder zu maximieren, ohne sich besonders darum kümmern zu müssen, ob die große Anzahl Tiere eine Dürre überstehen würde. Die Rinder an den Großen Seen sind nicht die Nutztiere, an die westliche Augen gewöhnt sind. Es gibt wenige hornlose Friesen, die Milch in Massen produzieren, und es gibt wenige Herefords, die zum Schlachten gemästet werden. Die geschätztesten Herden auf diesen saftigen Grasländern werden gezüchtet, um bewundert und weniger, um genutzt zu werden. Es sind herrliche Tiere. Als sich die Herde im Abendlicht näherte, glänzendes Fell über gut genährten Leibern, strahlte der Hirte vor Stolz über seinen Besitz. Er kannte seinen Wert und zeigte es, unverschämt, arrogant. Ich konnte nur lächeln und die obligatorische Bewunderung äußern, während ich dachte, dass seine Herde und sein Auftreten zu erklären halfen, warum die frühen Kolonialbeamten den Hirten so bereitwillig einen höheren Status als ihren Ackerbau treibenden Nachbarn gewährt hatten. Sie zogen so herrliche Tiere auf; sie erschienen so aufrecht und groß, während die Bauern beim Arbeiten auf den Feldern gebückt waren.

Schon 1000 n.Chr. hatten Rinder eine wichtige Rolle im sozialen und wirtschaftlichen Leben an den Großen Seen gespielt, und in allen Epochen wurde ihnen ein Maß an Prestige zugestanden, das anscheinend in keinem Verhältnis zu ihrer Bedeutung als Nahrungsquelle stand. In der Tat wurde das Viehhüten als edle Beschäftigung angesehen, und das Vieh war das Objekt der Verehrung – gezüchtet stärker aus ästhetischen Gründen denn wegen seiner Nützlichkeit. Ausgehend

von den langhörnigen und buckligen Zebus (*Bos indicus*) züchteten die Hirten auf Größe hin – nicht nur Körpergröße, sondern auch Größe der Hörner. Heute sieht man Hornspannen von mehr als zwei Metern, Form wie auch Größe sind besonders wichtig: lyraförmig, bogenförmig, nach oben gebogen, nach unten gebogen, nach vorne oder hinten gerichtet. Die Vielfalt der Hornformen und -stellungen ist groß, jede hat einen Namen, eine Geschichte und ihre leidenschaftlichen Anhänger. In volkstümlichen Geschichten und Legenden haben Rinder einen besonderen Status, wurden zu den wunderbaren Gefährten königlicher Helden und Diener für die gottähnlichen Wesen des Altertums, von denen die Hirten, wie sie glaubten, abstammten. Und natürlich wurden die Hirten schließlich Herrscher, deren Macht nach der Größe und Qualität ihrer Herden gemessen wurde. Etliche solcher Hirten wurden zu Königen erhoben im System der indirekten Herrschaft, das die Briten in ihre Kolonie an den Großen Seen brachten – nach Uganda.

Bunyoro, Toro, Ankole, Acholi und natürlich Buganda, von dem sich der Name der Kolonie ableitet. Alle waren Königreiche mit einer königlichen Abstammungslinie und einer Menge Prinzen und Prinzessinnen. Das Erstgeburtsrecht der europäischen Monarchien, bei der der älteste Sohn den Reichtum und Status des letzten Amtsinhabers erbt, war in Afrika weitgehend unbekannt, bis die Kolonialverwaltungen es in der Kolonie einführten. Bis dahin wurden mehrere Mitglieder der herrschenden Linie als potenzielle Nachfolger betrachtet. Manchmal wurde die Auswahl von einem kleinen Beraterkreis arrangiert, in manchen Fällen wurde sie mit kriegsähnlichen Mitteln entschieden. Tatsächlich ist in der BaGanda-Sprache das einzige Wort, das dem Wort *Herrschaft* nahe kommt, *mirembe*, das eigentlich eine Zeit des Friedens zwischen aufeinanderfolgenden Kämpfen bezeichnet. Das alles lässt den Schluss zu, dass alle den europäischen Monarchien ähnelnde Herrschaftsformen in vorkolonialen Zeiten eine kurzzeitige Abweichung vom üblichen Muster waren. Trafen die Kolonialbeamten auf besonders mächtige und kooperative Führer, hielten sie diese in ihrer Unwissenheit oft für Könige nach europäischen Maßstäben. Sie gaben diesen Herrscherfamilien Macht und ein Recht zu herrschen, das dem gängigen afrikanischen Muster nicht entsprach und schnell zu großem Unglück führte. Uganda ist ein solches Beispiel.

Buganda, mit einer gemeinsamen Sprache, Bräuchen, einem klar umrissenen Territorium, einer Clanstruktur und – vor allem – einem nominellen Anführer, dem *Kabaka*, war größer und geeinter als jede andere Gruppierung an den Großen Seen unter britischer Herrschaft. Obwohl Buganda nur eines von vier Königreichen und zehn Provinzen war, hielt die britische Kolonialverwaltung das Volk der BaGanda für die Gruppe, die den anderen Gruppen überlegen war. Sie festigten die Kontrolle des Territoriums, indem sie das Buganda-Modell ausweiteten und das ganze Land Uganda nannten. Die politischen Institutionen der BaGanda wurden dem Rest der Bevölkerung aufgezwungen. BaGanda wurden als Vertreter der Verwaltung angestellt, und das koloniale Hauptquartier wurde im Zentrum Bugandas gegründet.

Die BaGanda waren die ersten Nutznießer des europäischen Einflusses und hatten dadurch einen Vorteil im Rennen um die schnellste Entwicklung. Sie waren die Ersten, die Bildung genossen, und die Ersten, die höhere Verwaltungsposten innehatten. Die BaGanda wurden bald die reichste Gruppe im Land und sie zeigten ihren Reichtum gerne. Während man im Rest des Landes monatelang sparen musste, um ein Fahrrad zu kaufen, entwickelten sie eine Vorliebe für Autos und Abendjacketts. Die BaGanda sahen sich selbst als obere herrschende Klasse, wie ein Beobachter bemerkte, und den Rest der Bevölkerung als ihre Diener – als die Holzhacker und Wasserholer. Es war nicht zu vermeiden, dass all das den anderen Gruppen im Territorium missfiel und die Bildung einer Oppositionsbewegung gegen die BaGanda förderte.

Die geeinigte Opposition war groß genug, um die BaGanda problemlos in den Wahlen zu schlagen, die der Unabhängigkeit 1962 folgten, aber anstatt die Probleme der Ungleichheit durch den Aufbau einer Wirtschaft in

Symbole kolonialer Überheblichkeit: Queen Victoria überreicht einem ihr zu Füßen knienden afrikanischen Häuptling eine Bibel.

den anderen Provinzen anzupacken, brach die Regierung unter Milton Obote lediglich die Monopole der BaGanda. Wo sich die Opposition am deutlichsten regte, dorthin schickte Obote die Armee – undiszipliniert und unter der Führung eines brutalen Generals, Idi Amin – und säte so die Saat seines eigenen Sturzes. Das politische System der BaGanda wurde angegriffen und zerstört, ihr *Kabaka*, liebevoll bekannt als King Freddie, wurde nach London ins Exil geschickt. Obote knechtete die Regionen mittels einer von ihm gesteuerten zentralistisch geführten Machtzentrale. 1967 erließ er eine Verfassung, die ihm diktatorische Machtbefugnisse einräumte. 1969 verstaatlichte er alle größeren privaten Unternehmen und machte sich letztlich zum alleinigen Schiedsrichter darüber, wer reich sein sollte und wer nicht. Wie vorauszusehen, half keine dieser politisch motivierten Taktiken auf irgendeine Weise der wirtschaftlichen Entwicklung des Landes oder dem Abbau der sozialen Spannungen weiter. In Wirklichkeit machten sie die Dinge nur noch schlimmer. Als die Wirtschaft ins Wanken geriet, nahm der Kampf um dem Zugang zu allem, was noch verfügbar war, dramatisch zu, und eskalierte in sozialen Konflikten und furchtbaren Gewaltausbrüchen.

Ein Militärputsch brachte Idi Amin im Januar 1971 an die Macht. Nach einigen Monaten der Hoffnung war Uganda endgültig verloren. Gewalt und die Angst davor wurden zum Flächenbrand. Das Land ertrug acht Jahre despotischer Herrschaft unter einem der repressivsten und zerstörerischsten Regimes, die es jemals in Afrika gab. Der Horror endete mit fast drei Jahren Krieg, in dessen Folge Idi Amin abgesetzt und Milton Obote wieder eingesetzt wurde. Dieser Schritt zurück entzündete wiederum einen Guerillakrieg, aus dem die Regierung von Yoweri Museveni hervorging, die 1986 das Land unter ihre Kontrolle brachte. Die »Perle Afrikas«, wie Churchill Uganda einst beschrieben hatte, war zu die-

sem Zeitpunkt ein zerschlagenes und finanziell bankrottes Land.

Wie baut eine Regierung eine Nation nach über 25 Jahren Bürgerkrieg und Misswirtschaft wieder auf? Eine realistische Beurteilung des ganzen Ausmaßes der Probleme und massive Geldspritzen internationaler Hilfsorganisationen sind sicher wichtig, aber Erziehung und Ausbildung sind unerlässlich in einem Prozess, der tiefe Wunden heilen muss. Eine ganze Generation wird um ihre Chance gebracht. 1997 schrieben sich über fünf Millionen Kinder in der Grundschule ein, verglichen mit weniger als 750 000 im Jahr 1970. Mehr als 33 000 Schüler besuchten die höhere Schule (verglichen mit gut 4000 im Jahr 1970). Man kann nur hoffen, dass diese Kinder vor allem lernen werden, dass eine Regierung, die regionale Ungleichheiten ignoriert, die falschen Signale für ihr Land setzt. In den letzten Jahren wurde das krisengeschüttelte Land und seine Bewohner mit einer weiteren, schier unlösbaren Aufgabe konfrontiert, mit dem Kampf gegen Aids.

DAS AUSMASS DES AIDSPROBLEMS, mit dem Afrika südlich der Sahara konfrontiert ist, ist so immens, dass Superlative es nicht beschreiben können. Afrika südlich der Sahara stellt nur etwa zehn Prozent der Weltbevölkerung, aber 70 Prozent aller hier Lebenden sind mit HIV infiziert. Von allen Aidstoten weltweit waren 80 Prozent Afrikaner. 13 Millionen Afrikaner starben bis 2000 und weitere 10 Millionen werden wahrscheinlich innerhalb der nächsten fünf Jahre sterben. In Kenia erliegen jeden Tag 500 Menschen der schrecklichen Krankheit. In Simbabwe verzeichnet ein einziger Friedhof 70 Begräbnisse pro Tag. Aids ist nun die Haupttodesursache in Afrika. Darüber hinaus schätzt man, dass 90 Prozent aller Krankheits- und Todesfälle durch Aids in Afrika noch bevorstehen.

Der Nilbarsch hat sowohl den See als auch das Leben der Menschen am See verändert. 44 000 Tonnen Barschfilet jährlich wurden um 1995 exportiert. 30 Millionen Menschen rund um den See waren auf irgendeine Weise mit diesem Produktionszweig verbunden. Aber der Barsch als Fleischfresser hat etliches von den einheimischen Fischbeständen vernichtet.

Als das neue Jahrtausend begann, bot es wenig neue Hoffnung für die 24,5 Millionen afrikanischen Erwachsenen und Kinder, die schon mit HIV und Aids leben müssen. Insgesamt sind 8,5 Prozent aller Erwachsenen in der Region infiziert. Mehr als die Hälfte davon sind Frauen, deren Neugeborene das Virus unvermeidlich im Mutterleib oder an der Brust aufnehmen werden. In sieben Ländern südlich der Sahara sind mindestens 20 Prozent der Erwachsenen infiziert. Botswana hat die höchste Rate der Welt unter den Erwachsenen, hier sind 35 Prozent infiziert. Südafrika hat die höchste Zahl der Infizierten – 4,2 Millionen, davon 20 Prozent Erwachsene, vor zwei Jahren waren es noch 13 Prozent.

Aids wird in Afrika in 90 Prozent aller Fälle heterosexuell übertragen und trifft junge und sexuell aktive Leute besonders hart. In einigen Gegenden sind fast die Hälfte aller jungen Erwachsenen infiziert. 12 Millionen afrikanische Kinder unter 15 Jahren wurden schon zu Waisen durch den Verlust ihrer Mutter oder beider Eltern infolge von Aids – das sind 92 Prozent aller Aidswaisen weltweit. In Simbabwe, wo jeder vierte infiziert ist, hat ein 15-jähriger Junge nur eine Chance von 25 Prozent, 40 Jahre alt zu werden. In Botswana, wo die Infektionsrate bei 30 Prozent liegt, liegen die Chancen, 40 Jahre alt zu werden, bei nur 15 Prozent. Der Höhepunkt der Infektionsrate kommt erst noch, aber Vorhersagen zeigen schon, dass sich die Lebenserwartung bei der Geburt während der nächsten zehn bis zwölf Jahre in Simbabwe und Botswana halbieren wird, von 65 Jahren auf 33 Jahre – ausschliesslich als Ergebnis der Aidsepidemie. Die Weltbank schätzt, dass die Wirtschaft in einigen afrikanischen Ländern statt zu expandieren bis zu 25 Prozent schrumpfen wird, wenn Aids den Kontinent noch mehr einkesseln wird. Aids trifft den wirtschaftlich aktivsten Sektor der Bevölkerung – Menschen zwischen 20 und 30 Jahren. Der Tod von hochqualifizierten Arbeitern, Ingenieuren, Bergleuten, Beamten, Kranken-

schwestern und Ärzten schwächt die Infrastruktur einer Nation. Genauso ernst ist, dass 860 000 Grundschulkinder im Afrika südlich der Sahara 1999 mindestens eine Lehrkraft an Aids verloren. In Südafrika erwartet die Natal-Erziehungsbehörde, dass zwei Drittel ihrer Lehrer in den nächsten fünf Jahren an Aids sterben werden. Sie hat die Universität von Natal gebeten, das Ergebnis ihrer Lehrerausbildung von 400 auf 2000 pro Jahr zu steigern – eine große Herausforderung.

Aids konfrontiert die Menschheit mit der schlimmsten Katastrophe seit der Pest, die im 14. Jahrhundert ein Drittel der europäischen Bevölkerung auslöschte. Die fortschreitende Zerstörung des Immunsystems durch das »human immunodeficiency virus« (HIV), die zu Aids führt (»acquired immunodeficiency syndrome«), ist langsam, heimtückisch und irreversibel. Der Tod durch mit Aids verbundenen Krankheiten tritt in 98 Prozent der Fälle innerhalb von 16 Jahren ein. Sehr wenige infizierte Personen zeigen eine dauerhafte natürliche Resistenz gegen das Virus.

Das Aids-Virus ist ein teuflisch erfolgreicher Organismus und äußerst gut ausgestattet, sich weiter zu verbreiten. Es hat eine lange Inkubationszeit, deshalb geben seine Opfer die Krankheit oft lange Zeit weiter, bevor sie überhaupt wissen, dass sie krank sind. Darüber hinaus mutiert das Virus sehr schnell und seine Fähigkeit, die Widerstandskräfte des Wirts auszuschalten, erstaunt sogar Wissenschaftler an der vordersten Front der Aidsforschung. Man hat schon etliche Typen und Untertypen des Virus identifiziert und das Potenzial für weitere Mutationen ist alarmierend, besonders bei spezifisch afrikanischen Formen des Virus. Die DNS von HIV-Proben von zehn Frauen in einer Klinik in Botswana zeigte zum Beispiel bedeutend mehr Variationen, als man in einer Sammlung von 500 Proben sehen kann, die in den letzten 25 Jahren auf der ganzen Welt genommen wurden.

Die Frage, woher das Virus kommt und wie genau es auf den Menschen übersprang, ist umstritten, aber die Tatsachen deuten auf den Schluss hin, dass es sich ursprünglich in westafrikanischen Affen- und Schimpansenpopulationen entwickelte und über Waldbewohner, die diese Tiere ab und zu töteten und aßen, in den Menschen gelangte. Das Virus gelangte wahrscheinlich in West- und Zentralafrika in menschliche Körper und tötete im Laufe der Jahre viele Menschen. Da sie aber an scheinbar gewöhnlichen Krankheiten starben, die sie durch das Virus nicht mehr abwehren konnten, wurde Aids erst als eigenständige Krankheit identifiziert, als es in Los Angeles auf homosexuelle Männer übergegangen war, die wohlhabend genug waren, sich eine gute Behandlung leisten zu können. Ähnlichkeit bei diesen Todesfälle wurden festgestellt. Zu dieser Zeit hatte sich das Virus in Afrika und außerhalb schon verheerend weit ausgebreitet.

Die Vereinigten Staaten allein geben jedes Jahr etwa zwei Milliarden Dollar für die Aidsforschung aus, das ist nur ein Bruchteil der weltweit aufgewendeten Summe. Die wichtigsten Ziele der Forschung richten sich darauf, die Eigenschaften des Virus zu verstehen und Wege zu finden, die Krankheit einzudämmen und zu behandeln. Die Aussichten auf ein Heilmittel sind gering. Der Erfolg beschränkte sich bisher auf die Entwicklung von Medikamententherapien, die den durch Aids verursachten physischen Abbau verlangsamen. Aber diese Medikamente kosten zwischen 10 000 und 20 000 Dollar pro Jahr pro Patient und müssen jahrelang – wenn nicht lebenslang – eingenommen werden. Teure Krankenbehandlungen sind für Afrika kaum interessant. Die wenigsten Gesundheitsbudgets kalkulieren mehr als zehn Dollar pro Person und Jahr (Tansania, zum Beispiel, gibt nur 2,71 Dollar aus). Ein Impfstoff, der die HIV-Infektion abwehren würde, wäre hilfreicher. Aber die Entwicklung eines solchen Impfstoffes ist für westliche Pharmafirmen nicht attraktiv. Ihre Forschung wird motiviert von der Suche nach milliardenschweren Märkten und nicht nach der Entwicklung von Produkten, die in der dritten Welt gebraucht werden, wo Menschen kein Geld zu ihrer Bezahlung haben. Man hat sich wenig bemüht, einen Impfstoff herzustellen, der die Aidsepidemie abwehren könnte, die Afrika so verhängnisvoll bedroht.

Frauen sind im Afrika südlich der Sahara am stärksten betroffen. 55 Prozent aller infizierten Erwachsenen sind Frauen und in den sexuell aktiven Altersgruppen ist der Anteil noch höher. Unter heranwachsenden Mädchen ist die Infektionsrate beispielsweise fünfmal so hoch wie bei den Jungen in der gleichen Altersgruppe. Unter jungen Leuten Anfang 20 ist die Rate dreimal so hoch. Insgesamt ist die HIV-Infektion bei Frauen

um 25 Jahre am höchsten, während die Spitze bei Männern 10 bis 15 Jahre später liegt. Die Gründe für diese Unterschiede sind vielfältig. Wie in vielen Kulturen stehen Jungen und Mädchen unter dem Druck der Gleichaltrigen, Sex zu haben, aber Mädchen haben oft in jüngerem Alter zum ersten Mal Sex und oft mit viel älteren und ungebundenen Männern, die wahrscheinlich infiziert sind: mit »Zuckerdaddies«, zum Beispiel, die ihnen Geld für die Schulgebühren versprechen – oder sogar mit Lehrern. Manche Männer glauben, dass Sex mit einer Jungfrau Aids heilt, und zahlen hohe Summen für dieses Privileg.

Da die Frauen in der afrikanischen Gesellschaft untergeordnet sind, ist ihr Infektionsrisiko höher. Gesetze, die Frauen wie abhängige Minderjährige behandeln oder ihnen das Recht verweigern, Land zu erben, zwingen viele, Sex gegen Nahrung und andere Grundbedürfnisse einzutauschen. Auch springt das Virus schneller vom Mann auf die Frau über. Gebräuche

versicherung oder Pensionssysteme haben und wo die Instabilität der nationalen Währungen sogar persönliche Ersparnisse sinnlos macht, gab es nie einen höheren Bedarf an Kindern als heute. Aber es müssen gesunde Kinder ohne Aids sein. Obwohl es ein langwieriger Weg sein wird, gibt es Anzeichen dafür, dass sich Afrika in diese Richtung bewegt – angeführt von Frauen. Weibliche Bildung und ein gesteigertes Selbstbewusssein sind der Schlüssel. Schon haben Untersuchungen in von Aids betroffenen afrikanischen Ländern gezeigt, dass Mädchen mit höherer Schulbildung weniger oft HIV bekommen. Das ist einfach zu erklären. Wenn ein Mädchen mit einem Mann konfrontiert wird, der Sex sucht, hat das Mädchen, das nicht zur Schule gegangen ist, das Analphabetin und daran gewöhnt ist, zu Hause nur Befehle entgegenzunehmen, weder die Erfahrung noch das Selbstvertrauen, »Nein« zu sagen. Je besser ausgebildet ein Mädchen ist, desto eher wird sie bereit sein, einem Mann ein »Nein« entgegenzusetzen und ungeschützten Sex abzulehnen.

ES IST EIN KLEINER Hoffnungsschimmer, gefördert durch die resolute Entschlossenheit und den gesunden Menschenverstand von Frauen, die schon immer die Stütze der afrikanischen Gesellschaft waren. Während die Männer nach Arbeitsstellen suchen, um damit Gebrauchsgüter bezahlen zu können, hängen viele afrikanische Haushalte davon ab, dass Frauen die für die Familie und Kinder nötigen Nahrungsmittel zu Hause produzieren. Auch heute noch leben 80 Prozent der Bevölkerung Ugandas unmittelbar vom Ertrag ihrer Felder. Sogar diejenigen, die in den großen und kleinen Städten arbeiten, besitzen oft außerhalb der Stadt etwas Land mit ein paar

wie wilder Sex, Polygamie, das Vererben von Frauen und die weit verbreitete Akzeptanz männlicher Promiskuität tragen alle zur Unterdrückung und Verletzlichkeit der Frauen bei. Am tragischsten ist die Tatsache, dass für viele afrikanische Frauen der Hauptgrund, überhaupt Sex zu haben, nicht physisches Vergnügen oder die Befriedigung eines Partners ist, sondern der Wunsch, Kinder zu bekommen. Was das Kondom ad absurdum führt – den am meisten angepriesenen und finanziell am stärksten unterstützten Gegenstand, den die entwickelte Welt zum Kampf gegen Aids in Afrika anbietet.

In ländlichen und Versorgungsgesellschaften – in Afrika wie auch anderswo – waren große Familien schon immer die Grundlage für eine Altersversicherung. Es wurde immer vorausgesetzt, dass sich Kinder um ihre alten Eltern kümmern. Die Sicherheit, das dieser Fall eintritt, führt zu einer hohen Anzahl Kinder. Im heutigen Afrika, wo die meisten Länder keine Sozial-

Der kleinere Tilapia-Buntbarsch wurde zusammen mit dem Nilbarsch in den Victoriasee eingesetzt und ist dort ein wichtiger Wirtschaftsfaktor geworden. Angesichts des drohenden Zusammenbruchs der Nilbarsch-Industrie fordern die örtlichen Gemeinden die Ausarbeitung eines Managementplanes für den See und eine gerechtere Verteilung von Nutzen und Gewinn.

FOLGENDE SEITEN: **Die Sonne geht hinter den runden Vulkangipfeln der Virunga-Berge am Eduardsee in Uganda unter.**

Bananenstauden. Einige Kaffeebäume können ein nützliches Zusatzeinkommen liefern. Fischfang auf den Seen war bis in die 80er-Jahre ausschließlich für die ansässige Bevölkerung als wichtige Eiweißquelle von Bedeutung, bis internationale Entwicklungen den Fischern vom Victoriasee eine neue Perspektive eröffneten.

Seit den 50er- und 60er-Jahren war die weltweite Nachfrage nach Fisch stetig gestiegen und führte zur Industrialisierung der Fischerei. Um 1990 waren weltweit fast alle bedeutenden Fischgründe der Süßwasserseen, aber auch die meisten Flüsse leer gefischt.

Aber noch immer stieg die Nachfrage nach Fisch, angeregt durch die wachsenden Einkommen in den Industrienationen und ihrer nachlassenden Begeisterung für Fleisch. Der Weltpreis von Tafelfisch stieg kontinuierlich. Inzwischen sanken die Kosten für den Transport vom Fangort zum Verbraucher durch Ver-

besserungen in der Kühlung. Bald machten es die steigenden Marktpreise und sinkenden Lieferkosten für Unternehmen profitabel, Flugzeugladungen mit Nilbarschen vom Victoriasee nach Tel Aviv, London, Frankfurt und Paris zu fliegen. Die ersten gefrorenen Nilbarschfilets wurden 1987 aus Kenia exportiert, und bald verkauften nicht weniger als zehn Fabriken den Fisch. Anfangs waren die Mengen gering, aber um 1995 wurden 40 000 Tonnen gefrorener Nilbarschfilet pro Jahr in einem Gesamtwert von 130 Millionen US-Dollar exportiert. Der lokale Handel belief sich wahrscheinlich auf mindestens weitere 5000 Tonnen.

Abgesehen von den gewonnenen Exportdollars liefert die Nilbarschfischerei den Lebensunterhalt für über 30 Millionen Menschen in Kenia, Uganda und Tansania – Bootsbauer, Fischer und ihre Mannschaften, Transporteure, Verarbeiter und Fischhändler leben davon. Der Gesamtwert der Fischerei könnte nach einer

Unter den Barschen der großen Seen habe manche Arten ganz ungewöhnliche Methoden der Aufzucht ihrer Jungen entwickelt. Die *Tyrannochromis-macrostoma*-Weibchen nehmen die Eier in das Maul, nachdem sie vom Männchen befruchtet wurden, und lassen die Jungen erst dann frei, wenn sie groß genug sind, um sich selbst zu ernähren.

Schätzung eine Milliarde US-Dollar erreichen. Und was bringt die Zukunft? Das enorme Potenzial auf verträgliche Weise zu nutzen wird davon abhängen, wie erfolgreich man sie betreibt. Erste Zweifel werden laut. Ein grundlegendes Problem ist, dass der Nilbarsch im Victoriasee nicht heimisch ist. Er wurde in den 50er-Jahren eingeführt und hat in den Folgejahren die Ökologie des Sees nachhaltig aus dem Gleichgewicht gebracht.

Mein Besuch auf Ukara fand zur Zeit des Neumonds statt, jeden Abend glänzten auf dem See Dutzende von Lichtern: Fischer. Mr. Maneke lachte über meine Feststellung, dass sie halfen, den See von seinem Eindringling, dem Nilbarsch, zu befreien. Nein, erklärte er, sie suchten *dagaa*, einen winzigen Fisch, der in mondlosen Nächten auf die Lichter zuschwärmt und tonnenweise mit dem Netz gefangen werden kann. Die Fänge sind so gewaltig, behauptete er, dass einige Kanus zwei- oder dreimal pro Nacht zum Entladen ans Ufer kommen müssten. Die Geschichte schien unwahrscheinlich, aber ich musste am nächsten Tag meine Meinung revidieren, als uns unsere Inselrundfahrt an den Strand brachte. Mr. Maneke hatte nicht übertrieben. Eine Fläche, so groß wie ein Bahnsteig, war übersät mit diesen silbernen Eiweißscheiben, die in der Sonne trockneten. Die älteren Fischer schliefen entweder im Sand oder besserten Netze aus, während ihre jungen Gehilfen ständig durch den Fisch harkten und ihn gabelweise in die Luft warfen, um das Trocknen zu beschleunigen. Der Fang der letzten Nacht war schon verpackt und wartete auf den Transport aufs Festland – wo man einen guten Preis erhoffte.

Der Markt für *dagaa* war in den letzten paar Jahren enorm gewachsen, erklärte Mr. Maneke, wahrscheinlich weil der Fisch so viel leichter zu handhaben war und der See im Augenblick voll davon zu sein schien. Warum? Mr. Maneke zuckte mit den Schultern. »Weil Lake Victoria ein wunderbarer Ort ist«, meinte er.

LAKE **V**ICTORIA, der Victoriasee, ist der größte See in Afrika und der drittgrößte Binnensee der Erde. Mit einer Gesamtfläche von 69 000 Quadratkilometern ist er nur ein wenig kleiner als Irland. Drei Länder teilen sich das Wasser des Sees – Tansania, Uganda und Kenia; mit einer Gesamtlänge von 3440 Kilometern entspricht die Uferlänge der Breite Afrikas am Äquator. Aber statistische Angaben allein können keine wahre Vorstellung vom beeindruckenden See geben. Man sollte eher an einen Ozean denken – obwohl der See in der Mitte eines Kontinents 1100 Meter hoch liegt. Keine Gezeiten, zugegeben, aber die Wellen schlagen gegen ein steiniges Ufer, und am Horizont begegnet das Wasser dem Himmel in einer ununterbrochenen Linie, die sich mit dem Erdumfang krümmt. Massive Granitfelsen erheben sich als Inseln und bilden Klippen an der Küste. Papyrus wurzelt zu ihren Füßen im Wasser. Bunte Eisvögel warten darauf, von den überhängenden Zweigen in die Fluten zu tauchen. Störche, Milane und Kormorane durchstreifen ständig die küstenfernen Wasser der Bucht, und Segler huschen durch die Wolken von Seefliegen, die manchmal entlang des Ufers so dicht sind, dass man den Atem anhalten zu müssen glaubt, um sie nicht einzuatmen. Der See besitzt Sunde, Golfs und Kanäle von einer Größe, die sich hinter einer kontinentale Küstenlinie nicht zu verstecken braucht, dazu Hunderte von Inseln, manche unbewohnt, andere dicht besiedelt. Viele dieser Inselbewohner kommen selten aufs Festland. Die Ausdehnung der offenen Wasserfläche ist riesig. Trawler, die in der Mitte des Sees fischen wollen und vom tansanischen Hafen Mwanza kommen, müssen mit einer Fahrtzeit von fast 18 Stunden rechnen. Und das offene Wasser ist ein gefährlicher Ort, wenn die starken Winde und der peitschende Regen eines tropischen Sturms über den See fegen und das bewegte Wasser sich in Wellen von Manneshöhe in geringen Abständen auftürmt. Einmal erspähte ich einen gekenterten Kahn, der umhertrieb, der leuchtend gemusterte Rumpf glitzerte wie nasse Farbe, Netze und Korken waren verknäult mit dem pitschnassen Segel. Es kann nur wenig Hoffnung für die Mannschaft gegeben haben. Sogar die großen modernen Schiffe, die Güter und Menschen von Hafen zu Hafen über den See transportieren, riskieren keine Abkürzung über das offene Wasser. Stattdessen fahren

sie an der Küste entlang, was eine neunstündige Fahrtzeit von Mwanza bis Musoma bedeutet; eine volle Umrundung des Sees mit Stopps in den Haupthäfen von Tansania, Uganda und Kenia dauert Tage.

Lake Victoria ist geologisch gesehen ein junger See. Er liegt in einem Becken, das sich vor 400 000 Jahren bildete, als ein abgebrochener Block der Erdkruste entlang der Linie des Great Rift Valley kippte und seine westliche Kante vor eine Bergkette schob, die dadurch Flüsse in ihrem Weiterfließen behinderte, die bis dahin nach Westen geflossen waren. Die Flüsse stauten sich – der Kagera drehte sogar um –, und überschwemmten das Netz von Flusstälern, die die Hochebene durchzogen hatten, schließlich füllte sich das Becken und der Victoriasee, wie wir ihn heute kennen, entstand. Das Becken ist flach, mehr eine Untertasse als ein Becken, der See ist nirgends tiefer als hundert Meter. Der Tanganjikasee zum Vergleich ist 1600 Meter tief und füllt eine tiefe, steile Spalte im Boden des Grabens. Die geringe Tiefe des Victoriasees und seine im Vergleich zur Tiefe riesige Oberfläche haben den See sehr empfänglich für Klimaveränderungen gemacht.

Da die Zuflüsse des Victoriasees nicht sehr lang sind, ist der Wassereintrag begrenzt und beträgt höchstens 330 Millimeter pro Jahr, was nur etwa ein Fünftel des Wassers darstellt, den der See jedes Jahr insgesamt erhält. Der Rest, 1260 Millimeter, fällt als Regen. Da die Verdunstung jedes Jahr etwa 1310 Millimeter beträgt und weitere 280 Millimeter in den Nil fließen, würde jeder länger anhaltende Ausfall an jährlichen Regenfällen schnell das Gesamtvolumen des Sees reduzieren. In der Tat enthielten in den 90er-Jahren Bohrkerne aus den tiefsten Stellen des Seebetts die Wurzeln und Pollen von Landpflanzen in verschiedenen Ebenen, ein Beweis dafür, dass der See seit seiner Entstehung dreimal völlig ausgetrocknet ist. Das geschah in Abständen von

100 000 Jahren und scheint in Zusammenhang zu stehen mit genau definierbaren Zyklen klimatischer Veränderungen, den sogenannten Milankovitch-Zyklen. Die Datierung der Bohrkerne deutet darauf hin, dass die jüngste Trockenzeit vor rund 17 300 Jahren begann, als die letzte große Eiszeit einen großen Teil des Wassers der Erde in den polaren Eiskappen festhielt, die Ozeane abkühlte und die Kontinente austrocknete. Der See blieb mehrere Tausend Jahre lang trocken, bevor sich die klimatischen Bedingungen verbesserten und der See sich vor etwa 14 700 Jahren wieder zu füllen begann.

Dass ein Wasserkörper, der größer als Irland ist, innerhalb einer geologisch gesehen so kurzen Zeit austrocknen und sich dann wieder füllen kann, ist erstaunlich. Aber die Menschen konnten sich wenigstens anpassen oder wegziehen. Nicht so die Fische. Wenn das Seebett auch nur ein oder zwei Jahre trocken gefallen wäre – ganz abgesehen von Jahrtausenden –, hätte kein Fisch überleben können, um die zurückkehrenden Wasser wieder zu bevölkern. Darüber hinaus konnte es ohne See keine Feuchtigkeit geben, die zur Wolkenbildung beigetragen hätte – Quelle eines Großteils der regionalen Regenfälle. Ohne Regen wiederum dürfte es nicht einmal Restteiche gegeben haben, in denen die Fische während der langen Trockenheit eine Zuflucht hätten finden können.

Dennoch leben im heutigen Victoriasee über 400 Fischarten, die meisten davon sind endemisch. Der Großteil dieser einheimischen Fischarten sind Buntbarsche (die Familie der tropischen Süßwasserfische, deren bunteste Vertreter man oft durch die Wasserpflanzen eines Aquariums schwimmen sieht). Sie haben mit anderen Fischen der Region gemeinsame Vorfahren und einige dieser Vorfahren müssen in den Victoriasee gekommen sein, als er sich vor 14 700 Jahren wieder zu füllen begann, ihre Nachkommen können sich seither zwangsläufig nur in einer begrenzten Zahl unterschiedlicher Arten entwickelt haben. Wenn diese Theorie stimmt, sind die Buntbarsche des Victoriasees die sich am schnellsten entwickelnde Gruppe von Wirbeltierarten, die wir kennen.

Die Skelettstruktur der Fische hat die Fähigkeit, sich gut anpassen. Fische können sich in relativ kurzer Zeit zu eigenen Arten entwickeln. Buntbarsche im Beson-

deren haben Schädel- und Körperproportionen, die sich leicht ändern. Außerdem sind sie die einzigen Süßwasserfische mit zwei Kiefern: einem im Maul, womit sie Nahrungsstückchen ansaugen, kratzen oder abbeißen können, und einem weiteren im Rachen, womit sie die Stückchen zerdrücken oder zerbeißen, bevor sie verdaut werden. Beide Kiefer sind sehr anpassungsfähig – sie können sogar während der Lebenszeit eines einzelnen Fisches ihre Form ändern. Forscher haben herausgefunden, dass Buntbarsche, denen man ausschließlich eine bestimmte Art von Nahrung gibt, bald anders auszusehen beginnen.

Fortpflanzungsstrategien sind ein weiterer Aspekt, der den Buntbarschen einen evolutionären Vorteil verschaffte. Die Buntbarsche sind treu sorgende Eltern. Während die meisten Fische einen Überfluss an Eiern produzieren und deren Schicksal größtenteils dem Zufall überlassen, legen die Buntbarsche wenige Eier und kümmern sich sehr sorgsam um diese. Sie bauen Nester, die sie bewachen und mit Flossen und Schwanz befächeln, damit immer genügend frisches Wasser über die Eier fließt. Viele sind Maulbrüter, die die Eier im Maul ausbrüten und die Jungen erst herauslassen, wenn sie groß genug sind, um allein zurechtzukommen. Manche Buntbarschmäuler sind groß genug, um 1000 Eier zu fassen, aber die meisten ziehen viel weniger auf.

Nestbewachung, Eierdrehen und -säubern sowie das Maulbrüten sichern das Überleben eines Großteils der jungen Fische und ermöglichen es den Buntbarschen das ganze Jahr über Junge zu haben. Aber nur eine Hand voll Arten vermehrte sich explosionsartig, als die Buntbarsche in die zahlreichen ökologischen Nischen der großen Seen zogen. Die Seen wurden damit zu einer der gefragtesten Stätten des Globus, um die Rollen von Ökologie und Verhalten in der Evolution zu studieren. Nirgends trifft dies mehr zu als im Tanganjikasee. Seine Oberfläche beträgt nur die Hälfte des Lake Victoria, aber er enthält siebenmal so viel Wasser. Etwa ein Prozent allen Süßwassers der Welt ist im Tanganjikasee gespeichert. Ein Prozent klingt vielleicht nicht nach viel, aber die 18 940 Kubikkilometer würden ausreichen, um das ganze Festland Nordamerikas bis zu einer Höhe von einem Meter zu fluten (über eine glatte Oberfläche gerechnet). Der Tanganjikasee enthält so viel Wasser, weil er 1600 Meter tief ist. Lake Tanganjika, der Tanganjikasee, ist älter als Lake Victoria und dafür bekannt, dass er noch mehr Fischarten enthält, auch wenn Ichthyologen nur etwa zehn Prozent seiner Küstenlinie erforscht haben. Ein Forscher fand mehr als 7000 Fische in einem einzigen Quadrat von 20 mal 20 Metern, die 38 verschiedenen Arten angehörten – die meisten davon waren Buntbarsche.

Von oben, dort, wo sich die Wellen an einer felsigen Küste brechen, gibt es nicht viel zu sehen, aber ein Blick unter Wasser zeigt, dass sich die braunen und grünen *Eretmodus*-Buntbarsche direkt in den Wellen aufhalten und mit ihren meißelähnlichen Zähnen Algen von den Steinen knabbern. Das bewegte Wasser schiebt ihre speziell geformten Körper auf die Steinflächen und nicht davon weg. Direkt daneben werden die identisch geformten *Tanganicodus*-Buntbarsche ebenfalls von den Wellen herumgeworfen, aber sie ignorieren die Algen. Stattdessen benutzen sie ihre spitzen Köpfe, scharfen Mäuler und langen dünnen Zähne, um Insektenlarven aus den Steinritzen herauszuholen. In ruhigeren Gewässern haben sich winzige *Lamprologus*-Weibchen mit Eiern und Jungen in alten Schneckenhäusern niedergelassen. Die gelben, grünen

Die Wasserhyazinthe ist eine außer Kontrolle geratene Zierpflanze aus Südamerika, die zu einer Plage am Victoriasee wurde.

oder braunen Männchen sind zu groß, um in die Zufluchtsorte zu gelangen. Also stehlen sie die Häuser – manchmal mit Weibchen darin – und bringen sich um ihren Harem herum in Positur.

Auch wenn Körperform und Verhalten oft die Unterscheidungsmerkmale einer Buntbarschpopulation sind, ist die Farbe der auffallendste Aspekt ihrer Vielfalt. Farbe wurde wahrscheinlich nötig, als man hungrigen Vögeln, Tieren und größeren Fischen entkommen musste; einen Großteil ihres Lebens müssen sie irgendeine Form der Camouflage annehmen. Weibchen haben oft (aber nicht immer) weniger Farbe. Diejenigen, die in offenem Wasser leben, sind meistens silbern, wie ihre Gegenstücke im Meer. Arten, die in

Schwärmen auftreten, haben hervorstechende Linien, Flecken oder Streifen, die als Orientierungszeichen dienen, wie Biologen meinen.

Viele können wie Chamäleons nach Belieben und sehr schnell ihre Farbe wechseln – als ob man einen Schalter umlegt. Ein Schwarm unauffälliger Fische bricht plötzlich in eine Parade von Farbe aus oder wechselt in einem Augenblick von männlicher zu weiblicher Färbung wie der Transvestitenfisch (*Pseudotropheus auratus*). Geschwisterpopulationen nehmen Farbe zu Hilfe, um Fortpflanzung unter Geschwistern zu verhindern. Man hat zum Beispiel festgestellt, dass sich die Muster von eng verwandten Arten oft am meisten unterscheiden.

Der Tanganjikasee besitzt 33 Gattungen einheimischer Buntbarsche, verglichen mit nur vier im Victoriasee. Hier ist der Prozess der evolutionären Anpassung schon so lange im Gange, dass seine Fische sogar das Leben anderer Fische nachahmen. Unter den Buntbarschen im Tanganjikasee gibt es zum Beispiel Arten, die Tunfischen, Schnappbarschen und Ozeanbarschen ähneln – viel kleiner natürlich, aber mit ähnlicher Lebensweise.

Die Buntbarsche des Lake Tanganjika haben Methoden entwickelt, um jede Nahrungsquelle an jedem zugänglichen Ort zu nutzen. Es gibt Grundfresser und Oberflächenfresser, Planktonfresser und Algenfresser; manche leben von Fischeiern, manche von Fisch und manche müssen eine Muschel aufbrechen oder in ein Schneckenhaus einbrechen, um zu fressen. Es gibt sogar eine Art mit grotesk geschwollenen Lippen, die nichts anderes tut, als Larven von Eintagsfliegen aus ihren Höhlen zu saugen. Aber die erstaunlichste Fressspezialisierung ist die der *Perissodus*-Buntbarsche, deren Nahrung nur aus Fischschuppen von lebenden Fischen besteht. Die Schuppenfresser nähern sich ihren Opfern heimlich von hinten, dann schießen sie plötzlich vor, um ein Maul voll Schuppen von ihren Seiten zu reißen. Die

Schuppen werden wie Buchseiten im Rachen gestapelt, vom zweiten Kiefer zerkleinert und als Eiweißpakete verdaut.

Im Tanganjikasee leben sieben Arten dieser Schuppenfresser, und eine davon, *Perissodus microlepis*, kommt in zwei unterschiedlichen Formen vor, eine mit nach rechts gebogenem Kopf und Kiefer, die andere mit nach links gebogenem Kopf und Kiefer. Diese Fische fressen nicht nur Schuppen, sie fressen diese auch nur auf einer Seite des angeknabberten Fisches. Die »linkshändigen« Fische kratzen Schuppen von der rechten Seite ihrer Opfer und die »rechtshändigen« fressen die der linken Seite. Forscher glauben, dass sich diese erstaunliche Asymmetrie in der Körperform innerhalb der gleichen Art entwickelt hat, weil ein Fisch mit einem gebogenen Kopf die Schuppen besser fassen kann. Die Opfer überleben, wie man festgestellt hat, aber sie werden bald sehr misstrauisch.

Wenn die Buntbarsche den Tanganjikasee zu einem einzigartigen Labor gemacht haben, um natürliche Selektion und die Entwicklung von Arten zu studieren, dann wird durch die Geschwindigkeit, mit der Buntbarscharten im Victoriasee ausstarben, dieser See zu einem warnenden Beispiel dafür, wie schnell ein Naturwunder zerstört werden kann, wenn Menschen in sein System eingreifen. Die meisten Buntbarsche des Sees standen innerhalb von 50 Jahren vor der Ausrottung. Vor 50 Jahren machten die Buntbarsche mehr als 99 Prozent der Biomasse des Victoriasees aus, heute nur noch ein knappes Prozent.

Viele Buntbarscharten sind schon ausgestorben, und von vielen anderen gibt es nur noch so wenige, dass ihre Chancen auf Erholung der Population minimal sind. Wissenschaftler fassen die Ursache dieses Massensterbens mit dem Akronym HIPPO zusammen: **H**abitat destruction, **I**ntroduced Species, **P**ollution, **P**opulation growth and **O**verexploitation (Zerstörung des Lebensraums, eingeführte Arten, Verschmutzung, Bevölkerungswachstum und übermäßige Ausbeutung). Zusammengenommen haben diese Faktoren den Victoriasee von einem Naturwunder zu einem der gestörtesten Ökosysteme, das man je beobachtete, werden lassen.

Die Einführung des Nilbarsches um 1950, der als Raubfisch einen großen Appetit auf andere Fische hat,

war der Hauptgrund für die Zerstörung der bis dahin intakten Fischpopulation, doch läßt sich die Problematik bis in die 20er Jahre zurückverfolgen. Damals wurden große bewaldete Gebiete im Einzugsgebiet des Sees für Tee-, Kaffee-, Zucker- und Baumwollplantagen gerodet. Ackerbau trug zur Zunahme an Dünger und Pestizidrückständen im Boden bei, die in den See gewaschen wurden. Die Ausbreitung menschlicher Siedlungen entlang der Ufer trug das ihre zur Verschmutzung bei. 1989 kam die Wasserhyazinthe, *Eichhornia crassipes*, hinzu, eine Schmuckpflanze aus Südamerika, die von Ruanda und Burundi kommend ihren Weg entlang des Kagera in den See fand. Durch das gigantische Angebot an Nährstoffen, die durch menschliche Aktivitäten entlang der Ufer in den See flossen, explodierte das Wachstum der Wasserhyazinthe. Innerhalb von nur 20 Jahren umschloss sie die 3440 Kilometer lange Küste mit einem fast undurchdringlichen, 30 Meter breiten Gestrüpp dicht gepackter treibender Blätter und Wurzeln. Gemeinsame Versuche örtlicher Gemeinden, das Unkraut mit der Hand aus dem See zu entfernen, waren nutzlos. Rüsselkäfer aus Südamerika, die dort der natürliche Feind der Wasserhyazinthe sind, haben das Unkraut im Victoriasee kaum beseitigen können. Während die Suche nach einer Lösung des Wasserhyazinthenproblems weitergeht, haben einige der verzweifelten Behörden resigniert vorgeschlagen, das berüchtigte Entlaubungsmittel Agent Orange einzusetzen.

In der Zwischenzeit fraßen sich der Nilbarsch und eine andere eingeführte Speisefischart, der Niltilapia, gnadenlos ihren Weg durch die einheimische Fischpopulation des Sees. Der Niltilapia wiegt nur ein oder zwei Kilo, der Nilbarsch aber kann bis zu 150 Kilogramm wiegen und frisst vorwiegend Buntbarsche. Um 1980 dominierte der Nilbarsch praktisch den See, die Buntbarschpopulation war um den Faktor 10000 gesunken, nun begann der Nilbarsche, auch die eingeführten Tilapia zu verspeisen. Noch schlimmer war, dass viele Buntbarsche, die der Nilbarsch vernichtet hatte, Algenfresser waren. Nun erreichte das Algenwachstum bisher ungekannte Ausmaße, wurde zur kaum beherrschbaren Algenplage. Die abgestorbenen, auf dem Grund des Sees liegenden Algen entziehen dem Wasser bei ihrer Verwesung Sauerstoff. In den Tiefen des ohnehin schon flachen Sees gibt es jetzt nur noch so wenig Sauerstoff, dass Wissenschaftler befürchten, dass ein Großteil des Victoriasees nicht mehr in der Lage ist, sauerstoffabhängiges Leben zu erhalten. Darüber hinaus tragen Winde und Strömungen dieses sauerstoffarme Wasser in die flachen Golfe und Buchten des Sees, wo sie viele weitere Fische töten.

Doch nicht alle Nachrichten vom Victoriasee sind schlecht. Sicherlich haben die Millionen Menschen, die ihre Familien entweder direkt oder indirekt vom See ernähren, in den vergangen 50 Jahren die Lage am See schon einmal günstiger beurteilt. Das menschliche Ökosystem hat sich den Veränderungen des Sees angepasst. Auch im See selbst gab es positive Entwicklungen. Die Population des winzigen, etwa 60 Millimeter langen *Rastrineobola argenta* nimmt zu. *Rastrineobola* frisst mikroskopisches Zooplankton, und als kleiner an der Oberfläche fressender Fisch ist er wahrscheinlich der einzige einheimische Fisch, der vom Nilbarsch nicht ernsthaft gefährdet war.

Tatsächlich hat sich das Verschwinden einiger konkurrierender Arten wahrscheinlich für ihn zum Vorteil gewendet. Im Gegensatz zu den Buntbarschen wächst der *Rastrineobola* schnell, vermehrt sich in großen Mengen und hat einen kurzen Lebenszyklus. Solch schnelle Verbrauchsraten machen ihn besonders widerstandsfähig gegen Vernichtung – sei es durch den Nilbarsch, sei es durch Fischer. *Dagaa*, wie der Fisch in der Gegend genannt wird, sammelt sich in undurchdringlichen Untiefen, besonders in Mondnächten. Er wird von Kähnen aus mit Wurfnetzen oder vom Ufer aus gefangen. An der Sonne getrocknet, hält sich Dagaa gut, und kann neben dem Eigenbedarf auch auf dem Markt verkauft werden. Durch seine explosionsartige Vermehrung nach der Einwanderung des Nilbarsches wurde der Dagaa zu einem der wichtigsten Fangfische des Sees. Größere Boote ka-

men hinzu und arbeiten nachts mit Drucklampen, um die Fische anzulocken. In einer guten Nacht kehren die Boote zwei- oder dreimal zum Pier zurück, um ihren Fang abzuladen.

Ein Tag mit gutem Sonnenschein und frischem Wind genügt, um die Fische zu trocknen und sie in große Säcke verpackt an die Händler zu verkaufen. An manchen Orte werden jeden Monat 300 Tonnen Dagaa verarbeitet. Tansanische Züge allein transportierten 1989 3000 Tonnen aus der Region. Vom Victoriasee wird der getrocknete Fisch nach ganz Ostafrika verkauft – und findet seinen Weg sogar auf die Märkte in Tanga, an der Küste des Indischen Ozeans. In Kenia und Uganda wird eine wachsende Menge des Dagaafanges zu Fischmehl als Tierfutter verarbeitet, und einiges davon wird an Tilapia in kommerziellen Fischfarmen verfüttert. Um 1995 wurde, hinsichtlich der wirtschaftlichen Bedeutung für den Lake Victoria, der Dagaafang nur noch vom Nilbarsch übertroffen. Mit dem Niltilapia dominieren im See im wesentlichen drei Fischarten. Die Fänge erbringen zusammen geschätzte 500 000 Tonnen pro Jahr und einige fürchten, dass der See keine so große Befischung verträgt. Auf der anderen Seite hat der Victoriasee vielleicht noch manche Überraschungen parat. Man hat zum Beispiel herausgefunden, dass die 13 Arten der Schlamm fressenden Buntbarsche, die vom Nilbarsch bald nach seiner Einführung in den See ausgelöscht worden waren, von massiven Populationen einer einzigen Art von Süßwassergarnelen ersetzt wurden. Der Nilbarsch wächst durch die Süßwassergarnelen nun zur Größe einer kleinen Ziege heran.

Es wäre interessant zu wissen, was Mr. Maneke von diesen Entwicklungen hält, aber ich kann seine Antwort schon vorhersagen: ein Schulterzucken, ein Lächeln, und der Kommentar »Lake Victoria ist ein wunderbarer Ort.«

harles Tinkewimeru hat ein Problem. Der Fischfang auf dem Victoriasee ist nicht mehr das, was er einmal war. Die Erträge sind zurückgegangen, und mehr Fischer als je zuvor sind auf dem See unterwegs. Vor zehn Jahren verkaufte er drei Kühe, um einen Kahn und Netze zu kaufen und als Fischer arbeiten zu können. Seiner Frau überließ er es, den erfolgreichen bäuerlichen Betrieb weiterzuführen. Ein Liefervertrag mit der internationalen Tierfutterindustrie ermöglichte es ihm, zusätzliche Boote zu kaufen und weitere Männer zu beschäftigen. Das Geschäft lief lange Zeit gut. Doch die Zeiten haben sich geändert.

Vor 15 000 Jahren, als die letzte große Eiszeit einen beträchtlichen Teil der Wassermenge der Erde im Eis der Polkappen gebunden hielt, lag der Boden des Sees trocken. Als das Becken sich wieder füllte, wurde der See zum Treibhaus der Evolution. Vierhundert Fischarten entwickelten sich hier, jahrhundertelang ließ es sich einträglich auf dem See fischen. Als die Fischer den Nilbarsch zu fangen begannen, der um 1950 eingesetzt worden war, stieg der Wohlstand zunächst an. Durch das Einsetzen eines artfremden Tieres geriet das über Jahrhunderte intakte ökologische Gleichgewicht aus den Fugen.

Aber Charles hat Unternehmergeist. Er investierte die Gewinne aus dem Fischfang wieder in seine Farm. Jetzt will er den Profit aus der Landwirtschaft in eine neue Wachstumsbranche investieren: den Tourismus.

Charles Tinkewimeru ist auf einem bäuerlichen Anwesen geboren und aufgewachsen. Er sah den Victoriasee zum ersten Mal bei einem Besuch als Student, und er konnte sich kaum vorstellen, einmal hier zu arbeiten. Doch dann hörte er von den beträchtlichen Gewinnen aus dem Fischfang. »Anfangs hatte ich ziemlich viel Angst auf dem Boot, obwohl ich schon 30 war«, gibt er zu. »Aber ich musste stark sein. Ich war entschlossen, mit dem Fischfang meinen Lebensunterhalt zu verdienen.« Bald gehörten ihm zahlreiche Kähne, und er ließ andere Mannschaften für sich arbeiten.

Der Nilbarsch, der im Victoriasee eingesetzt wurde, hat den traditionellen Fischfang verändert. Charles hat sich auf das Dagaa-Fischen verlegt, um seinen Liefervertrag mit einer internationalen Tierfutterfirma erfüllen zu können. Charles arbeitet von einer winzigen Insel aus, die er mit 650 Fischern teilt. Der Wettbewerb ist gnadenlos.

In bewölkten, mond-
losen Nächten
locken Laternen, die
auf kleine Baumbus-
flöße gebunden
werden, Schwärme
von Fischen an.
Die Fischer setzen ei-
ne Reihe Laternen
aus, legen Netze um
jede von ihnen und
holen dann den Fang
ein.

Dagaa sind klein,
kommen aber in
solchen Mengen vor,
dass die Fischer in
guten Nächten das
Kanu mehrfach mit
ihrem Fang füllen
können.

Obwohl die Dagaa klein sind, zieht der Fang schwer an dem leichten, feinmaschigen Netz. Die Netze müssen täglich überprüft werden (rechts). Getrockneter Tilapia (unten) versorgt den heimischen Markt.

» Es gibt immer weniger Fische«, sagt Charles. »Das bedroht meinen Lebensunterhalt. Es ist an der Zeit für neue Pläne.« Und Charles, durch und durch Unternehmer, hat eine Nische in der Tourismus-branche entdeckt. »Ich muss mir ein neues Boot kaufen«, sagt er, »mit einem starken Motor und all den erforderlichen Dingen, um Touristen zu transportieren.«

Küste

Die Riffe im türkisfarbenen oder azurblauen Wasser vor Afrikas tropischen Küsten gehören zu den reichsten Lebensräumen der Erde. Jahrhundertelang haben die Suaheli vor den Riffen von Sansibar und der ostafrikanischen Küste gefischt. Doppelt reich durch die Erträge von Land und Meer, übernahmen die Suaheli den Islam und handelten mit dem, was ihnen die Monsunwinde brachten, und blieben dabei doch immer Afrikaner. Heute erstreckt sich die lebendige Suahelikultur über eine Region, die von Somalia bis nach Mosambik reicht.

Die Suaheliküste war der erste Teil Afrikas südlich der Sahara, der mit der Außenwelt in Berührung kam. Daus aus dem Roten Meer, aus Arabien und Indien trieben bereits über tausend Jahre Handel, bevor die ersten portugiesischen Karavellen vor der westafrikanischen Küste ankerten.

Wo auch immer die Fremden sichere Ankerplätze finden konnten, nahmen sie ganze Schiffsladungen voll mit dem Reichtum Afrikas zurück in ihre Heimat. Millionen Sklaven wurden von Westafrika aus über den Atlantik verschifft. Millionen traten auch von Sansibar und Ostafrika, wo der Sklavenhandel seinen Anfang nahm, ihre Unglücksreise an.

Aufkommende Flut in der Nähe von Bwejuu an der Ostküste Sansibars.

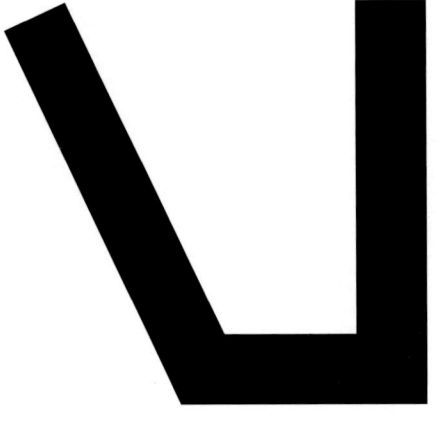or nicht allzu langer Zeit, als man in Sierra Leone noch relativ sicher reisen konnte, nahm ich die Pampa, die zweimal pro Woche über die Yawri Bay von Tombo nach Shenge fuhr. Entfernung 40 Kilometer, Reisezeit drei Stunden. Die Pampa ist ein 18 Meter langes offenes Boot, das hier aus grob behauenen Brettern gebaut wird. Es war undicht. Und mit einem 40-PS-Außenbordmotor, der es in eine mäßige Dünung und Küstenbrise fuhr, nahm es auch Wasser über den Bug auf.

Die *Pampa* spülte gelegentlich einen fliegenden Fisch aus dem trüben Wasser der flachen

Bucht ins Boot, aber sonst gab es nicht viel zu sehen, als wir schon über eine Stunde von Tombo entfernt waren. Ich konnte die Freetown-Halbinsel im Norden sehen, aber im Süden und Osten war die Küste niedrig und grau wie der erste Anstrich eines Aquarells – ein so wenig greifbares Bild, dass es auch eine Wolkenbank sein konnte.

Die Küsten Afrikas sind im Allgemeinen niedrig. Steile Klippen sind selten, und nur hinter wenigen Küstenstrichen liegen hohe Berge. Lange Sandstrände herrschen vor. Die Küstenlinie wird über große Entfernungen nur gelegentlich durch große Buchten unterbrochen und unter ihren größeren Flüssen hat nur der Kongo eine offene Flussmündung. Die anderen werden entweder durch Sandbänke behindert oder erreichen den Ozean über die verzweigten Kanäle eines Deltas. Die weitgehend unüberwindliche Küstenlinie Afrikas trug dazu bei, fremde Eindringlinge abzuhalten, während der Mangel an geschützten Naturhäfen und befahrbaren Flüssen die Erschließung der Küste und ihres Hinterlandes behinderte.

Dennoch gab es einige Stellen, an denen die Schiffe sicher vor Anker gehen konnten. Die meisten davon wurden zu irgendeinem Zeitpunkt von Schiffen benutzt, die für eine der bösartigsten Aktivitäten, die die Menschheit je erfand, missbraucht wurden: den afrikanische Sklavenhandel. Sir John Hawkins ging 1562 in Yawri Bay vor Anker und nahm die Fracht an Bord, die als der erste

VORHERIGE SEITEN: Die Kultur der ostafrikanischen Suaheli-Küste stellt sich als lebendige, farbenprächtige Mischung aus afrikanischen und anderen exotischen Einflüssen dar.
OBEN: Bei Sonnenaufgang und Ebbe staken Fischer aus Bwejuu ihre Boote über das seichte Wasser der Lagune. Am besten lässt es sich vor dem Riff fischen, das ein gutes Stück vor der Küste liegt, doch die Fangquoten variieren.

Sklaventransport über den Atlantik nach Amerika in die Geschichtsbücher eingehen sollte.

Als gegen Abend der Anblick von Kokosnusspalmen und Hütten bestätigte, dass wir uns Shenge näherten, segelte eine Flottille von Auslegerkanus herbei. Es waren 27, auf schnellem Kurs mit dem Küstenwind, das Spriet-

segel angeschlagen, jedes Segel ein beliebiger selbstgemachter Flickenteppich leuchtenden Stoffes. Alle Farben des Regenbogens waren zu sehen, so wie sie auch in Montego Bay zu beobachten sind, wenn urlaubende Windsurfer geballt unterwegs sind, um die Abendbrise einzufangen. Aber die Männer von Shenge fuhren in die Nacht hinaus, um ihren Lebensunterhalt in dem tiefblauen Wasser acht Kilometer vor der Küste zu fangen. Ihr Kurs führte die Kanus dicht an Plantain Island vorbei, wo Sklavenhändler, die nach Sir John Hawkins kamen, einen Stall für ihre „Ware" gebaut hatten.

Ben Caulker zeigte mir am nächsten Tag Plantain Island. Als Lehrer, dessen Familie seit Generationen in Shenge wohnt, plante Ben, aus der Region einen Touristenort zu machen, geschmackvoll und ruhig, erklärte er,

wo Besucher die natürliche Schönheit, das kulturelle Erbe und die Geschichte von Shenge und Plantain Island erleben sollten. Dorfbewohner waren ermutigt worden, zu dem Fonds beizutragen, den er eingerichtet hatte; die Regierung und ausländische Agenturen hatte man angesprochen. Touristen würden natürlich den Sklavenstall besichtigen, der immer noch am Nordende der Insel steht – ein Quadrat mit dicken Steinmauern, nach oben offen. Ein Pfad, der durch die Steine gehauen wurde, führt hinunter zu einem Pier, der nach Westen zeigt, wo die Sonne untergeht und die Schiffe im Ozean verschwinden.

Der Sklaventransport von den Küsten Westafrikas über den Atlantik ist in das Gewissen der Welt tief eingegraben. Weniger bekannt ist der Handel von den ostafrikanischen Häfen aus, der früher begann, länger anhielt und zu allen Zeiten dem transatlantischen Handel in Umfang und Schlechtigkeit in nichts nachstand. Sansibar war mehr als 1000 Jahre lang ein Zentrum des Verkaufs und Transports von Sklaven nach Arabien und über den Indischen Ozean – eine Geschichte, die in auffälligem Kontrast steht zu seiner modernen Rolle als exotisches Gewürzinselparadies für Touristen.

Die Kanus, die mit bunten Segeln durch die Sansibar-Lagunen eilten, riefen Erinnerungen an die Flottille der Yawri Bay wach. Sie sind in der Suaheli-Sprache der Küste als *ngalaus* bekannt, und ihre Mannschaften haben seit Jahrhunderten Fisch aus den vor der Küste liegenden Gewässern geholt, genauso wie die Fischer von Shenge. Aber heutzutage sind die Sansibar-Kanus öfter mit Touristen gefüllt, bekleidet mit Sonnenhüten, T-Shirts, Badeanzügen und Schwimmflossen, Schnorcheln und Masken. Um der Hitze zu entkommen, segeln die Touristen hinaus, um einen Blick auf das Leben in den Korallenriffen zu erhaschen, die sich am küstenfernen Rand der Lagune entlangziehen – dort, wo die Gewässer plötzlich ihre Farbe ändern vom blassen Türkis der Untiefen zum dunklen Ultramarin des tiefen Ozeans.

Die Touristen fahren bei Ebbe hinaus. Indem sie auf der Oberfläche schwimmen, haben sie einen privilegierten Blick aus der Vogelperspektive auf die fantastische Welt, die genau unter ihnen liegt. Tropische Korallenriffe sind die faszinierendsten Ökosysteme der Erde. In einem einzigen Riff können 3000 verschiedene Arten von Meerestieren und -pflanzen leben. Schwärme von klei-

Der Krake kann seine Farbe schneller als ein Chamäleon wechseln. Er verfügt über Augen und Sinne, die den unsrigen überlegen sind. An der Suaheli-Küste ist er ein beliebtes Nahrungsmittel.

nen leuchtendblauen Korallenbarschen flitzen durch die Zweige der Geweihkorallen wie Vogelschwärme im Regenwald. Beim kleinsten Anzeichen von Gefahr huschen sie in die verfilzten Wedel. Korallenfische bewegen sich ruhiger, und jede ihrer vielen Arten unterscheidet sich durch ein anderes Muster greller Flecken, Punkte und Streifen. Wie die grellbunten Schmetterlinge des Regenwaldes kann jeder schon aus der Entfernung seine Art erkennen. Das Riff kann auch laut sein, mit Fischen, die Korallen kauen, klickenden Drückerfischen und einem Abendchor aus Stachelfischen.

Die Oberfläche des Riffs ist voller Schwämme, Seeigel, brüchiger Sterne und Fächerkorallen. Seeanemonen schmücken die Korallenzweige und ihre Fahnenwedel bewegen sich in der Strömung wie die exotischen Blumen auf den Zweigen eines Regenwaldbaumes. Seelilien, Borstenwürmer und schalenlose Weichtiere sind ständig in Bewegung und klettern in den Korallen herum. Muränen lauern in kleinen Höhlen und warten darauf, jede Kreatur zu verspeisen, die in Angriffsweite vorbeikommt. Entlang den Riffrändern treiben die Papageifische, angezogen mit grünen, blauen und rosafarbenen Streifen. Mit ihrem scharfen, schnabelähnlichen Maul, dem sie ihren Namen verdanken, knipsen die Papageifische Korallenstücke ab, um die lebenden Polypen darin herauszuholen.

Korallenpolypen sind winzige Kreaturen, die zur Gruppe der Anthozoen gehören – den »Blumentieren«. Mit einem Gewirr an Tentakeln, die aus ihren kegelförmigen Körpern herausragen, schauen sie wie eine Vase mit Blumen aus. Aber das gutmütige blumige Aussehen täuscht. Es sind Fleisch fressende Tiere mit tödlichen Stacheln auf ihren wedelnden Tentakeln, die ständig mikroskopische Beute aus den vorbeifließenden Strömungen fischen. Korallenpolypen entnehmen Kalziumkarbonat aus dem Meer und bauen zarte Schutzkammern für sich selbst, aus denen sie ihre Tentakel herausstrecken und hineinziehen können. Jede neue Generation Polypen baut direkt auf den Kammern früherer Generationen.

Riffbildende Korallen wachsen am besten in Gewässern, die weniger als 30 Meter tief sind. Neue Riffs können sich bei einer Tiefe von mehr als 50 Metern nicht mehr bilden, da es dort nicht genügend Sonnenlicht gibt. Dennoch können im Laufe der Zeit manche Riffe Hunderte von Metern tief werden. Ihr wachsendes Gewicht drückt den Meeresgrund, auf dem sie aufgebaut sind, immer tiefer. Aber wie tief auch die Korallenbauten sein mögen, nur die Oberfläche des Riffs lebt – wie eine dünne Haut, die Schicht um Schicht mit leeren Kalksteinkammern bedeckt wird. Zwar sind sie leblos, aber diese verlassenen Wohnungen dienen weiterhin der Kolonie, indem sie ihr ein solides Fundament geben, auf der eine neue Generation aufbauen kann.

Das Korallenriff wird oft der „tropische Regenwald des Meeres" genannt. Obwohl man meinen sollte, dass keine zwei Lebensräume unterschiedlicher sein könnten als ein Regenwald und ein Riff, sind sie sich im Grunde sehr ähnlich. Beide Systeme ernähren eine große Vielfalt von Lebensformen, die sich entwickelt haben, um sich jeder verfügbarer Nische anzupassen. Beide benötigen viel Sonnenlicht und Sauerstoff. Die lebende Oberfläche der Koralle wird von Sonnenlicht überflutet wie die Blätter im Dach des Regenwaldes, während die Wellen, die über die Riffe brechen und durch die Korallenspitzen wogen, das Wasser mit Sauerstoff versorgen wie ein Wind, der durch die Baumwipfel streicht. Außerdem dienen die toten Korallen, die die lebende Oberfläche des Riffs stützen, in etwa dem gleichen Zweck wie das Holz der Bäume, das das Regenwalddach aufrecht hält.

Aber da alles Leben im Ozean begann, sind die Riffe wesentlich älter als der Regenwald. Die ältesten Fossilien, die mit der modernen Lebewelt verwandt sind, datieren 65 Millionen Jahre zurück. Die riesige Menge an ozeanischen Fossilien zeigt, dass Riffe mit Korallen, Seeigeln, Schwämmen und Weichtieren, die alle eng verwandt sind mit Arten, die man auch heute auf den Riffen findet, schon vor 200 Millionen Jahren in den Ozeanen lebten. Seither hat es immer Riffe in tropischen Ozeanen gegeben, in denen Polypen ihre Korallenburgen weiterbauen konnten.

Superlative finden sich sogar in den seriösesten wissenschaftlichen Berichte über tropische Riffe. Deren Bau ist eine der bemerkenswertesten Leistungen der

Issa baut sich ein Haus in Bwejuu. Die Wände werden mit groben Korallenblöcken errichtet, die aus einem nahe gelegenen Bruch gehauen wurden. Ein Großteil der Suaheli-Küste wird von niedrigen Korallenriffen gesäumt, die sich vor langer Zeit gebildet haben, als der Wasserstand des Meeres viel höher war als heute war. Korallen sind hier das bevorzugte Baumaterial: Hervorragend für das Klima geeignet und billiger als Ziegel oder Beton.

Natur. Vor 8000 bis 12 000 Jahren, als sich die Meereshöhen mit einer Geschwindigkeit von etwa zehn Metern in 1000 Jahren anhoben, legten die winzigen Polypen und verwandte Arten zehn Milliarden Tonnen Kalziumkarbonat pro Jahr ab. Auch heute, wo die Meereshöhen relativ stabil sind, fügen sie zu den Riffen jährlich 2,5 Milliarden Tonnen Material hinzu. Während die Polypen ihre winzigen Kalksteinschlafsäle auftürmen, ist die Wachstumsrate der Pflanzen und symbiotischen Tiere des Riffs größer als in jedem anderen Ökosystem. Ein ganzes Drittel aller Knochenfische der Welt – 8000 Arten insgesamt – sowie zahlreiche weniger mobile Kreaturen fressen dauernd. Die Fischdichte allein ist zehnmal größer als sie in vergleichbaren Küstenökosystemen der gemäßigten Zone jemals erreicht werden. Es ist ungefähr so, als ob man eine Herde von hundert Schafen dauernd auf einem Hektar Grasland halten müsste.

Viele Jahre glaubte man, dass das Leben eines Korallenriffs ein Gleichgewicht, eine natürliche Balance darstellte. Eine größtmögliche Vielfalt an Organismen füllte jede verfügbare Nische mit der größtmöglichen Anzahl und sorgte als Kollektiv dafür, dass die Wiederverwertung der Energie durch das System mit der größtmöglichen Effektivität geschah. Gleichgewicht bedeut Stabilität, dachte die Wissenschaft, und Stabilität ist der höchste Zustand, zu dem hin sich jedes natürliche System entwickelt und den es beibehält, wenn es nicht von äußeren Einflüssen gestört wird. Spätere Untersuchungen haben jedoch gezeigt, dass natürliche Balance ein falsches Wort, Gleichgewicht eine Unmöglichkeit und Stabilität eine Fantasie ist. Korallenriffe im besonderen sind dynamische und sehr instabile Ökosysteme, in denen Selbsterneuerung und die Erholung von Störungen normal sind und tatsächlich zur Vielfalt des Riffs beitragen. Korallenriffgemeinschaften haben sich unter Be-

dingungen entwickelt, die unvorhersehbaren und radikalen Veränderungen unterworfen waren. Um mit Hurrikanen, Stürmen, Veränderungen der Meereshöhe und der Wassertemperatur fertig zu werden, müssen Korallenriffe anpassungsfähig sein. Sie sind nicht so zerbrechlich, wie man früher dachte, obwohl die Art und Geschwindigkeit der Erholung ziemlich unterschiedlich sein können. Komplexe Riffsysteme können 20 bis 50 Jahre brauchen, um sich von einer Störung zu erholen, während ein kleineres, einfacher strukturiertes Riff sich vielleicht in wenigen Jahren regeneriert. Zur Zeit wird die Widerstandsfähigkeit von Korallenriffen durch die Folgen des El Niño von 1998 auf die Probe gestellt, der die Ozeantemperaturen weltweit ansteigen ließ und damit viele Riffe ernsthaft schädigte.

Global gesehen war 1998 das wärmste Jahr seit Beginn der Temperaturaufzeichnungen vor etwa 150 Jahren, und 1990 bis 1999 die wärmste Dekade. Darüber hinaus war der El Niño von 1998 der stärkste, der je aufgezeichnet wurde. Alle diese Faktoren führten in vielen Teilen der Ozeane zu extremen Wassertemperaturan-

stiegen, besonders im tropischen Indischen Ozean, wo die Temperaturen um drei bis fünf Grad Celsius über Normal stiegen. Hohe Temperaturen töten die mikroskopischen Algen, die in einer Symbiose mit den Korallenpolypen leben; dadurch werden die weißen Kalksteinskelette der Korallen durch das durchsichtige Gewebe der Polypen sichtbar und geben der Formation ein gebleichtes Aussehen. Wenn die gewohnten Bedingungen wieder vorherrschen, kann sich das System in kurzer Zeit regenerieren, bevölkern Algen die Korallen wieder, das normale Korallenwachstum setzt wieder ein.

Der El Niño von 1998 führte überall in den Tropen zu massivem Ausbleichen und darauf folgendem Korallentod. Auf einigen australischen Riffen wurden 70 bis 100 Prozent der flachen Korallen gebleicht, 80 Prozent starben. Die El-Niño-Wirkung auf den Indischen Ozean war besonders verheerend, mit einem Bleichen und anschließendem Sterben von 90 Prozent aller Korallen in den flachen Gewässern, und 50 Prozent dort, wo Riffe 20 Meter unterhalb der Oberfläche lagen. An der ostafrika-

nischen Küste wurden praktisch alle flachen Riffe gebleicht, und mindestens die Hälfte starb – wie auch Kenias Tiefseeriffe. In den »Korallengärten« von Tansanias
Mafia Marine Park, das als das beste Korallenriff der Küste galt, starben zwischen 80 und 100 Prozent der Korallen. Sansibar war weniger schlimm betroffen, zwischen
einem Viertel und der Hälfte seiner Riffe wurden gebleicht, vielleicht 40 Prozent starben.

Korallenriffe wurden schon oft in der Vergangenheit
ausgelöscht, und sie haben sich immer wieder erholt.
Wenn der El Niño von 1998 ein singuläres Ereignis war,
könnten sich die geschädigten Riffe innerhalb von 25
bis 50 Jahren fast völlig erholen. Die Menschen, deren
Lebensunterhalt vom Riff abhängt, sind zwar schwer in
ihrer Existenz betroffen, aber das Riff selbst wird intakt
bleiben, die Kraft der Ozeanstürme brechen und so
weiterhin die Küstenlinie schützen. Aber wenn das Bleichen und die Sterblichkeit von 1998 das Ergebnis eines
globalen Klimawechsels waren und diese Änderung
weitergeht, muss man sich ernsthaft Sorgen machen.
Die Vorfälle von 1998 werden sich wahrscheinlich
wiederholen, tritt das ein, könnten sich die Korallenriffe
nie wieder regenerieren. Die Schwärme wunderschöner
Fische werden verschwinden, und Touristen werden
nicht mehr in *ngalaus* hinaussegeln, um sie zu bewundern. Am beunruhigendsten ist, dass mit dem Sterben
der Riffe die Erosionsgefahr an der Küste akut ansteigen
könnte.

So haben sich die Korallenriffe des Indischen Ozeans
den Status eines globalen Alarmsystems erworben. Das
Bleichen von 1998 könnte die erste Warnung vor den
gravierenden Veränderungen sein, die die globale Erwärmung sensiblen Lebensräumen zufügen könnte.

Die **Suaheli-Fischer**, die ihren Lebensunterhalt heute häufiger mit Touristen, die
zum Riff fahren, als mit Fischfang verdienen, stellen die
östliche Grenze der Bantu-Wanderung dar, die vor 5000
Jahren begann. Nachdem sie sich in der Region der

großen Seen gesammelt hatten, zogen die Bantu-Bauern durch die trockenen Savannen zur Küste – eine der begünstigsten Regionen der Welt. Warme Strömungen und östliche Winde herrschen an Ostafrikas Äquatorküste vor. Wenn die warme, feuchte Seeluft aufs Land trifft, steigt sie auf, kühlt ab und gibt Feuchtigkeit ab, die wiederum eine Vegetation von außergewöhnlicher Vielfalt ernährt. Über 3000 Pflanzenarten findet man hier, und 500 davon wachsen sonst nirgendwo. Eine Erklärung für diese Üppigkeit ist die Vermutung, dass dieses lokale Klimamuster wahrscheinlich schon seit mehr als 30 Millionen Jahren mit wenig Veränderung existiert, da seine Quelle, der Indische Ozean, die ganze Zeit über ein warmes tropisches Meer war. Klimastabilität ist selten in Afrika, und in diesem Fall beschränkt sie sich auf einen schmalen Küstenstreifen, der sich nur ein paar Hundert Kilometer südlich des Äquators erstreckt.

Die Siedler an der Küste waren mit der Fülle des Meeres und des Landes gesegnet. Boote und Küstenfischerei gehören gleichermaßen zur Suahelikultur. Doch brachte das Meer neben den Vorteilen auch negative Einflüsse aus Übersee. Häfen entlang der Küsten des heutigen Kenia und Tansania wurden von Schiffen aus Arabien, Indien und sogar China in den ersten Jahrhunderten n.Chr. besucht, und ein Handbuch über Handelswege und Häfen am Roten Meer, dem Golf von Aden, dem Arabischen Meer und Indischen Ozean, das zwischen 40 und 70 n.Chr. von einem in Ägypten geborenen römischen Kaufmann zusammengestellt wurde, nennt tatsächlich einen ostafrikanischen Hafen mit Namen: Rhapta, das wahrscheinlich nahe des heutigen Daressalam lag. Hinweise auf Ostafrikas Handelsbeziehungen mit fremden Ländern sind zahlreich. Teile der Suaheli-Küste sind übersät mit Scherben frühchinesischer Keramik. Iranische Töpferei aus dem 5. Jahrhundert wurde an Stätten ausgegraben, die 50 Kilometer weit landeinwärts liegen. Silbermünzen waren in Shanga im Lamu-Archipel im 9. Jahrhundert in Gebrauch und wurden wahrscheinlich auch dort geprägt. Münzen aus Sizilien von 1000 n.Chr. geben einen Hinweis darauf, wie weit die Suaheli-Handelsbeziehungen damals schon reichten.

Wind und Strömung brachten die Händler aus China, dem Roten Meer und Indien an die Suaheli-Küste. Monsunwinde wehen ständig die ostafrikanische Küste entlang, und sie ändern je nach Jahreszeit ihre Richtung. Wie der Erdumlauf um die Sonne abwechselnd Sommer und Winter bringt, so verschieben sich auch die Windsysteme zwischen den Wendekreisen und lassen die Winde, die um den Indischen Ozean kreisen, ihre Richtung wechseln. An der ostafrikanischen Küste wehen die Monsunwinde beständig aus Nordost im nördlichen Winter, dann drehen sie um 180 Grad und wehen im nördlichen Sommer aus Südwest. Die Winde sind konstant, und ihre Geschwindigkeit von 15 bis 30 Kilometer pro Stunde wird verstärkt durch die Tatsache, dass die Strömungen entlang der ostafrikanische Küste ebenfalls ihre Richtung ändern. Bei Südwestmonsun könnte die Somali-Strömung allein ein Ruderboot mit bis zu 13 Stundenkilometern nach Norden tragen.

Der vom Indischen Ozean kommende Nordostmonsun bringt Feuchtigkeit und ausdauernde Regenfälle zwischen März und Oktober nach Ostafrika. Jahrhundertelang brachte er auch ausländische Kaufleute, die mit ihren Kollegen an der Suaheli-Küste Handel treiben wollten. Lateinsegel führende römische Schiffe segelten in den ersten Jahrhunderten n.Chr. hierher von Ägyptens Küste am Roten Meer; ebenso kamen arabische, persische und indische *Daus*. Chinesische Dokumente aus dem 12. Jahrhundert zeigen, dass chinesische Seeleute damals schon die Städte der Suaheli-Küste kannten. Sie wussten auch vom schneebedeckten Kilimandscharo 300 Kilometer weit im Landesinneren sowie vom Victoriasee und den Mondbergen fast 1000 Kilometer von der Küste entfernt – und das war 500 Jahre, bevor irgendein Mensch in Europa mehr als nur die blasseste Ahnung von Afrikas Hinterland hatte. Chinesische Verbindungen mit Afrika waren so weit fortgeschritten, dass im Oktober 1415 eine Giraffe in Peking eintraf. Sie kam aus Malindi an der Suaheli-Küste, und der Kaiser selbst empfing das Tier am Tor des inneren Palastes, während ausgestreckt am Boden liegende Hofbeamte ihrem Herrscher zur Ankunft eines solch wunderbaren Tieres gratulierten. Ein herrliches Seidengemälde aus der Zeit stellt die Szene dar und zeigt die Giraffe, wie sie mit Halfter und Seil ruhig neben ihrem winzigen chinesischen Betreuer steht.

Nach Aksum in den äthiopischen Hochländern war die Suaheli-Küste die erste Region im Afrika südlich der Sahara, die Handelsbeziehungen zum Ausland aufbau-

te. Das Suaheli-Volk gründete Handelszentren und baute Häuser aus Korallenkalkstein in Lamu, Malindi, Tanga, Shanga, Sansibar, Kilwa und zahlreichen anderen Orten entlang der Küste. Sie tauschten afrikanische Produkte gegen fremde Güter und entwickelten dabei eine eigene städtische Gesellschaft und Kultur. Der wichtigste Auslandsimport war der moslemische Glaube, wie man an der kleinen Moschee sieht, die im 8. Jahrhundert in Shanga gebaut wurde. Und obwohl die Suaheli eindeutig die Welt des Islam und den Auslandshandel akzeptierten, gibt es genügend Beweise, dass diese Kontakte die Suaheli-Kultur eher verstärkten als auflösten. Tatsächlich zeigt die Geschichte der Suaheli die Widerstandskraft eines stabilen Systems. An der Küste stellten sie sich der Welt und wurden dadurch stärker. Ihre Sprache wurde durch arabische Wörter und Wendungen bereichert, für die es kein Suaheli-Äquivalent gab, aber sie blieb eindeutig eine Bantu-Sprache und wurde schließlich zur *Lingua franca* von der Küste bis zum Kongobecken. Heute ist Suaheli die wahrscheinlich verbreitetste Sprache in Afrika südlich der Sahara.

Das Ausmaß des islamischen Einflusses auf die Suahelikultur hat zu beträchtlichen Diskussionen darüber geführt, welche Kultur den Vorrang habe. War die Suaheli-Küste nur der Rand der islamischen Welt oder war sie das Zentrum eines damals bedeutenden Afrika? In zunehmendem Maße deuten archäologische und dokumentarische Funde darauf hin, dass Letzteres der Fall war. Der architektonische Stil an der Suaheli-Küste war weitgehend einheimisch. Große Gebäude wie der Palast und das Handelszentrum von Husuni Kubwa, südlich

Die Nachfrage nach im traditionellen Sansibar-Stil geschnitzten Türen und Truhen ist groß, sowohl seitens des eigenen Marktes als auch von Seiten der Touristen. Das schöne Hartholz kommt vom afrikanischen Kontinent.

FOLGENDE SEITEN: Ein Handelsschiff hält Kurs auf einen Hafen an der Suaheli-Küste. Das dreieckige Lateinsegel ist perfekt auf die Monsunwinde des Indischen Ozeans abgestimmt. Das Schiff kann damit härter am Wind segeln als die europäischen Rahsegler.

von Daressalam, aus dem 14. Jahrhundert, tragen Zeichen externen Einflusses, dazu zählen ein Hof, ein Pavillon, ein Schwimmbad, die Kuppel- und Gewölbedächer und die arabischen Inschriften. Das Gleiche gilt auch für andere Steingebäude in anderen Zentren. Aber weitere Untersuchungen haben gezeigt, dass Steingebäude nur ein partielles Charakteristikum der Siedlungen an der Küste sind, Teile eines größeren Komplexes, in dem die meisten Gebäude aus Holz, Schlamm und Stroh waren. In Kilwa erstreckt sich die Stadt über einen Quadratkilometer, hat aber nur einige wenige Steingebäude. Viele der fast 200 Stätten, die an der Küste ausgegraben wurden, sind ähnlich aufgebaut. Steingebäude waren eindeutig Bestandteil eines allgemeinen Siedlungsschemas, waren aber nicht das Hauptcharakteristikum der Handelsstädte, die ausländische Kaufleute entlang der Küste gegründet hatten. »Kilwa ist eine der schönsten und bestkonstruierten Städte der Welt,« schrieb der Reisende und Gelehrte Ibn Battuta, nachdem er die Suaheli-Küste 1331 besucht hatte. Vasco da Gama muss die Suaheli-Kultur für nicht weniger beeindruckend gehalten haben, als er im Hafen von Moçambique am 2. März 1498 vor Anker ging. Große Daus ankerten im Hafen, im Besitz und bemannt von Arabern und viel besser ausgestattet als die portugiesischen Karavellen. Vasco da Gama wurde von Suaheli-Kaufleuten begrüßt, die in aufwändiges Leinen und Baumwolle mit in Gold bestickten Seidenborten gekleidet waren. Im Vergleich dazu erschienen die Portugiesen armselig, und ein Würdenträger, der die Schiffe besuchte, lehnte die Hüte, Korallen und anderen Gegenstände, die man ihm als Geschenke anbot, mit Verachtung ab und verlangte bessere – die die Portugiesen nicht zu bieten hatten. In Mombasa, wo Vasco da Gama einen Monat später vor Anker ging, wurden ein Schaf und große Mengen Orangen, Zitronen und Zuckerrohr zu den Schiffen hinausgeschickt als Zeichen des Friedens, er selbst konnte nur eine Korallenkette als Gegengeschenk anbieten.

Vasco da Gama kehrte fünf Jahre später zur Suaheli-Küste zurück, und ein Bericht der Reise enthält auch eine Beschreibung von Kilwa zu einer Zeit, als der Wohlstand der Suaheli ihren Höhepunkt erreicht hatte:

Die Stadt ist groß und hat gute Gebäude aus Stein und Mörtel mit Terrassen, und die Häuser enthalten viel Holzgebälk. Die Stadt reicht bis zur Küste und ist vollständig umgeben von einer Mauer und Türmen, innerhalb derer sich etwa 12 000 Bewohner befinden. Das umgebende Land blüht mit vielen Bäumen und Gärten und allen möglichen Gemüsen, Zitronen, Limonen und den besten süßen Orangen, die man je gesehen hat, Zuckerrohr, Feigen, Granatäpfeln und einer großen Zahl Herden, besonders Schafen, die Fett im Schwanz haben, der fast so groß ist wie der Körper und sehr schmackhaft ist. Die Straßen der Stadt sind sehr schmal, ... und im Hafen lagen viele Schiffe.

DIE PORTUGIESISCHEN SCHIFFE waren auf Vasco da Gamas zweiter Reise besser gerüstet. Nicht so sehr mit Geschenken, um sich für die Großzügigkeit ihrer Gastgeber an der Suaheli-Küste zu revanchieren, sondern mit den Mitteln, um den Wohlstand, auf den sie getroffen waren, in Besitz zu nehmen. Die Schiffe waren schwer bewaffnet. Da Gama segelte in die Häfen der Suaheli-Städte und verlangte Unterwerfung unter portugiesische Herrschaft und die Zahlung hoher jährlicher Tribute. Städte, die sich weigerten, wurden angegriffen, ihre Besitztümer konfisziert und Widerständler getötet. Als Erstes wurde Sansibar eingenommen (1503). Malindi bildete eine Allianz mit den Portugiesen, was den Fall von Mombasa 1505 beschleunigte; Kilwa wurde im gleichen Jahr eingenommen, wie auch etliche andere Städte. Die Suaheli-Städte waren nicht fähig, den entschlossenen Angriff von kanonenbestückten Schiffen abzuwehren, und die schon lange andauernde Rivalität zwischen den Handelszentren verhinderte den Zusammenschluss für eine gemeinsame Verteidigung.

Die Portugiesen rechtfertigten ihre Handlungen als Kämpfe im christlichen Krieg gegen den Islam – ein Schritt in dem Vorhaben, sich mit dem Priesterkönig Johannes, dem christlichen König von Äthiopien zu verbünden –, aber es gab auch ein starkes ökonomisches Motiv. Ein Stützpunkt am Indischen Ozean verschaffte ihnen Zugang zum Gewürzhandel, der Europa sonst nur über den islamischen Nahen Osten erreichte. Es gab auch, wie immer, Gerüchte von Gold im Suaheli-Hinterland. Die Portugiesen bauten Forts in Mombasa, Kilwa, Moçambique und Sofala. Der König war euphorisch, als ein Kommandeur berichtete, dass Sofala allein 4000 Tonnen Gold pro Jahr zu den königlichen Reichtümern hinzufügen könnte. Es stellte sich dann allerdings heraus, dass in den 15 Monaten seit Gründung der Station 1506 nur 2,6 Kilogramm von Sofala nach Portugal verschifft wurden, und die Exporte waren auch in der darauffolgenden Zeit bis 1513, für die Aufzeichnungen existieren, mager.

Im 16. Jahrhundert errichteten die Portugiesen ein Reich, zu dem nicht nur die Territorien an der Suaheli-Küste gehörten, sondern auch Orte auf der ganzen Welt, von Südamerika bis zu den Gewürzinseln des Fernen Ostens. Aber die Kosten für die Aufrechterhaltung des Reiches überstiegen bei weitem die Einnahmen, was sowohl Arbeitskraft als auch Rohstoffe belastete, und die eine kleine, vorwiegend agrarische Nation mit einer Bevölkerung von einer Million nicht aufrechterhalten konnte. Das Imperium brach zusammen. Die Suaheli-Forts wurden verlassen – Symbole für einen übergroßen Ehrgeiz, der die Region sehr wenig beeindruckt hatte. Kein Ausländer konnte für längere Zeit an der Küste ohne die Zustimmung und aktive Hilfe der Suaheli wohnen. Sie kontrollierten den Zugang zu den Rohstoffen der Küste und waren als Händler immer bereit, einen Handel abzuschließen – wie könnte man die Eindringlinge besser abwehren?

Eisenwerkzeuge und Luxusgüter wie wertvolle Stoffe, Porzellan und Glas waren wahrscheinlich die Hauptgüter, die die Suaheli importierten. Die Gegenstände, die sie als Tauschgüter anboten, waren allgemeinerer Art und im Überfluss vorhanden. Die Nahrungsproduktion an der Suaheli-Küste war extensiv. Fettschwänzige Schafe, Ziegen, Rinder und Hühner wurden aufgezogen, Honigbienen wurden in speziell konstruierten Stöcken gehalten – und natürlich wurde immer genügend Fisch auf dem Riff gefangen.

Der moderne Supermarkt hat das Einkaufen zu einer so reglementierten Tortur gemacht, dass ein Besuch in Sansibars Zentralmarkt ein exotisches Ereignis ist. Dennoch ist der Markt nichts Besonderes im lokalen Kontext – nur der Ort, wo man hingeht, um Fleisch oder Fisch zu kaufen, Gemüse, Obst und andere Lebensmittel. Man ignoriere die Plastikgegenstände und lauten Radios, und die Marktszene wird zeitlos. Die Seeleute, die von Vasco da Gamas Schiff an Land kamen, hätten praktisch alles, was heute verkauft wird, erkannt – hätten aber vielleicht auch nach Dingen gesucht, die es

heute nicht mehr gibt. Neben den allgemein bekannten Gemüsen und Früchten belieferten Suaheli-Bauern den Markt mit Hirse, Sorgho, Taro, Granatäpfeln, Feigen und Zuckerrohr. Und ihre Ernten waren so gut, dass sie im 19. Jahrhundert bedeutende Mengen Sorgho, Sesam und Mais (und wahrscheinlich auch Reis) speziell für den Export in die trockenen Länder Arabiens produzierten. Dieser Handel hatte eine lange Geschichte, da zeitgenössische arabische Berichte zeigen, dass der Hafen Aden am Roten Meer Reis vor der Ankunft der Portugiesen 1498 aus Kilwa importierte.

So bedeutend der Nahrungsmittelhandel auch war, der Exporthandel an der Küste basierte auf anderen ostafrikanischen Rochstoffen. Die Suaheli knüpften Handelsbeziehungen zum Inland wie auch nach Übersee. Elfenbein war schon im ersten Jahrhundert n.Chr. eine geschätzte Handelsware – und war es im 19. Jahrhundert noch immer. Das Horn des Nashorns erfreute sich sowohl in Arabien in Form von Schwertscheiden als auch im Fernen Osten, gemahlen als Aphrodisiakum, großer Beliebtheit. Gold und Kupfer kamen aus dem Hinterland von Sofala im Süden. Weihrauch, Myrrhe und Schildpatt (Hornplatten vom Panzer der Meeresschildkröten) kamen von Somalia im Norden. Häute, Wachs, Flusspferdzähne, Kokosnüsse, Muscheln und Orchilla (eine Pflanzenfarbe) kamen von verschiedenen Abschnitten der Küste. Nicht weniger wichtig war Holz, besonders Mangrovenstämme für die Bauindustrie im Oman, in Siraf, Basra und anderen Städten Arabiens und des Persischen Golfs, wo praktisch keine Bäume wachsen.

Viele dieser Rohstoffe waren auch für den lokalen Gebrauch nützlich, und einige wurden zu wichtigen Handelsgütern im binnenländischen Handel. Holz war von besonderer Bedeutung für den örtlichen Haus- und Schiffsbau. Korallenriffe, die von den zurückweichenden Ozeanen in den letzten Jahrtausenden freigelegt wurden, waren ebenfalls wichtig, sowohl in der Form von behauenem Stein als auch als Kalk für Mörtel. Scha-

FOLGENDE SEITEN: **Seit der Anbau von Seetang 1989 in Sansibar begann, hat er sich zu einer Industrie entwickelt, die 50 000 Menschen im Land beschäftigt und jährlich Erträge mit einem Trockengewicht von 2200 bis 3300 Tonnen erbringt.**

lentiere wurden ebenfalls genutzt: Muscheln fanden zu Dekorationszwecken Verwendung, oder man suchte darin nach Perlen; Kaurischnecken dienten wie eine Währung als Zahlungsmittel. Palmen lieferten neben Kokosnüssen viele Dinge, zum Beispiel den Rohstoff zur Anfertigung von Seilen und Matten und zum Kalfatern der Schiffe. Stoff wurde gewebt aus örtlich angebauter Baumwolle, und es gab sogar eine bescheidene Seidenproduktion. Auf diese Weise existierte eine breite und vielfältige Erzeugniswelt an der Suaheli-Küste, für die Nachfrage vor Ort, für den Export und für den Binnenhandel. Es war besonders wichtig, die Herstellung der Güter für den Binnenhandel aufrecht zu erhalten, denn von dort bekamen die Suaheli ihre wertvollsten Exportgüter: Elfenbein und Sklaven.

IM JAHR 1795 REISTE der schottische Forscher Mungo Park mit einem Sklavenhändler von der westlichen Ecke des heutigen Niger durch das Gambiatal zur Atlantikküste. Der Händler hatte kaum mehr als ein Dutzend Sklaven, die letzten eines größeren Kontingents, das nördlich des Niger gefangen worden war. Einige waren an Tuareg-Nomaden verkauft worden und manche auf Märkten unterwegs. Der Rest sollte nach Amerika transportiert werden. Es ging furchtbar langsam vorwärts. Die Sklaven waren zu zweit gefesselt, berichtete Park, das linke Bein des einen an das rechte des anderen gekettet. Sie waren zusätzlich in Vierergruppen zusammengefasst mit einem kräftigen Seil aus zusammengedrehten Riemen um ihren Hals. Beim Gehen trug jeder Mann das Gewicht seiner Fesseln und Kette mit einem Stück Band. Nachts wurden zusätzlich die Hände gefesselt, und manchmal wurde auch eine leichte Kette um ihren Hals gelegt.

Aber trotz der Leiden der Gefangenschaft und des Marsches war, wie Park herausfand, das Ende der Reise das, wovor sich die Sklaven am meisten fürchteten. Sie glaubten einfach nicht, dass sie über den Ozean trans-

Diese Zeichnung aus dem 19. Jahrhundert zeigt Sklaven auf ihrem Marsch zur Suaheli-Küste. Sansibar war eines der Hauptzentren des Sklavenhandels.

portiert werden würden, um in einem anderen Land zu arbeiten, berichtet er. Stattdessen glaubten sie »dass die Weißen die Neger kauften, um sie zu essen oder an andere Menschenfresser zu verkaufen, [wodurch] natürlich für die Sklaven eine Reise zur Küste mit großen Schrecken verbunden war.«

Der Sklavenexport von Ostafrika nach Arabien, Indien und den Inseln des Indischen Ozeans war nie so groß wie der Trans-Atlantikhandel von Westafrika aus, aber er begann früher und währte länger. Deshalb griffen seine Auswirkungen genauso tief in das Sozialgefüge der Menschen ein wie im Westen. Wenige Teile Afrikas blieben während der Jahrhunderte seines Bestehens unberührt vom Sklavenhandel. Der Handel durch die Sahara bestand ab spätestens 650 n.Chr., vom Roten Meer und der ostafrikanischen Küste seit 800 n.Chr., der Atlantikhandel begann erst im frühen 15. Jahrhundert. Der Exporthandel wurde im 19. Jahrhundert international verboten, doch noch während des gesamten 19. Jahrhunderts gab es Sklaventransporte. Schätzungen beziffern die Gesamtzahl an Menschen, die aus Afrika verkauft wurden, für den Zeitraum zwischen 650 und 1900 auf 21 400 000.

Manche Wissenschaftler glauben, dass die Auswirkungen des Sklavenhandels durch die Jahrhunderte in seiner Wirkung auf die afrikanische Gesellschaft unbedeutend gewesen sind. Andere behaupten, dass der Handel die menschlichen Beziehungen auf dem Kontinent grundlegend veränderte. Ich schließe mich der letzteren Meinung an. Im Gegensatz zur freiwilligen Auswanderung von Millionen Menschen aus Europa in die Vereinigten Staaten waren die Auswirkungen der Verschleppung von Millionen Afrikanern schädlich und gnadenlos und dauerten mehr als 1000 Jahre. Die Tragödie der Versklavten wurde verstärkt durch die Unruhe und Angst der Zurückgebliebenen. Im 18. Jahrhundert wurden aus einer verstreut lebenden Gemeinde von 1000 Menschen, die weit im Landesinneren wohnten, jedes Jahr wahrscheinlich zwischen sechs und zehn Nachbarn oder Verwandte verschleppt. Jede kleine Siedlung war betroffen, manche mehr als einmal, und als die Sklavenhändler endgültig weiterzogen, hatte fast jeder einen engen Verwandten oder Freund verloren.

Da wahrscheinlich jedes Jahr etwa 50 von Tausend Einheimischen an Krankheit und anderen natürlichen Ursachen starben, mag die Versklavung von weiteren sechs pro Tausend nicht viel erscheinen. Aber Versklavung war eine permanente Bedrohung, eine Angst im Hinterkopf, die in der Gesellschaft einen Fatalismus auslöste, der von Generation zu Generation weitergeben wurde.

Neben seinen sozialen Auswirkungen hatte der Sklavenhandel auch verheerende Auswirkungen auf das wirtschaftliche Wachstum Afrikas. Er verursachte massive Kosten durch den Verlust an Arbeitskräften. Afrika bezahlte die Rechnung und zahlt in sie mancher Hinsicht immer noch. Der Transport von neun Millionen Sklaven über den Atlantik zwischen 1700 und 1850 bedeutete im Grunde genommen nichts anderes als die Gefangennahme von geschätzten 21 Millionen Afrikanern, von denen mehrere Millionen im Lande versklavt wurden und weitere Millionen innerhalb eines Jahres nach Gefangennahme starben. Dank des Sklavenhandels stagnierte die Bevölkerung eines Großteils Afrikas südlich der Sahara zwischen 1750 und 1850. Wie groß wäre die Bevölkerung gewesen, wenn sie nicht die Kosten des Sklavenhandels hätte tragen müssen? Wenn man von einer Wachstumsrate von nur 0,5 Prozent pro Jahr ausgeht, hätte es 1850 fast 100 Millionen Menschen im Afrika südlich der Sahara gegeben, doppelt so viele, wie es tatsächlich waren.

Als ob menschliches Leid, soziale Spaltung und stagnierendes Bevölkerungswachstum, verursacht durch den Sklavenhandel, noch nicht genug wären, war Afrikas wirtschaftliche Entwicklung gleichfalls betroffen. Der Sklavenhandel band den Kontinent an die kommerziellen und politischen Zielsetzungen Europas und schuf ein Wirtschaftssystem, das wertvolle Rohstoffe aus dem Inland an die Küste verlagerte, wo ihr Tausch gegen europäische Güter für Afrika einen Nettoverlust darstellte. Einige Aspekte des Handels vervielfachten tatsächlich den europäischen Gewinn zu Afrikas Scha-

den. Destillierte Alkohole, zum Beispiel, führten auf dem Kontinent zu neuen Trinkgewohnheiten. Rum, ein Nebenprodukt der karibischen Zuckerplantagen, für den Afrika die Arbeitskräfte gestellt hatte, war besonders profitabel. Wirkwaren machten mindestens 50 Prozent der afrikanischen Importe aus. Dieser riesige Markt regte das Wachstum der Textilindustrie in Europa an, bremste aber die Produktion in Afrika. In ähnlicher Weise trug der afrikanische Markt für Metallgegenstände zur Entwicklung neuer Methoden zur Massenproduktion in Europa bei, deren geringe Kosten pro Einheit jeden Antrieb im Keim erstickte, solche Unternehmen in Afrika zu gründen. Selbst der Export von Bienenwachs hatte einen schädlichen Effekt, da die Sammler die Bienen mit Feuer vertrieben und auf die steigende Nachfrage mit der Zerstörung immer neuer Nester reagierten, anstatt intensive und weniger verschwenderische Methoden zu entwickeln, zum Beispiel wiederverwendbare Bienenstöcke.

Aber die Handelsobjekte, die am stärksten zum Fortbestand des Sklavenhandels beitrugen, waren die Feuerwaffen. Afrikaner wollten ständig Gewehre erwerben. Sie wurden schnell zum dominierenden Werkzeug des Sklavenhandels, wie es Schiffsverzeichnisse zeigen, die die erzielten Preise aufzeichneten. 1682 wurden zwei Gewehre gegen einen männlichen Sklaven getauscht. 1718 waren die Feuerwaffen schon so verbreitet, dass 24 bis 32 Gewehre gegen einen Sklaven getauscht wurden. 1704 berichtete der Direktor des holländischen Sklavenhandels an der Goldküste, dass er innerhalb von vier Monaten sechs Schiffe voll mit Sklaven füllen könnte, wenn er genug Gewehre und Pulver hätte. »Die Eingeborenen suchen heutzutage nicht mehr nach Gold«, schrieb er, »sondern bekriegen sich eher gegenseitig, um Sklaven zu liefern.« 1721 stellte ein britischer Händler Gewehre und Schießpulver an die Spitze seiner Liste an Gütern, die »überall gewünscht werden«. Ein anderer, der zwischen 1772 und 1780 Sklaven an der Goldküste kaufte, riet mehrmals, dass »Gewehre eine absolute Droge auf dem Markt" seien.

Insgesamt brachten britische Händler allein zwischen 1750 und 1807 geschätzte 300000 bis 400000 Gewehre pro Jahr nach Westafrika – zusammen mit durchschnittlich fast 400 Tonnen Schießpulver und 90 Tonnen Bleikugeln. Nach Schätzungen wurden ins-

Seit Jahrhunderten segeln Daus aus Indien, Arabien und vom Roten Meer mit dem Nordostmonsun nach Sansibar und zur Suaheli-Küste und kehren mit dem Südwestmonsun zurück. Sie brachten Luxusgüter und holten Elfenbein, Sklaven und Gewürze. Heute transportieren sie Bier, Bauholz und Eisenwaren, ja sogar Zement.

gesamt nicht weniger als 20 Millionen Gewehre getauscht. Der Import von Feuerwaffen nach Afrika heizte den Sklavenhandel an und beeinflusste die spätere wirtschaftliche Entwicklung des Kontinents gewaltig. Von einem Gewehrlauf konnte man sich nicht abwenden.

DIE ABSCHAFFUNG DES SKLAVENHANDELS begann in den ersten Dekaden des 19. Jahrhunderts. Während sich zunächst nur der Sklavenexport verringerte und später zum Erliegen kam, verlegte sich in Afrika selbst die Versklavung nur von einem Wirtschaftsgebiet auf ein anderes. Im 19. Jahrhundert hatte sich ein im Verlauf von 300 Jahren brutal wirksames System, an Sklaven zu kommen und sie an die Küste zu bringen, entwickelt, das so nicht leicht zu stoppen war. Ohne einen weiterhin bestehenden Absatzmarkt verstopfte die Ware das System, und das bedeutete nicht nur einen Einkommensverlust, sondern auch schwindende Rohstoffe: denn Sklaven mussten essen. Die erste Reaktion auf die Abschaffung war deshalb die offensichtlichste. Sklaven sollten Nahrungsmittel in größeren Mengen als jemals zuvor produzieren. Ben Caulker erzählte mir, dass seine Vorfahren im frühen 19. Jahrhundert eine sehr profitable Salzindustrie an den Ufern von Yawi Bay gegründet hätten. Die Sklaven, die für den Transport von Plantain Island nach Nordamerika vorgesehen waren, mussten nun in den Salzteichen arbeiten. Das System war ein Selbstläufer: Das von den Sklaven produzierte Salz wurde von Sklaven ins Binnenland getragen, wo es gegen mehr Sklaven getauscht wurde, die wiederum in den Salzteichen arbeiteten sowie auf Plantagen, die die Nahrung für die Sklaven lieferten.

Inzwischen erklärten die früheren Sklavenhandelsnationen, dass der verbotene Sklavenhandel ersetzt werden sollte durch den »legitimen Handel«, wie er euphemistisch beschrieben wurde. Dieser Handel bestand auf egoistische Weise vor allem darin, Europa mit Rohmaterialien und Gütern zu beliefern, die woanders teuer

oder nicht zu erhalten waren, dazu gehörten Palmöl, Elfenbein, Harthölzer, Gummi, Wachs und Gummiarabikum. Afrikanische Unternehmer wurden ermuntert, eingeführte Pflanzen für europäische Märkte anzubauen, dazu zählten Erdnüsse, Zucker, Kakao und Tee, Gewürznelken und Zimt sowie Kaffee und Kokosnüsse.

Alle diese Aktivitäten waren arbeitsintensiv, und Sklaven, die bisher ins Ausland transportiert wurden, mussten nun im eigenen Land arbeiten. Auf diese Weise wurde der Sklavenhandel ein Grundpfeiler der afrikanischen Wirtschaft. Der Einsatz von Sklaven in Afrika wurde selbstverständlicher als jemals zuvor, und die Versklavung stieg in der Tat zunächst sogar noch an. Im 19. Jahrhundert wurden in Afrika mehr Menschen versklavt als zu der Zeit, als der trans-atlantische Handel im 17./18. Jahrhundert seinen Höhepunkt erreichte. Die Abschaffung selbst traf die Aschanti besonders hart. Die Menge der Sklaven um Kumasi wurde so groß, dass sie bei den Regierenden Ängste vor einer Revolte schürten. 1820, als britische diplomatische Missionen klarmachten, dass der Sklavenhandel nicht wiederaufgenommen würde, begannen die Aschanti-Herrscher, die Sklaven im ganzen Land zu verteilen, besonders in Gegenden, wo nach Gold gesucht und Kola geerntet wurde. Kleineren Handwerksbetrieben gab man Steuernachlässe, damit sie Sklaven kaufen konnten.

In den bewaldeten und sahelischen Regionen Westafrikas konzentrierten sich im 19. Jahrhundert die Sklaven an fast 70 Hauptorten. 1900 machten Sklaven zwischen 30 und 50 Prozent aller Bewohner von Französisch-Westafrika aus. Die Zahl der Sklaven in der Sokoto-Region im heutigen Nordnigeria betrug mindestens 2,5 Millionen bei einer Gesamtbevölkerung von zehn Millionen. Sokoto war wahrscheinlich die zweitgrößte Sklavengesellschaft, die jemals bekannt war. Nur die Vereinigten Staaten hatten 1860 mit vier Millionen Sklaven mehr als Sokoto im Jahre 1900. Östlich vom Tschadsee, durch den Sudan, das Niltal entlang und in den äthiopischen Hochländern – überall vollzog sich die gleiche Entwicklung.

An der ostafrikanischen Küste, wo die Portugiesen nur kurz den Arabien-Handel der Suaheli unterbrochen hatten, hielt die Sklaverei die Räder der Wirtschaft am Laufen. Durchschnittlich 5000 Sklaven pro Jahr waren 1200 Jahre lang bis ins frühe 19. Jahrhundert nach Arabien, Persien und Indien transportiert worden. Der Islam erlaubte die Sklaverei, und die Suaheli-Kaufleute sahen in der Abschaffung des trans-atlantischen Sklavenhandels keinen Grund, ihren eigenen lukrativen Handel aufzugeben. Die Zahl der Sklaven, die von den Suaheli-Küsten aus transportiert wurden, stieg im 19. Jahrhundert auf über 7000 pro Jahr. Zur gleichen Zeit gründeten Araber Gewürznelken- und Zimtplantagen auf Sansibar und seiner kleineren Schwesterinsel Pemba. Diese erwiesen sich als das ostafrikanische Äquivalent zu den Goldminen des Aschanti-Reiches. Sie brauchten nicht weniger dringend Arbeitskräfte, und eine wachsende Zahl von Sklaven wurde auf den Plantagen eingesetzt.

Um 1830 war die Zahl der Sklaven auf Sansibar und Pemba auf über 100 000 angewachsen, und sie blieb für das restliche Jahrhundert hoch. Vorher waren die Inseln, was die Nahrungsmittel anging, autark gewesen, aber die Anlage der Gewürzplantagen hatte zur Folge, dass weniger Land für Nahrungsmittelanbau zur Verfügung stand und mehr Mäuler zu stopfen waren. Die Nahrungsmittelproduktion wurde aufs Festland verlegt. Vor allem Reis wurde entlang der 110 Kilometer Küstenlinie angebaut, direkt gegenüber den Gewürzinseln, aber auch an passenden Orten von Somalia im Norden bis Mosambik im Süden. Sklaven stellten überall die Arbeitskräfte. In der Tat wurden ebenso viele Sklaven im 19. Jahrhundert an der Küste gebraucht wie ins Ausland transportiert wurden – nicht zuletzt deshalb, weil die Sterblichkeitsraten extrem hoch waren. Auf den Sansibar-Plantagen starben jedes Jahr 15 bis 20 Prozent der Sklaven und mussten durch neue ersetzt werden.

SANSIBARS GEWÜRZHANDEL begann mit einer Anordnung von Sa'id ibn Sultan, der den Bauern befahl, zwei Gewürznelkenbäume für jede Kokosnuss auf ihrem Pachtland zu pflanzen. Andernfalls riskierten sie, dass ihr Land konfisziert würde. Das war um 1820. Innerhalb von wenigen Jahrzehnten gab es dreieinhalb Millionen Gewürznelkenbäume auf den Inseln Sansibar und Pemba. Viele sind heute noch da – knorrig und verschlungen gewachsen, und produzieren immer noch alle fünf Monate eine Ernte. Joshua hat zwölf Bäume auf seinem Feld auf den Terrassenhügeln oberhalb von Chake Chake auf Pemba; zwar stammt keiner aus der Zeit des Befehls des Sultans, aber sie brauchen genauso viel Arbeitskraft und Aufmerksamkeit wie damals.

Der Gewürznelkenbaum ist eine immergrüne Pflanze, die bis zu 15 Meter hoch werden kann, mit glänzend grünem Laub. Die Gewürznelke selbst ist die ungeöffnete Knospe einer wachsartigen weißen Blüte, die auf dem Blätterdach des Baumes auf langen dünnen Zweigen in Gruppen steht. Sie in der drückenden Hitze zu pflücken ist fast Sklavenarbeit, obwohl Joshuas drei Kinder die Aufgabe eher für einen Ferienspaß hielten, denn ihre Schule schließt während der Pflücksaison, sodass jeder mithelfen kann, die Ernte einzubringen, bevor sich die Knospen öffnen. Die Kinder kletterten ohne Hilfe durch die Zweige, während ihre Eltern Seile und Leitern benutzten, um die Gruppen von Knospen abzuknipsen. Körbe füllten sich, und die Gewürznelken wurden zum Trocknen in die Sonne gelegt, wo sie bis zu einer Woche lagen. Jede freie Fläche war mit Gewürznelken bedeckt. Sie wurden auf Matten vor den Häusern ausgebreitet, auf Betonhöfen und neben der Straße, sogar auf einem Fußballplatz. Während die Gewürznelken trockneten, waren die Inseln eingehüllt in ihr stark duftendes, bittersüßes Aroma.

Die größten Plantagen auf Sansibar waren im Besitz der herrschenden Familien von Oman am Arabischen Meer. Diese hatten nach der endgültigen Vertreibung der Portugiesen 1698 nach und nach die arabischen Beziehungen mit der Suaheli-Küste intensiviert. Der Handel stieg im 18. Jahrhundert, als immer mehr Sklaven zuerst zu den französischen Zuckerplantagen auf die Inseln des Indischen Ozeans transportiert wurden, dann auf die amerikanischen Kontinente und schließlich nach Madagaskar. Elfenbein, ebenfalls eine begehrte Handelsware, passte gut zur Sklaverei, weil die eine benutzt werden konnte, um die andere zur Küste zu transportieren. Das bedeutendste Importgut waren Stoffe wegen der niedrigen Preise, die die Industrialisierung mit sich gebracht hatte. Feuerwaffen waren ebenfalls von Bedeutung, die Importe beliefen sich um 1880 auf 100 000 Stück pro Jahr.

Mit dem Wohlstand stieg der Einfluss und die Autorität der Omanis. Sie nahmen 1785 Kilwa unter Kontrolle, machten Sansibar im Jahr 1800 zu ihrem Verwaltungszentrum, setzten zwischen 1820 und 1830

Gouverneure in Küstenhäfen ein und verlegten 1840 ihre Hauptstadt von Oman nach Sansibar. Es gab Suaheli-Widerstand gegen die arabische Einflussnahme, doch das eigentliche Interesse der Omanis war Sansibar. Ihre Kontrolle über die Küste war nur gering, im Hinterland praktisch gleich Null. Das war die Situation, als sich die Europäer in ihrem Bestreben, den Sklavenhandel zu beenden, der Suaheli-Küste und Sansibar im Besonderen zuwandten.

Britische Marineschiffe begannen 1869, arabische Sklaventransporte abzufangen und zu beschlagnahmen, doch jahrelange diplomatische Verhandlungen und Druck (mit substanziellen finanziellen Anreizen) waren nötig, bis der Sultan von Sansibar 1873 bereit war, öffentliche Sklavenmärkte zu verbieten und 1897 offiziell die Sklaverei abzuschaffen. Es war eine schwierige Entscheidung, denn die Wirtschaft Sansibars war damals unmittelbar von der Sklavenarbeit abhängig. Um sicherzustellen, dass diese weiterarbeiteten, zwang die neue Gesetzgebung die meisten befreiten Sklaven, als Arbeiter auf den Plantagen zu bleiben – ein Schritt, der die Saat der Revolution säte, die schließlich 1964 auf Sansibar ausbrach.

In der Zwischenzeit wurden die angrenzende Küste und ihr Hinterland, Tanganjika, zunächst deutsche Kolonie und dann nach dem ersten Weltkrieg britischer Besitz. Unter allen Nationen, die im späten 19. Jahrhundert Afrika in europäische Kolonien aufteilten, war Deutschland am stärksten entschlossen gewesen, Gewinn aus den Kolonien zu ziehen. Deutschlands Kolonialreich war das kurzlebigste in Afrika (kaum 30 Jahre), dennoch schuf es mehr offizielle Berichte, Statistiken und technische Veröffentlichungen als jeder andere Teil Kolonialafrikas; manche waren so gründlich, dass es möglich ist, den genauen Wert der jedes Jahr aus den Kolonien exportierten Hörner und Hufe nachzuvollziehen.

Doch auch einige positive Leistungen müssen hervorgehoben werden. Jede der Kolonien erreichte ein kleines Wirtschaftswunder im letzten Jahrzehnt der deutschen Herrschaft, als Straßen, Eisenbahnen, bahnbrechende Gesundheits-, Bildungs- und Landwirtschaftseinrichtungen geschaffen wurden, und der afrikanischen Bevölkerung die Hoffnung auf zukünftigen Wohlstand bot. In Deutsch-Ostafrika sollte

die Entscheidung, Suaheli zur Nationalsprache zu machen, einen weitreichenden und politisch günstigen Effekt haben. Doch einige der Methoden, die angewandt wurden, um diese Ziele zu erreichen, waren weniger bewundernswert. So provozierte Zwangsarbeit auf den Baumwollfeldern, die zur zuverlässigen Versorgung Deutschlands mit Rohbaumwolle angelegt worden waren, 1905 eine Rebellion. Die deutsche Antwort war Gewalt und Unnachgiebigkeit. Mindestens 75 000 Menschen wurden bei der Niederschlagung der Rebellion getötet, weitere 250 000 bis 300 000 starben in der folgenden Hungersnot.

irgendeine Art von Kriegsarbeit zu leisten – in einem Krieg, durch den Afrika nichts gewinnen konnte.

Tanganjika wurde 1961 ein unabhängiges Land, angeführt vom charismatischen Julius Nyerere. Seine Tanganyika African National Union gewann große Unterstützung im ganzen Land. Als einzige unter Afrikas zwischenzeitlich unabhängig gewordenen Staaten übernahm die neue Regierung von Tanganjika nicht die Sprache der früheren Kolonialherren für ihre Verwaltung. Stattdessen machte sie Suaheli zur Nationalsprache und vereinte dadurch 20 oder mehr ethnische Gruppen, jede mit ihrer eigenen Sprache, unter einem einzigen linguistischen Dach. Inzwischen wurde auf Tanganjikas wohlhabender Nachbarinsel, die durch ihre Vormachtstellung im weltweiten Gewürznelkenhandel reich geworden war, die Unabhängigkeitsbewegung unterdrückt. Im Juni 1963 gab es angeblich demokratische Wahlen. Aber einem Bündnis aus Parteien, das von wohlhabenden arabischen Gemeinden gefördert wurde, gelang es, den Wahlsieg zu erringen. Afrikanische Gruppierungen mussten in die Opposition.

Im Dezember 1963 wurde Sansibar als Vollmitglied der Vereinten Nationen akzeptiert, doch seine Existenz als souveräner Staat war nur von kurzer Dauer. Die Opposition der afrikanischer Gruppierungen organisierte im Januar 1964 einen Aufstand. Es war ein furchtbares Blutvergießen, bei dem Araber auf den Straßen abgeschlachtet wurden. Die Festlandsregierung konnte das nicht ignorieren. 1964 wurden Tanganjika und Sansibar eine Nation – wobei Sansibar der Status einer halbautonomen Region in der Vereinigten Republik von Tansania zugesprochen wurde.

ALS UM 1820 DER OMANISCHE Sa'id ibn Sultan Bauern auf Sansibar befahl, zwei Gewürznelkenbäume für jede Kokosnuss zu pflanzen oder zu riskieren, dass ihr Land konfisziert wurde, setzte er eine der spektakulärsten erfolgreichen Landwirtschafts-

Die deutschen Pläne in Afrika hatten ein jähes Ende, aber die Kämpfe zwischen europäischen Armeen in Ostafrika forderten vorher noch das Leben von mehr als 50 000 afrikanischen Soldaten, die im Kampf fielen, über eine Million Träger und Arbeiter litten unter Krankheiten. Mehr als 2,5 Millionen Afrikaner hatten

unternehmungen in der Geschichte in Gang. Bis dahin war die Gewürznelkenproduktion ein Monopol Ostindiens gewesen. Indem sie Plantagen auf Sansibar gründeten, übernahmen die Omanis einen Großteil des Weltmarktes. 1840, als die omanische Hauptstadt nach Sansibar verlegt wurde, produzierte die Insel schon 3500 Tonnen pro Jahr. Bald bestritt Sansibar drei Viertel der gesamten Weltproduktion.

Um 1920 exportierte die Insel jedes Jahr durchschnittlich 10 000 Tonnen Gewürznelken. Sansibar beherrschte den Gewürznelkenmarkt bis in die ersten Jahre der Unabhängigkeit, aber die zunehmende Abhängigkeit der Insel von einer einzigen Anbaupflanze machte ihre Wirtschaft sehr anfällig. Seit der Revolution von 1964 liegen die Gewürznelkenproduktion und die Vermarktung in den Händen eines staatlichen Monopols, dessen Ineffizienz durch das Konkurrenzproblem und fallende Weltmarktpreise noch verstärkt wurde. Indonesien war einst der Hauptabnehmer, baut aber jetzt selbst zehnmal so viel an wie Sansibar. Von Spitzenpreisen von fast 10 000 Dollar pro Tonne um 1980 fiel der Preis Ende 1990 auf unter 700 Dollar pro Tonne, und es gibt keine Anzeichen für eine Erholung der Weltmarktpreise. Ein Großteil von Sansibars Ernte wird auf kleinen Bauernhöfen produziert, meistens mit 10 bis 15 Gewürznelkenbäumen, viele Bauern lassen die Ernte jedoch am Baum und stecken ihre Energie in andere Aktivitäten.

Glücklicherweise fiel der Abstieg von Sansibars Gewürznelkenindustrie mit dem Aufkommen seiner Tourismusindustrie zusammen. Die Zahl der Touristen, die die Insel besuchen, wuchs um mehr als das Vierfache von 1985 bis 1996 und wächst immer noch – aber nicht ohne neue Probleme aufzuwerfen. Hotels, Gästehäuser und andere Touristeneinrichtungen begannen überall aus dem Boden zu schießen, viele davon ungeplant und in Küstenregionen, die seit Urzeiten relativ dünn besiedelt waren.

Fischer, lange Zeit für die Inselbevölkerung die Eiweißhauptlieferanten, waren jetzt nur zu gern bereit, den besten Fang den Restaurants zu überlassen, wodurch die Fischpreise auf dem lokalen Markt stiegen und zu ernsthaften Einbrüchen bei den Bestände einiger Fischarten auf den Riffen führten. Hummer, Höhepunkt eines jeden Gourmetmenüs, war schon 1998 überfischt.

Andere Arten nehmen ebenfalls ab und erreichen so geringe Bestandszahlen, das eine lebensfähige Population kaum mehr aufrecht zu erhalten ist.

Diese ernst zu nehmenden Probleme werden wahrscheinlich nicht das Vergnügen der zum Genuss eines extravaganten Hummeressens entschlossenen Touristen beeinträchtigen. Ironischerweise ist die Entwicklung, die sie am ehesten bemerken werden, eine, die zugleich gut für Sansibar ist und schlecht für den Tourismus: Seetanganbau. In zunehmendem Maße werden die langen Strände mit ihrem weißen Korallensand und dem glitzernden türkisfarbenen Wasser mit eng zusammenstehenden hölzernen Pfosten und Nylonseilen ausgestattet. Auf diesen werden Ableger von Seetang befestigt, der dann dor wächst. Sansibars Touristenveranstalter beklagen, dass die ursprünglich unberührt erscheinenden Strände der Insel dadurch verdorben und ihre Lagunen unbrauchbar für Wassersport gemacht werden. Trotzdem ist die Zucht von Seetang eine lukrative Kleinindustrie geworden.

Einige Arten von Seetang, die zur Gattung *Eucheuma* gehören, enthalten hohe Anteile von Karrageen, ein Polysaccharid (eine Art Zucker), das heute in der Nahrungsmittelindustrie als Dickungs- und Emulsionsmittel sehr gefragt ist. Küstenvölker haben Karrageen seit Jahrhunderten als Nahrungsergänzung verwendet, aber erst in den letzten 30 Jahren haben es die Bewohner von Sansibar kommerziell angebaut. 1989 wurde es das erste Mal von den Philippinen eingeführt, inzwischen hat sich die Zucht von Seetang zu einer Industrie ausgewachsen, die Erträge von über 2000 Tonnen pro Monat erbringt. Das Wachstum der Pflanze ist einmalig. Innerhalb von zwei bis vier Wochen wachsen kleine Seetangableger, die zwischen Mangrovenpfählen an Seile angebunden sind, um das Zehnfache und sind erntereif. Der nasse Tang wird zum Trocknen auf gefaltete Palmwedel gelegt und dann in Säcke gepackt, die in die Vereinigten Staaten und nach Europa verkauft werden.

Die Anforderungen für eine gelungene Zucht: Sauberes Wasser, viel Sonnenschein und hohe Gezeiten, die ständig frisches Wasser über die wachsenden Stämme spülen, werden optimal erfüllt. So überrascht es kaum, dass der Produktionsumfang auf Sansibar fast so schnell gewachsen ist wie die Pflanze selbst. Eine Studie von 1995 fand heraus, dass 10 000 Menschen an nicht weniger als 19 Orten direkt involviert sind in die Produktion und weitere 40 000 Menschen indirekt davon leben – und diese Zahlen sind seither signifikant gestiegen. In einigen Dörfern waren über 90 Prozent der Erwachsenen im Seetanganbau beschäftigt, dazu die Kinder, soweit es die Schulzeiten zuließen. Diese Entwicklung hat soziale wie auch wirtschaftliche Konsequenzen. Seetanganbau ist überwiegend eine weibliche Beschäftigung, sein Erfolg hat den Frauen eine gewisse finanzielle Unabhängigkeit beschert, die verkrusteten Beziehungen zwischen den Geschlechtern in Sansibars frommer muslimischer Gesellschaft aufgebrochen.

Während man bisher Frauen selten beim Kaufen oder Verkaufen auf dem Markt gesehen hat und sie nicht über das Einkommen mitbestimmen durften, das ihre Männer mit den Pflanzen, die sie anbauten, verdienten, verkaufen die im Seetanggeschäft tätigen Frauen nun ihre Ernte selbst, direkt an die Agenten. Sie behalten die Einkünfte, die sie erzielen, und entscheiden selbst, was sie damit machen. Man glaubt, dass einige ihr Recht auf Scheidung wahrgenommen haben, indem sie die Mitgift zurückzahlten, andere haben nur mit dem klaren Einverständnis geheiratet, dass sie von ihren Männern finanziell unabhängig sind.

IE KÜSTEN, DIE AFRIKA UMSCHLIESSEN, waren sowohl ein Segen als auch ein Fluch für den Kontinent. Auf der einen Seite boten sie den Menschen den Vorteil des Zugangs zu reichen Ressourcen an Land und auf See. Auf der anderen Seite gaben sie Afrika der Ausbeutung raubgieriger Fremder preis. Es war nicht nur Arbeitskraft, die der Sklavenhandel aus Afrika exportierte.

Der Beitrag, den diese fehlenden Millionen Menschen für den Kontinent geleistet hätten, war unersetzbar. Nach der Abschaffung der Sklaverei schuf der so genannte legitime Handel mit den afrikanischen Rohstoffen Bedingungen, die Europa und Amerika mehr nutzten als Afrika. Mehr als tausend Jahre lang wurde der Reichtum Afrikas dem Kontinent widerrechtlich entnommen und gestohlen.

Tausend Jahre Ausbeutung sind ein Erbe, das man niemals vergisst, aber das Rad der Geschichte dreht sich weiter. Es wird noch einige Zeit dauern, bis Ben Caulker und seine enthusiastischen Kameraden die ruhige, natürliche Schönheit von Shenge und die Geschichte von Plantain Island zu ihrem Vorteil nutzen können, aber die Sansibar-Fischer mit ihren *ngalaus* voller Touristen und die Frauen, die Seetang ernten, sind Beispiele eines ungebrochenen Willens des Menschen, sich weiter zu entwickeln.

Eine Generation von Afrikanern ist erwachsen geworden im unabhängigen Afrika. Sie neigen weniger als ihre Eltern dazu, die Schuld an Afrikas Leiden auf die koloniale Bürde zu schieben, sondern sind vielmehr bereit, auf dem Kontinent und nicht woanders ihre Zukunft zu suchen. Während sie das Steuer selbst in die Hand nehmen, ist Afrika dabei, einen neuen Kurs einzuschlagen, der nicht mehr von dem Erbe seiner Küsten eingeschränkt wird.

Issa Simai wurde in Bwejuu geboren, einem kleinen Dorf an Sansibars Ostküste. Als Ältester von sechs Kindern ist er als Einziger in Bwejuu geblieben. Die anderen sind zum Studium oder wegen ihres Berufs in die Stadt gezogen, doch Issa entschloss sich, Fischer zu werden – wie sein Vater.

Issa hatte von seinem Vater gelernt, jeden Tag weiter hinauszufahren aufs Meer, bis er so gut war, dass er allein nach Kraken tauchen konnte. »Das Meer ist am Anfang sehr Furcht einflößend«, erinnert sich Issa. »Man braucht bis zu sechs Monate, um sich daran zu gewöhnen.«

Issa Simai lebt von den Fischen und Kraken, die er auf den Korallenriffen von Sansibar fängt. Täglich verbringt er bis zu sieben Stunden mit dem Tauchen in Tiefen bis zu 20 Metern, wobei er jeweils drei Minuten lang unten bleibt. Das ist eine mörderische Arbeit, aber in seiner Freizeit geht er einer noch mörderischeren Tätigkeit nach: Fußball. Issa spielt für die Sansibar-Leoparden, die Gewinner des Südpokals der Insel.

Die Korallenriffe der tropischen Meere gehören zu den fruchtbarsten Lebensräumen der Erde – und zu den nützlichsten für die Menschen. Auf dem Riff haben die Menschen zu allen Zeiten etwas Essbares fangen können. Neuerdings sind die Riffe beliebte Touristenziele; Hotels und Restaurant werden ebenso wie die häuslichen Küchen mit Issas Fang beliefert. Aber gerade jetzt leisten er und seine Teamkameraden Überstunden beim Tauchen und fangen Kraken und Hummer, womit sie die Reisekosten für das Auswärtsspiel der Leoparden auf dem Festland finanzieren.

Sansibar ist die größte Insel vor der Suaheli-Küste Ostafrikas. Seit 2000 Jahren haben die kräftigen Monsunwinde Daus mit Handelsladungen von und nach Indien, Persien und Arabien bewegt. Seit dem siebten Jahrhundert haben sich der Einfluss der Händler langsam mit der bestehenden afrikanischen Kultur vermengt, und es entstand eine neue Identität: Suaheli.

Die Leoparden trainieren für ihr bisher größtes Spiel. Sie haben sich für die nationalen Meisterschaften qualifiziert und werden als Profiteam in der Hauptstadt von Tansania, Daressalam, spielen.

Die Engländer führten um 1930 Fußball in Sansibar ein, die Inselbewohner wurden leidenschaftliche Fußballer. Issa ist der Mannschaftskapitän der Sansibar-Leoparden. Wenn er nicht auf Fischfang ist, trainiert er mit seinen Kameraden an einem Strand in der Nähe von Bwejuu (oben). Torwart Mrisho Makama (links) hat am Ende des Spiels Sand im Gesicht, weil er so oft nach dem Ball hechten musste.

Issa (links, mit einem Oktopus) und sein Tauchpartner, Vuai (der zugleich der beste Torschütze der Leopards ist) haben es nicht leicht, sich das Geld für die Reise aufs Festland zu verdienen. Oktopus ist die gefragteste Fangbeute, aber es wird immer schwieriger, ihn zu finden. Issas Vater rühmt sich immer noch, dass er 50 Stück pro Tag gefangen habe, als er jung war, aber Issa ist schon glücklich, wenn er sechs erwischt.

Ein Kokospalmen-
hain (oben) sorgt
für Schatten in
Bwejuu und für
ein zusätzliches
Einkommen der
Dorfbewohner
durch den Verkauf
der Nüsse.

Südliche

s afrika

Das südliche Afrika ist die Schatzkammer des Kontinents. Die ältesten Felsen der Erde bergen ihre begehrtesten Substanzen: Gold und Diamanten. Die seit über drei Milliarden Jahren ins Gestein eingeschlossenen kostbaren Mineralien machten Südafrika zu einer der reichsten Nationen, der Staat ist reicher als jeder andere Teil Afrikas.

Über ein Jahrhundert lang schufteten Afrikaner, um diesen Reichtum zu Tage zu fördern – und ihre Mühsal wurde nur mit einem Hungerlohn abgegolten. Gesetze zementierten die Vorurteile eingewanderter weißer Siedler und machten aus der afrikanischen Bevölkerung Bürger zweiter Klasse.

Mit dem Fall der Apartheid hat Südafrika seine Würde zurückgewonnen. Von den Ungerechtigkeiten der weißen Vorherrschaft befreit, kann Afrikas Industriegigant nun einen Beitrag zur Entwicklung des Kontinents leisten und eine bessere Zukunft für seine Jugend aufbauen. Die Schranken, die die Apartheid quer durch

E twa 30 Prozent der Weltbevölkerung lebten im Jahr 1600 in Afrika südlich der Sahara. Bis 1800 war der Anteil der Bevölkerung des südlichen Afrika an der Weltbevölkerung auf 20 Prozent zurückgegangen und bis 1900 auf rund zehn Prozent geschrumpft. Hundert Jahre später, zu Beginn eines neuen Jahrtausends, stellt die Bevölkerung dieser Region immer noch lediglich zehn Prozent der Weltbevölkerung. Dieser Rückgang wurde in erster Linie durch den Sklavenhandel verursacht. Der Sklavenhandel hatte tiefgreifende psychologische Auswirkungen, da er weltweit die Vorstellung entstehen ließ, Afrikaner – und im

weiteren Sinne alle Schwarzen – seien weniger wert als weiße Menschen. Zwar leitete Thomas Jefferson die Unabhängigkeitserklärung der Vereinigten Staaten von Amerika mit dem deutlichen Satz ein: »Wir halten diese Wahrheiten für in sich einleuchtend: dass alle Menschen gleich geschaffen sind«, dennoch besaß auch er Sklaven. Er wurde in eine Gesellschaft hineingeboren, deren Wirtschaft auf Sklavenarbeit basierte. Sein Leben lang hatte er mit Sklaventum zu tun und kam dadurch zu der Auffassung, »...dass die Schwarzen, ob es sich nun ursprünglich um eine eigene Rasse handelt oder ob sie aufgrund der Zeit und der Umstände anders sind, den Weißen hinsichtlich der Gaben des Körpers und des Geistes unterlegen sind.« Derartige Ansichten wurden ausdrücklich vertreten oder als selbstverständlich vor-

ausgesetzt, sie waren allgemein anerkannt und lange Zeit gültig. Sie sind die Wurzeln des Rassismus, der die Menschen glauben machen möchte, aufgrund einiger typisch afrikanischer Eigenschaften wären alle Schwarzen von Natur aus weniger wert.

Mit der Abschaffung der Sklaverei verbanden einige wenige Aufgeklärte die Hoffnung, Rassismus würde bald der Vergangenheit angehören, doch die traurige Wahrheit ist, dass die im 19. Jahrhundert neu entstandenen Naturwissenschaften dem Rassismus weitere Nahrung gaben. Die Arbeiten von Charles Darwin selbst enthalten keinerlei Ansätze von Rassismus. Seine Evolutionstheorie etablierte jedoch unter den Wissenschaftlern die Vorstellung, Arten entwickelten sich mit der Zeit weiter und »verbesserten« sich von Generation

VORHERIGE SEITEN: **An einer Straße am Rande der Kalahari können vorbeifahrende Touristen von San-Buschmännern Halsketten und bemalte Straußen-eier kaufen.**
OBEN: *Fynbos*-**Moos und -Ried gedeihen in einem** *vlei* **in den Cedarberg Mountains in Südafrika.**

zu Generation, da bei der natürlichen Auslese die Schwachen ausgesondert würden und nur die Individuen mit der besten Lebenseignung überlebten. In weniger klugen Köpfen entstand hieraus die Theorie der rassischen Überlegenheit.

Ethnologen beispielsweise führten vergleichende Studien zur Anatomie der Völker auf der ganzen Welt durch. Sie schrieben jedem Volk Merkmale zu, die sie als typisch für die Rasse bezeichneten. Ähnlich dokumen-

tierten Ethnographen die beobachteten Eigenheiten als gesellschaftliche und kulturelle Unterschiede der Rassen. Von diesen Studien aus war es nur noch ein kleiner Schritt zu qualitativen Beurteilungen darüber, wie »entwickelt« die einzelnen Rassen waren, von der Steinzeit bis zu den zivilisierten Gentlemen, die sich in viktorianischen Salons trafen, um auf die minderwertigen Rassen herabzusehen. Die Sklaven waren zwar in die Freiheit entlassen worden, ihre Nachkommen jedoch waren von der tatsächlichen Gleichstellung noch meilenweit entfernt.

»Die Wilden sind eine Entwicklungsstufe, aus der sich die menschliche Rasse herausgebildet hat«, so informierte ein Buch aus dem 19. Jahrhundert über frühe Gesellschaften seine Leser. »Die Unterlegenheit der

Wilden ... zeigt sich durch die gegenwärtigen Lebensbedingungen von Wilden, die sich auf einem niedrigen Entwicklungsstand befinden und in isolierten Teilen der Erde als Monumente der Vergangenheit übrig geblieben sind.« Pseudowissenschaftliche Behauptungen wie diese führten dazu, dass nach der Abschaffung der Sklaverei die Rassentrennung eingeführt wurde, damit man weiterhin die Herrschaft über die so genannten minderwertigen Rassen behielt, und diese Behauptungen waren letztendlich auch das Fundament für die Entwicklung des südlichen Afrika in der Neuzeit.

DIE NEUZEITLICHE GESCHICHTE des südlichen Afrika begann am Mittwoch, dem 7. November 1497, als die vier Schiffe der Flotte von Vasco da Gama in einer geschützten Bucht etwa 150 Kilometer nördlich des heutigen Kapstadt vor Anker gingen. Da Gama nannte die Ankerstelle Sta. Ellena (heute St. Helena Bay). In der Nähe der Küste befand sich ein Lager der Khoisan (Buschmänner). Das Logbuch von da Gama liefert den ältesten bekannten Bericht der ersten Kontakte Europas zur einheimischen Bevölkerung des südlichen Afrika.

Die Bewohner dieses Landes haben eine gelbbraune Hautfarbe [so steht es im Logbuch]. Ihre Nahrung beschränkt sich auf das Fleisch von Seehunden, Walen und Gazellen und die Wurzeln von Pflanzen. Sie sind in Felle gekleidet und tragen einen Schutz über ihrem männlichen Glied. Sie sind mit Stangen aus Olivenholz bewaffnet, an denen ein Horn befestigt ist, das im Feuer gebräunt wurde. Ihre zahlreichen Hunde gleichen den Hunden von Portugal und bellen wie diese ... das Klima ist gesund und gemäßigt und bringt gute Pflanzen hervor.

Von St. Helena Bay aus segelte Da Gama in einem weiten Bogen um das Kap der Guten Hoffnung in Richtung Norden und ging in der heutigen Mossel Bay vor Anker. Auch hier fand der Portugiese eine Khoisan-Bevölkerung vor – »dunkelhäutig wie jene in der Bucht Sta. Elle-

Webervögel leben in Kolonien und setzen Unmengen von Stöckchen und Dornenzweigen zu einem »Wohnhaus« zusammen, das die Krone eines Baumes überdecken kann. Die Vögel fliegen von unten her in ihre Kolonie, und jedes Paar richtet sich ein nach oben gewölbtes Nest ein, das es mit weichem Gras ausfüttert.

na« – und im Logbuch wird über ein Zusammentreffen berichtet, das wohl das glücklichste in der Geschichte der Entdeckungsreisen war:

Am Samstag [2. Dezember 1497] kamen ungefähr 200 [Khoisan], große und kleine, und brachten ungefähr ein Dutzend Rinder, Ochsen und Kühe, und vier oder fünf Schafe mit; und als wir sie sahen, gingen wir sofort an Land. Und sie begannen sofort, auf vier oder fünf Flöten zu spielen, einige von ihnen spielten hoch und andere tief, was sehr gut harmonierte ... und sie tanzten. ... Der Kommandant ließ die Trompeten spielen und wir tanzten in den Booten, ... Nachdem diese Feier zu Ende war, gingen wir an Land ...

Immer mehr Reisende gingen am Kap vor Anker, um Proviant aufzunehmen. Während des 16. Jahrhunderts lassen sich die Beziehungen zu den Khoisan als durchaus gut bezeichnen. Zu Beginn des 17. Jahrhunderts jedoch waren die Besucher zunehmend weniger wohlgesonnen und neigten immer mehr dazu, die Khoisan als Wilde zu betrachten, die lediglich dazu geeignet seien, ausgebeutet zu werden. Cornelis van Purmerendt beschrieb 1609 die Khoisan folgendermaßen:

... gelblich, ... sehr hässlich, richtig fürchterlich, mit den zwei- oder dreimal zusammengeflochtenen Därmen von Tieren um ihre Hälse, mit einer Tierhaut um ihre Oberkörper, aber ansonsten nackt, lediglich ihre männlichen Organe sind mit einem kleinen Lederfetzen bedeckt ... Ihre Häuser stehen in Gruppen von zwanzig oder mehr in einem Kreis, wie kleine Ställe. Sie besitzen eine Fülle vierbeiniger Tiere, zum Beispiel Ochsen, auch Schafe mit langen dicken Schwänzen: Diese tauschten sie mit uns gegen Kupfer und Eisen. Sie sind sehr diebisch und man muss vor ihnen sehr auf der Hut sein, sonst wird man von ihnen betrogen.

Van Purmerendt sah die Khoisan als Kannibalen, und sein abschließendes Urteil kündet bereits unheilvoll von den Ansichten, auf denen die Jahrhunderte dauern-

de Unterdrückung im südlichen Afrika später gründen sollte: »Kurz gesagt: Sie sind ein tierähnliches Volk.«

Das Kap der Guten Hoffnung liegt so weit südlich des Äquators wie Griechenland nördlich des Äquators. Das mediterrane Klima des Kaps – so erkannten die ersten Besucher aus Europa schnell – war ideal für den Anbau von Pflanzen geeignet, die in Regionen mit warmen sonnigen Sommern und Winterregen gediehen. Das Kap war der *einzige* Teil des südlichen Afrika, der gut für eine Besiedlung durch Europäer geeignet war. Das Klima am Kap war der Grund, warum dort keine Bantu-Bauern lebten, deren Anbauprodukte Hirse und Sorgho an die Sommerregen des tropischen Afrika angepasst und für die Bedingungen des Kaps nicht geeignet waren. Doch das Kap war kein unbesiedelter Landstrich. Dort lebten schätzungsweise 50000 Khoisan als nomadisierende Hirten mit einem beträchtlichen Bestand an Rindern und Schafen. Die Bevölkerungsdichte der Khoisan war für das gesamte Kap gerechnet sehr niedrig, doch Hirtennomaden sind nie gleichmäßig über die Landschaft verteilt. Die jahreszeitlichen Wanderungen führen dazu, dass Tiere und Menschen je nach Jahreszeit an einem Ort zusammengedrängt sind, während andere Regionen zu dieser Zeit menschenleer sind.

In den Plänen der Europäer war nur wenig Raum für die Khoisan vorgesehen, sie waren lediglich als Sklaven eingeplant, die das Land bearbeiten sollten, auf dem sie zuvor frei umhergezogen waren. 1793 lebten insgesamt 13830 Siedler am Kap, von denen mehr als die Hälfte Kinder waren. Diese Siedler besaßen insgesamt 14747 Sklaven, davon mehr als 9000 Männer. Die Sklaven stellten die Mehrheit der Arbeitskräfte in der Landwirtschaft der Kolonie dar und »sind unverzichtbar«, so protestierten die Buren, als die Nachricht über die in Europa aufgekommene Bewegung zur Abschaffung der Sklaverei nach Südafrika drang. Die Sklaven am Kap waren jedoch wie in anderen Regionen des Kontinents keine Population, deren Mitgliederzahl durch Geburten stabil blieb. Die Sterblichkeitsrate der Sklaven war hoch, und es wurden stets neue Sklaven benötigt. In den meisten Fällen stammten diese Sklaven aus den neuen Gebieten, die von den Siedlern beansprucht wurden. Als die Siedlungsgrenze immer weiter ins Binnenland vorrückte, nahm der Widerstand der Khoisan zu, und es kam zu den berüchtigten Buschmann-Kriegen, in denen jede

Khoisan-Gemeinschaft angegriffen werden durfte; re-
bellierende Erwachsene wurden getötet, alle anderen
als Sklaven gefangen genommen. Die Regierung wies
die Siedler an, die Khoisan wie Ungeziefer zu behandeln,
sie zu jagen und zu erschießen. Es kam zu häufigen Ge-
metzeln, wie auch in offiziellen Berichten zugegeben
wurde.

Am Ende des 19. Jahrhunderts waren die Khoisan
schließlich so weit zurückgedrängt worden, dass sie nur
noch die Regionen bewohnten, in denen kein Siedler le-

ben wollte – die riesigen wasserlosen Weiten der Kalahari. Die Buschmänner, wie sie genannt wurden, waren
gezwungen, ihre Lebensweise als Hirten aufzugeben,
und entdeckten die Jäger- und Sammlermethoden ihrer
Vorfahren wieder. (Die Kalahari ist nur in der Hinsicht
eine Wüste, dass sie nicht ganzjährig mit Wasser versorgt ist. Saisonale Regenfälle liefern durchaus Wasser
für eine üppige Vegetation und zahlreiche Tiere leben
in den feuchteren Senken.) Und so fanden die Ethnographen Buschmänner vor – und ordneten diese als pri-

einem Fall hat ein Tierpräparator einer Leiche die Haut abgezogen und sie ausgestopft. Sie wurde in einem spanischen Naturkundemuseum ausgestellt und zu einer besonderen Attraktion für viele Generationen weißer Schulkinder. Lebende Buschmänner wurden ebenfalls in europäischen Ländern zur Schau gestellt, in Museen, in Varietéaufführungen und an den Südafrika-Ständen auf den Weltausstellungen. Eine Frau, deren großes Gesäß ein extremes Beispiel für die Steatopygie (starker Fettansatz am Steiß) war, die damals als typisch für die Rasse der Buschmänner betrachtet wurde, starb in Europa und befindet sich immer noch dort – ihr Skelett und ihre Genitalien wurden im Laboratorium eines französischen Museums konserviert.

Für die Wissenschaftler waren die Buschmänner der Kalahari wenig mehr als Studienobjekte – die mit höchstens so viel Respekt behandelt wurden wie Wildtiere. Der anerkannte Anatom Dr. Robert Broom beispielsweise begrub tote Buschmänner bedenkenlos in seinem Garten, um sie für Studienzwecke zu exhumieren, nachdem die Verwesung abgeschlossen war. Er soll sogar ihre Schädel auf seinem Küchenherd gekocht haben, um sie zu säubern. Als Lebensweise und Bräuche der Buschmänner jedoch näher untersucht wurden, entdeckten aufgeschlossenere Beobachter Verhaltensweisen, die nicht zum Bild der primitiven Wilden passten. Die Sprache der Buschmänner beispielsweise war sehr komplex. Moderne sprachwissenschaftliche Forschungen haben bestätigt, dass die Khoisan-Sprachen im Hinblick auf die Phonetik die komplexesten Sprachen der Welt sind. Ihre Kenntnis des Kalahari-Lebensraumes waren erstaunlich umfassend und ihre technischen Fähigkeiten

mitive Jäger und Sammler ein, statt sie als die stolzen Hirten zu sehen, die Rind- und Schaffleisch an Vasco da Gama und andere Schiffsmannschaften, die in den vergangenen Jahrhunderten am Kap angelandet waren, verkauft hatten. Nein, die Buschmänner waren Wilde, die noch in der Steinzeit lebten.

Die Buschmänner wurden nun Objekte der Neugierde, sie dienten der Belustigung und wurden bestaunt. Für Museumsausstellungen wurden Abgüsse von lebenden Buschmännern angefertigt. In mindestens

Die übertriebene Größe der Elenantilopen im Vergleich zu den jagenden Buschmännern auf dieser prähistorischen Felsenmalerei zeigt die Wichtigkeit, die die Tiere für die frühesten Bewohner des südlichen Afrika hatten. Die Elenantilope ist ein ergiebiger Fleisch- und Fettlieferant, spielt aber auch eine wichtige Rolle in den Riten und Glaubensvorstellungen der Buschmänner.

FOLGENDE SEITEN: **Die Khameni wurden Mitte des 20. Jahrhunderts aus der Kalahari vertrieben. Nach dem Fall der Apartheid haben sie ihren Rechtsanspruch auf das Land wiederbekommen und kehren dorthin zurück – leben allerdings nicht mehr ganz ihre traditionelle Lebensweise.**

bemerkenswert hoch entwickelt. Es waren intelligente Menschen, deren Lebensraum verschiedenste Fähigkeiten und ein hohes Maß an Einfallsreichtum erforderte. Darüber hinaus zeugten ihre sozialen Strukturen, ihre Verwandtschaftsgruppen und die Art und Weise, wie sie ihre Kinder aufzogen, von einer Sensibilität und Fürsorglichkeit, die man von Wilden bei weitem nicht erwartet hätte. Sie tanzten, sangen, erzählten Witze und besaßen religiöse Vorstellungen von ihrer Welt, ihrem Schöpfer und einem Leben nach dem Tod.

Außerdem bemalten sie die Wände der Felshöhlen, die sie aufsuchten. Diese Bilder ihrer Lebenswelt waren ohne Einschränkung als Kunst zu bezeichnen. Sie wurden von begabten Künstlern angefertigt, die über großartige Fertigkeiten und eine einzigartige interpretierende Sichtweise verfügten. Sie verwendeten lediglich Pigmente auf Ockerbasis in Rot, Kastanienbraun, Orange, Gelb und Braun sowie Kohle für Schwarz und einen verdünnten Lehm für Weiß und kombinierten Formen und Farben in ihren Gemälden in einer Weise, die an die Anfänge der modernen westlichen Kunst denken lässt. Eine Herde Elenantilopen beispielsweise ist in einem Braque-ähnlichen Kaleidoskopmuster aus Ockergelb, Rot, Braun und Weiß gemalt, während daneben Figuren abgebildet sind, deren einfache feine Details an Gemälde von Miro erinnern.

Südafrika verfügt über mehr als 30 000 Stellen mit Felsbildern, die insgesamt mehr als eine Million Bilder umfassen. Die Datierung nach der Radiokarbonmethode ergab, dass das älteste der Gemälde vor mehr als 27 500 Jahren entstand, während einige fein gravierte Steinplatten 40 000 Jahre alt sind. Die Datierung der südafrikanischen Felsbilder erfolgt erst seit kurzem und ist noch nicht abgeschlossen, bereits jetzt belegt sie jedoch, dass die Künstler in Afrika sehr viel früher zu malen begannen als in anderen Teilen der Erde. Dies war den Wissenschaftlern noch nicht bekannt, als sie die südafrikanischen Felsbilder Anfang des 20. Jahrhunderts erstmals untersuchten. Diese Experten waren von den Vorurteilen der Ethnologie des 19. Jahrhunderts geprägt und kamen daher vorschnell zu dem Schluss, dass Kunst dieser Qualität von Ausländern geschaffen worden sein musste. Es konnte sich jedenfalls nicht um die Kunst Einheimischer handeln, so schlussfolgerten sie, obwohl bekannt war, dass die Buschmänner weniger als 100 Jahre

zuvor Malereien angefertigt hatten. Der letzte bekannte Künstler der Buschmänner wurde im 19. Jahrhundert erschossen und trug, wie man feststellte, zehn kleine Farbtöpfe aus Horn bei sich, die alle unterschiedliche Farben enthielten und an einem Gürtel befestigt waren.

Eine Felsmalerei wurde von einem Experten für französische Felsbilder *White Lady* genannt. Er schrieb das Gemälde Künstlern aus dem Mittelmeerraum zu. Ferner gehörten die zusammen mit der White Lady abgebildeten Menschen vorwiegend europäischen Rassen und Rassen des Mittelmeerraums an, so berichtete er, und bei keinem handele es sich um einen Buschmann. Spätere Forschungen haben ergeben, dass das Urteil des vermeintlichen Experten in fast jeder Hinsicht falsch war. Tatsächlich zeigt sich bereits bei einer nur flüchtigen Untersuchung, dass die White Lady nur an der

Die zarten röhrenförmigen Blüten der *Erica massonii*, einer der vielen einheimischen Pflanzen im südafrikanischen *fynbos*, sind mit einer dünnen, haftenden Saftschicht überzogen. Auf dieser erleben unwillkommene Besucher ein klebriges Ende. Nur die kolibriähnlichen Nektarvögel schaffen es, das süße Pflanzensekret aus den Blüten zu saugen, ohne hängen zu bleiben.

Die aus Europa stammenden prähistorischen Maler müssen auf der Suche nach neuen Jagdgründen mit ihren Booten die Flüsse der afrikanischen Ostküste hinaufgefahren sein. Jedes Mal, wenn sie zu Höhlen kamen, praktizierten sie ihre Bräuche und Rituale und zeigten sie den Eingeborenen.

Neue, objektivere Forschungen zeigen die Absurdität früherer Einwanderungstheorien. In einigen Fällen sind die Bilder älter als die Quellen, aus denen sie angeblich stammten. Die Bilder beschäftigen sich zudem mit Themen aus dem Alltag der San (wie die Buschmänner und Hottentotten jetzt genannt werden) und ihrem Glaubenssystem.

Mit dem Zusammenbruch der Apartheid brachte die Wahl einer schwarzen Regierung 1994 die Aufhebung von Gesetzen mit sich, die den Nachkommen der San den Zugang zu ihrem Land untersagt hatten. Katrina, Kaas und Feke beispielsweise sind drei Schwestern des San-Volkes der Khameni, alle um die 70 Jahre alt. Sie hatten unter der Unterdrückung durch frühere rassistische Regierungen gelitten. Sie erzählen, dass sie 1953 in Johannesburg ausgestellt wurden, ähnlich den missgebildeten Menschen, die man im viktorianischen Zeitalter auf Jahrmärkten in Europa und den USA zeigte. Als die drei Schwestern nach Hause kamen, mussten sie feststellen, dass ihre Familien aus den Gebieten vertrieben worden waren, die sie traditionell bewohnt hatten, und ihr Vater dabei von einem Polizisten zu Tode geprügelt worden war. Die Heimat der Khameni war für die Viehzucht vereinnahmt worden; ihre früheren Bewohner hatte man angewiesen, sich in den Slums von Kapstadt niederzulassen. Vierzig Jahre lang lebten sie am Stadtrand von Kapstadt, verachtet von den Schwarzen und begafft von den Weißen. Doch die Khameni vergaßen ihre Heimat nie und gewannen Ende der 90er Jahre einen bahnbrechenden Gerichtsprozess, bei dem sie das volle Eigentumsrecht an ihrem Land zurückerhielten.

Oberfläche weiß ist und eindeutig nicht dem weiblichen Geschlecht angehört. Professor Raymond Dart, der mit seiner Entdeckung des fossilen *Australopithecus africanus* zum ersten Mal die Vermutung äußerte, dass die Wiege der Menschheit in Afrika gestanden hat, war in Bezug auf die Felsbilder gleichermaßen voreingenommen. Der in manchen Bildern dargestellte Kopfschmuck entsprach seiner Meinung nach dem in babylonischen Zeiten üblichen Kopfschmuck, und daher vermutete er, dass die Künstler Jahrhunderte vor der Ankunft der Portugiesen auf dem Seeweg an der Ostküste entlang nach Südafrika gekommen waren.

Noch Ende des 20. Jahrhunderts behauptete ein Autor, die Felsbilder stammten von Indern. In einem Schulbuch von 1987 wird folgende kühne Behauptung vertreten:

Die Khameni kehrten in ihre Heimat zurück, und Katrina, Kaas und Feke waren unter den ersten, die dem Land einen vorbereitenden Besuch abstatteten – in Begleitung von Fernsehteams. Das Wiedersehen der Schwestern mit ihrer Heimat war von starken Gefühlen begleitet. Sie nahmen sofort ihre Eigentumsrechte wieder in Anspruch und gruben einige als Nahrung oder für medizinische Zwecke dienende Wurzeln und Knollen aus, die jahrzehntelang nicht geerntet worden waren. Sie unterhielten sich aufgeregt über die traditionellen Gepflogenheiten, über die reiche Fülle dieses scheinbar verarmten Landstrichs und darüber, wie Menschen hier für ihren Lebensunterhalt sorgen können. Jetzt sind sie glücklich. Sie glauben, dass sie, wenn ihre Zeit gekommen ist, hier sterben werden – nicht jedoch, bevor sie ihr Erbe an die nächste Generation übergeben haben.

Die Zeit ist nicht stillgestanden, und die Frauen haben sich angepasst. Sie erwarten keine vollständige Rückkehr zur traditionellen Lebensweise. Sie möchten eine ausreichende Versorgung mit Leitungswasser, Kanalisation und Elektrizität und haben geplant, für diese Versorgung zu bezahlen, indem sie traditionelle Fertigkeiten der San mit Ökotourismus kombinieren, der in erster Linie aus geführten Wanderungen für Besucher bestehen wird. Das Land der Khameni liegt entlang des Kalahari Gemsbok Park, der in ein neues und intelligentes Naturschutzkonzept mit dem Namen Peace Parks integriert werden soll. Zehn grenzüberschreitende Parks sollen bis 2003 eröffnet werden. Der so genannte Kgalagadi Transfrontier Park ist der erste dieser Parks und umfasst Gebiete in Südafrika und Botswana und soll auf Namibia ausgedehnt werden.

Das länderübergreifende Konzept der Peace Parks soll den Wildtieren der Ebenen des südlichen Afrikas die Möglichkeit geben, wieder ihre angestammten Wanderrouten zu benutzen, auf denen sie einst frei und ungehindert über den Kontinent zogen und die in ihrem Gedächtnis tief verankert sind. Diese Wanderungen sollen dazu beitragen, die schwindende Vielfalt der noch lebenden Tiere durch gewecktes Interesse zu erhalten.

ES STEHT DURCHAUS im Einklang mit der Rollenverteilung der San-Gesellschaft, dass Frauen die Pioniere bei der Rückkehr der Khameni in ihre Heimat waren. Die Vormachtstellung der jagenden Männer, die den Gefahren der Wildnis auf der Suche nach Fleisch für die von ihnen abhängigen Familien ins Auge sahen, ist größtenteils ein Konstrukt westlicher Sichtweise und in der San-Gesellschaft von geringer Relevanz. Bei den San sind eher die Frauen die Ernährerinnen. Bei dem San-Volk der !Kung (das Ausrufezeichen steht für einen Schnalzlaut) im nordöstlichen Botswana stellten Forscher um 1960 fest, dass zwar die Männer auf die Jagd gingen und die Frauen Nahrung sammelten, jedoch keinerlei Zweifel darüber bestand, wer am meisten Nahrung beschaffte. Die Männer kamen in vier von fünf Fällen mit leeren Händen von der Jagd zurück.

Fleisch war bei den !Kung zwar begehrt (und für die Ernährung unverzichtbar), ihre Nahrung bestand jedoch zu 80 Prozent aus pflanzlicher Kost, die größtenteils von 23 verschiedenen Pflanzen stammte. Insgesamt sammelten die Frauen regelmäßig 85 verschiedene Pflanzen, die je nach Jahreszeit zur Verfügung standen. Ein einzelnes Nahrungsmittel – die Mongongo-Nuss – stellte die Hälfte der verzehrten pflanzlichen Nahrung dar. Diese Nuss enthält fünfmal so viele Kalorien und zehnmal so viel Eiweiß wie die gleiche Menge an gekochtem Reis oder Mais. Die erwachsenen !Kung aßen täglich etwa 200 Gramm Mongongo-Nüsse – dies entspricht vom Nährwert her 400 Gramm magerem Rindfleisch zusammen mit 1,13 Kilogramm gekochtem Reis. Kein Wunder, dass die !Kung sich nicht auf den vorgeschlagenen Anbau von Feldfrüchten einließen. »Warum sollen wir pflanzen«, fragten sie, »wenn es auf der Welt so viele Mongongo-Nüsse gibt?«

Andererseits waren es vermutlich Vorfahren der heutigen Völker der Khoisan-Sprachfamilie, die weltweit den frühesten Beweis dafür hinterlassen haben, dass Menschen versucht haben, Feldfrüchte anzubauen oder zumindest die natürliche Vegetation dahingehend zu beeinflussen, dass diese mehr von dem produzierte, was sie essen wollten. In einer Höhle in der Nähe der Mündung des Klasies River an der Ostküste Südafrikas befinden sich die fossilen Überreste von Menschen, die vor 150 000 Jahren lebten. Archäologen haben Ablagerungen verbrannten Materials ausgegraben, die als nicht essbare Reste von Geophyten (unter der Erde wachsende pflanzliche Nahrung wie zum Beispiel Zwiebeln, Wurzeln und Knollen) identifiziert wurden. Diese Reste sind 70 000 Jahre alt und stammen von grillenden Menschen.

Die Jäger und Sammler und die Urlandwirte, die an der Mündung des Klasies River lebten, bewohnten das Gebiet der Erde, das die vielfältigste und dichteste Vegetation des Globus aufweist – den Fynbos (Afrikaans für »feiner Busch«). Die Fynbos-Region nimmt zwar lediglich 90 000 Quadratkilometer des südwestlichen Kaps ein, in ihr sind jedoch tatsächlich 8578 verschiedene Pflanzenarten beheimatet, von denen fast 70 Prozent an keinem anderen Ort auf der Erde wachsen. Zum Vergleich: Auf den gesamten Britischen Inseln findet man lediglich 1492 Pflanzenarten, obwohl die gesamte Landfläche Großbritanniens dreieinhalbmal so groß ist wie der Fynbos. Die faszinierende Schönheit des Fynbos mit seinen einzigartigen Protea-Arten, Heidekrautgewächsen, hoch blühender Watsonia, Lebenden Steinen und Mittagsblumen hat Einzug in die Blumenläden und Gartencenter der ganzen Welt gehalten. In den Lehrbüchern der Botanik wird die Fynbos-Region als ein eigenes Florenreich geführt. Das winzige Kap-Florenreich oder die Kapensis, das kleiner ist als Portugal, ist naturwissenschaftlich als eines von sechs Florenreichen bekannt und nimmt denselben Rang ein wie die boreale Vegetationszone, die sich über fast die gesamte nördliche Hemisphäre erstreckt.

Die Böden des Fynbos bestehen weitgehend aus feinem und grobem Sand früher Sandsteine, Schiefer und Muschelkalk und weisen sehr wenig Nährstoffe oder organisches Material auf. Es erscheint paradox, dass eine derartige Fülle an Pflanzen auf so nährstoffarmen Boden gedeiht, doch die Erklärung hierfür liegt in dem relativ stabilen Klima, von dem die Region profitiert. Ein mediterranes Klima entstand am Kap zuerst vor drei Millionen Jahren, als die südatlantische Hochdruckzelle eine unveränderliche Position über der Landmasse des südlichen Afrika einnahm. Diese Hochdruckzelle hat sich seit dieser Zeit kaum bewegt, auch nicht während der Eiszeiten. Die Vegetation der Region wurde zu keiner Zeit von Gletschern abgetragen, sie musste nicht nochmals Entwicklungsstufen durchlaufen, die schon einmal durchlaufen worden waren. So konnten sich kontinuierlich vielfältige Pflanzengesellschaften aufbauen, die speziell an die Lebensbedingungen des Fynbos angepasst sind.

Afrika ist ein sehr alter Kontinent, das gilt auch für die Mehrzahl seiner Böden. Bereits vor langer Zeit waren sämtliche in der Erde enthaltenen mineralischen Nährstoffe, die aus dem ursprünglichen Gestein stammten, verbraucht, auf den Böden konnte keine Vegetation wachsen, aus der Humus und dadurch ein an organischem Material reicher Boden entstehen könnte. Nur in den Regionen, in denen die Böden sich aus Vulkangestein jüngerer Eruptionen bilden konnten, das reich an Nährstoffen ist, wie beispielsweise in Äthiopien, Teilen Ostafrikas und der Region der großen Seen, sind die Böden von Natur aus fruchtbar. Karger Ackerbau wird aber durch Gold, Diamanten, Platin, Chrom, Nickel und andere wertvolle Metalle wettgemacht. Das älteste Gestein enthält die größten Vorkommen an wertvollen Mineralien, weil die geochemischen Prozesse, bei denen diese Mineralien entstehen, lediglich in den Teilen des Erdmantels ablaufen, die sich unterhalb von Schilden befinden. Die Schilde, die großen Platten der Kontinentalkruste, sind nur in den seltensten Fällen wie im südlichen Afrika über Milliarden von Jahren intakt geblieben.

Diamanten sind Kohlenstoffkristalle, die sich nur in Tiefen von 150 Kilometern unterhalb der Erdoberfläche bilden, dort, wo das darüber liegende Gestein einen enormen Druck ausübt und die Temperaturen ungefähr 1000 Grad Celsius betragen. Die meisten Diamanten sind mehr als drei Milliarden Jahre alt und tragen mit ihrem Funkeln das Feuer aus dem Kern der Erde in sich. Sie wurden mit Material aus dem Erdmantel an die Oberfläche befördert, das gelegentlich die Erdkruste durchbrochen hat, vergleichbar mit Dampfblasen, die in einem Brei hochsteigen. In den meisten Fällen findet man Diamanten in sedimentären Ablagerungen, doch die Stabilität des afrikanischen Kontinents hat bewirkt, dass der Kern des Kontinents und einige seiner diamantenhaltigen Intrusionen intakt blieben, insbesondere beim Kaapvaal-Schild, der den größten einzelnen Teil der südafrikanischen Landmasse darstellt. Der Kaapvaal-Schild ist eine von zwei Regionen (die andere ist Russland), in der diese Intrusionen gefunden wurden.

Gold wird ebenfalls im Mantel unter den Schilden gebildet und von überhitztem Wasser unter hohem Druck konzentriert. Gold findet man als Erzadern in den Spalten von erstarrtem Gestein. Ebenso wie die Diamantlagerstätten sind auch die Goldlagerstätten des Kaapvaal-Schilds sehr ergiebig. Mehr als die Hälfte allen Goldes,

das jemals auf der Welt produziert wurde, stammte aus den Minen des Kaapvaal-Schilds.

Vor zwei Milliarden Jahren drückten vulkanische Eruptionen Material des Erdmantels durch die Kruste nach oben und horizontal entlang von Schwächezonen in die darüber befindlichen Sedimentschichten. Das Material erstarrte und bildete eine Art unterirdische Insel von 400 Kilometer Länge und bis zu zehn Kilometer

Dicke, die ganz aus einem Stück besteht. Dieses geologische Phänomen, das weltweit seinesgleichen sucht, wird Bushveld-Komplex (Bushveld Igneous Complex) genannt und umfasst Mineralvorkommen von unglaublichem Wert.

Der Komplex ist einer von lediglich neunzehn derartigen geologischen Formationen, die weltweit bekannt sind. Mit einer Fläche von 66 000 Quadratkilometern ist

Bushveld-Komplex ist eine der größten Schatzkammern der Erde. Seine noch nicht abgebauten Vorkommen an Platin, Gold, Chrom, Kupfer, Nickel, Zinn, Flussspat, Vanadium und Eisen reichen bei der derzeitigen Abbaugeschwindigkeit noch 1000 Jahre. 1995 trug der Komplex mehr als fünf Milliarden US-Dollar zur Wirtschaft Südafrikas bei – fünf Prozent des Bruttosozialprodukts des Landes, mehr als das Bruttosozialprodukt der Länder Malawi und Tansania zusammengerechnet, deren Gesamtbevölkerungszahl die von Südafrika übersteigt.

Der in der Erde eingeschlossene Reichtum des Bushveld-Komplexes wurde von vorwiegend schwarzen Arbeitskräften unter großen Mühen zu Tage gefördert, um anschließend als Reichtum vorwiegend der Weißen ein politisches System zu stützten.

DER ERSTE HINWEIS auf den riesigen unterirdischen Schatz Südafrikas wurde 1867 am Ufer des Vaal River gefunden, fast 1000 Kilometer nordöstlich von Kapstadt, in einer Landschaft, die eher von kargen Böden, Dornbüschen und Regenmangel geprägt war als von irgendeinem Anzeichen von Reichtum. Der holländische Siedler Schalk van Niekerk besuchte seine Nachbarn, die Familie Jacobs, als er bemerkte, dass die Kinder der Familie mit hübschen Steinen spielten, die sie am Flussufer gefunden hatten. Insbesondere ein Stein fiel ihm auf. Dieser Stein war lediglich haselnussgroß, doch ungewöhnlich schwer, und sah anders aus als alle Steine, die Niekerk bisher gesehen hatte. Niekerk vermutete, dass es sich um einen Edelstein handeln könnte, und bot an, ihn zu kaufen, doch Frau Jacobs lachte über die Vorstellung, einen Stein zu verkaufen. Wenn ihm der Stein gefiele, könne er ihn umsonst haben, meinte sie.

Das Spielzeug der Kinder war tatsächlich ein Diamant. Er wurde in Kapstadt für £ 500 verkauft – damals ein Vermögen –, innerhalb von drei Jahren steckten 5000 Diamantensucher ihre Claims ab, gruben und

er größer als Sri Lanka und doppelt so groß wie alle anderen derartigen Formationen zusammen.

Als sich die Masse aus geschmolzenem Material abkühlte, lagerten sich die darin befindlichen Minerale in Schichten ab, einer riesigen Schichttorte vergleichbar. Eruptivgestein enthält häufig große Mengen wertvoller Bodenschätze, und der aus Eruptivgestein bestehende

durchsiebten den Uferkies auf der Suche nach den Steinen, die sie reich machen sollten.

Es gibt keine andere Ware, die eine so unwiderstehliche Faszination ausübt wie Diamanten. Die Menschen gehen für sie jedes Risiko ein. Sie betrügen, mogeln, lügen, täuschen und morden. Sie kennen keine Ehre, keine Freundschaft und keine Loyalität mehr. Sie nehmen Entbehrungen und Gefahren auf sich. Denn Diamanten lassen Träume wahr werden. Sie verleihen Ansehen und Macht. Sie öffnen die Türen zu Präsidenten und Königen. Sie verwandeln arme Leute in Millionäre.

Bereits nach kurzer Zeit hatten die Diamantensucher die Stelle gefunden, an der die Diamanten über einen Intrusionsschlot aus der Tiefe der Erdkruste an die Oberfläche befördert worden waren – dürres, mit Buschwerk bewachsenes Ackerland, das heute Kimberley heißt. Innerhalb weniger Jahre hatten die Bergarbeiter die Gegend in das größte von Menschen gegrabene Loch der Welt verwandelt – es maß 300 Meter im Durchmesser und war 90 Meter tief. Die Magnaten von Kimberley machten Millionen und konnten sogar noch mehr einnehmen, da sie ihre Gewinne aus dem Diamantengeschäft in die Transvaal-Goldfelder investierten, die 1886 entdeckt wurden.

Die Kimberley-Mine hat mehr Diamanten geliefert als jede andere Mine auf der Welt. Doch auch hier betrug die Konzentration kaum mehr als eins zu drei Millionen. Die Suche nach Diamanten entsprach also der Suche nach einer einzigen erbsengroßen Glasperle in einer drei Tonnen schweren Lkw-Ladung aus Geröll. Das Material wird in der Mine abgegraben, an die Oberfläche transportiert, zerkleinert und gesiebt und anschließend gewissenhaft durchsucht, in der Hoffnung, dass man den funkelnden Hauptgewinn findet. Große Steine wurden häufig gefunden, sodass die Mühe berechtigt schien, doch die meisten Diamanten waren klein.

Goldvorkommen sind in der Regel konzentrierter als Diamantenvorkommen, andererseits lässt Gold sich schwieriger aus dem Gestein lösen. Daher benötigte man sowohl für die Diamanten- als auch für die Goldvorkommen, die Südafrika den enormen Reichtum gebracht haben, billige Arbeitskräfte. Von Anfang an wurden Afrikaner von nah und fern zur Arbeit in den Minen angeworben, überredet und gezwungen.

Der bekannte Rechtsanwalt Billy van der Merwe stand für den Aufstieg der Afrikaander in die Bereiche Justiz, Finanzen und Industrie während der Apartheid-Ära. Die Regierung der Nationalisten wurde von den 2,6 Millionen Afrikaandern getragen, die über die Hälfte der weißen Bevölkerung des Landes ausmachten.

Wenn die »dunkle teuflische Fabrik« das bleibende Bild für die Industrielle Revolution in Großbritannien ist, so symbolisiert in Südafrika die Mine die Belastungen, denen die Gesellschaft durch den Kapitalismus ausgesetzt war – insbesondere durch das zu der Mine gehörende Lager, in dem die Bergarbeiter praktisch gefangengehalten wurden. Für die Kimberley-Minen mussten schnell Arbeiter mobilisiert werden, was angesichts des vorkapitalistischen ländlichen Hinterlands nicht einfach war. Ein Jahr nach Inbetriebnahme der Mine war jedoch nahezu jede schwarze Gesellschaft südlich des Sambesi in den Diamantenfeldern vertreten. Anfang 1870 arbeiteten jedes Jahr insgesamt 50000 Wanderarbeiter in den Minen.

Die meisten von ihnen legten lange Strecken zurück, um zu den Minen zu gelangen. Aus Unterlagen für 1876 geht hervor, dass 64 Prozent aus mehr als 800 Kilometer Entfernung angereist waren. Es ist einleuchtend, dass dies auch diejenigen Arbeiter waren, die am längsten blieben. Im Gegensatz hierzu stellten diejenigen, die im Umkreis von 80 Kilometer um Kimberley lebten, weniger als ein Prozent der Wanderarbeiter dar.

Die Wanderarbeiter begannen jedoch schon bald, das Gesetz von Angebot und Nachfrage zu ihren Gunsten zu nutzen. Sie weigerten sich, Langzeitverträge mit den Arbeitgebern abzuschließen, und da 5000 Claim-Inhaber um ihre Dienste konkurrierten, wechselten sie zu dem, der die höchsten Löhne bot. Schon bald machten die Löhne nahezu 90 Prozent der Arbeitskosten eines durchschnittlichen Minenbetreibers aus. Schwarze Arbeitskräfte waren, wie eine Zeitung in Kimberley erklärte, »die teuersten der Welt«.

Damals schickten die Wanderarbeiter gutes Geld nach Hause. Es wurde Vieh gekauft, um die stark geschrumpften Herdenbestände wieder aufzustocken. Pflüge wurden angeschafft, damit mehr angebaut werden konnte. Insbesondere bei den Sotho hatte die Einführung des Pflugs sowohl ein Wachstum der örtlichen

Landwirtschaft als auch die Zunahme der Wanderarbeit zur Folge. 1875 suchten jährlich drei von vier Sotho-Männern fern ihrer Heimat nach Arbeit – die meisten von ihnen machten sich auf die 250 Kilometer lange Reise zu den Diamantenfeldern. In der Zwischenzeit produzierten ihre Haushalte jeweils 30 bis 40 Sack Getreide, und auf diese Weise wurden die Sotho für Kimberley zu bedeutenden Lieferanten sowohl von Getreide als auch von Arbeitskräften. In den vier Jahren vor 1874 kauften die Sotho Vieh und anderes Eigentum im Wert von mehr als einer Million Pfund Sterling aus ihren Geschäften mit den Diamantenfeldern.

Doch die Minenbesitzer mit ihrem Profitstreben konnten nicht zulassen, dass die Arbeiter weiterhin einen so dominanten Einfluss auf die Wirtschaft von Kimberley hatten. Als Cecil Rhodes um 1880 sich daran machte, alle Claims der Mine unter die Kontrolle einer einzigen Monopolgesellschaft, der De Beers Consolidated Company Limited, zu bringen, versuchten die Mi-

nenbetreiber ebenfalls, eine stärkere Kontrolle über die Arbeiter auszuüben – vorwiegend dadurch, dass sie die Arbeiter zwangen, in Unterkünften der Gesellschaft zu wohnen. Es wurden Minenlager mit Unterkünften in Form von Baracken hinter hohen Wellblechzäunen erbaut. Im Dezember 1880 waren 22 000 Arbeiter in Lagern auf den Minenfeldern untergebracht, und es wurden weitere Bauten gefordert, damit die Arbeitgeber die Löhne auf ein »richtiges Maß« verringern konnten. Da immer noch Arbeitskräftemangel bestand, übernahm De Beers einige der Aufgaben Kimberleys bei der Häftlingsverwahrung. 1884 baute die Gesellschaft ein Ge-

FOLGENDE SEITEN: **Die Unterkünfte, die Legionen von Haushalts- und Putzkräften sowie Hausmeistern in Südafrika zur Verfügung gestellt werden, sind oft primitiv. In Johannesburg leben manche in kleinen Verschlägen oben auf den Gebäuden, in denen sie arbeiten.**

fängnis und nutzte dessen Insassen als kostenlose Arbeitskräfte, als Gegenleistung für die von der Gesellschaft getragenen Kosten der Anstalt.

1891 schrieb der Generaldirektor von De Beers: »Der Hauptvorteil besteht darin, dass wir Arbeitskräfte haben, mit denen wir rechnen können und die stets zur Verfügung stehen. Die Sträflinge können nicht flüchten wie normale Arbeiter. ... Wenn Arbeiter zu flüchten versuchen, kann man sie nicht erschießen ... «

Die in der Mine von De Beers arbeitenden Sträflinge wurden besser ernährt und gekleidet als die Insassen des städtischen Gefängnisses, sie arbeiteten jedoch mehr Stunden als zu Zwangsarbeit verurteilte Häftlinge und wurden bei Betreten und Verlassen der Strafanstalt

Putswa Tekane arbeitet seit 1980 in den Goldminen von Carltonville bei Johannesburg. Er wohnt in einem Wohnheim beim Bergwerk und kommt nur in unregelmäßigen Abständen heim zu seiner Familie in Lesotho. Als tiefreligiöser Mensch, dessen Alter und Erfahrungen sehr geachtet werden, ist Putswa für jüngere Männer ein wichtiger Berater.

eventuell in der Hoffnung geschluckt haben könnte, sie nach Erlangen der Freiheit verkaufen zu können.

De Beers stellte die Nutzung von Sträflingsarbeit 1932 ein, es war jedoch eine Geste ohne wirkliche Bedeutung, da zu diesem Zeitpunkt die Lager der Gesellschaft selbst kaum besser als Gefängnisse waren. Ab dem Zeitpunkt, an dem ein Mann das Lager betrat, wurde ihm für die Dauer seines Arbeitsvertrags jeglicher Zugang zur Welt außerhalb des Lagers verwehrt. Er bewegte sich zwischen dem Lager und der Mine durch eingezäunte Gänge, die Lager waren mit feinem Maschendraht überdacht, damit keine gestohlenen Diamanten über die Zäune geworfen werden konnten. Den Arbeitern wurde Lohn gezahlt, sie waren jedoch gezwungen, Nahrungsmittel und Waren in den Läden des Lagers zu kaufen.

Die Lager von Kimberley dienten als Modell für die Transvaal-Goldminen, die ab 1890 in Betrieb genommen wurden, die Diamantenfelder und Goldminen wurden zum Vorbild für den Umgang mit Arbeitskräften in ganz Afrika. Die Tatsache, dass die Arbeiter ungebildete Schwarze waren, bestärkte die Arbeitgeber darin, sie wie eine gesonderte Rasse zu behandeln, die nicht über die Fähigkeiten und Ziele der Weißen verfügte und sich wahrscheinlich nie ändern würde. Die Arbeitgeber glaubten, es wäre sinnlos, die Löhne entsprechend der Produktivität zu erhöhen. Dies führe nur zu einer geringen Verbesserung des Lebensstandards der Arbeiter, sagten sie, während »die Hauptfolge darin bestünde, dass die Eingeborenen kürzere Zeit arbeiteten«.

Die Minen hatten einen negativen – und massiven – Einfluss auf das südliche Afrika und andere Regionen. Bei der Mehrzahl der Arbeiter handelte es sich um Wanderarbeiter, die von ihrer Heimat entfernt in ausschließlich von Männern bewohnten Lagern lebten, getrennt von den Gemeinschaften, die um die Lager herum wohnten. Das System wurde von Farmen, Fabriken, staatlichen Einrichtungen und sogar von privaten

durchsucht. Sie gingen jeden Abend nackt in ihre Zellen, wo Bettdecken die einzige Zudecke waren. Jeder Häftling wurde, wenn er seine Strafe abgebüßt hatte, fünf Tage in seine Zelle eingesperrt, wobei man ihm unförmige Lederhandschuhe so an den Händen befestigte, dass er sie nicht abnehmen konnte. Diese Maßnahme sollte dazu dienen, Diamanten zutage zu fördern, die er

Arbeitgebern für das Hauspersonal übernommen. Jedes städtische Zentrum war von Unterkünften, Lagern und Wohnheimen umgeben, in denen das erforderliche Personal untergebracht war, in gebührender Entfernung zu den Weißen. Eine entsprechende Trennung unter hierarchischen Gesichtspunkten bestand selbstverständlich auch in Europa – kein Webstuhlarbeiter konnte es sich leisten, in der Nachbarschaft des Eigentümers der Weberei zu wohnen – doch aufgrund der rechtlichen Gleichstellung und der Gleichstellung im Ausbildungsbereich änderte sich diese Situation in Europa. In Afrika bedeutete die wirtschaftliche Trennung auch eine Trennung nach der Hautfarbe, die wie ein nicht zu entfernendes Mal für die Schwarzen zur Folge hatte, dass diese zu ihrem Status gleichsam verdammt waren.

RASSENTRENNUNG UND **A**USBEUTUNG standen an erster Stelle der Übel, deren Beseitigung sich die Afrikaner von der Unabhängigkeit erhofften. Immerhin konnten viele Nationen am Ende der Kolonialzeit eine gesunde Wirtschaft und Zahlungsbilanz vorweisen – dies wurde unter anderem durch die enorme Zunahme des Rohstoffbedarfs in der Nachkriegszeit begünstigt. In Kenia beispielsweise ermöglichte es die Lockerung kolonialer Einschränkungen den Landwirten, die Anbaufläche des besten Tees der Welt von 1000 auf insgesamt 50 000 Hektar auszudehnen, und das bei einer gleichzeitigen Steigerung der Kaffeemenge. Die Produktion von Erdnüssen im Senegal sowie Kakao in der Elfenbeinküste und Ghana nahm zu.

Dennoch blieben die Bodenschätze Afrikas wichtigstes Kapital. Sowohl die Expansion bestehender Betriebe als auch die Entdeckung neuer Lagerstätten kamen dem Wirtschaftswachstum des Kontinents zugute. Kupfer ließ Sambia immer reicher werden. Gold stützte die florierende Wirtschaft Ghanas. Diamanten vergrößerten die Notgroschen von Botswana, Sierra Leone und Liberia. Kobalt machte das frühere Belgisch-Kongo zu einem bevorzugten Handelspartner der Vereinigten Staaten. Ähnliches spielte sich auf dem gesamten Kontinent ab. Uran im Niger, Eisen in Mauretanien und Liberia, Bauxit in Guinea und Ghana, Titanerz in Sierra Leone, Phosphate in Togo, Mangan und Uran in Gabun, Öl in Kongo, Gabun, Angola, Kamerun und Nigeria – diese Bodenschätze brachten neue Quellen des Wohlstands.

Die Höhlen beim Klasies River an der wilden Tsitsikamma-Küste von Südafrika geben Zeugnisse frühester Lebensweise von Menschen preis. Fossile Reste und Steinwerkzeuge aus den untersuchten Höhlen beweisen nach Ansicht des Archäologen Hilary Deacon, dass die Menschen, die hier vor 150 000 bis 60 000 Jahren lebten, nicht nur ein modernes Aussehen, sondern auch ein modernes Denken und Verhalten hatten.

Der Boom der Nachkriegszeit ermöglichte es den Kolonialregierungen, Pläne für die soziale und wirtschaftliche Entwicklung umzusetzen, die spürbare Verbesserungen für das Leben der meisten Menschen brachten. Die Nahrungsmittelproduktion pro Kopf war ausreichend. Die Menschen waren zwar arm, keinesfalls jedoch die Ärmsten der Welt. Da sämtliche ehemaligen Kolonien mehr als zehn Jahre lang ein kontinuierliches Wirtschaftswachstum erlebt hatten, gingen die Regierungen der jetzt unabhängigen Staaten bei ihren Zukunftsplänen von der Annahme aus, dass sich dieser Trend fortsetzen würde. Ein reales Wachstum fand auch tatsächlich statt. Zwischen 1965 und 1980 stieg das Bruttosozialprodukt pro Kopf in den Ländern Afrikas südlich der Sahara um durchschnittlich 1,5 Prozent pro Jahr. 1980 stellte jedoch in wirtschaftlicher Hinsicht einen Wendepunkt dar, da seither die Wachstumsrate des südlichen Afrikas ständig sank. 2000 war es dann so weit, dass afrikanische Länder auf den Weltranglisten in den Bereichen Gesundheit, Lebenserwartung, Bildung, wirtschaftlichem Status, politische Stabilität und Entwicklungspotenzial die schlechtesten Plätze belegten. Nach Angaben der Weltbank lebten lediglich 15 Prozent der Afrikaner in »einer Umgebung, die als minimal ausreichend für ein nachhaltiges Wachstum und Entwicklung betrachtet wird«. Mindestens 45 Prozent lebten in Armut, jeder Dritte war chronisch unterernährt, zwei Drittel hatten keinen Zugang zu sauberem Wasser. Ein Drittel war ständig Malaria ausgesetzt. Ein Viertel litt wiederholt an Amöbenruhr. Ein Fünftel war dem Risiko ausgesetzt, an Schistosomiasis (Bilharziose) zu erkranken. Die Tsetsefliege bedrohte 50 Millionen Afrikaner (und deren Vieh) mit Trypanosomiasis (Schlafkrankheit). Fünfundzwanzig Millionen waren mit dem HIV-Virus angesteckt. Siebzehn Millionen waren mit Flussblindheit infiziert, Typhus grassierte. Diese Situation

wurde insgesamt durch die Folgen wiederkehrender Überschwemmungen und Dürren, Hungersnöte, zusammenbrechender Infrastrukturen, Misswirtschaft der Regierungen und Bürgerkriege noch verschlimmert. So viel Elend in der Wiege der Menschheit!

MANCHE GLAUBEN, dass Afrikaner von Natur aus nicht in der Lage sind, ohne Hilfe von außen langfristig lebensfähige Staaten zu führen, dass ihre Probleme einfach die Folge genetisch bedingter Eigenschaften sind. Derartige Ansichten brauchen nicht in Betracht gezogen zu werden, da sie rassistisch und schlichtweg falsch sind. Schließlich gibt es »Tribalismus« in Bosnien und dem Nahen Osten, Diktatur im

Irak und Korruption nahezu überall. Bei allen angeführten Beispielen handelt es sich um die Schwächen der Menschheit generell, nicht nur die der Afrikaner. Die Notlage Afrikas ausschließlich auf die Art und Weise zurückzuführen, wie es vom Rest der Welt behandelt wurde, ist einseitig. Afrika war nicht das einzige Opfer externer Mächte. Teile Asiens und Südamerikas hatten ebenfalls unter Imperialisten zu leiden.

Der Unterschied liegt vielleicht darin, dass andere Länder erkannten, wie wichtig es ist, dass sich Staatsoberhäupter ihrem Volk gegenüber verantwortlich verhalten. Die afrikanische Gesellschaft hat diese Grundregel der Demokratie nie besonders beachtet. In Afrika wurde von einem Oberhaupt erwartet, dass er (selten

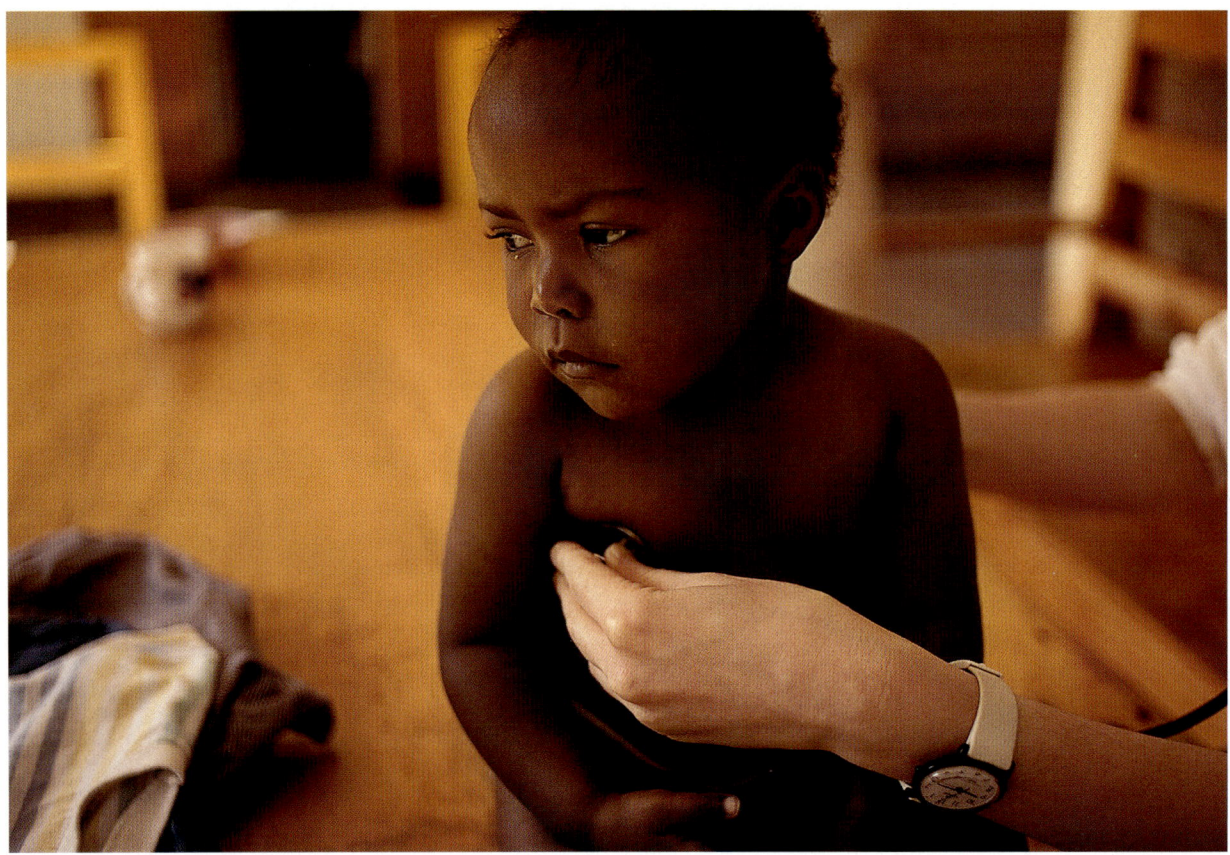

sie) dem normalen Leben enthoben und ein »großer Mann« war, mächtig und reich genug, um ein Wohltäter der Menschen zu sein, von denen er unterstützt werden möchte. Es wurde erwartet, dass Oberhäupter ihre Position für persönliche Vorteile ausnutzen, und obwohl Afrikaner die Tatsache missbilligen, dass Mobutu, Banda, Moi, Houphouët-Boigny und viele andere den Staatssäckel um Milliarden erleichtert haben, fällt ihre Kritik mäßig aus, da sie die fatalistische Überzeugung vertreten, dies wäre für Staatsoberhäupter normal.

Die internationalen Finanzinstitute sind diejenigen, die sich am lautesten beklagen, wenn Uganda 30 Millionen Dollar für einen Jet des Präsidenten ausgibt, und die Tatsache, dass Präsident Mugabe 1999, dem Krisenjahr Simbabwes, Millionen für Staatsbesuche in 21 Ländern ausgab, hat im Land selbst kaum Besorgnis erregt. Das Tragische ist, dass die Summen, die dem Kontinent gestohlen wurden, wesentlich zur Verringerung der internationalen Schuldenlast Afrikas hätten beitragen können. Fast nichts vom eingenommenen Geld wurde in Afrika reinvestiert, wo es eine Verbesserung der wirt-

schaftlichen und gesellschaftlichen Situation hätte bewirken können, stattdessen wurde es in Europa und Amerika angelegt oder für Prestigekäufe ausgegeben. Nicht nur die Präsidenten waren privilegiert, wenn es um das Vermögen der Länder ging. Die Elfenbeinküste beispielsweise wird zwar in den Weltranglisten im Bereich Gesundheit auf den schlechten Plätzen geführt, weist aber dennoch eine Mittelschicht auf, die so reich ist, dass sie beim Pro-Kopf-Verbrauch an Champagner weltweit an der Spitze liegt.

»Korruption? Das kommt darauf an, wie man das sieht«, bemerkte ein Professor der Politologie an der Universität Sierra Leone. »Man könnte es als eine Erweiterung des Talentprinzips sehen: Der Erfolgreichste verdient die größte Belohnung. Oder was manche als das 'Robin-Hood-Syndrom' bezeichnen würden: Die Wähler schicken ihre Vertreter nicht ins Parlament, um nationale Probleme zum Nutzen des Landes zu bearbeiten, sondern um zu raffen, so viel sie können, wobei sie die Beute nach Hause bringen und unter den Leuten vor Ort je nach deren Status verteilen müssen.«

Obwohl Afrika südlich der Sahara nur zehn Prozent der Weltbevölkerung repräsentiert, beklagt es 70 Prozent aller HIV- und Aids-Fälle. 17 Millionen Afrikaner sind schon an Aids gestorben, und zwölf Millionen Kinder wurden zu Waisen, viele von ihnen sind schon vor der Geburt durch ihre Mütter infiziert. Die durchschnittliche Lebenserwartung im südlichen Afrika wird bis 2010 dramatisch sinken: von 64 Jahren auf 37.

Die Eigenschaften innere Festigkeit und Toleranz waren für die Afrikaner Segen und Fluch zugleich. Einerseits befähigten diese Qualitäten die Menschen dazu, unter den widrigsten Bedingungen zu leben, andererseits haben sie aber zur Folge, dass sich die Menschen mit einer fatalistischen Einstellung mit dem Status quo abfinden. »Wir neigen dazu, Probleme und Situationen zu verwechseln«, sagte der Außenminister von Sierra Leone, kurz vor dem Sturz seiner Regierung 1992.

Der jetzige schlechte Zustand der Stromversorgung ist nicht über Nacht eingetreten – die Stromversorgung hat sich allmählich verschlechtert und wir kauften währenddessen Kerzen. Man hätte sich um die Stromversorgung kümmern müssen, sobald das Problem offensichtlich wurde.

Ende des 20. Jahrhunderts waren viele Afrikaner nicht mehr so sehr bereit, die schwierige Situation des Kontinents aus dieser Perspektive zu betrachten. Männer und Frauen, die im unabhängigen Afrika erwachsen geworden waren, wollten die Probleme des Kontinents angegangen und gelöst sehen. Sie tendierten auch immer weniger dazu, die gegenwärtigen Sorgen Afrikas auf die Tyrannei der Vergangenheit zurückzuführen. Die Folgen von Sklavenhandel und Kolonialismus würden niemals vergessen werden, doch jeder wusste, dass die wild wuchernde Korruption des Kontinents, politische Machenschaften, schlechte Regierungen und ein Mangel an Verantwortungsgefühl Probleme waren, die die Afrikaner selbst geschaffen hatten. Auch die Ansichten außerhalb Afrikas hatten sich geändert. Das Ende des Kalten Krieges brachte das Ende der bedingungslosen Unterstützung für strategisch wichtige Regime – wie beispielsweise Äthiopien und Zaire – mit sich. Darlehen der Weltbank und des Internationalen Währungsfonds waren mit harten Forderungen nach Wirtschaftsreformen, mehr Verantwortungsübernahme, Demokratisierung und freien Wahlen verbunden.

Nelson Mandelas Freilassung aus der Haft am 11. Februar 1990 war bei diesen Entwicklungen ein Schlüsselereignis. 1964 waren er und andere Führer des ANC (African National Congress) der Verschwörung zum Sturz der Regierung Südafrikas für schuldig befunden und zu lebenslanger Haft verurteilt worden. Wenn die Apartheid-Regierung erwartet hatte, mit der Inhaftierung Mandelas würde er aus dem politischen Bewusstsein Südafrikas verschwinden, so hatte sie sich gründlich getäuscht. Das Gegenteil war der Fall: Sein Einfluss wurde durch die Haft noch verstärkt. Andere Namen kamen und gingen, als der ANC von internen Streitigkeiten und Spaltungen erschüttert wurde, doch der Name und die Symbolfigur Nelson Mandela gewannen in Südafrika und der Welt immer größere Bedeutung. Er wurde die führende Figur, war mächtig durch seine Abwesenheit, ein Häftling des Gewissens – stumm, doch für immer mit den Wahrheiten verbunden, für die er sich eingesetzt hatte.

Diese Wahrheiten verkündete er am denkwürdigsten bei seinem Prozess. Mandela hielt sich nicht an das übliche Verfahren von Aussage und Kreuzverhör, sondern gab eine vollständige und deutliche Erklärung ab:

Während meines Lebens habe ich mich diesem Kampf des afrikanischen Volkes verschrieben. Ich habe gegen weiße Herrschaft gekämpft, und ich habe gegen schwarze Herrschaft gekämpft. Ich habe das Ideal einer demokratischen und freien Gesellschaft gehegt, in der alle Menschen in Eintracht und mit gleichen Möglichkeiten zusammenleben.

Mandela und seine Mitangeklagten wurden nach dem Gesetz über Sabotage angeklagt, das die Todesstrafe vorsah. Am 11. Juni 1964 verkündete der Richter den Schuldspruch für Mandela und neun andere. Die Strafe sollte erst am nächsten Tag mitgeteilt werden. »Ich war auf die Todesstrafe gefasst«, schrieb Mandela in seiner Autobiographie. »Wir waren alle darauf gefasst, nicht weil wir tapfer waren, sondern aus Realismus.«

Die Todesstrafe hätte aus Nelson Mandela einen Märtyrer für die Freiheit Afrikas gemacht. Stattdessen wurde er zu einer lebenslangen Haftstrafe verurteilt. Dennoch verließ er 27 Jahre später, im Alter von 71, das

Gefängnis mit dem Ruf eines verklärten Helden. Ungebeugt von der Unterdrückung durch das weiße Regime, unbelastet von den Fehlern der afrikanischen Unabhängigkeit, gestählt durch Jahre des Selbststudiums und der Kontemplation, verfügte Nelson Mandela über genau die Qualitäten, die der historische Augenblick erforderte. Er war kein begabter Redner wie Martin Luther King und besaß auch nicht die schlaue Gewitztheit eines Mahatma Gandhi. Mandela strahlte einfach die Unerschrockenheit, Ehrlichkeit und Autorität eines durch und durch guten Mannes aus. Er war geduldig. Seine zeitliche Planung war perfekt. Er nahm seine eigene Inhaftierung in die Hand und zögerte seine Freilassung so lange hinaus, bis seine Bedingungen erfüllt wurden. Seine größte Stärke bestand darin, dass er die Angst der Weißen kannte und wusste, wie er sie beeinflussen konnte.

Um 1980 stand Südafrika vor dem Bankrott. Die Apartheid war zu einem grotesken Luxus geworden. Drei Parlamentskammern, zehn Ministerien für Bildung, Gesundheit und Soziales (eines für jede »Rasse« und jedes Homeland) und riesige Budgets für Militär und Staatssicherheit belasteten die Wirtschaft des Landes enorm. Sanktionen und ausbleibende Investitionen des Auslands erhöhten den Druck. Die Spirale aus Arbeitslosigkeit, Armut und sozialen Unruhen verstärkte die Spannung. Es wurde immer deutlicher, dass es für die ganze Situation nur eine einzige Lösung gab: Die Apartheid musste abgeschafft werden, und mit ihr die Vorherrschaft der Weißen. Nachdem die Regierung diese Tatsache anerkannt hatte, war ihren Verantwortlichen klar, dass lediglich eine ausgehandelte Einigung mit Nelson Mandela und dem ANC zu Hoffnungen auf eine Lösung der wachsenden wirtschaftlichen und gesellschaftlichen Probleme Südafrikas berechtigte.

Die Verhandlungen waren langwierig und schwierig, doch Nelson Mandela verlor das hohe Ideal nie aus den Augen, für das er zu sterben bereit gewesen war: eine demokratische und freie Gesellschaft, in der alle Menschen in Eintracht und mit gleichen Möglichkeiten zusammenleben.

Die ersten Wahlen Südafrikas unter der neuen Verfassung fanden im April 1994 statt. Die Szenen, die sich bei den Wahllokalen im ganzen Land abspielten, mit Millionen von Wählern, die geduldig in Schlangen warteten, in ländlichen Siedlungen, Gemeinden und Vorortstraßen, zählen zu den ermutigendsten Ereignissen der jüngsten Geschichte. Für viele Wähler war es das erste Mal, dass sie zur Wahl gingen, und es war das erste Mal, dass eine afrikanische Wahl so viel positive Aufmerksamkeit aus dem Ausland bekam.

Mit einer schwarzen Mehrheitsregierung und Nelson Mandela als Präsident hatte Südafrika jetzt den Anschluss an die Hauptrichtung der geschichtlichen Entwicklung Afrikas gefunden. Das letzte Relikt der weißen Vorherrschaft war von diesem Kontinent verbannt worden.

NUR WENIGE STAATSOBERHÄUPTER haben so weitverbreitete Sympathie und Bewunderung erweckt wie Nelson Mandela. Und noch weniger haben die Macht so schnell wieder abgegeben, nachdem sie sie erlangt hatten. Er hatte mehr als 50 Jahre lang für die Rechte der Schwarzafrikaner in Südafrika gekämpft, doch bereits nach fünf Jahren gab er das Amt des Präsidenten wieder ab. Die Verfassung sieht die Möglichkeit vor, dass sich ein Präsident für eine zweite Amtsperiode zur Wahl stellt. Mandela war 1999 zum Zeitpunkt der Wahlen 81 Jahre alt. Er war noch rüstig und wäre sicher wiedergewählt worden, doch anders als viele andere afrikanische Staatsoberhäupter war es nicht sein Wunsch, die Präsidentschaft bis zu seinem Tod innezuhaben. Außerdem hatte er wieder geheiratet und wollte mehr Zeit mit seinen Enkeln verbringen.

1999 wurde Mandelas Stellvertreter, der 57-jährige Thabo Mbeki zum Präsidenten gewählt. Der Sohn von Govan Mbeki, einem Führer des ANC, der zusammen mit Mandela verurteilt und inhaftiert worden war, hatte ebenfalls sein Leben dem Kampf um die Freiheit verschrieben. Nachdem er in Südrhodesien (jetziges Simbabwe) wegen des Verdachts auf terroristische Aktivitäten verhaftet worden war, wurde Mbeki in Tansania politisches Asyl gewährt, bevor er an der Universität Sussex studierte, wo er 1966 den Magister in Wirtschaftswissenschaften erhielt. Die folgenden zehn Jahre vertrat er weltweit den ANC, bevor er in den nationalen Vorstand der Organisation aufgenommen wurde.

Als Leiter für internationale Angelegenheiten beim ANC war Thabo Mbeki maßgeblich an den Verhandlungen beteiligt, die zur Freilassung Nelson Mandelas und zum Zustandekommen einer schwarzen Mehrheitsregierung führten. Nachdem diese Aufgaben bewältigt waren, widmete sich Mbeki den wirtschaftlichen und sozialen Problemen, mit denen die Menschen in Südafrika und im gesamten Kontinent zu kämpfen haben. »Die volle Bedeutung der Befreiung wird erst dann deutlich werden, wenn unsere Menschen sowohl von der Unterdrückung als auch von dem entmenschlichenden Erbe der Entbehrungen frei sind, ... Ich bin der Hüter meines Bruders, ich bin der Hüter meiner Schwester«, versprach er in seiner Rede zum Amtsantritt.

Als stellvertretender Präsident hatte Thabo Mbeki gegenüber dem älteren Staatsmann Mandela die Rolle des hitzigen und idealistischen jungen Mannes inne, und er forderte Afrika auf, sich wieder auf die Stärken zu besinnen, die es zur Geburtsstätte der Menschheit gemacht hatten. Er sprach von einer Renaissance Afrikas, die die Seele des Kontinents aufwühlen sollte, als Auftakt für die Bewältigung seiner politischen und wirtschaftlichen Probleme. In Europa ist die »Renaissance« das Wiedererwachen des Interesses an griechischer und römischer Kunst und Kultur im 14. Jahrhundert. In Afrika wollte Mbeki den Geist wiedererwecken, von dem die riesigen Obelisken in Aksum, die ägyptischen Pyramiden, die labyrinthischen Steinmauern von Great Zimbabwe, die Bronzeskulpturen von Benin, die Felsmalereien der San, das antike Karthago, die Universitäten von Alexandria, Fez und Timbuktu und der Sieg der Zulus über die britischen Truppen im Jahr 1879 in Isandhlwana inspiriert waren.

Mbeki richtete sich an die nach der Unabhängigkeit geborene Generation als er sagte:

Der Ruf nach einer afrikanischen Renaissance ist ein Ruf nach Rebellion. Wir müssen gegen die Tyrannen und Diktatoren rebellieren, gegen diejenigen, die unsere Gesellschaft korrumpieren und den Wohlstand stehlen, der dem Volk gehört. Wir müssen ... einen Krieg gegen die Armut, den Bil-

Im neuen Südafrika können sich Künstler mit Schnitzarbeiten ihren Lebensunterhalt gut verdienen. Große Stücke können mehrere Hundert Dollar kosten.

dungsmangel und die Zurückgebliebenheit der Kinder führen. Sicher gibt es Politiker und Geschäftsleute, Aktivisten für die Sache der Jugend und der Frauen, Gewerkschaftler, religiöse Führer, Künstler und Profis vom Kap bis Kairo, von Madagaskar bis Kap Verde, die so erbost über den Zustand Afrikas sind, dass sie sich dem Massenkreuzzug zur Erneuerung Afrikas anschließen möchten. An diese Menschen richten wir unsere Worte, wenn wir klar und deutlich sagen, dass ein echter Afrikaner zu sein bedeutet, ein Rebell für die Sache der afrikanischen Renaissance zu sein, deren Erfolg im neuen Jahrhundert und Jahrtausend eine der größten historischen Herausforderungen unserer Zeit ist.

Mbekis Ruf nach einer afrikanischen Renaissance hat weltweit für Schlagzeilen gesorgt. Afrika wurde eine neue Rolle auf der Weltbühne verheißen. Bereits jetzt sind die Zeichen der Erneuerung auf dem gesamten Kontinent zu sehen. Fünfundzwanzig demokratische Wahlen fanden in den 90er Jahren statt. Diktaturen, die einmal typisch für die afrikanischen Regierungen waren, sind selten geworden. Wirtschaftliche Reformen haben zu einem phänomenalen Wachstum geführt, mit Wachstumsraten von fünf oder mehr Prozent in mehr als der Hälfte der afrikanischen Länder. Eine neue Welle ausländischer Investitionen pumpt derzeit Hunderte Millionen von Dollar in die afrikanische Industrie.

Trotz der immer noch bestehenden enormen Probleme hat Afrika die Energie, die Ressourcen und die Arbeitskräfte, zum Wirtschaftsriesen des 21. Jahrhunderts zu werden. Dabei geht es nicht nur um Wohlstand und Wohlergehen der Menschen dieses Kontinents. Afrika geht uns alle an. Wir haben alles miteinander gemein – nicht nur unser Schicksal, nachdem jetzt die Grenzen der globalen Ausbeutung von Ressourcen bekannt sind. »Bei der afrikanischen Renaissance geht es nicht nur um das Leben der Völker Afrikas«, sagt Präsident Mbeki, »sie erweitert die Grenzen der Menschenwürde.«

Als das weltweit verurteilte Apartheidsystem Südafrikas zusammenbrach und demokratische Wahlen 1994 eine schwarze Regierung mit Nelson Mandela an die Macht brachten, begann für die Opfer der Rassentrennung ein neue Zeitalter mit ungeahnten Möglichkeiten. Aber nur wenige waren so mutig wie die 26-jährige Xoliswa Vanda, die sich zum Ziel setzte, als erste Frau eine der größten Goldminen Südafrikas zu leiten. Binnen weniger Jahre war sie die erste Schwarze im Land, die eine Sprengmeisterlizenz vorweisen konnte, und die erste Frau in einer Belegschaft von 5000 Männern. Wenn sie jetzt noch ein paar entscheidende Examen besteht, ist sie bald ganz oben auf der Karriereleiter ins Management.

Südafrika ist die reichste Nation in Afrika; sein Wohlstand beruht auf seinen enormen Bodenschätzen. Die Bergleute arbeiten in fast 3000 Metern Tiefe, wo die Hitze des Erdkerns Temperaturen bis zu 40° Celsius erzeugt. Der Arbeitsplatz ist sehr beengt und der Lärm der Pressluftbohrer ohrenbetäubend. Und selbst hier, in einer der ergiebigsten Goldminen der Erde, sind die Resultate fast unsichtbar. Aus jeder Tonne Erz gewinnt man nur ein streichholzkopfgroßes Stück Gold.

Xoliswa ist für die Sprengmaterialien zuständig, mit denen die zwischen einem halben und zweieinhalb Meter starken goldhaltigen Flöze weggesprengt werden. Sie entscheidet über Platzierung und Menge und trägt die rechtliche Verantwortung.

Xoliswa Vanda (links) ist eine Vorkämpferin in Sachen Gleichberechtigung. Sie ist Chefin von 5000 Minenarbeitern, die es jedoch nicht gewöhnt sind, Anordnungen von einer Frau entgegenzunehmen. Aber Xoliswa versteht ihre kulturellen Probleme recht gut. »Ich weiß, wie ich mit den Männern reden muss, und ich bringe sie dazu, genau das zu tun, was ich will. Man darf einem Menschen bloß nicht die Würde nehmen!«

Xoliswa ist für die Sprengmunition zuständig. Sie entscheidet, wo die
Ladungen platziert werden und sie zündet die Sprengung. Das ist eine
schwierige Aufgabe, die ihr erhebliche Verantwortung aufbürdet.
»Ich bin rechtlich für die Sicherheit aller verantwortlich, die hier
arbeiten«, sagt sie.

Tief unter der Erde
leitet Xoliswa in der
Savuka-Mine die
Arbeiten, wenn Löcher
für die Dynamit-
ladungen gebohrt
werden, die das gold-
haltige Erz heraus-
sprengen sollen.
Die Arbeitsbedin-
gungen im Schacht
sind beengt. Die
Temperaturen steigen
bis auf 40 Celsius, die
Luftfeuchtigkeit be-
trägt 100 Prozent,
der Lärm ist ohren-
betäubend.

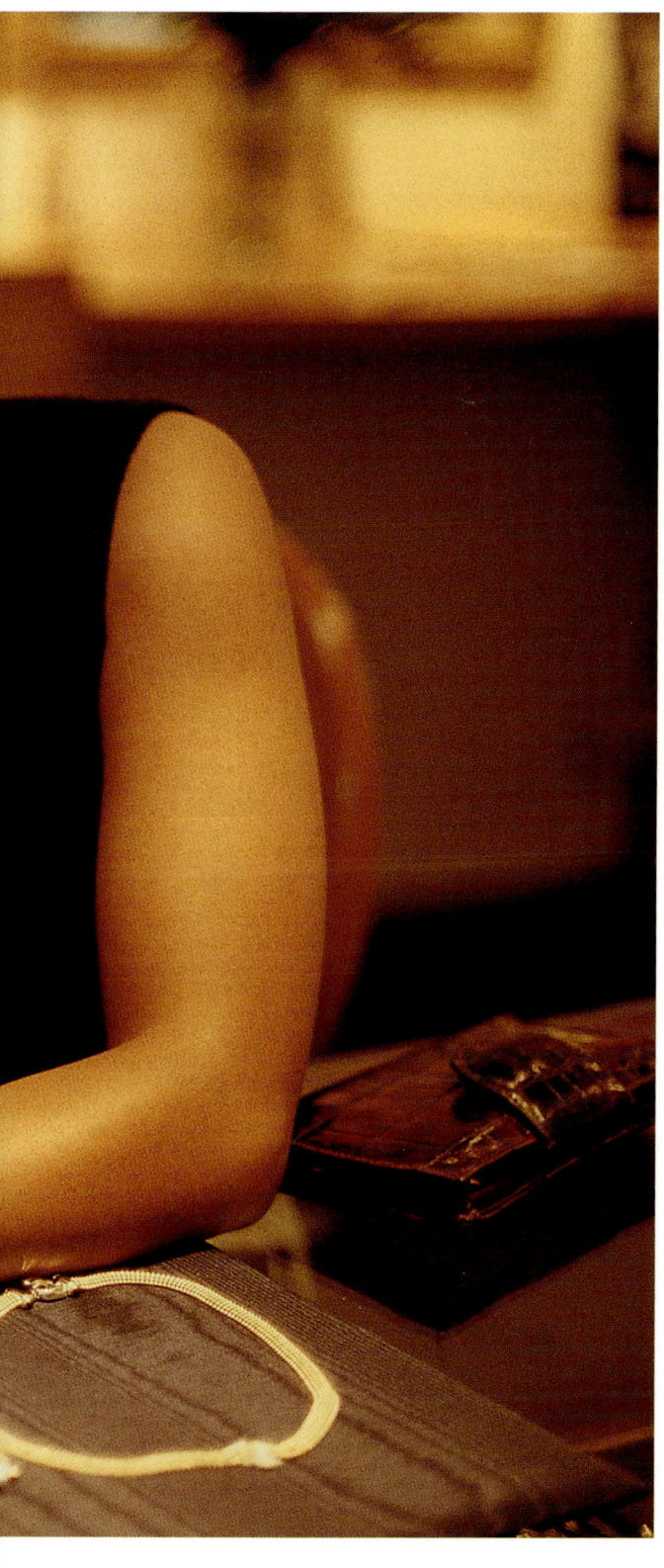

Mit ihrer Freundin Thabita Machaba, einer Ingenieurstudentin, die wie Xoliswa auch beim Bergbau einsteigen möchte, geht Xoliswa (linkes Bild, links) am Ufer im Vorort Randburg einkaufen (oben) und zu Brown's, einem der Spitzenjuweliere in Johannesburg (links), wo sie einen Goldring probiert. »Hör mal, ich hab schwer gearbeitet, um es aus der Tiefe raufzuholen, deshalb bin ich stolz drauf Gold zu tragen«, sagt sie. »Und ich finde, dass Gold auf meiner Haut schön aussieht. Ich liebe Gold, deshalb bin ich auch in eine Goldmine gegangen.«

Kapitel 1: Savanne

Aiello, Leslie C. und Wheeler, Peter, 1995. The expensive-tissue hypothesis: The brain and the digestive system in human and primate evolution. Curr. Anthrop. 36 (2), 199–221.

Alexander, R. McNeill. 1992. Human locomotion, in: Cambridge Encyclopedia of Human Evolution, 1992. Cambridge. Cambridge University Press. 80–85.

Ambrose, Stanely H. 1984. The introduction of pastoral adaptions to the highlands of East Africa, in: Clark, J.D., und Brandt S.A. (Hsg.) 1984. From hunters to farmers: the causes and consequences of food production in Africa. Berkeley. University of California Press. 213–239.

Baker, B.H., Mohr, P.A. und Williams, L.A.J. 1972. Geology of the Eastern Rift System of East Africa. Boulder, Colo.

Briggs, J.C. 1987. Biogeography and plate tectonics, Amsterdam.

Brown, Eric W., 1988. An introduction to solar energy. Feneric@ccs.neu.edu

Croze, Harvey und Reader, John, 2000. Pyramids of life. Harvill. London. 11, 32.

Harrison, G.A., Tanner, H.J.M., Pilbeam, D.R. und Baker, P.T., 1992. Human biology, 452. Oxford Science Publications, Oxford.

Houston, D.C. 1979. The adaptions of scavengers, in: Sinclair A.R.E. und M. Norton-Griffiths (Hsg.) 1979, Serengeti: Dynamics of an ecosystem, Chicago and London. University of Chicago Press. 263–286.

Iliffe, John, 1995. Africans – The history of a continent. Cambridge University Press, Cambridge, 112.

Leakey, M.D. und Harris, J.M., (Hsg.), 1987. Laetoli: A Pliocene site in Northern Tanzania. Oxford, Clarendon Press.

Lithgow-Bertelloni, Carolina und Silver, Paul G. 1998. Dynamic topography, plate driving forces and the African superswell. Nature 395, 269–272.

Lovejoy, C.O., 1981. The origin of man, Science. Bd. 211, 341–350.

Meadows, M.E. 1996. Biogeography, in: Adams, W.M., A.S. Goudie und A.R. Orme (Hsg.) 1996. The Physical Geography of Africa. Oxford. Oxford University Press. 161–172.

Muriuki, Godfrey, 1974. A History of the Kikuyu. Oxford University Press, Nairobi, 21–23, 45–47, 62–63.

Nance, R. Damian, Worsley, Thomas R., und Moody, Judith B., 1988. The supercontinent cycle. Scientific American, Juli, 44–51.

Nyamweru, Celia. 1996. The African Rift System, in: Adams, W.M., A.S. Goudie und A.R. Orme (Hsg.) 1996, The Physical Geography of Africa. Oxford. Oxford University Press. 18–33.

Pollitz, Fred F. 1999. From rifting to drifting. Nature 398: 21–22.

Reader, John, 1999. AFRICA: A biography of the continent. New York, Vintage Books, 4, 686.

Ross, Philip E. 1991. Hard words. Sci. Am. 264 (4): 71–79.

Rouhani, Chanin und Steve Jones. 1992. Bottlenecks in human evolution, in: Cambridge Encyclopedia of Human Evolution, 1992. Cambridge. Cambridge University Press. 281–283.

Routledge, W.S. und K. 1910. With a prehistoric people: The Kikuyu of British East Africa. London. 6.

Schaller, G.B. und Lowther, G.R., 1969. The relevance of carnivore behavior to the study of early hominids. SW. J. Anthrop., Bd. 25 (Tl. 4), 307–341.

Sinclair A.R.E. und Arcese, Peter (Hsg.) 1995. Serengeti: Dynamics, management und conservation of an ecosystem. Chicago University Press, Chicago und London.

Steudel, Karen L., 1994. Locomotor energetics and hominid evolution. Evol. Anthrop., Bd. 3 (Tl. 2), 42–47.

Summerfield, Michael A. 1996. Tectonics, geology und long-term landscape development, in: Adams, W.M., A.S. Goudie, und A.R. Orme (Hsg.) 1996. The Physical Geography of Africa. Oxford. Oxford University Press. 1–17.

Tattersall, Ian, 2000. Once we were not alone. Sci. Am. (Januar), 38–44.

Van Hoven, W.W. 1991. Mortality in kudu populations related to chemical defence in trees. Revue Zoologique Africaine 105: 141–145.

Wheeler, P.E., 1984. The evolution of bipedality and loss of functional body hair in hominids. J. Hum. Evol., 13, 91–98.

Wheeler, P.E., 1992. The thermoregulatory advantages of large body size for hominids foraging in savannah environments. J. Hum. Evol., 23, 351–362.

Wilson, A.C. et al. 1987. Mitochrondrial clans and the age of our common mother, in: Vogel, F. und K. Sperling (Hsg.) 1987. Human genetics: Proc. 7th Int. Congr. Berlin. Springer. 158–164.

Wright, Robert. 1991. Quest for the mother tongue. Atlantic Monthly, April, 39–68.

Kapitel 2: Wüste

Attenborough, David, 1984. The living planet. 141. Collins, London.

Baier, Stephen und Paul E. Lovejoy, 1977. The Tuareg of the Central Sudan, in: Miers, Suzanne and Igor Kopytoff (Hsg.) 1977. Slavery in Africa: Historical and anthropological perspectives. Madison. University of Wisconsin Press. 400.

Beazley, C.R. und Prestage, E. (Übers. und Hsg.), 1896, 1899: Azurara, G.E. de., ca.1450, The chronicle of the discovery and conquest of Guinea [1441–1448]. 2 Bde., Cambridge. Hakluyt Society.

Berger, A., 1988. Milankovich and climate. Rev. Geophys., Bd. 26 (Tl.4), 624–657.

Bulliet, Richard B. 1975. The camel and the wheel. Cambridge, Mass.. Harvard University Press.

Butzer, Karl. 1976, Early hydraulic civilization in Egypt: A study in cultural ecology, Chicago. University of Chicago Press. 83.

Caton-Thompson, G. 1934. The camel in dynastic Egypt. Man 34: 21.

Cloudsley-Thompson, J.L., (Hsg.) 1984. Sahara Desert. Oxford. Pergamon Press, 3.

Clutton-Brock, Juliet, 1993. The spread of domestic animals in Africa, in: Shaw, Thurstan, Paul Sinclair, Bassey Andah und Alex Okpoko (Hsg.) 1993. The archaeology of Africa: food, metals and towns. London. Routledge, 66–67.

Curtin, P.D. 1984. Cross-cultural trade in world history. Cambridge, Cambridge University Press, 21.

Curtin, P.D., 1969. The Atlantic slave trade: a census. Madison. University of Wisconsin Press, 268, 287.

El-Baz, Farouk, 1998. Aeolian deposits and palaeo-rivers of the Eastern Sahara. Sahara 10: 55–66.

Garrard, Timothy F., 1982. Myth and metrology: the early trans-Saharan gold trade. Afr. Hist. 23: 443–461.

Gowlett, John. 1984. Ascent to civilization. London: Collins, 181.

Haaland, Randi, 1992: Fish, pots and grain: Early and Mid-Holocene adaptions in the Central Sudan. Afr. Archaeol. Rev, 10, 43–64.

Heinzel, H., Fitter, R. und Parslow, J., The Birds of Britain and Europe. Collins, London.

Hopkins, A.G., 1973, An economic history of West Africa, London, Longman, 82.

Iliffe, John, 1995. Africans – the history of a continent. Cambridge, Cambridge University Press, 82, 130.

Imbrie, John, 1982. Astronomical theory of the Pleistocene ice ages: a brief historical review. Icarus Bd. 50, 411.

Junge, C.E., 1979. The importance of mineral dust as an atmospheric constituent in the atmosphere, in Morales, C. (Hsg.) Sharan Dust. New York, 49–60.

Kassas, M. und K. H. Batanouny, 1984. Plant ecology, in: Cloudsley-Thompson, J.L. (Hsg.) 1984. Sahara Desert, Oxford. Pergamon Press. 77–90.

Keenan, Jeremy, 1977. The Tuareg. Allen Lane, London, 5, 6.

Keenan, Jeremy, 2000. The fa-ther's friend, returning to the Tuareg as an ›elder‹. Anthrop. Today, Bd. 16, Tl. 4, 7–11.

Lamprey, H.F. 1988. Report on the desert encroachment reconnaissance in Northern Sudan. (UNESCO/UNEP) Desertification Control Bull. 17.1)

Lancaster, Nicholas. 1996. Desert environments, in: Adams. W.M., A.S. Doudie, und A.R. Orme (Hsg.) 1996. The Physical Geography of Africa. Oxford. Oxford University Press. 211–237.

Levtzion, N. und Hopkins, J.F.P., 1981. Corpus of early Arabic sources for West African history. Cambridge. Cambridge University Press, 27–28.

Lhote, Henri, 1987. Oasis of art in the Sahara. Nat. Geog. August, 181–191.

Lovejoy, Paul E., 1986. Salt of the desert: A history of salt production and trade in Central Sudan. Cambridge, Cambridge University Press, 40.

Markham, Clements R. (Hsg.) 1878. John Hawkins. The voyages. Cambridge, Hakluyt Society, Bd. 57, 5.

McCauley, John F. et al. 1986. Palaeodrainages of the Eastern Sahara – the radaer rivers revisited (SIR-A/B implications for a Mid-Tertiary Trans-African Drainage System). IEEE Trans. Geosci. Remote Sens. GE-24 (Tl.4), 624–647.

McGinnies, W.B. Goldman und P. Paylore. 1968. Deserts fo the world. Tucson. University of Arizona Press.

Moreau, R.E. 1972. The palearctic-african bird migration systems. New York. Academic Press.

Multhauf, Robert P., 1978. Neptune's gift. A history of common salt. Baltimore. Johns Hopkins University Press, 4.

Nachtigal, Gustav. Sahara and Sudan, vol. 2: Bornu, Kanem, Ennedi. Trans. A.G.B. und H.H. Fisher. 1980. New York. Holmes and Meier. 97.

Nickling W.G. und J.A. Gillies. 1993. Dust emissions and transport in Mali. West Africa. Sedimentology 40 (5): 859–868.

Nicolaisen, J. 1963. Ecology and culture of the pastoral Tuareg. National Museum of Copenhagen. 7.

O'Connor, David. 1993. Urbanism in bronze age Egypt and northeast Africa, in: Shaw, Thurstan, Paul Sinclair, Bassey Andah und Alex Okpoko (Hsg.) 1993. The archaelogy of Africa: food, metals and towns. London. Routledge, 570–586.

Oliver, R. 1991. The african experience. London. Weidenfeld and Nicholson.

Pettet, A., 1984. Migratory birds, in: Cloudsley-Thompson, J.L. (Hsg.) 1984. Sahara Desert. Oxford. Pergamon. 241–250.

Polis, Gary A., (Hsg.) 1991. The ecology of desert communities. Tucson. University of Arizona Press, 1–25.

Pratt, D.J. and M.D. Gwynne. 1977. Rangeland management and ecology in East Africa. London. Hodder and Stoughton. 35–37.

Prospero, J.H , R.A. Glaccum und R.T. Nees, 1981. Atmospheric transport of soil dust from Africa to South America. Nature 289: 570–572.

Reader, John, 1999. Africa – a biography of the continent. New York. Vintage Books, 276.

Roset, J.P. 1987. Palaeoclimatic and cultural conditions of neolithic development in the early Holocene in northern Niger, in: Close, A.E. (Hsg.) 1987. Prehistory of arid North Africa. Dallas. Southern Methodist University Press. 189–210.

Rowley-Conwy, Peter. 1988. The camel in the Nile valley. J. Egpyt Archaeol. 74: 245–248.

Said, Rushdi, 1993. The River Nile – geology, hydrology and utilization. Oxford. Pergamon Press, 55.

Said, Rushdi, 1997. The role of the desert in the rise and fall of Ancient Egypt. Sahara Bd. 9, 20.

Saunders, A.C. de C.M., 1982. A social history of the black slaves and freemen in Portugal, 1441–1555. Cambridge, Cambridge University Press, 59.

Shaw, Thurstan, Sinclair, Paul, Andah, Bassey und Okpoko, Alex, (Hsg.) 1993. The archaeology of Africa: food, metals and towns. London, Routledge, 570–586.

Smith Andrew B., 1992. Pastoralism in Africa: origins and development ecology. London. Hurst, 70.

Smith G. 1984. Climate, in: Cloudsley-Thompson, J.L. (Hsg.) 1984. Sahara Desert. Oxford. Pergamon Press. 17–30.

Stemler, Ann. 1984. The transition from food collecting to food production in northern Africa, in: Clark, J.D. und S.A. Brandt (Hsg.) 1984. From hunters to farmers: The causes and consequences of food production in Africa. Berkeley. University of California Press. 127–131.

Sultan, Mohamed, et al., 1999. Monitoring the urbanization of the Nile Delta, Egypt. Ambio, Bd. 28. Nr. 7, 628–631.

Swain, Ashok, 1997. Ethiopia, Sudan and Egypt: the Nile River dispute. J. Mod. Afr. Stu. Bd. 35, Tl. 4, 675–694.

The Times Atlas, 1985, London. Times Books, Karte 81.

Theroux, Peter, 1997. The imperilled Nile Delta, Nat. Geog. January, 8.

Tucker, C.J., Dregne, H.E., Newcomb, W.W., 1991. Expansion and contraction of the Sahara Desert from 1980 to 1990. Science, 253, 299–301.

Tucker, Compton J. und Nicholson, Sharon E., 1999. Variations in the size of the Sahara Desert from 1980 to 1997. Ambio, Bd. 28 (7): 587–591.

Vines, Gail, 1992. Winning streak for sheiks, New Sci., Bd. 136, 22–25.

Wickens, G.E. 1984. Flora, in: Cloudsley-Thompson, J.I. (Hsg.) 1984. Sahara Desert. Oxford. Pergamon Press. 67–73.

Willert, Dieter J. von, et al., 1992. Life strategies of succulents in deserts. Cambridge. Cambridge University Press. 30, 48–55.

World Resources Institute, World Resources 1998–1999: A guide to the global environment. Oxford. Oxford University Press.

Kapitel 3: Regenwald

Akobundu, I.O., 1991. Weeds in human affairs in sub-Saharan Africa: Implications for sustainable food production. Weed Technol., Bd. 5, 680–690.

Bailey, Robert C. und Thomas N. Headland, 1991. The tropical rain forest: Is it a productive environment for human foragers? Hum. Ecol. 19 (2): 261–81.

Boyce, Nell. 2000. Blocking malaria. New Sci., 8 July, 15.

Breasted, J.H. 1906–1907. Ancient records of Egypt. 5 Bde., Chicago. Chicago University Press, Abs. 333–336, 353.

Campbell, Bernard, 1983. Human ecology. Heinemann, London, 30.

CLIMAP project members, 1976. The surface of the ice age earth. Science, 191,S. 1131–1137.

Connah, Graham, 1987. African civilizations: Precolonial cities and states in tropical Africa: An archaeological perspective. Cambridge. Cambridge University Press. 134–136.

Deacon, J. 1990. Changes in the archaeological record in South Africa at 18000 BP, in: Gamble, C.S. und O. Soffer (Hsg.) 1990. The World at 18000 BP, vol. 2: Low Latitudes. London. Unwin Hyman. 170–1888.

Dobson undrew. 1993. People and desease, in: Cambridge Encyclopedia of Human Evolution, 1993. Cambridge. Cambridge University Press. 411–420.

Fairhead, James und Leach, Melissa, 1996. Misreading the African landscape. Cambridge. University of Cambridge Press.

Fairhead, James und Leach, Melissa, 1998. Reframing deforestation. London, Routledge.

Flenley, John R., 1979. The equatorial rainforest: A geological history. London, Butterworth, 2.

Fuller, F., 1921 (1967). A vanished dynasty: Ashanti. London. Cass.

Gowlett, John, 1984. Ascent to civilization, London. Collins, 103.

Grainger, Alan. 1996. Forest environments, in: Adams, W.M., A.S. Goudi und A.R. Orme (Hsg.) 1996. The Physical Geography of Africa. Oxford. Oxford University Press, 173–195.

Hamilton, Alan, 1976, 80. Significance of patterns of distribution shown by forest plants and animals in tropical Africa for the reconstruction of Upper Pleistocene palaeoenvironments. Palaeoecol. Afr., 9, 63–97.

Harlan, J.R. 1976. Crops and man. Madison. University of Wisconsin Press, 71–72 und 199–200.

Harrison, G.A., Tanner, H.J.M., Pilbeam, D.R. und Baker, P.T. 1992. Human biology. Oxford. Oxford Science Publications, S. 233.

Hodgkin, T., 1975. Nigerian perspectives. 2. Aufl. Oxford. Oxford University Press, S.176.

Hopkins, A.G. 1973. An economic history of West Africa. London, Longman, 46.

Iliffe, John, 1995. Africans, the history of a continent. Cambridge. Cambridge University Press, 129, 144.

Kingdon, Jonathan. 1989. Island Africa: The evolution of Africa's rare animals and plants. London. Collins. 109.

Livingstone, Frank B., 1958. Anthropological implications of sickle cell gene distribution in West Africa. Am. Anthrop., Bd. 60, 533–562.

Mattingly, P.F., 1983 The palaeogeography of mosquito-borne disease. Biol. J. Linn. Soc., Bd. 199, 185–210.

Mayr, E. and R.J. O'Hara. 1986. The biogeographical evidence supporting the Pleistocene refuge hypothesis. Evolution 40: 55–69.

Meadows, M.E. 1996. Biogeography, in: Adams. W.W., A.S. Goudie and A.R.Orme (Hsg.) 1996. The Physical Geography of Africa. Oxford. Oxford University Press. 161–172.

Miracle, Marvin P. 1965. The introduction and spread of maize in Africa. J. Afr.Hist. 6: 39–55, 43.

Mitchell, Peter, 1990. In: gamble, C.S. und O.Soffer (Hsg.) 1990. The world at 18000 BP, Bd. 2: Low latitudes. London. Unwin Hyman. 195.

Myers, Norman, 1996. Biodiversity and biodepletion, in : Adams, W.M., A.S. Goudie und A.R. Orme (Hsg.) 1996. The Physical Geography of Africa. Oxford. Oxford University Press. 356–366.

Ndoye, O. und Kaimowitz, D., 2000. Macro-economics, markets and the humid forests of Cameroon, 1967–1997. Journal of Modern African Studies, Bd. 38 (2), 225–253.

Nisbet, Euan, 1991. Living Earth: A short history of life and its home. London. Chapman and Hall, S. 164.

Pearce, Fred, 1997. Lost forests leave West Africa dry. New Sci., 18. Januar, 15.

Pearce, Fred, 2000. Malariasphere. New Sci. 15 Juli, 32–35.

Phillips, Perrot, 1992. Banking on it. Weekend Guardian, 3. Oktober.

Richards, P.W., 1993. Africa the »Odd Man Out«, in: Meggers, B.J.,E. Ayensu und W.D. Duckworth (Hsg.) Tropical forest ecosystems in Africa and South America: A comparative review. Washington, D.C. 21–26.

Roberts, Neil, 1992. Climatic changes in the past, in: Cambridge Encyclopedia of Human Evolution, Cambridge. Cambridge University, 174–178.

Roth, H.L. 1903. Great Benin: Its customs, art and horrors. Halifax. King.

Schebesta, P. 1933. Among Congo Pigmies. London. Hutchinson.

Tewolde, Berhan, 1992. Amani forest [Tanzania] study. Zitiert in: The environmental problems of Northern Ethiopia. Addis Ababa, Department of the Environment (Ethiopia), 2.

Van Zinderen Bakker, E.M., 1982. African palaeoenvironments 18,000 years before present. Palaeoecol. Afr., 15, 79–99.

Vansina, Jan, 1990. Paths in the rainforest. Madison. University of Wisconsin Press, 55.

Whitmore, T.C. 1998. An introduction to tropical rain forests. Oxford. Oxford University Press, 31, 105, 143.

Wilks, I. (Hsg.) 1993. Forests of gold: Essays on the Akan and the Kingdom of Asante. Athens. Ohio University Press.

Wilks, I. 1975. Asante in the nineteenth century: The structure and evolution of a political order. Cambridge. Cambridge University Press.

World Health Organization. 2001. Malaria statistics from WHO Fact Sheet Nr. 94. Oktober 1998, in: http://www.who.int/int-fs/en/Fact094. html

World Resources Institute, 1998. World Resources 1998–1999. A guide to the global environment. Oxford. Oxford University Press. 295.

Kapitel 4: Berge

Baker, B.H. P.A. Mohr und L.A. J. Williams, 1972. Geology of the Eastern Rift System of Africa. Boulder. Colo.

Barker, Brian J. 1989. Dias and Da Gama: The portuguese discovery of the Cape Sea-route. Cape Town. Struik.

Brandt, Steven A. 1984. New perspectives on the origins of food production in Ethiopia, in: Clark, J.D. und S.A. Brandt (Hsg.) 1984. From hunters to farmers: The causes and consequences of food production in Africa. Berkeley. University of California Press. 174–190.

Butzer, Karl W. 1981, 472. Rise and fall of Axum, Ethiopia: a geo-archaeological interpretation. Am. Antiq., Bd. 46 (3), 471–495.

Buxton, B.R. 1970. The Abyssinians. London. Thames and Hudson.

Casson, Lionel, 1989. The Periplus Maris Erythraei. Lawrenceville, NJ, Princeton University Press.

Connah, Graham, 1987. African civilizations: Precolonial cities and states in tropical Africa: an archaeological perspective. Cambridge. Cambridge University Press.

Contenson, H.de. 1981. Pre-Aksumite culture, Bd. I, in: UNESCO, 1981–1993. General History of Africa. 8 Bde. London. Heinemann. 341–361.

Crawford, O.G.S., 1958. Ethiopian Itineraries, ca. 1400–1524, Cambridge, Hakluyt Society (Ser. 2, Bd. 109), 5, 13–20, 212–215.

De Waal, Alex, 1997. Famine crimes, politics and the disaster relief industry in Africa. African Rights. Bloomington. Indiana University Press, 107, 109, 117, 125.

Demissew, 1988. The floristic composition of the Menagesha State Forest and the need to conserve such forests in Ethiopia. Mount. Res. Devel. 8: 243–247.

Ermias, Bekele. 1986. Landuse planning and towards its policy in Ethiopia. SINET Ethiop. J.Sci. 9 (Beilage) 81–94.

Eshetu, Zewdu und Hgberg, Peter, 2000. Reconstruction of forest site history in Ethiopian highlands based on 13 C natural abundance in soils. Ambio, Bd. 29. 83–89.

Fattovich, Rudolfo, 1990. Remarks on the Pre-Axumite period in northern Ethiopia. J. Ethiop. Stud., Bd. 23, 1–34.

Jones, Glyn. 1988. Endemic crop plants of Ethiopia: I. T'ef (Eragrostis tef), Walia. Bd. 11, 37–43.

Kingdon, Jonathan, 1989. Island Africa – the evolution of Africa's rare animals and plants. London. Collins. 149–150, 153-158, 159, 162, 164, 166.

Kobish (ch)anow, Y.M. 1981. Aksum: political system, economics and culture, first of fourth century, Bd. 2. In: UNESCO, 1981. 93. General History of Africa. 8 Bde. London. Heinemann 381–400.

Kobishchanow, Y.M. (Übers. L T. Kapitanoff) 1979. Axum (Hsg. J.W. Michels). London. Pennsylvania State University Press: 104–105, 175, 265.

Korn David A. 1986. Ethiopia, the United States and the Soviet Union. London. Croom Helm.

Lefort, René, 1983. (Übers. A.M. Bennett) Ethiopia: An heretical revolution? London. Zed Press.

Munro-Hay Stuart. 1991. An african civilisation: the Aksumite Kingdon of Norther Ethiopia. Edinburgh. Edinburgh University Press.

Phillipson: D.W. 1994. Aksum: The ancient capital of Christian Ethiopia (unveröff. Manuskript).

Pohjonen, V. und T. Pukkula. 1990. Eucalyptus globulus in Ethiopian forestry. For Ecol. Mgmt. 36:19–31.

Rodgers, A. 1992: Ethiopia. In: Sayer. J. A. C.S. Harcourt and N.M. Collins (Hsg.) 1992. The conservation Atlas of Tropical Forests: Africa. New York. IUCN. 148–160.

Sauer, C.O. 1952. Agricultural origins and dispersals. New York. Geographical Society.

Seaman, John und Julius Holt. 1975. The Ethopian famine of 1973. 4. I. Wollo Province. Proceedings of the Nutritional Society 34:114A.

Simoons, F.J., 1965, 9. Some questions on the economic prehistory of Ethiopia. J. Afr. Hist. Bd. 6, 1–13.

Summerfield, M.A. 1996. Tectonics Geology and long-term landscape development. In: Adams, W.M. A.S. Goudie und A.R.Orme (Hsg.) 1996. The Physical Geography of Africa. Oxford. Oxford University Press. 1–17.

Tamrat, Tadesse, 1972. Church and state in Ethiopia. Oxford. Clarendon Press, 254, 256, 257, 266.

Taylor, David. 1996. Mountains, in: Adams, W.M., A.S. Goudie and A.R. Orme (Hsg.) 1996. The Physical Geography of Africa. Oxford. Oxford University Press. 287–306.

Turnball et al. 1988. Volume production in intensely managed eucalypt plantations. Appita 41:447–450.

Williams, J.E. and I.H. Booker (Hsg.) 1997, Eucalypt ecology. Cambridge. Cambridge University Press.

Yalden, D.W. 1983. The extent of the high ground in Ethiopia compared to the rest of Africa. SINET, Ethiop. J. Sci., 6(1), 35–38.

Kapitel 5: Sahel

Classon, A.T., 1980. The animal remains from Tell es Sinn compared with those from Bouqras. Anatolica, 7, 35–52.

Clutton-Brock, Juliet, 1992. Domestication of animals, in: Cambridge Encyclopedia of Human Evolution, 1992. Cambridge. Cambridge University Press. 380–385.

Clutton-Brock, Juliet. 1993. The spread of domestic animals in Africa, in: Shaw, Thurstan, Paul Sinclair, Bassey Andah und Alex Opoko (Hsg.) 1993. The Archaeology of Africa: food, metals und towns. London. Routledge 61–70.

Cook, G.C., und Kajubi, S.K., 1966. Tribal incidence of lactase deficiency in Uganda. The Lancet, 2 April, 725–730.

Ellis, William E., 1987. Africa's Sahel: The stricken land. Nat. Geog., August, 140–179.

Gerster, Georg, 1986. Tsetse, fly of the deadly sleep. Nat. Geog., Dezember 814-833.

Giblin, James, 1990. 61–62., Trypanosomiasis control in African history: an evaded issue. J. Afr. Hist., Bd. 31, 59–80.

Grigson, C. 1980. Size and sex: evidence for domestication of cattle in the Near East, in: Milles, A.,D. Williams und N. Gardner (Hsg.) The beginnings of agriculture. Oxford. British Archaeological Reports (Int. Ser. 496) 77–109.

Johnson, R.C., Cole, R.E. und Ahern, F. M., 1981. Genetic interpretation of racial and ethnic differences in lactose absorption and tolerance: a review. Hum. Biol., 53, 1–13.

Kay, R.N.B., 1997. Responses of African livestock and wild herbivores to drought. J. Arid Environments, Bd. 37 (4), 683–694.

Kretchmer, Norman, 1972. Lactose and lactase. Sci. Am. 227 (4) 70–80.

Leak, S.G.A. 1999. Tsetse biology and ecology. Oxford, CABI Publishing, 87, 277, 304, 355, 357.

Lowe-McConnell, R.H. 1984. The biology of the river systems with particular reference to the fishes, in: Grove. A.T. (Hsg.) 1984. The Niger and its neighbours, Rotterdam. Balkema. 101–140.

MacFarlane, W.V. et al, 1971. Hierarchy of water and energy turnover of desert mammals. Nature, Bd. 234, 483–484.

McCracken, Robert D., 1971. Lactose deficiency: An example of dietary evolution. Curr. Anthrop., Bd. 12, 479–519.

McIntosh, R.J., 1992. Historical view of the semi-arid tropics. Manuskript anläßl. der 1992 Carter Lecture Series, Center for African Studies, University of Florida, 33.

McIntosh, S.K. und R.J., 1980. Prehistoric investigations in the region of Jenne, Mali. Brit. Archaeol. Reps., Oxford, 308, 333, 335, 337.

McIntosh, R.J. and S.K. 1984. Early iron age economy in the inland Niger Delta (Mali) in: Calrd J.D. und S.A Brandt (Hsg.) 1984. From hunters to farmers: The causes and consequences of food production in Africa. Berkeley. University of California Press. 158–172.

McIntosh S.K. and R.J. 1993. Cities without citadels: Understanding urban origins along the middle Niger, in: Shaw, Thurstan, Paul Sinclair, Bassey Andah und Alex Opoko (Hsg.) 1993. The archaeology of Africa: food, metals und towns. London. Routledge. 621–641.

McNaughton. S.J. 1979. Grazing as an optimization process: grassungulate relationships in the Serengeti. Am. Nat. 113: 691–703.

Meadows, Michael E. 1996. Biogeography, in: Adams. W.M. A.S. Goudie und A.R. Orme (Hsg.) 1996. The Physical Geography of Africa. Oxford. Oxford University Press. 161–172.

Nash, T.A.M. 1969. Africa's bane. London, Collins.

Pearce, Fred, 2000. Inventing Africa. New Sci. 12 August, 30–33.

Riesman, Paul. 1984. The Fulani in a development context, in: Scott, Earl (Hsg.) 1984. Life before the drought. Boston. Allen & Unwin. 171–191.

Schmidt-Neilsen, K. 1964. Desert Animals, Oxford. Oxford University Press. 79–80.

Simoons, F.J., 1973. The determinants of dairying and milk use in the Old World: ecological, physiological and cultural. Ecol. Food Nutr., Bd. 2, 83–90.

Smith, Andrew B., 1992. Pastoralism in Africa. London, Hurst und Co., 63, 105, 106.

Spencer, Paul, 1968. The Samburu: A study in gerontocracy in a nomadic tribe. London, Routledge und Kegan Paul.

Sterile sex conquers sleeping sickness. 1997. New Sci. 156: 12.

Waller, Richard D. 1990. Tsetse fly in western Narok, Kenya. J. Afr. Hist. 31: 81–101.

Wendorf, Fred D. und Schild, Romuald, 1995. Are the Holocene cattle in the eastern Sahara domestic or wild? Evol. Anthrop. 3(4), 118–128.

Wendorf, Fred D. und Schild, Romuald, 1984. The emergence of food production in the Egyptian Sahara in: Clark J.D. und S.A. Brandt (Hsg.) 1984. From hunters to farmers. The causes and consequences of food production in Africa. Berkeley. University of California Press. 93–101.

World Resources Institute 1998. World Resources 1998–1999. Oxford. Oxford University Press, 244, 276.

Zimmer, Carl, 1998. A sleeping storm. Discover. 86-94.

Kapitel 6: Große Seen

Adams, W.M., Goudie, A.S. und Orme, A.R., (Hsg.) 1996. The Physical Geography of Africa. Oxford. Oxford University Press, 122–133.

African Rights, 1995. Rwanda: Death, despair and defiance. London. Africa Rights, 16, 100, 176.

Argyle, W.J. 1971. A critique of one rural urban dichotomy. Unveröffent. Manuskript, zitiert in: De Haas, Mary. 1987. Natal/KwaZulu: Present realities, future hopes. Durban. Centre for Adult Education, University of Natal, 23.

Balihuta, Arsene M., 1999. Education provision and outcome in Uganda: 1895–1997. Uganda Journal, Bd. 45, 27–38.

Berger, A. 1988. Milankovitch and climate. Rev. Geophy. 26 (Tl. 4):624–657.

Cohen, Jon, 2000. The hunt for the origin of AIDS. Atlantic Monthly, Oktober, S. 88–104.

Cotton, Ann, 2000. Sex and education. The Guardian, 7. Juli 2000, 22.

Croze, Harvey und Reader, John, 2000. Pyramids of Life. London, Harvill Press, 185.

De Langhe, E.R. Swennen und D. Vuysteke, 1996. Plantain in the early Bantu world, in: Sutton, J.E.G. (Hsg.)1996. The growth of farming communities in Africa from the equator southwards. Azania (Nairobi. British Institute in East Africa.) 29–30: 147–160.

De Waal, Alex, 1994. Genocide in Rwanda. Anthrop. Today, Bd. 10, Tl. 3, 1–2.

Essex, Myron, 1999. The new AIDS epidemic. Harvard Magazine, Sep.–Okt. 1999 und pers. Kommentar, Rockefeller Study & Conference Center, Bellagio, 6. Nov. 2000.

Fryer, G. 1997. Biological implications of a late Pleistocene desiccation of Lake Victoria. Hydrobiologia 354: 177–182.

Gibbon, Peter, 1997. Of saviours and punks: The political economy of the Nile perch marketing chain in Tanzania. CDR Working Paper 97.3. Kopenhagen, Centre for Development Research.

Harris, Craig. K. David. Wiley und Douglas C. Wilson. 1995. Socio-economic impacts of introduced species in the Lake Victoria fisheries. In: Pitcher. Tony J. und Paul J.B.Hart (Hsg.) 1995. The impact of species changes in african lakes. London. Chapman and Hall. 215–242.

Iliffe, J., 1979. A modern history of Tanganyika. Cambridge. Cambridge University Press, 322–323.

Imbrie, John, 1982. Astronomical theory of the Pleistocene ice ages. Icarus, Bd. 50, 411.

International Food Policy Research Institute (IFPRI), 1991. Facts and figures: International Agricultural Research, New York. Rockefeller Foundation, 31.

Johnson, Thomas C., et al, 1996. Late Pleistocene desiccation of Lake Victoria and rapid evolution of cichlid fishes. Science, Bd. 273, 1091–1093.

Johnson, Thomas C., Kelts, Kerry, und Odada, Eric, 2000. The Holocene history of Lake Victoria, Ambio, Bd. 29 Nr. 1, S. 2–11.

Kasoki, A.B.K., 1999, 5. Regional inequality in Uganda could lead to social conflict. The Uganda Journal, Bd. 45, S.1–38.

Kingdon, Jonathan, 1989. Island Africa: The evolution of Africa's rare animals and plants. Princeton, New Jersey. Princeton University Press, 21, 220, 226–229.

Louis, W.R., 1963. Ruanda-Urundi 1884–1919. Oxford. Clarendon Press, Kapitel 11.

Lowe-McConnell R.H., 1987. Ecological studies in tropical fish communities. Cambridge. Cambridge University Press, 376, 389.

Morris, Mike (Head of Development Studies, University of Natal), pers. Kommentar, Rockefeller Study and Conference Center, Bellagio, 25. Sep. 2000.

Ochumba, Peter B.O. 1995. Limnoligical changes in Lake Victoria since the Nile perch introduction. In: Pitcher, Tony J. und Paul J.B. Hart (Hsg.) 1995. The impact of species changes in african lakes. London. Chapman and Hall 181–214.

Oliver, Roland, 1991. The African experience. London. Weidenfeld and Nicholson, 145.

Prunier, Gèrard, 1995. The Rwanda crisis 1959–1994. History of a genocide. London, Hurst, 49, 164-165, 213-229, 262-263.

Reynolds, J. Eric, Dominique. F. Grèboval und Piero Mannini. 1995. Thirty years on: The development of the Nile perch fishery in Lake Victoria. In: Pitcher, Tony J. und Paul J.B. Hart (Hsg.) 1995. The impact of species changes in african lakes. London. Chapman and Hall 181–214.

Roberts Andrew D., (Hsg.), 1990. The colonial moment in Africa. Cambridge. Cambridge University Press. 24–76.

Stiassny, Melanie L.J. und Meyer, Alex, 1999. Cichlids of the Rift Lakes. Sci. Am. Februar, 44–49.

Sutton, John E.G., 1990. A thousand years of East Africa. Nairobi. British Institute in East Africa.

Sutton, John E.G., 1993. The antecedents of the interlacustrine kingdoms. J. Afr. Hist., Bd. 34, 33–64.

Vail, Leroy, (Hsg.), 1989. The creation of tribalism in Southern Africa. London, James Currey. 7.

World Resources Institute, 1998. World Resources 1998–1999: A guide to the global environment. Oxford. Oxford University Press, 244, 299.

Wrigley, Christopher, 1989. Bananas in Buganda. Azania, Bd. 24, 64–70.

Kapitel 7: Küste

Attenborough, David, 1984. The living planet. London. Collins, 277–282.

Axelson, Eric, 1949/1969. South-east Africa 1488–1530. New York. Kraus (1969), 47, 108-111.

Bakari, Razack und Andersson, Jessica, 1998. Economic liberalization and its effect on the exploitation of crustaceans in Tanzania. Ambio, Bd. 27, Nr. 8, 761–762.

Casson, Lionel, 1989. The Periplus Maris Erythraei. Lawrencevill, NJ. Princeton University Press.

Connah, Graham, 1987. African civilizations: Precolonial cities and states in tropical Africa: An archaeological perspective. Cambridge. Cambridge University Press, Kap. 7.

Connell, J., 1978. Diversity in tropical rainforests and coral reefs. Science, Bd. 199, 1302–1310.

Crowder, M. 1985. The First World War and its consequences. In: UNESCO, 1985 General History of Africa, Bd. 7, London. Heinemann, 283–311.

Eltis, David, 1990. The volume, age/sex ratios and african impact of the slave trade: Some refinements of Paul Lovejoy's review of the literature. J.Afr.Hist. 31: 485–92.

Eltis, David. 1987. Economic growth and the ending of the transatlantic slave trade. New York. Oxford University Press.

Freeman-Grenville, G.S.P. 1975. The East African Coast: Select documents from the first to the nineteenth century, 2. Ausg. London. Collins.

Gann. L.H. 1975. Economic development in Germany's african empire, 1884–1914. In: Duigan P. und I.K.H. Gann (Hsg.) 1975. Colonialism in Africa, Bd. 4: The economics of colonolism, Cambridge. Cambridge University Press. 213–55.

Hodges, G.W.T., 1978, African manpower statistics for the British forces in East Africa. J. Afr. Hist., Bd. 19, S. 101–116.

Iliffe, John, 1979. A modern history of Tanganyika. Cambridge. Cambridge University Press, 200.

Iliffe, John. 1995. Africans. The history of a continent. Cambridge. Cambridge University Press. 135,181.

Inikori J.E. 1977. The import of firearms into West Africa 1705–1807: A quantitative analysis. J.Afr.Hist. 28: 339–368.

Johannes: R.:E. 1975. Pollution and degradation of coral reef communities, in: Ferguson-Wood, E.J. und R.E. Johannes (Hsg.) Tropical Marine Pollution. Amsterdam. Elsevier. 13–50.

Johnstone, Ron W., Muhando, Christopher A. und Francis, Julian, 1998. The status of the coral reefs of Zanzibar: One example of a regional predicament. Ambio, Bd. 27, Nr. 8, 700–707.

Kingdon, Jonathan, 1989. Island Africa: The evolution of Africa's rare animals and plants. Princeton. Princeton University Press, 129.

Lovejoy, Paul E., 1989. The impact of the Atlantic slave trade on Africa: A review of the literature. J. Afr. Hist., Bd. 30, 365–394.

Lovejoy, Paul, 1983. Transformations in slavery, a history of slavery in Africa. Cambridge. Cambridge University Press, 19, 25, 60, 106, 150-151, 163, 167, 172, 184-185, 203, 224, 283–287.

Lowe-McConnell, R.H., 1987. Ecological studies in tropical fish communities. Cambridge. Cambridge University Press, 180.

Manning, Patrick, 1990. Slavery and african life: Occidiential, oriental and african slave trades. Cambridge. Cambridge University Press.

Metcalf, George, 1987. A microcosmos of why African sold slaves: Akan consumption patterns in the 1770s. J. Afr. Hist., Bd. 28, 377–394.

Miller, J.C. 1988. Way of death: merchant capitalism and the angolan slave trade 1730–1830. Madison. University of Wisconsin Press, 113–114, 153–155.

Omar, Nasib S., 1997. Zanzibar clove industry, Zanzibar State Trading Corporation website.

Orme, Antony R. 1996. Coastal environments, in: Adams. W.M., A.S.Goudie und A.R.Orme (Hsg.) 1996. The Physical Geography of Africa. Oxford. Oxford University Press. 238–266.

Reader, John, 1999. Africa: A biography of the continent. New York. Vintage, 437.

Richard, W.A., 1980. The import of firearms into West Africa in the eighteenth century. J. Afr.Hist., Bd. 21, 143–159.

Snow, Philip, 1988. The star raft: China's encounter with Africa. London. Weidenfeld und Nicolson, 1, 15, Tafel 1 (gegenüber 138).

Sorokin, Yuri I., 1995. Coral reef ecology. Berlin, Springer, 9, 17, 25, 45, 215-216, 225.

Sutton, J.E.G. (Hsg.) 1996. The growth of farming communities in Africa from the Equator southwards. Azania (Nairobi. British Institute in East Africa). 29–30: 227–262.

Wilkinson, Clive et al, 1999. Ecological and socioeconomic impacts of 1998 coral mortality in the Indian Ocean: an ENSO impact and warning of future change? Ambio, Bd. 28, Nr. 2, 188–196.

World Resources Institute. 1998. World Resources 1998–1999: A guide to the global environment. Oxford. Oxford University Press. 244.

Zanzibars seaweed farming. 1995. Ambio 24 (Dezember), Nr. 7–8.

Kapitel 8: Südliches Afrika

Africa: The heart of the matter. 2000. The Economist. 13. Mai. 24.

Allen, Harriet D. 1996. Mediterranean environments, in: Adams, W.M. A.S. Goudie und A..R. Orme (Hsg.) 1996. The Physical Geography of Africa. Oxford. Oxford University Press. 307–325.

Bangura, Palo, 1991. Interview vom 7. Oktober 1991, Fourah Bay College, Freetown.

Boyd, F.R. und Gurney, JJ., 1986. Diamonds and the african lithosphere. Science, Bd. 232, 472–477.

Cocks, L.M.R. (Hsg.), 1981. The evolving earth. Cambridge. Cambridge University Press, 44–45.

Cowling, R.M., P.M. Holmes und A.G. Rebello. 1992: Concepts and patterns of endemism in the Cape Floristic Region, in: Cowling, R.M. (Hsg.), 1992. The ecology of fynbos. Oxford. Oxford University Press.

Deacon, H.J., 1989. Late Pleistocene palaecology and archaelogy in the Southern Cape.

Deacon, Janette, 1999. South African rock art. Evol. Anthrop. Bd. 8, Tl. 2, 48–63.

South Africa, in: Mellars, Paul. und Chris Stringer (Hsg.) 1989. The human revolution: Behavioural and biological perspectives on the origins of modern humans. Edinburgh. Edinburgh University Press. 547–564.

Denny, Charlotte, 2000. Uganda losing its lustre as star pupil. The Guardian, 21. Juli, 14.

Dumbuya, Ahmed R. Voice of America interview. 5. Oktober 1991, Freetown, Sierra Leone.

Elphick Richard und Giliomee, H. (Hsg.), 1989. The shaping of South African society, 1652–1840. Cape Town. Maskew Miller, Longman, 3, 27, 138.

Findlay, G., 1972. Dr. Robert Broom, F.R.S., Cape Town, Balkema. 50-51.

Geological Society of South Africa. Some superlatives of geology in South Africa. Johannesburg, 2.

Hunter, D.R. und P.J. Hamilton. 1978. The Bushveld complex. In: Tarling. D.H. (Hsg.) 1978. Evolution of the earth's crust. London. Academic Press. 109.

Iliffe, John, 1995. Africans: The history of a continent. Cambridge. Cambridge University Press, 251–253, 266.

Jefferson, Thomas. 1782. Notes on Virginia, zitiert in: West, Richard. 1970. Back to Africa. A history of Sierra Leone and Liberia. London. Jonathan Cape. 95.

Lee, R.B. 1969. Eating christmas in the Kalahari. Nat. Hist. Dezember, 14–22, 60–63.

Lee, R.B., 1968. What hunters do for a living, or, how to make out on scare resources, in: Lee, R.B. und Devore, I. (Hsg.), 1968. Man the hunter. Chicago, Aldine. 30-48.

Levinson, Olga, Diamonds in the Desert.

Mbeki, Thabo, 1998. The african renaissance statement, 13 August 1998. http://www.anc.org.za/ancdocs/history/1998/tm0813.htmmime

Morgan, I. 1964. Ancient society. New York: Kerr. Faksimile aus 1877 Original, 8, 41–42, 506, zitiert in: Wilmsen, Edwin N. 1989, Land filled with flies. Chicago. University of Chicago Press. 15.21.

Nisbet, E.G., 1991. Living earth: A short history of life and its home. London. Chapman und Hall, 61.

Platteau, J.P. 1990–1991. The food crisis in Africa, Bd. II, in: Drèze J. und A. Sen (Hsg.) 1990–1991. The political economy of hunger. 3 Bde. Oxford. 281.

Robertson, Marion, 1974. Diamond fever. South African diamond history 1866–1869 from primary sources. Cape Town. Oxford University Press, 70.

Shillington, Kevin. 1989. History of Africa. London. Macmillan. 105.

Swarns, Rachel L., 2000. Gaborone Journal, New York Times, 6. Okt., A4.

Thompson, Leonard, 1990. A history of South Africa. New Haven. Yale University Press, 35–36.

Transparency International. 2000. Zimbabwe. The most travelled african leader. Corruption Reports, April 2000.

Traill, A. 1978. The languages of the Bushmen. In: Tobias, Philip. V.T. (Hsg.) 1978. The Bushmen: San hunters and herders of Southern Africa. Cape Town. Human und Rousseau. 139.

Turrell, R.V. 1982. Kimberley: Labour and compounds 1871-1888, in: Marks, Shula und Richard Rathbone (Hsg.) 1982. Industrialization and social change in South Africa: African class formation, culture and consciousness, 1870-1930. New York. Longman. 45–76.

Turrell, R.V. 1984. Kimberley's model compounds. J. Afr. Hist., Bd. 25, 59–75.

Turrell, R.V., 1987. Capital and labour of the Kimberley diamond fields, 1871–1890. Cambridge. Cambridge University Press, 5–6, und 240, Nr. 11.

Van der Horst, Sheila, 1942. Native labour in South Africa. Johannesburg, 134, 192, 205.

Worger, William H. 1987. South Africa's city of diamonds: Mine workers and monopoly capitalism in Kimberley, 1867–1895. New Haven. Yale University Press, 20, 71-72, 75, 82-83, 112.

HAUPT-SPRACHFAMILIEN

- Afroasiatisch
- Austronesisch
- Indogermanisch
- Khoisan-Sprachen
- Niger-Kongo-Sprachen
- Nilo-Sharanisch

HAUPTRELIGIONEN

- ✝ Christentum
- ☪ Islam
- ⊕ Naturreligionen

0 km   600

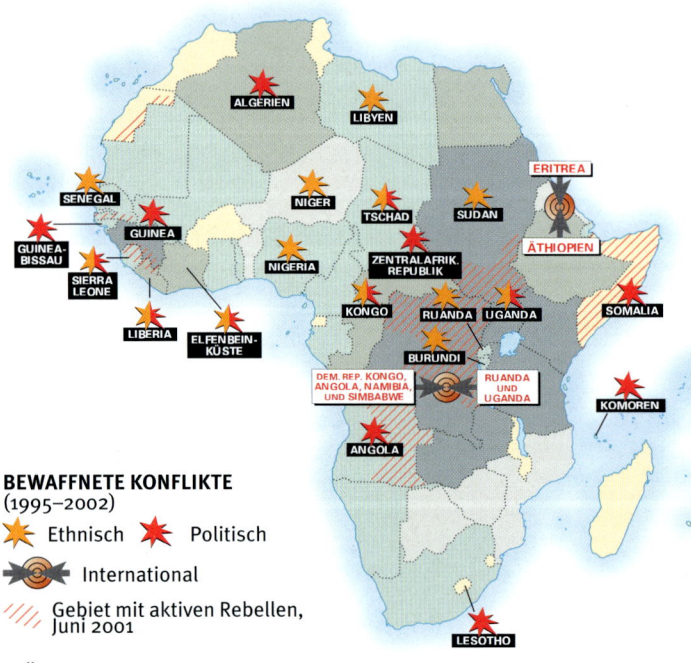

BEWAFFNETE KONFLIKTE
(1995–2002)

- ✦ Ethnisch   ✦ Politisch
- ⊛ International
- ▨ Gebiet mit aktiven Rebellen, Juni 2001

FLÜCHTLINGE UND ASYLBEWERBER

- Mehr als 200 000
- 50 000 bis 200 000
- 5000 bis 49 999
- Weniger als 5000
- Keine Daten verfügbar

Die thematischen Karten behandeln verschiedene, für die Situation des afrikanischen Kontinents wichtige geographische, politische und soziale Aspekte.

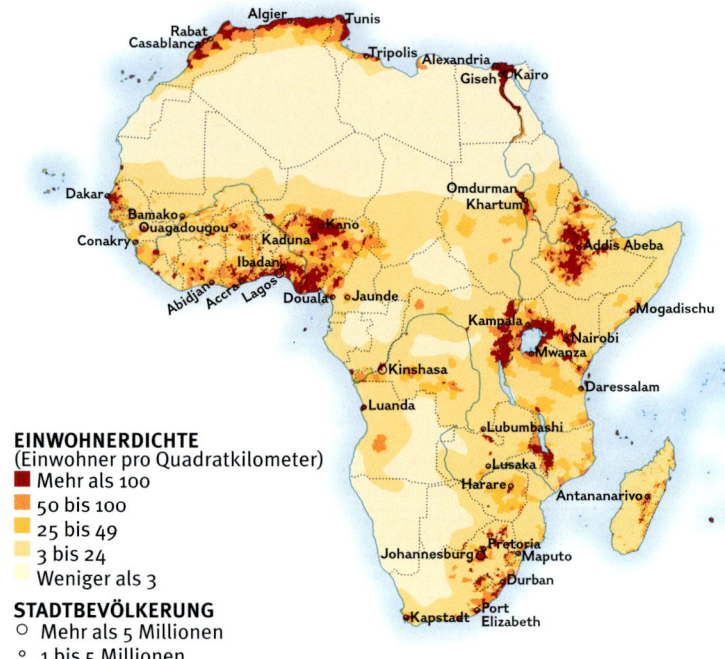

EINWOHNERDICHTE
(Einwohner pro Quadratkilometer)

- Mehr als 100
- 50 bis 100
- 25 bis 49
- 3 bis 24
- Weniger als 3

STADTBEVÖLKERUNG

- ○ Mehr als 5 Millionen
- ∘ 1 bis 5 Millionen

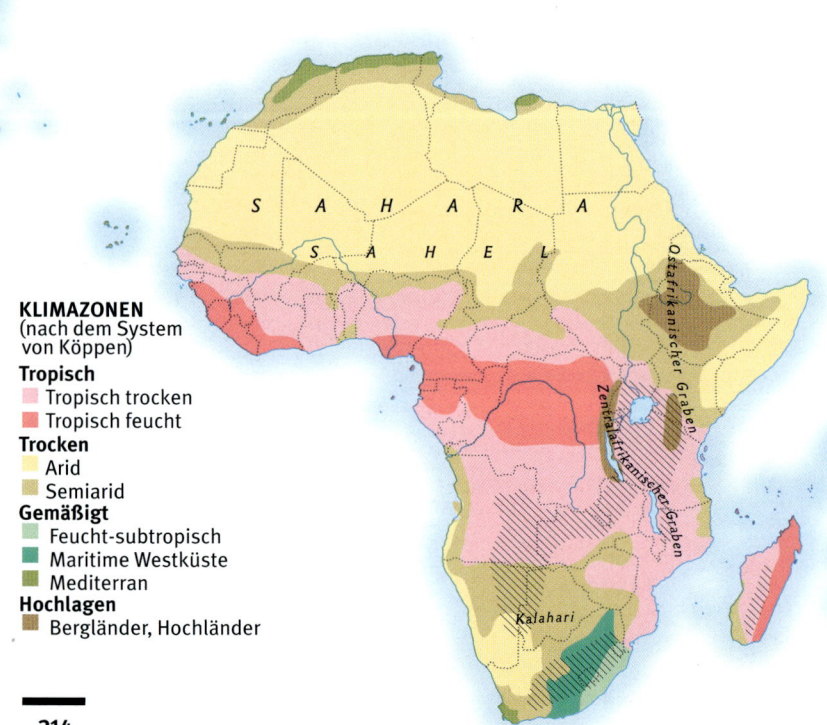

KLIMAZONEN
(nach dem System von Köppen)

Tropisch
- Tropisch trocken
- Tropisch feucht

Trocken
- Arid
- Semiarid

Gemäßigt
- Feucht-subtropisch
- Maritime Westküste
- Mediterran

Hochlagen
- Bergländer, Hochländer

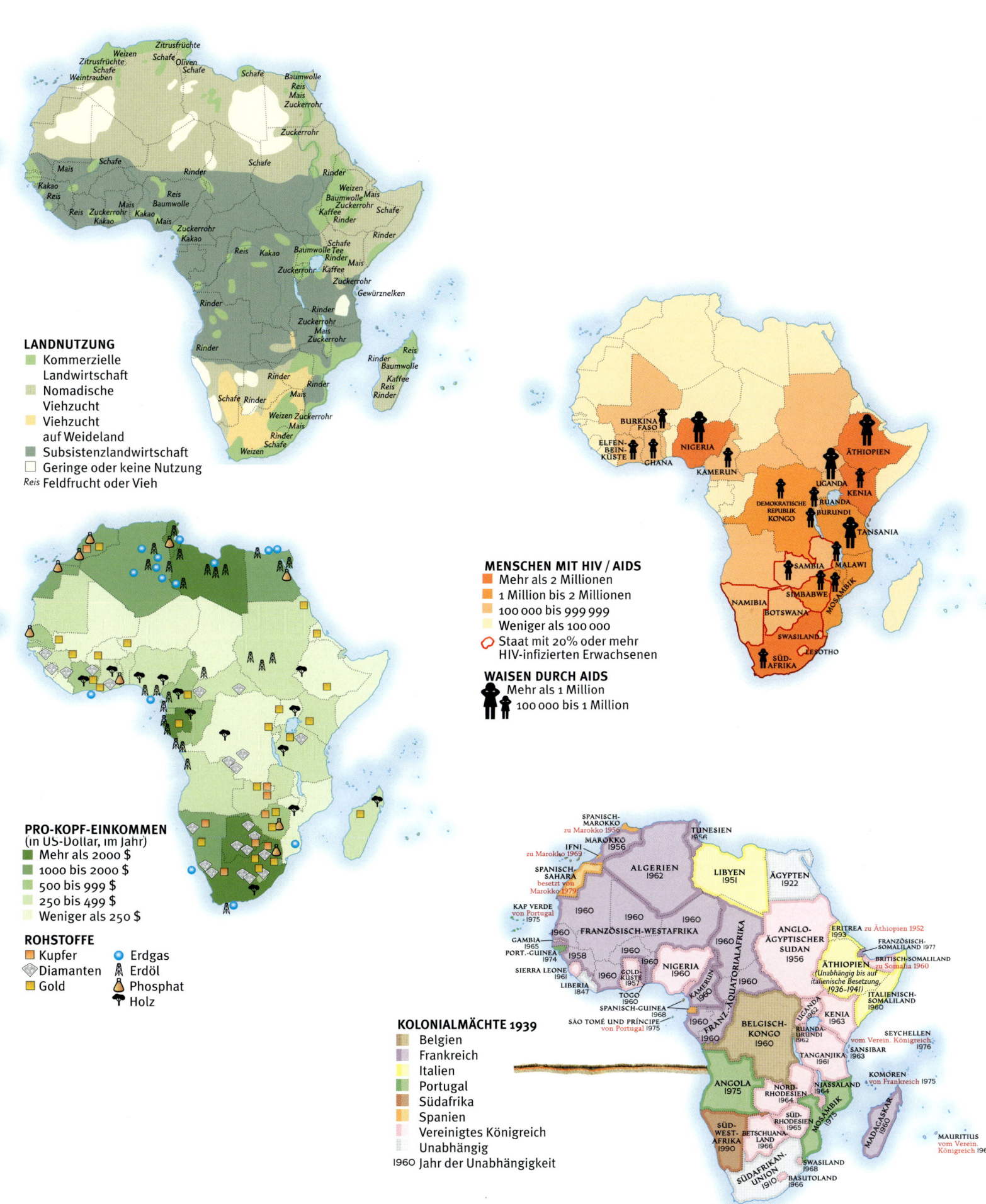

Map 1 (Land use) labels:
Weizen, Zitrusfrüchte, Schafe, Oliven, Zitrusfrüchte, Schafe, Weintrauben, Schafe, Schafe, Baumwolle, Reis, Mais, Zuckerrohr, Zuckerrohr, Mais, Kakao, Reis, Weizen, Baumwolle, Mais, Zuckerrohr, Reis, Baumwolle, Schafe, Kaffee, Rinder, Mais, Zuckerrohr, Kakao, Kakao, Mais, Zuckerrohr, Kakao, Reis, Kakao, Baumwolle, Tee, Schafe, Zuckerrohr, Rinder, Kaffee, Mais, Zuckerrohr, Kaffee, Rinder, Rinder, Gewürznelken, Rinder, Zuckerrohr, Mais, Zuckerrohr, Rinder, Reis, Rinder, Kaffee, Baumwolle, Reis, Rinder, Rinder, Schafe, Rinder, Rinder, Rinder, Weizen, Zuckerrohr, Mais, Rinder, Schafe, Weizen

LANDNUTZUNG
- Kommerzielle Landwirtschaft
- Nomadische Viehzucht
- Viehzucht auf Weideland
- Subsistenzlandwirtschaft
- Geringe oder keine Nutzung

Reis Feldfrucht oder Vieh

MENSCHEN MIT HIV / AIDS
- Mehr als 2 Millionen
- 1 Million bis 2 Millionen
- 100 000 bis 999 999
- Weniger als 100 000
- Staat mit 20% oder mehr HIV-infizierten Erwachsenen

WAISEN DURCH AIDS
- Mehr als 1 Million
- 100 000 bis 1 Million

Map 2 (HIV/AIDS) labels:
BURKINA FASO, ELFEN-BEIN-KÜSTE, GHANA, NIGERIA, KAMERUN, ÄTHIOPIEN, UGANDA, RUANDA, KENIA, DEMOKRATISCHE REPUBLIK KONGO, BURUNDI, TANSANIA, SAMBIA, MALAWI, SIMBABWE, MOSAMBIK, NAMIBIA, BOTSWANA, SWASILAND, LESOTHO, SÜD-AFRIKA

PRO-KOPF-EINKOMMEN
(in US-Dollar, im Jahr)
- Mehr als 2000 $
- 1000 bis 2000 $
- 500 bis 999 $
- 250 bis 499 $
- Weniger als 250 $

ROHSTOFFE
- Kupfer
- Diamanten
- Gold
- Erdgas
- Erdöl
- Phosphat
- Holz

KOLONIALMÄCHTE 1939
- Belgien
- Frankreich
- Italien
- Portugal
- Südafrika
- Spanien
- Vereinigtes Königreich
- Unabhängig

1960 Jahr der Unabhängigkeit

Map 4 (Kolonialmächte 1939) labels:
SPANISCH-MAROKKO zu Marokko 1956, MAROKKO 1956, IFNI zu Marokko 1969, TUNESIEN 1956, ALGERIEN 1962, LIBYEN 1951, ÄGYPTEN 1922, SPANISCH-SAHARA besetzt von Marokko 1979, KAP VERDE von Portugal 1975, FRANZÖSISCH-WESTAFRIKA, 1960, 1960, 1960, ERITREA zu Äthiopien 1952, FRANZÖSISCH-SOMALILAND 1977, GAMBIA 1965, PORT.-GUINEA 1974, 1958, NIGERIA 1960, KAMERUN 1960, ANGLO-ÄGYPTISCHER SUDAN 1956, ÄTHIOPIEN (Unabhängig bis auf italienische Besetzung, 1936–1941), BRITISCH-SOMALILAND zu Somalia 1960, SIERRA LEONE 1961, GOLD-KÜSTE 1957, 1960, 1960, ITALIENISCH-SOMALILAND 1960, LIBERIA 1847, TOGO 1960, SPANISCH-GUINEA 1968, FRANZ.-ÄQUATORIALAFRIKA, UGANDA 1962, KENIA 1963, SÃO TOMÉ UND PRÍNCIPE von Portugal 1975, BELGISCH-KONGO 1960, RUANDA-URUNDI 1962, SEYCHELLEN vom Verein. Königreich 1976, SANSIBAR 1963, TANGANJIKA 1961, KOMOREN von Frankreich 1975, ANGOLA 1975, NORD-RHODESIEN 1964, NJASSALAND 1964, SÜD-RHODESIEN 1965, MOSAMBIK 1975, MADAGASKAR 1960, SÜD-WEST-AFRIKA 1990, BETSCHUANA-LAND 1966, MAURITIUS vom Verein. Königreich 1968, SWASILAND 1968, SÜDAFRIKAN. UNION 1910, BASUTOLAND 1966

315

JOHN READER

DAS FILMTEAM BEI AUFNAHMEN IN KAMERUN

MICHAEL LEWIS

DAS FILMTEAM IN MALI

**Alle Fotos von Michael Lewis –
mit Ausnahme der folgenden:**

Seite 4f, Hugh Sitton/STONE; Seite 10f, Robert Caputo, Aurora und Quanta Productions; Seite 12f, José Azel, Aurora und Quanta Productions; Seite 15, Laurent Renaud/ Saola/LIAISON AGENCY; Seite 17, Wolfgang Kaehler; Seite 18f, Stuart Franklin; Seite 20f, Charles V. Angelo/ Photo Researchers, Inc.; Seite 23, Ernst Haas/STONE; Seite 24f, Wolfgang Kaehler; Seite 26f, Chris Johns, NATIONAL–GEOGRAPHIC–Fotograf; Seite 28, Guido A. Rossi/IMAGE BANK; Seite 34f, Robert Caputo, Aurora und Quanta Productions; Seite 48f, Hugh Sitton/STONE; Seite 50f, Thierry Borredon/STONE; Seite 56f, Nigel Press/STONE; Seite 62f, John Chard/STONE; Seite 69, Maggie Steber; Seite 74f, Theo Allofs/STONE; Seite 88f, JACANA/Photo Researchers, Inc.; Seite 90f, Michael Nichols; Seite 93, Joe McDonald/OKAPIA/Photo Researchers, Inc.; Seite 97, Michael Nichols; Seite 105, James L. Stanfield; Seite 106f, CAROL BECKWITH und Angela Fisher; Seite 122f, Nevada Wier; Seite 124f, Eric Meola/IMAGE BANK; Seite 135, R. Van Nostrand/ Photo Researchers, Inc.; Seite 150, Robert Caputo; Seite 154, Steve Raymer; Seite 162f, José Azel, Aurora und Quanta Productions; Seite 200f, Frank und Helen Schreider/ Photo Researchers, Inc.; Seite 206, Robert Caputo, Aurora und Quanta Productions; Seite 210f, James A. Sugar; Seite 217, The Granger Collection, New York; Seite 222f, Robert Caputo, Aurora und Quanta Productions; Seite 224, Seite 226f, Bill Curtsinger; Seite 240f, Hodalic-Brecelj/Saola/LIAISON AGENCY; Seite 244, Zena Holloway, www.zena.com; Seite 252f, Arne Hodalic/GLMR/LIAISON AGENCY; Seite 258, The Granger Collection, New York; Seite 264f, Hodalic-Brecelj/ Saola/LIAISON AGENCY; Seite 274f, Telegraph Colour Library/FPG; Seite 279, Nigel J. Dennis/Photo Researchers, Inc.; Seite 282f, Holton Collection/Super Stock, Inc.; Seite 286f, Mark W. Moffett; Seite 290f, Pool Raid Gauloise/LIAISON AGENCY; Seite 293, David Turnley; Seite 294f, D. Obertreis/Bilderberg/Aurora und Quanta Productions; Seite 299, Kenneth Garrett; Seite 300, Michael Coyne/Black Star; Seite 303, Chris Johns, NATIONAL-GEOGRAPHIC-Fotograf; Seite 318 (oben), Jerry Bauer.

Die Fernsehserie AFRIKA ist eine Gemeinschaftsproduktion von National Geographic Television, Thirteen/WNET New York's NATURE-Serie, Tigress Productions U.K. und Magic Box Mediaworks.

An erster Stelle möchte ich allen Naturwissenschaftlern, Historikern, Berichterstattern und Gesprächspartnern danken, deren Kenntnisse und Informationen mir die Grundlagen für meine Darstellung in diesem Buch lieferten. In anderen Büchern habe ich meine Quellen detailliert durch die Angabe der Herkunft jeder einzelnen Zitatstelle nachgewiesen; aber im vorliegenden Fall musste ich es mit Rücksicht auf verlegerische Erfordernisse bei einer kapitelweise zusammenfassenden Bibliographie und einigen Anmerkungen bewenden lassen. Ich hoffe und vertraue darauf, dass die betroffenen Personen es mir glauben werden, dass ich ihren jeweiligen Beitrag zu diesem Buch dennoch in keiner Weise geringer schätze. Sollte es dennoch zu Missverständnissen kommen, fühle ich mich voll und ganz dafür verantwortlich.

Die Veröffentlichung meines Buches *AFRICA: A Biography of the Continent* in den Jahren 1997/98 fiel auf höchst glückliche Weise mit der Planung und Vorbereitung der NGS/PBS-Fernsehserie über Afrika zusammen. Als Berater dieser Fernsehserie habe ich auch die Aufgabe übernommen, den vorliegenden Begleitband zu schreiben – und in diesem Zusammenhang stehe ich ganz besonders in der Schuld von Jeremy Bradshaw und Andrew Jackson, Chris Weber, Fred Kaufmann, Jennifer Lawson und nicht zuletzt Kevin Mulroy. Pat Kavanagh und Rosemary Scoular überprüften die Entwicklung des Projekts mit ihrer gewohnten Sorgfalt und Sicherheit. Ihnen allen bin ich zu Dank verpflichtet.

Die Arbeit der Niederschrift des ersten Entwürfe wurde mir erheblich durch ein Ella-Walker-Stipendium der Rockefeller Foundation erleichtert. Dafür habe ich der Foundation zu danken, ebenso Lincoln Chen und Susan Garfield in New York und ganz besonders Gianna Celli und den Mitarbeitern der Villa Serbelloni in Bellagio.

In vieler Hinsicht ist dieses Buch eine Fortsetzung von *AFRICA: A Biography of the Continent.* Es baut auf meinen Forschungen und Recherchen bis 1995 auf und bringt die dort behandelten Themen auf den neuesten Stand. Aber das Konzept ist ein vollkommen anderes. Wo die »Biographie« von einem gründlichen chronologischen Ansatz ausging, untersucht *Afrika* das Thema aus unmittelbarer landschafts- und umweltbezogener Sicht. So ergänzen sich die beiden Bücher, und keines ersetzt das andere.

Andrew Franklin von Hamish Hamilton und Carol Janeway von Knopf betreuten die Veröffentlichung von *AFRICA: A Biography of the Continent* verlegerisch. Jetzt bin ich ihnen wiederum zu Dank verpflichtet, auch wenn der vorliegende Band ganz und gar ein NATIONAL-GEOGRAPHIC-Buch ist und ich voll des Lobes bin über die Art und Weise, wie es produziert wurde. Kevin Mulroy hat sich als wunderbarer Lektor erwiesen; Johnna Rizzo war eine erstklassige Koordinatorin; Greta Arnold war eine einfühlsame Bildredakteurin; John Paine zeigte sich als beunruhigend guter Textredakteur, und Michael Lewis hat das Buch mit seinen Fotos wunderschön bebildert.

Aber kein Bauwerk entsteht ohne ein solides Fundament, und in dieser Hinsicht gilt mein tief empfundener Dank Brigitte und unserer Tochter Alice für all ihre Liebe und Treue, die mir das Leben – und die Arbeit – zur Freude werden lassen.

John Reader

Impressum

AFRIKA
John Reader

Veröffentlicht von der National Geographic Society

John M. Fahey, Jr., *Präsident*

Gilbert M. Grosvenor, *Aufsichtsratsvorsitzender*

Nina D. Hoffman, *Vizepräsidentin*

Erarbeitet von der Buchredaktion

Kevin Mulroy, *Vizepräsident und Chefredakreur*

Charles Kogod, *Bildreadktionsleitung*

Barbara A. Payne, *Redaktionsleitung*

Marianne R. Koszorus, *Leitung Gestaltung und Ausstattung*

Mitarbeiter an diesem Buch

Kevin Mulroy, *Redakteur*

John Paine, *Textredakteur*

Greta Arnold, *Bildredakteurin*

Marty Ittner, *Artdirektor*

Johnna Rizzo, *Redaktionsassistentin*

Anne Withers, *Dokumentation*

Carl Mehler, *Leitung der Kartographie*

Jerome N. Cookson, NG Maps, *Kartenherstellung*

Joseph F. Ochlak, *Kartenrecherche*

Melissa Farris, *Assistentin der Buchgestaltung*

Carol B. Lutyk, *Redakteurin*

Gary Colbert, *Herstellungsleiter*

Richard S. Wain, *Hersteller*

Cynthia Combs, *Assistentin der Bildredaktion*

Herstellung und Qualitätskontrolle

George V. White, *Direktor*

John T. Dunn, *Manager*

Phillip Schlosser, *Finanzverwaltung*

Titel der amerikanischen Originalausgabe:
AFRICA
John Reader
Fotografien: Michael S. Lewis

Veröffentlicht von der National Geographic Society,
Washington, D.C., 2001
alle Rechte vorbehalten

Copyright © 2001 National Geographic Society.
Alle Rechte vorbehalten.
Copyright © der deutschen Ausgabe National Geographic
Society, Washington D.C., 2001, alle Rechte vorbehalten.
Deutsche Ausgabe veröffentlicht von NATIONAL GEOGRAPHIC
DEUTSCHLAND (G+J/RBA GmbH & Co. KG), Hamburg 2001

Alle Rechte vorbehalten. Reproduktionen, Speicherungen in
Datenverarbeitungsanlagen oder Netzwerken, Wiedergabe
auf elektronischen, fotomechanischen oder ähnlichen Wegen,
Funk oder Vortrag – auch auszugsweise – nur mit ausdrücklicher
Genehmigung des Copyrightinhabers.

Übersetzung: Reinhild Luk, Frank Auerbach, Karin Bechthold,
Linde Wiesner
Koordination: Carlo Lauer
Redaktionelle Mitarbeit: Raphaela Moczynski für CLP
Satz: Buchmacher Bär
Titelgestaltung: Lutz Jahrmarkt
Produktion: Ursula Stahl

Druck und Verarbeitung: Mondadori, Verona
Printed in Italy

ISBN 3-934385-34-6

Die National Geographic Society wurde 1888 gegründet, um »die geographischen Kenntnisse zu mehren und zu verbreiten.«
Seither unterstützt sie die wissenschaftliche Forschung und informiert ihre mehr als neun Millionen Mitglieder in aller Welt.

Die National Geographic Society informiert durch Magazine, Bücher, Fernsehprogramme, Videos, Landkarten, Atlanten und moderne Lehrmittel.
Außerdem vergibt sie Forschungsstipendien und organisiert den Wettbewerb National Geographic Bee sowie Workshops für Lehrer.
Die Gesellschaft finanziert sich durch Mitgliedsbeiträge und den Verkauf der Lehrmittel.

Die Mitglieder erhalten regelmäßig das offizielle Journal der Gesellschaft: das NATIONAL GEOGRAPHIC-Magazin.
Falls Sie mehr über die National Geographic Society, ihre Lehrprogramme und Publikationen wissen wollen:
Nutzen Sie die Website unter
www.nationalgeographic.com.

Die Website von NATIONAL GEOGRAPHIC DEUTSCHLAND können Sie unter
www.nationalgeographic.de
besuchen.